謹以此書紀念史念海先生誕辰一百一十周年

史念海遺稿·講義

影印本

上册

史念海 著
王雙懷 編

陝西師範大學資助出版

陝西師範大學出版總社

圖書代號：SK22N0649

圖書在版編目（CIP）數據

史念海遺稿・講義：上、中、下册 / 史念海著；王雙懷編．— 影印本．— 西安：陝西師範大學出版總社有限公司，2022.8
ISBN 978-7-5695-2912-8

Ⅰ．①史… Ⅱ．①史… ②王… Ⅲ．①歷史地理學—中國—文集 Ⅳ．① K928.6-53

中國版本圖書館 CIP 數據核字（2022）第 067556 號

史念海遺稿・講義（影印本）：上、中、下册

SHINIANHAI YIGAO・JIANGYI(YINGYINBEN):SHANG ZHONG XIA CE

史念海 著　王雙懷 編

出 版 人 / 劉東風
出版統籌 / 侯海英　曹聯養
責任編輯 / 付玉肖
責任校對 / 張愛林
出版發行 / 陝西師範大學出版總社
（西安市長安南路 199 號　郵政編碼 710062）
網　　址 / http://www.snupg.com
印　　刷 / 西安五星印刷有限公司
開　　本 / 889mm × 1194mm　1/16
印　　張 / 55.5
插　　頁 / 12
字　　數 / 200 千
版　　次 / 2022 年 8 月第 1 版
印　　次 / 2022 年 8 月第 1 次印刷
書　　號 / ISBN 978-7-5695-2912-8
定　　價 / 498.00 元

前言

史念海先生是我國著名的歷史學家，在將近70年的學術生涯中，對中國歷史的許多問題進行了深入研究，撰寫了大量論著。據統計，他已出版個人專著18種、合著4種、主編學術著作4種，主編學術刊物4種，在各種刊物上發表論文300餘篇，可以説他是著作等身、名重士林的學者。在先生逝世二十周年之際，爲了彰顯史先生對歷史學及歷史地理學的貢獻，進一步推動我國史學的發展，陝西師範大學出版總社决定影印出版史先生的手稿。遺稿共分2種5册，分别爲史念海遺稿·論著上、下2册，史念海遺稿·講義上、中、下3册。

史先生一生没有用過電腦，他的著作和論文都是用毛筆或鋼筆寫成的。按理説他應當擁有大量的手稿。然而，由於他所撰寫的書稿交給了出版社，撰寫的論文交給了雜志社，加之『文革』動蕩，他自己保存下來的手稿很少。好在『文革』中散失的部分手稿已被發現，與其家中所存手稿相加，尚有30餘種，約2000面。這些手稿大體可以分爲三種類型：一是札記，二是論著，三是講義。札記主要涉及左傳、史記、漢書、後漢書和三國志，是他在禹貢學會和國立編譯館工作時寫的。論著包括論文和秦漢史討論一書的部分章節。講義則主要是他爲中國通史、中國歷史地理綱要和中國歷史地理所撰寫的部分内容。雖然手稿的數量不是很多，但從其内容來看，仍具有重要的學術價值。通過史念海先生的遺稿，結合他的其他論著，我們可以更加全面地認識史先生的學術人生，認識他在中國現代歷史地理學創建過程中所處的重要地位。

過去一般認爲，中國歷史地理學是以禹貢學會的成立爲標志的，史念海是中國現代歷史地理學的創始人之一。事實上，禹貢學會成立時，現代歷史地理學的理論體系尚未形成，也缺乏相應的研究成果。應當説，禹貢學會的成立，衹是爲中國現代歷史地理學的發展創造了條件。如果仔細考察現代歷史地理學形成和發展的歷程，就可以看出，史念海先生在其中起到了主導性的作用。因爲他在二十世紀三四十年代就出版了中國疆域沿革史（與顧頡剛先生合作）和中國的運河兩部著作，發表了關中水利與西北盛衰之史的研究、論戰國時代的國際關係及其所受地理環境的影響：一個政治地理的研究、漢代對於西北邊郡的經營、秦漢時代國内之交通路綫、婁敬和漢朝的建都、戰國時代的『插花地』、論諸葛亮的攻守策略：中國古代地理政治家傳略之七等論文。從這些論著的内容來看，他已經衝破了傳統的沿革地理學的藩籬，開拓了一些現代歷史地理學的領域。二十世紀五六十年代，他吸收了侯仁之、譚其驤等學者的研究成果，在歷史地理領域辛勤耕耘，撰寫了春秋戰國時代農工業的發展及其地區的分布、我國北方種稻地區的變遷（未刊手稿）、釋史記·貨殖列傳所説的『陶爲天下之中』——兼論戰國時代的經濟都會、石器時代人們的居地及其聚落分布、開皇天寶之間黄河流域及其附近地區農業的發展、隋唐時期長江下游農業的發展、三門峽與古代漕運、黄河流域蠶桑事業盛衰的變遷、汾涑流域都會的盛衰演變（未刊手稿）、戰國至唐初太行山東經濟地區的發展等大量論文，還出版了學術專著河山集，撰寫了我國第一部中國歷史地理綱要教材，構建了中國現代歷史地理學的學科體系。改革開放以後，他堅持『爲世所用』的原則，繼續從事中國歷史地理研究，發掘了中國歷史地理學的社會功能，提出了文獻記載與實地考察相結合的研究方法，在黄河流域環境變遷研究、歷史政治地理研究、歷史農業地理研究、歷史軍事地理研究、歷史文化地理研究、歷史民族地理研究方面取得了豐碩成果。他還創立了中國古都學會，闡明了地方志的價值，豐富了歷史地圖學的内容，創辦了中國歷史地理學的定期刊物，培養了歷史地理學的研究隊伍。因此，我們應當充分肯定他在中國歷史地理學方面的杰出貢獻。

當然，從史先生已發表的論文、出版的著作和未公開的手稿來看，他的研究領域并不限於歷史地理，還涉及中國歷史的其他領域。如在秦漢史方面，他寫過婁敬與張良一書，還寫過秦漢時代的民族精神等論文。關於魏晋南北朝史，他寫過中古時期民族之遷徙與五胡亂華、永嘉亂後江左人士之恢復事業、華化與胡化等文章。至於隋唐史，他的研究成果就更多了。除唐代歷史地理研究外，唐長安城的設置及其對生態環境的適應、唐代前期關東地區尚武風氣的溯源、開元天寶時期長安的文化等論文都曾産生過較大的影響。他是中國唐史學會創建者之一，也是唐史論叢等刊物的主編。應當説，史念海先生對歷史學的發展也是有貢獻的。

史先生系列遺稿的出版是嘉惠學林的好事。陝西師範大學黨懷興副校長對史先生的手稿非常重視，社會科學處積極爲此書提供出版資助。責任編輯付玉肖先生爲此書的出版付出了艱苦的勞動。在此一并致謝！

王雙懷識於覓道齋　2021年1月7日

史念海遺稿（影印本）出版說明

史念海遺稿（影印本）共出版2種5冊，1700餘面。其中論著分上、下2冊，收錄史念海先生論文12篇、著作遺稿2種，800餘面；講義分上、中、下3冊，收錄先生講義4種，800餘面。

本書由先生的博士生王雙懷教授整理，先生的家人史先智女士對遺稿出版給予了大力支持。遺稿編錄的主要原則爲文稿內容獨立完整，書寫筆迹清晰，可確認爲史先生獨立撰著。札記、史料摘要未收錄。

王雙懷教授爲收錄的各篇手稿撰寫了導讀，介紹了手稿的用紙、用筆、字數、撰寫時間、撰寫背景、與先生其他著述之關係、內容提要等。

本書設計排版時盡可能忠於手稿原貌，對先生手稿采用95%的比例縮小影印；竪寫於折頁稿紙的手稿右起竪排，手稿做跨頁處理；横寫於單頁稿紙的手稿左起横排，手稿做單頁處理；手稿的部分頁面四邊或有批注文字，處理時完整保留，維持原貌，四邊無字頁面做適當裁切；手稿部分頁面較長或有粘連等情况，本書做拆頁處理，并出注説明。

史念海遺稿（影印本）所收録先生遺稿絶大多數爲首次面世，具有極其重要的學術價值和珍藏價值。

限於時間與水平，不足之處，敬請讀者批評指正。

2021年3月

目録

下册

中國歷史地理教學大綱一稿

目録

此篇收入史念海先生所撰中國歷史地理教學大綱目録三種。第一種寫在西安南大街祥大印刷廠印制的30×20竪格稿紙上，分爲十八章。前三章列出子目，後十五章則未列出，章名改動很大，説明此目録可能是最初的草稿。第二種寫在相同的稿紙上，但已殘缺，僅剩前五章目録。第一章緒論，第二章華族與非華族的分布及諸侯的兼并，第三章『天下之中』的陶地及經濟區域的發展，第四章統一帝國的建立及國内外的各部族，第五章郡縣制度的［下缺］。各章下有子目若干。第三種寫在20×20横寫方格稿紙上，分爲三章十一節。第一章緒論，第二章歷史的自然地理，第三章歷史的人口地理。第二章分爲四節。第一節水文的變化，第二節地形的侵蝕和沿海陸地的成長，第三節土壤與森林，第四節古今氣候的同异。第三章分爲七節。第一節石器時代的居人，第二節先秦時期華族和非華族的雜居，第三節中原人口稠密的地區和南方人口的增長，第四節人口重心區域的變遷，第五節西南少數民族雜居的地區，第六節東北的開發，第七節游牧地區居民的變化。每節均有簡短提要。大綱一、二稿可能寫于1953年之前，三稿則可能寫于1957年之後，因爲裏邊已經使用了一些簡化字。

據白壽彝先生回憶，1950年史先生前往北師大講授中國歷史地理課程時，每天還要備課，説明當時尚無系統的中國歷史地理綱要。史先生在中國歷史地理綱要序中説：『最初着手撰寫這本書是在1953年，是爲我所任職的大學的歷史系講授課程而寫的。』囿于當時的理解和條件，當初的中國歷史地理祇講了三個部分，即歷史人口地理、歷史經濟地理和歷史政治地理。1954年4月史先生曾把中國歷史地理綱要呈送給在北京編纂整理楊守敬歷史地圖的譚其驤先生。譚先生在他的日記中也説他看了這本講義。

1954年後，史念海先生曾多次對中國歷史地理綱要進行過補充或修改。有打字油印本，也有刻字油印本。1963年，史先生在北京參加中國地理學會，又對中國歷史地理綱要的歷史自然地理講義進行了修訂。同年，陝西師範大學歷史系打印了中國歷史地理綱要(歷史自然地理部分)。1964年，史先生患了喉疾，以至不能發聲，祇好遵醫休養。因此，中國歷史地理課程停了下來，修訂增補的工作也無法進行。等史先生身體恢復正常，又碰到『文化大革命』，不僅不能再從事教學工作，原來打印出來的那些講義也成了所謂毒害青年的罪證，自然更不復聞問。直到『文化大革命』結束，才有了增補修訂的機會。

此前的中國歷史地理綱要分爲五章：第一章緒論、第二章歷史自然地理、第三章歷史人口地理、第四章歷史經濟地理、第五章歷史政治地理，體系還不够完備。改革開放後，史先生決定進一步擴展中國歷史地理學的研究範圍，加快了修訂此書的進度。1980年5月，史先生在給吴松弟先生的回信中説：『目前還没有一本全面論述歷史地理的著作。我正在整理舊稿，預計寫一本中國歷史地理綱要，印出時恐要在明年了。』1981年，史先生在自述中説：『這幾年我仍然從事歷史地理的研究，由于研究時進行野外考察，因而能够不斷向廣大工農群衆學習，受到教育。我逐步建立這門學科體系，具體表現在對于中國歷史地理綱要一書的撰著和修改。』但由于史先生擔任陝西師範大學副校長等職務，事務繁多，影響了此書修訂的速度。直到 1990 年前後，中央廣播電視大學請史先生講中國歷史地理綱要，史先生又增加了歷史民族地理和歷史軍事地理，完成了 68 萬字的中國歷史地理綱要上下册，并分别在 1991 年底和 1992 年中由山西人民出版社出版。當然，正式出版的綱要目録與教學大綱目録相比，已經發生了很大變化，體系更加完善了。

東北的開發

東北地區是我國領土的重要組成部分，但晚清以來，長期遭受俄、日等國的侵略。史念海先生在撰寫中國疆域沿革史時即對這一問題有所關注。他專撰寫論文論述東北歷史地理問題。他在文中説道：『盧溝橋事變後，由于全國人民的抗戰，故土重歸。但美國的帝國主義者却走上日本的舊途，仍然想以朝鮮爲跳板侵略東北，侵略全中國。美國由日本舊路而來，無疑要循着日本失敗的舊途而歸于失敗的。』美國侵略朝鮮始于 1950 年 9 月 15 日。

此篇用藍色鋼筆寫在紅色十行竪列稿紙和 20×25 紅色竪排方格稿紙上，可能是史念海先生所撰中國歷史地理綱要第一稿第三章的内容，共分爲二節。第一節論東北的發達，具體論述國都位置由西北到東北的變遷、漢人最初對東北的經營、慕容氏與漢化的鮮卑、東晋南北朝時代的東北、隋唐與高句麗、渤海與契丹、歷史上的外患由西北移向東北的機緣、東北的地利、遼與金的更遞、金人的北邊防御及蒙古興起、明初的經營東北、明初隔離韃靼女真的計劃及奴兒幹都司的建立、兀良哈三衛的南移、女真人的南遷及其對明人的威脅。第二節論東北問題與國際影響，内容包括清初東北農耕區域的衰落、漢人的出關與東北的封禁、周圍各種族對于東北的覬覦、關内旗人開墾東北的計劃與實施、外人勢力的伸入東北、日俄兩國在東北的衝突、沙俄勢力的繼續膨脹、清末的墾務與移民、日俄之戰與兩國在東北的勢力範圍、列强在東北的角逐、日本在東北的獨占勢力。

本章旨在説明東北地區自古以來就是中國領土，俄、日兩國侵略中國東北以失敗而告終，美國想通過發動朝鮮戰爭侵略中國，必然也會失敗。從歷史的角度看，東北地域遼闊，對其行政區劃進行適當調整是很有必要的。

行省制度與中央集權制的封建國家

此篇可能爲史念海先生1952年前後所撰中國歷史地理綱要第一稿第六章内容。其標題即爲『第六章　行省制度與中央集權制的封建國家』。章下有三節内容，均用藍色鋼筆寫在十行竪列稿紙上，共約11000字。第一節空『一』字，寫行省制度的成立與演變，包括行省制度的探源、元代的行省制度、元代省區的劃分、明代的布政使司制度及其區劃、督撫制度的成立及其發展。第二節空『二』字，簡述元明清三代的運河及國家的財富區域。内容包括運河的開鑿及其意義、海運河運與運河、明初運河的再度需要及其開鑿、黄運的關係及其對于北方的影響。第三節空『三』字，論西南少數民族區域的地理及明清的土司制度。内容有西南少數民族居住的範圍及其社會的形態、苗蠻與氐羌、漢人勢力向西南少數民族區域的伸張、南詔大理與羅施鬼國、土司制度的建立及明清兩代改土歸流的政策等。從章標題來看，本章是要叙述元明清三代的歷史地理的。現存三節内容涉及政治地理、經濟地理和民族地理三個方面。第一、二、三三節缺『一』『二』『三』三字，説明本章的内容可能不止三節，因爲是綱要，又是未定稿，所以先將節的順序空了下來。

鴉片戰後半封建半殖民地國家的地理與疆域

此篇可能是史念海先生爲中國歷史地理綱要第一稿所撰寫的第七章，因爲其標題即寫作『第七章　鴉片戰後半封建半殖民地國家的地理與疆域』。全文約 10000 字，分三節。第一節叙述鴉片戰後列强的壓迫與國土的喪失，内容涉及鴉片戰争以前的國勢及疆土的規模、英人的東向侵略及其勢力在我國境内的擴展、法國勢力隨着東侵、帝俄勢力的東侵、日本勢力的興起及日俄最初的衝突、帝國主義在侵略中國方面的矛盾與所謂勢力範圍、庚子以後的局面。第二節叙述沿海經濟都會的興起及内地經濟的凋枯。内容有鴉片戰争以前的情勢、鴉片戰争以後所開的沿海商埠與鐵道交通、鴉片的輸入與國際貿易的入超、國際貿易中的出口貨物、沿海經濟的都市與農村等。第三節空『三』字，論構成近代國家疆域的經過及疆域變遷的諸形態，内容涉及滿清盛時統治帝國疆土的方式、帝國主義的侵入與邊地行省的建置、民國成立以後的疆域區劃、人民政府成立以後的設施。本章内容較中國疆域沿革史中的相關部分有所拓展，加入了一些新的内容。他還説：『在關内各省，人民政府在注意到改正不合理的省界和增劃新省。這一方面的設施，目前已經實現的，有平原省的增置和徐州附近的省界的重新劃定。』1949 年 7 月 27 日，華北人民政府决定設置平原省。徐州附近省界的調整是 1952 年的事。此年，平原省即被撤銷。由此推測，此文寫于 1952 年平原省撤銷之前。

中国历史地理教学大纲

中国历史地理：中国历史地理的意义及内容 过去学者努力的成绩，历史地理所需要的[illegible]

第一章 绪论

第二章 古代人类居住的区域及中原的地理情况

第三章 华族与非华族的分布及诸夏国家的兼并

第四章 「天下之中」的关中地区及其附近经济区域的发展

第五章 统一帝国的建立及国内外的各部族

第六章 州郡县制度的确立与其演变

第七章 关东关西的差别及其他经济地区

第八章 统一帝国瓦解后的分裂与各部族的迁徙

第九章 统一帝国的再建及其疆域的盈缩

第十章　通濟渠（汴河）的開鑿與其阻塞

第十一章　南北的差異與平衡

第十二章　東北及北方諸族的興起及其向南發展

（宋代契丹及女真……）

第十三章　長江三角洲的富庶農業與大運河的開鑿

第十四章　由道到省的演變

（行省制度的建立和元明清三朝的地理）

第十五章　鴉片戰後帝國主義對我國的壓迫與國土的喪失

第十六章　經濟都會的興起及內地經濟的凋敝

（近代新民主主義革命時期的變化）

第十七章　東北開發與國際爭執

（新民主主義革命時期的地理）

第十八章　中華人民共和國成立後關於地理建設的新獻

16　32

卅四

本面原稿已殘。

中國歷史地理教學大[illegible]

第一章 緒論 古[illegible]區[illegible]及中原的地理情况

本章内容包括石器時代遺跡的分佈，古代人民對於自然環境的鬥爭，中原的範圍，各王朝的都城及其遷都等。

第二章 華族與非華族的分佈及諸侯的兼併

本章内容包括周室東遷之前後華戎的關係及其分佈的區域，春秋時代各主要國家及戰國各國國内資源的分佈以及這些資源對於其興亡的影響，長城的修築，戰國時代北邊三國與匈奴的爭執及其國界的變遷等，郡縣制度的形成等。

第三章 「天下」之中的關地及經濟區域的發展

本章說明春秋末年至戰國時代的人士的地理知識，如禹貢的內容，這一時期各運河的開鑿，商業都會的相繼興起，以陶地為中心的經濟區域，戰國時代各國圍繞陶地所進行的兼併鬥爭等。

第四章　統一秦漢帝國的建立及其帝國內外的各部族

本章包括秦漢帝國疆域的擴張，帝國內境各部族的分佈，帝國周圍各部族。長城與邊塞，馳道與直道，河西走廊與[illegible]西域[illegible]道等。

第五章　郡縣制度的[illegible]

本章包括秦漢三[illegible]交[illegible]制度及區劃

中國歷史地理教学大綱

第一章　緒論

本章开宗明義说明中國歷史地理的意義和它所研究的對象與任務，並说明它和其他有关学科的关係。使学生能够對於这门学科有概括的瞭解，掌握住重要的線索。

第二章　歷史的自然地理

在悠长的歷史時期，人们不斷与自然作斗争，而且取得了很多的成就。要瞭解这些成就，应该先瞭解當时的斗争的對象。这一章的講授目的就是要说明歷史时期自然地理的变遷，从而探討其变遷的原因，進一步认識到人们改造自然的必要。本章分下列四節講授。

第一節　水文的变化

本節具体说明祖國各重要水道的变遷，並分析其变遷的原因，自然的和人為的。使学生瞭然勞动人民防范水灾和治理河道的努力与其所取得的成果。

作业：对于古代河流的改道问题作一综合的考察

20×20=400

第二節　地形的侵蝕和沿海陸地的伸長

人们改造自然使自然环境有了新的变化，而自然环境本身也不断在变迁。自然环境既有变迁，则改造自然的措施也会因时而異。本節目的是通过侵蝕作用，说明地理情况古今的差異，使学生瞭解古代人们对於改造自然是有不同的措施，而所以不同的缘故，正是针对当时自然环境的具体运用。並由此说明目前政府提倡的水土保持的重要性。

在第三章二節（一）中，小节、根据已经过的三条例的地图具体说明某一区域

第三節　土壤与森林

本節具体指出我国古代人们对於土壤研究的成果，也指出森林分布的轮廓。使学生瞭解我国古代農業所以取得伟大的成就是有其一定的原因的。本節中也还着重说明内蒙地区沙漠的侵袭，说明政府提倡防沙的重要性。本節还结合上兩章節所讲的河流变化和水土流失以及本節中的沙漠变迁，说明当前的綠化工作是刻不容緩的措施。

第四节　古今气候的同異

气候的变化是地理学中应该注意的一个部份。但是古今气候的变化在目前学者中还没有完全一致的结论。本节只是根据当前学者的意见作一概括说明，也提出一些不成熟的意见對於重要的动植物的生长作必要的解释。

第二章　歷史的人口地理

改造自然是需要人们的力量的。过去人们的居地不是一成不变的。有的地方人口稠密，有的稀少。这样的区别其中難免是受到自然环境的影响。可是人们的力量也会促使自然环境有所改变。本章主要说明歷史时期人与地的关係，由人口的变化说明人们改造自然的成就。本章是分为下列七節演授的。

第一节　石器时代的居人

本節是就石器时代的人们的选擇居地，发展农業等方面说明当时人们利用自然的情形。在本章節中具体指出在石器时代祖国各处皆已有人们居住的踪迹，驳斥帝国主义所豢养的学者各种外来说的谬论，使学生瞭解到在数十万年以前我们的祖先已经活动於祖国的版图之上，而且能够很好地利用自然，改造自然，为以来的人们的活动奠定了基础。

第二节　先秦时期华族和非华族的杂居

本节说明在汉族这一名称成立以前，黄河流域以及江淮流域各部落杂居的情形。由他们居住地区的分布，说明他们逐渐融合，後来成为汉族的过程。

作业　免留

第三节　中原人口稠密的地区和南方人口的增长

黄河流域为古代文化的中心所在，也是人口集中的地方。本节指出这里所以成为人口稠密地区的缘故。当黄河流域还是最为稠密的时期，长江流域及其以南各地，人口还相当稀少。本节也解释形成这样稀少的原因。这样的原因阻碍着中原人口向南方的遷徙，自然也延緩了南方各地的开发。本節及說明人们克服这样困难的过程。

第四節 人口重心区域的变迁

隨着时代的发展，人口稠密地区逐渐由黄河流域轉移到长江流域。这固然显示出人们对於长江流域土地的利用有了新的成就，但社会上其他的因素以及外力的壓迫也是造成这样情况的重要原因。雖然如此，南遷的人们也还选择了适於他们居住的地区，这就显出在南方普遍增加人口情形之下，某些地区尤其顯得突出。本節就對着这些现象和原因，以及它的发展过程和结果作出分析和說明。

（江蘇、河南的東部，地今的安徽，說明是何流域）

第五節 西南少数民族聚居的地区

本節主要說明西南各省少数民族的分布和移徙等情形。

第六節 東北的开发

本節主要說明東北地区各民族分布的情况，並指出遼河和松花江分水嶺的南北由於自然條件的差異，使各民族的分布受到一定的影响，同样情况，松花江上游和遼河的东西的草原与森林地区的差異，也一样使两方面的居人有了不同的发展。

第七节　游牧地区的居民的变化

游牧地区的居民自有史以来就有繁杂的变化。本節着重解释其间发生变化的原因和所起的影响。自来游牧地区的居民和農業地区的居民也有着密切的关係，本節也从他们所居住的地区探讨其间的各種关係。

張蓋[illegible]圖

20×20=400

第四節　東北的發達

國都位置　要說明東北的發達，國都位置的變遷，就是一個很

由西北到東北的變遷　好的例證。秦漢隋唐幾個統一局面朝代的國都，皆在關中。可是到了元明以後，國都卻由西北移向東北，而建立於河北平原的北端。這顯示出國家的重心，已經由西北移到東北。也表現出西北的日趨於衰落，和東北的不斷發展。這種變遷，不僅有其內部的條件，並且也有其對外的因素。尤其是對外的因素，更是造成內部的條件。

就自然地理的環境來說，東北是農業區域和森林區域、遊牧區域交互雜錯的地方。正因為如此，也就表現著農業民族與遊牧民族、狩獵民族的衝突。在東北同一時代之中，常住着各種不同的民族，自然有農業民族，也有遊牧民族、狩獵民族，

而漢人在這裡並不算是唯一的農業民族，如三國東漢時的夫餘，與唐時的勃海國，居住松花江流域，也有相當的農業基礎。見三國志三十魏志東夷傳及唐書渤海傳
這些不同的民族相互制約，其力量是時起時伏，尤其是盤踞在北方比漢東北的國家，更給予相當的影響。一旦當前的力量和影響的因素消失之時，這裡的民族也可以稱雄一時，而向其南部農業區域肆行侵略。契丹與女真的歷史，就可以作為說明。而滿族古民族的崛起與女真民族的復興，其情形彷彿。以前在西北的突厥回紇與吐蕃，亦都與此有關也。這些對外的因素，促成了國都由西北向東北的轉移，也幫助了東北的發達。

漢人最初致東東北的南部，頻與燕齊各地隔水相對，海上的交通，北的經營，在遠古之時當已有其踪跡。所以漢人對於東北實非

過於生疏。而東北在周以前應當很早就有了相當的地位。傳說殷商之時之箕子曾避地至朝鮮半島。但大規模的經營似乎是遲至戰國的晚年。並且所謂經營還是因為抵抗遊牧民族的侵略而起的。當時之周於河北平原的北部有為燕國。燕國地處北陲，所以常受蠻貊的侵略。尤其是受到東胡的侵凌。燕昭王時燕將秦開大破東胡，拓地千里，於是現今大凌河流域及遼河的下游全入於燕人的掌握之中。（史記）秦開並襲取朝鮮，滿番汗以東二千里的土地（三国志注引魏略）。其東界大概達到朝鮮的清川江邊。這說明燕國已經控制勃海灣以北廣大的適於農業的地帶，於後來的經營東北樹立下相當的基礎。燕人在這新地區中又建立了上谷、漁陽、右北平、遼東、遼西五郡，為後來秦漢時代的沿襲。自然五郡之中，的上谷漁陽二郡是偏西一點，不在這一區域之中。漢時上谷郡，治沮陽（今察哈爾懷來縣），漁陽郡，治漁陽（今河北密雲西南），右北平郡，治平岡（今熱河朝陽東南），遼西郡，治陽樂（今奉天遼西撫寧西），遼東郡，治襄平（今奉天遼陽北）。爲了保護這一郡的農業地區，燕人更築了由造陽（今察哈爾獨石口）至襄平的長城。其後秦人繼續發展，長城的東端，直至樂浪，也就是達到今朝鮮的大同江出岸。燕人的長城不僅保護其南的農業地帶，而且保護由右北平郡通往遼西、遼東以及朝鮮諸地的大道，即由盧龍（今河北喜峰口）達於柳城（今熱河朝陽）的大道。這是由大凌河谷通往東北各地的大道。遠在戰國末年秦漢的時候，由內地往東北者多出此途，並非如今日的由山海關沿海濱的道路。這條道路能夠控制與經營東北有莫大的關係。

在當時長城以外北部民族，有的居於西喇木倫河外的鮮卑，有居於西喇木倫河與老哈河流域的烏桓，鮮卑與烏桓即最初侵凌燕國的東胡。由鮮卑更往東北，則有居於松花江上游的夫餘。不過夫餘在西漢時尚不與中國相通，至東漢初起，始有信使往還。由夫餘再往東北，由今吉林以寧古塔直東至東海之濱為肅慎，肅慎後稱挹婁。肅慎南接沃沮，而沃沮西連高句驪。再南則為朝鮮。當秦漢盛時這些民族尚不闖向長城以內騷擾的情事，即最初為燕國邊患的東胡也於漢初為匈奴冒頓單于所攻擊，而僅能自保，更不必說到侵略他國了。

燕秦所修築的長城在防禦遊牧民族的南向侵略曾起了相當作用，同時却也限制了農業區域的擴張。這一段長城和陰山山脈上的長城不同陰山山脈以北是不適於農業的發展。但遼河平原以北越過松遼分水嶺却仍然相當的適於農業的發展（自然這只是就古代而言）。東漢初年始與中國通往來的夫餘，即以此爲根據而爲農業的經營。據三国志魏志東夷傳的記載，夫餘人民已脫離游牧生涯而成定居，並且有宮室倉庫牢獄等設備。這分明是固然是得到松花江上游平原的地利，却也是受到漢人文化的影響。只是燕秦的長城最北只達到今遼西開原附近，尚在松遼分水嶺以南。不知道燕秦長城所以止於此地的緣故，也許是當時版圖的擴張僅能達到這裡，且未向前推進。不過却爲以後各朝画定了一條北邊的界線。就是到了明代其力量雖達到黑龍江口奴兒干都司，但後的界線仍保持於開原附近，並未脫離燕秦長城的窠臼。

前面我們曾經說過，這些部落的許多民族是彼此牽掣，是彼此制約。戰國末年，匈奴和燕國邊患的東胡一經秦開的驅逐，于是經匈奴的打擊，烏桓、鮮卑難自保。但到了西漢末年，漢人卻徙之於上谷以東五郡塞外，使之偵伺匈奴。這是烏桓以後發生的機會。兩漢之際更侵到塞內，於是由盧龍至柳城的道路發生了障礙。自這時起，一直到曹操的北伐烏桓，才得恢復通。烏桓的侵入塞內，一方面表示大凌河這一區域又因農業的經營達到放牧的地帶，另一方面又使遼東遼西各郡與內地的聯繫受到很大的影響。一般說來，東漢的對外政策是偏於保守，這種保守的政策在漢末也尤其顯明，這或者是受了大凌河河谷道路被阻的影響。其實不惟大凌河河谷的道路受阻，即是今山海關以東的區域，也是满住着内迁的乌桓人。因为由今山海关直至辽河下游两岸，当时是东汉辽东属国。属国是汉时一种特别制度，是有蛮夷居住的区域。不用说这里稍住着乌桓人了。虽然当时乌桓相当亲睦，而属国以东的辽西辽东和内地的联系已无多大障碍。

乌桓的力量在东汉献帝建安十二年（公元二〇七年）因曹操的北征而告消沈。曹操并未在攻克乌桓后觉取善后的措施，而任其自然发展。于是乌桓之北的鲜卑族正如后浪之逐前浪，入居於大凌河流域。慕容氏家族即为其主要的人物。

慕容氏始居的棘城在今义县，和龙城在今热河朝阳，皆在大凌河流域。

慕容氏虽属于鲜卑族，但其汉化的程度却相当的深厚。当时刘渊刘曜有些尚不及。值西晋乱离，中原人士相率前往歸之。慕容氏一方面接受漢人的文化，一方面又積極提倡農業。於是遼西大凌河谷地農事並未衰退。新來的鮮卑人但做些代替了漢人。不過這時的鮮卑人已經是漢化的鮮卑，與其居住於西喇木倫河以北時的情形迥然不同。蓋已由游牧民族漸進於農業的民族。慕容氏以這裏農業區域為基礎，更西向而參加於黃河流域南北民族鬬爭的漩渦。慕容氏因留出其餘力，以東北用兵於夫餘，東南用兵於高句驪。夫餘因慕容氏的攻擊，國力萎為不振。但高句驪的勢力却日漸擴張。據箭內亘氏的考証，謂在西晉末年，高句驪的疆域東臨日本海，北至長白山支脈摩天嶺以於北沃沮接壤，又以松花江與鴨綠、佟佳兩江的分水嶺與夫餘毗鄰。而西達於遼河岸上的開原奉天等地。其南則至於朝鮮半島舊帶方郡之地。由其版圖的輪指來看，實已發展為遼東大国，而與慕容氏東西相对立。這種發展是漢人在東北方面退縮的結果。也是中國內部的不安而引起來遠徙的變化。不過還應該說明的，漢人的退縮，祗是指的統治權的退縮，並非文化的退縮。因為內地的不安，促使若干人士來避難於此土，在這裡居住的漢人，其數目並不因統治權的暫時退縮而告減少，反因人口的增加使中國的文化更有相當的傳播。

東晉南北朝時代的東北 自慕容氏佔據遼西以後，隨即参加了五胡亂華的鬥争，這更給予高句驪以發展的機會。高句驪既乘慕容氏有事於中國，經營朝鮮半島，遷都於平壤（其初本都於丸都），復乘遼西亂離，其侵土而展至於遼河沿岸。證之以遼水以東各地，盡入其掌握之中。北魏孝文帝太和十八年（公元四九四年）北降於魏。（此據稻葉岩吉東北開發史第二章）於是高句驪遂成為東北方面的大國，松花江流域的平原，遼河以東的沃地，大同江的左右，以至於東海之濱，都為其所有。不惟朝鮮半島南部的百濟、新羅懼其大壓，即統一北方的北魏也素達不自甘。這一時期的東北不僅有這樣的變化，而且還有若干新的民族出現了歷史的舞台，為前面所不知者。其重要者如居於松漠之間的契丹與庫莫奚，居於黑龍江的室韋以及由肅慎挹婁一脈相傳下來而居於長白山以東的勿吉。就中，契丹與庫莫奚尤為重要。蓋亦與鮮卑民族相同，自西喇木倫河之北，逐漸向東侵入遼西而及於農業的區域。

隋唐時的高句驪

由漢魏以後，漢族在東北的退縮，其基本的原因，乃是中國內部未能臻於統一。北魏時曾一再用兵於契丹（登國中，公元三八六年至三九六年）及庫莫奚（登國三年，公元三八八年及太和二十二年，公元四九八年），同於高句驪則未有兵事之表示，還是維持着漢魏以後的保守態度。後來隋統一，中國力強盛，高句驪也侵犯遼西的境界，（在隋文帝開皇十八年，公元五九八年）於是兩國間戰禍因以爆發，而且此禍的拖延一直到唐初。總計隋文帝對高句驪一次（開皇十八年），煬帝繼之又先後用兵三次，（大業八年、大業九年、十年，公元六一二年、及）唐太宗用兵兩次，（貞觀十九年，公元六四五年，貞觀二十一年，公元六四七年）直至唐高宗總章元年（公元六六八年），始破平壤，高句驪由兩漢時建國至是始為唐所滅。（楊華吉東北）

（關於史記計高句驪開國以來傳二十八王七百零五年。）

於此，當有一問題提出，即高句驪的敵國，不如突厥、契丹，其國力也不如這兩國的強盛，為什麼歷隋至唐始被兵滅？而且隋煬帝之滅亡，也是由於征高句麗而引起國內的亂源。一方面是由於隋唐的國都偏於西北，距高句麗過遠，往往難奏膚功。另一方面，則是受當時國際關係的影響，使隋唐政府皆不能不有所顧慮。關於前一方面，隋唐國都皆遠在關中，對於遠處東北的高句麗實有鞭長莫及之感。東北早寒，遠征之軍勢難在邊塞度過隆冬，觀隋唐諸次對於高句麗的用兵，必求在本年夏秋之季能收奏功，不然便須早日班師，這種地理上的缺憾使隋唐兩代在這方面多費精力，隋煬帝且以身殉此目的。即以當時的國際關係說，當時隋與唐初的突厥與唐初的吐蕃，在西北方面已時有騷擾，所以當時不能以全力用於東北，高句麗的敗亡，固由於唐室的積年經營，高句麗泉蓋蘇文死後（在唐高宗乾封元年公元六六六年），其子泉男生及男建、男產互爭，引起內亂，也給予唐人以勢上的機會。然由隋開皇十八年始用兵於高句驪時起，至此前後已七十年了。

如果說燕、秦、漢、魏時候漢人在東北建立經營的基礎，為初次的努力，則唐初平定高句驪，當為漢人再度對東北的經營。而此再度的經營獲得，其所費的精力與艱苦，實遠較初次為甚，唐人為珍重這種收獲，因於克復高句驪都城平壤之後，即其地建立安東都護府，以為經營東北的總機構，為當時設於邊地的六都護府之一。然其後的演變，完全常理所難說明。因於設置安東都護府於平壤之後七年，即高宗上元三年（儀鳳元年，公元六七六年）已內徙於遼東故城。遼東故城為今遼東遼陽境。其明年又移於遼東新城。新城乃在今遼西的新民附近。玄宗開元二年

（公元七〇四年）又徙於平州。平州在今河北盧龍。天寶二年（公元七四三年）又徙
於遼西故城。遼西故城當時亦稱營州，在今遼寧義縣東。肅宗至德以後
竟悄然廢去不設。由總章元年至天寶二年，先後僅七十六年（公元六六八至七四三年）
安東都護府的遷徙，是由大同江流域一遷於遼河東岸，再遷於遼河西岸，
三遷於今山海關以内，後復移於大凌河的下游。不僅安東都護府的遷
都即原來設於高句麗若干城池之都護也都隨之廢棄，都隨着唐人的東退而
繼是以遷的事情。而且費力取得的地方，轉瞬間又復放棄之，其中原故實
足發人深省。

要說明這個問題，當然要注意到整個的邊疆。邊疆的方向雖然不
同，就全國說起來，都是息息相關的。唐初數度出兵東征，未能早定高

功者也與這方面有關係。當高宗滅高句麗時，西陲已受到吐蕃的騷擾。總章元年始設安東都護府於平壤，兩年後（咸亨元年，公元六七〇年），治於龜茲的安西都護府即陷於吐蕃。吐蕃與唐人的衝突，不僅發生在西域，並且也發生在河湟一帶。大破高句麗的大將薛仁貴，雖能收功於東陲，卻失敗於青海。這說明西方的壓力要較東北為重。西方近國都，邊防尤為要緊。所以寧肯犧牲東北而專致於西方。另外一方面，在經營東方策略上，唐人是要承漢時候，漢時候遼東遼西固然重要，但尤重要者則為掌握東北平原中大凌河的河谷。這也是說要掌握由內地通往東北的道路。唐時這一條道路卻處於契丹人控制之下。契丹的地位正和高句麗相彷彿，情形不一樣，高句麗是受到對方攻的壓迫的匈奴勢力未銷沉的時候，鮮卑烏桓不曾有強大的機會。契丹也是要到突厥的衰落。唐初突厥破滅，大漠南北一時尚無強國出現，所以契丹得以稍露頭角，因而侵擾及東方的農業區域。武后萬歲通天元年（公元六九六年）契丹的陷營州，圍安東都護府，正是一葉知秋的預信。但唐代卻疏忽了這一點。到天寶二年移安東都護府於營州時，下距安祿山的亂事已僅僅十幾年了。

渤海 附 契丹

自唐代整個邊防看來，東北自不如西北的重要。但當時人民所致力的並不因政府的政策而有影響。正因為此，所以文化也隨着向東北傳播。這表示在渤海國的建國和後來契丹人的興起。渤海屬於靺鞨種族。靺鞨為古代的肅慎挹婁，亦即是南北朝時的勿吉。其建國之始，為武后聖曆元年（公元六九八年），迄於後唐明宗天成三年（公元九二八年），前後共十三世二百三十年，為高句驪以後東北的大國。其疆土南達朝鮮半島大同江以南，西至遼河，北至松花江北，而東瀕於海。渤海的興起正當利用唐代對於東北採取保守政策的機會。渤海的建國雖為靺鞨族人，然若其文物制度而言，則不亞唐代的縮影。而地理的區分，且有五京十五府六十二州的規模。渤海國都在今松江寧古塔西牡丹江畔的東京城。其國所產的沃州之綿、顯州之布、龍州之紬、位城之鐵、盧城之稻皆著名一時。由此可証渤海民族接受了中國的文化，已進入城郭農業的社會。以其本身的努力與漢族的思想文化相結合，故能成為海東的名邦。契丹的漢化雖不如渤海的徹底，也有相當的可觀。遼史稱耶律阿保機的祖父勻德實始教稼穡，善畜牧；其伯父述瀾始興版築，置城邑，教民種桑麻以習織組。這可以證明契丹很早已經成爲一種耕牧兼營的民族，自阿保機爲諸部推爲大人之後，更收羅漢人，利用其力，以求發展，更廣擴張其土地至遼河上流，這正是農業區域的邊緣。所以契丹的興起也是得到中國文化的幫助。如果由阿保機的政府組織與政府中人物看來，契丹到這時候已經不像匈奴突厥等純粹是一個遊牧民族所組成的國家，而是成爲漢化的國家，或者可以說是以契丹民族爲主體的契丹與漢族共同組織成功的國家。

歷史上的外患由西北移向東北的機緣

就歷史上對外患來說，唐末以前大都是偏於西北，唐末以後則逐漸偏於東北。即以唐代而論，與唐最常衝突者爲突厥、爲回紇、爲吐蕃，凡此諸族，唐末已逐漸解体（其實可以說是兩敗俱傷），而契丹女真則在宋時

最為強盛。女真之興起也晚，唐時除契丹而外，靺鞨、室韋、及渤海莫不與之相
當，有如些對於唐朝的騷擾，實在不如吐蕃、回紇的劇烈。其中強弱盛衰的
關鍵，大致是在天寶亂離的時候。這一點，馬端臨即曾加以論述。他說自
天寶亂離以後，藩鎮跋扈，擅地自雄，因為藩鎮如此要用兵，與中央易
起衝突，而各藩鎮之間，也彼此戒備，所以对於邊防務求自安，对於障塞
斥候的設置甚為注意。這樣可以不輕與邊外各族生釁，這樣可以專力
对內。邊外諸族因此不易覓求內侵的機會，但是邊外諸族卻也乘着
這個機會，休養生息，日以繁滋強大，等到有機可乘之時，由是發展其力[illegible]
不倫。馬端臨的話是否對，似乎是應該加以補充。邊外種族的發展
不惟於中國的國勢有關，而且於其鄰近各種族皆有關係。即以契丹與回紇

情形為例。契丹于唐末之際，本是處在突厥與高句驪兩大國之間。而突厥對於契丹尤為威脅。貞觀時大破突厥，總章時東滅高句驪，況摧其西方的強敵，又敗其東境之大患，而唐人方始注意於西北邊外，對於契丹又只對於懷柔政策，故契丹得以從容發展，遂敢侵擾幽燕之業，益為強盛。其時間很短，尚未有甚久，歷其實國力既削弱，國內亂事又迭起，已呈衰老的狀態，不足以言遠略。宋時東北的大敵為契丹，西北的大敵為西夏，國力也屢經不若契丹的強大。於是東北轉重，而西北為輕，國家的重心亦相因的由西北而移於東北。這是歷史上一個重大的轉變。這種情形繼續向前推演，周都就不能不由西北而移到東北來。

東北的地利

如果更就地理的情況來看，契丹的強盛還有其道理在。第一、由於

最重要的關鍵，乃是五代時石晉割燕雲十六州，這使契丹的接（破除了中國東北部的屏障的天險，加強了契丹的騎兵）

有的遊牧區域加農業區域有這多的聯繫。契丹本是一個從事遊牧的國家，其馬匹的繁殖，自在意中，尤其契丹人對於畜牧的事業的重視，並不因其國土的擴大而減輕。燕雲十六州農業地帶的割取與契丹原來的富饒遊牧地區馬匹的繁殖相映成趣，僅憑這兩項來說，契丹已具有富強的基礎。尤其是當其接受中國文化以後，發展到相當程度之時，地利則開發以後，於其富國強兵更有幫助。東北本富於礦產，契丹時期內亦多鐵礦和金銀礦，而鐵礦尤多，如遼王朝東京道的鐵礦皆是著例。這些礦產不僅幫助了契丹，而且幫助了契丹以後的女真族，而他們的這一點更應（想）明顯的事情。契丹不能有這樣的基礎，所以其國家決不易富庶強大。

遼與金的興起

契丹人以草原地帶的地利為基礎，再加上其獷悍的民族氣息，向南發展，進入了農業地帶，建立其帝國。可是其游牧文化卻難以戰勝農業文化，雖然阿保機及其後人也曾竭力防止受農業文化的薰陶，然因此而形成之弱，而將其統治的機構分為南北二處，俾契丹人與漢人分別治理，阿保機嘗言吾能漢語，然絕口不道，蓋恐部人效漢而怯弱也。見五代史記 大勢所趨，潮流竟難扭轉，降至遼朝末葉，契丹人的傾心漢化已成不可避免的事實。然漢化所得並非將游牧生涯完全改變為農業生涯，實為一種享樂與腐化。且以其一貫的向南發展，在東北方面自難兼顧周密，於是新的民族逐漸在醞釀其勢力，女真人的驕悍頑劣也正在這個時候，契丹人的繼續追求，享樂與腐化也刺激了這新興的民族。名鷹海東青的索求與鷹路本面眉批原稿已殘。

契丹人由起於草原地帶向農業區域發展，而忽略了森林地帶的狩獵民族，因而引起女真人的崛起。女真人起於森林地帶，向農業區域發展，而忽略了草原地帶的遊牧民族，則引起蒙古人的崛起。

的存在正是其中的關鍵。此種危機已迫在眉睫，契丹人並不引為憂慮，仍在度其醉生夢死的生活。這阿骨打揮臂一呼，與契丹人衝突於拉林河畔，於是如疾風之掃落葉，直欲驅逐契丹人而代之。鄰近之東北所隱藏的地利也由女真人代契丹人而加以利用。這時素為契丹人所壓迫的宋人復浮道前來，與女真人聯盟，期共致力於滅遼的事業，更與女真人以莫大的鼓勵。其結果不惟契丹人被滅，即與女真人聯盟的宋人也不能不受其影响。為時未幾，女真人的南侵，即直達於淮水岸邊，其所據有的農業地帶，竟遠超越契丹人時代。女真人的崛起誠然是步契丹人的後塵，但女真人的衰亡也與契丹人前後一貫。蓋當女真人侵入農業區域之後，其種人亦陸續南遷農業區域，然富庶自遠過於其舊日的遊牧區域，於是猛安謀克等享其剥削奢侈逸乐的游戲，專以剥削被統治的漢人爲務。這一方面消失其本族的獷悍氣息，另一方面又促進漢人对於他們的更大反感。而女眞的國都，由其本來的會寧府（吉林阿城附近）一再遷於大興府（即遼人燕京析津府，今北京。時在海陵王貞元元年，公元一一五三年，上距其開國時僅三十八年），一再遷於開封（北宋人故都，時在宣宗貞祐二年，公元一二一四年，上距遷燕亦不過六十一年），一步步走到了遼宋的故都，也一步步感受到漢化，更一步步鼓勵其種人的驕惰侈靡。當金世宗時，即嘗憬於這種趨勢，鼓吹返本復始，以期保存其民族的本來形態，但積重難返，究未能有所收獲。

金人的北边防禦及蒙古興起

女真人也如契丹人的一樣，注意了農業區域而忽略了原來的遊牧草原地帶，正因爲忽略了草原地帶，所以草原地帶的新民族，就繼續的興起。其最後的興起，正是步了女真人的後塵。不過女真人對於蒙古，已較不若其對於女真人的完全放任，言對於蒙古的興起亦非如女真的突然。遠在金世宗（公元一一六一年至一一八九年）以前，即已在臨潢府北泰撫州境內設有防禦工事，惟相當簡陋，不足以防止北方新興的游牧民族的侵犯。世宗時（大定廿一年公元一一八一年）更加修築，即所謂金源邊堡，以今地言之，乃由西刺木倫河上游支流察罕木倫河上游，經東北向綿亙河（今嫩江支流）吳訥爾河，過洮南之西以達於新額爾喀的西方。滿洲國興安北省，其遺址尚稱兀木坊河（滿洲之金之長城）。現代刊印的地圖中，無此種邊堡，亦不能遏止蒙古人的南侵。金章宗明昌三年（西公元一一九二年）蒙古人已因金國內部叛王的招引，其時封於王國城（今松江依蘭）的叛王大辯叛金，越過西刺木倫河而攻克興中府（今熱河朝陽）。侵假西南中城堡。

蒙古興起以後，如我們所習知者，其勢力固已彌漫於整個的中原版圖，

……最初建此邊堡實為防
……蒙古，後為蒙古利用此壕塹
……等部，亦非成吉思汗的
……族，又金朝曾完代替
……北來。

本面眉批原稿已殘。

且更擇類而征服西方若干國家，而建立其亘古未有的大帝國。然蒙古人並未忘情於東北的經營。當金人行將滅亡之時，其叛將有蒲鮮萬奴其人者，獨立於金之舊與舊地，建立所謂東真國。其後終究如契丹滅渤海之後所建立的東丹國。此東真國前後支持幾二十年，而後為蒙古所滅。蒙古於東北建立遼陽行中書省，其轄地南達於朝鮮慈悲嶺（在黃海道中部，大同江之南），而北達於黑龍江入海處奴兒干的地方，且曾渡海征服骨嵬（今庫頁島）。隨契丹、女真、蒙古三族的侵入，而東北的範圍亦且擴展。

明初的經營東北

明初驅逐蒙古之後，對於東北更有積極的經營。洪武四年（公元一三七一年）改元遼陽行中書省[illegible]……東衛所。永樂之際[illegible]……以總攝[illegible]……金山之地[illegible]

[眉批] [illegible]其國始建立始於金宣宗貞祐三年，宋寧宗嘉定八年，成吉思汗十年，即公元一二一五年，至宋理宗紹定六年，金哀宗天興二年，元太宗窩闊台五年，即公元一二三三年。元史紀傳皆作蒲鮮萬奴，[illegible]……所著成吉思汗[illegible]……滿洲之研究文中[illegible]……所譯[illegible]所著之元[illegible]……之謨。

本面眉批原稿已殘。

稻葉清朝全史謂大寧治即今寧城。

[illegible]太祖先封遼王於北京，又封韓王於開原，寧王於大寧，[illegible]喀喇沁之新城，欲以控遼河之首尾。又封遼王於廣寧，扼塞西遼河之孔[illegible]

奉化懷德之東，長春農安之西，東遼河與伊通河的分水嶺上。納哈出不能據此以威脅遼河流域，且更東控女真，南凌高麗。而其所在又隔絕西遼河流域往北達於松花江流域的通路，在明人視之，固不能不加以剷除。於是而有馮勝的遠征。時在洪武二十年（公元一三八七年）。此由於明初年西北方面尚未能底定。

納哈出降附之後，明於西喇木倫河之北，饒樂都督府故地設兀良哈三衛，即朵顏、福餘、泰寧三衛。朵顏居於嫩江一帶，福餘在今農安一帶，而泰寧則在扶餘以北。西喇木倫河形勢既定，遼河流域固有遼東都司的建置，西大凌河上更有大寧行都司的建置。更以寧王封於大寧，就近鎮壓。然有兩點值得我們注意：第一，遼東都司及大寧行都司及其所轄的衛所完全為軍事的性質，而非如府州縣的民政機構，於此可見。第二，大寧都分

在永樂之時即已將遼東併入，其初情形不可得詳知。若遼東都司範圍

的民政乃轄於山東布政使司，並非與山海關各府州縣直隸於中央。即是遼東

事務亦昧取出山海關而仍須由海道，以與山東聯繫，

這裡的緣故是以防人策應。或者在其初開之時，強悍淤塞海陸東出

之途易受北邊游牧民族的騷擾，易致受阻，不如越海與山東聯繫較為平

安可靠也。

明初渴離

韃靼女真的計畫及奴兒干都司的建立

明初對於東北，不僅取得征服了兩喇木倫河以北土地，取得遼河下

游各地，且有一種遠大計畫，可以說見當時謀國的深遠。同時

這種計畫實為隔斷韃靼與女真的聯繫。

為金國雖亡，其留居於故土的女真子遺仍然強悍有力，不過已遠及其故部

獵地的部落生涯。明初既致力於征服北邊蒙古人在大漠南北的勢力，就必

這些强悍有力的女真各種為其所利用，所以必須使得明人的勢力於兩者之間，以切斷其間的關係。這種計劃，從洪武時經營河西之地以後漸完成前後頗相彷彿。當時女真各種有所謂海西建州野人三種。海西女真活動的區域，乃在松花江屈折之處，亦即為金人初起時的根據地帶。建州女真則居於長白山東寧古塔各處。後來建立滿清王朝的努兒哈赤即為建州女真的種人。至於野人女真則散處於黑龍江南北兩岸各地。

後來清人記載明初的東北疆域，謂僅止於開原鐵嶺各地，並未再向以北發展。其實這是明中葉以後的情形，明初並不限於此一區域。清人所說，不過想埋沒明時在這一方面的努力。明初因為招撫女真種人，逾越遼東邊河與伊通江間的分水嶺，循着古帝國經營的故跡，而向外發展。女真部落院分為海西、建州、野人三種。明廷皆一一加以撫綏，於其地分建衛所。衛所的首長即以其種人為之，猶如唐代的羈縻州。明代在這方面的發展實包括三種女真之地，直至黑龍江入海之口的奴兒干地方，於其地建立奴兒干都司。此奴兒干即元代東征元帥府之一之所在地（其另一元帥府在朝鮮境）。永樂十一年（公元一四一三年），命人於其地建立永寧寺碑以為紀念，其碑今仍依然存於人世，堪為証明。

但是這種發展在永樂以後，並未能保持若干時期。這固為瓦剌及韃靼在北方勢力的擴張，影響到明廷的國勢。尤其是正統十四年（公元一四四九年）土木之變，（土木在今察哈爾懷來縣東附近）英宗為也先所擄，更使明的國威頓減。這時女真諸種所建的衛所雖仍存其名稱，實際卻無若何作用。明人的勢力遂又退回至東遼河以西通江河所分水嶺以東，而以開原、鐵嶺為重要根據點。當時於開原有三萬衛、遼海衛、安樂州，鐵嶺則有鐵嶺衛。

因當時遼河水運尚可以直通至開原附近。（見弘治六年李善奏疏）故欲掌開原遼河流域自必肇開原與鐵嶺也。

兀良哈三衛附 東胡後

始明初經營西喇木倫河南北之地，於河北設兀良哈三衛，河南建大寧行都司於大寧，以肇開原邊防。及靖難兵起，成祖挾寧王歸於北平。後徙封於南昌，徙大寧行都司於保定。西喇木倫河以南防務盡空，及永樂之後，三衛所部遂漸南移，於是自大寧前抵喜峰口近宣府為朵顏，自錦州、義州歷廣寧至遼河為泰寧，自黃泥窪逾瀋陽、鐵嶺至開原曰福餘。（見朵顏北照地境。明史朵顏傳。）明史記朵顏三衛東移，由於成祖靖難兵，曾得三衛之助，因以地償之，此說最無稽，孟森於此有所辨記。三衛既南移，又時時與韃靼相呼應，於是薊鎮及遼河流域受其威脅，而遼河流域尤甚。因有正統時王翱（七年公元一四四二年）

命畢恭修築遼河流域邊墻之舉。其所築的邊墻大致是由錦州附近起，經義州廣寧之北而東南，繞於遼河，其在河東者亦由牛莊附近經遼陽之西，過開原附近而至於昌圖。無奈遼河套則因邊墻的修築而視同化外，嘉靖隆慶之際（公元一五二二年至一五七二年），蒙古福餘部侵佔遼河流域，其勢力遂[illegible]居之。

[illegible]監察御史畢恭[illegible]遼陽開原，[illegible]修築墩臺[illegible]，[illegible]遼東[illegible]堡，惟遠置墩堡以備瞭望，[illegible]遼直通義州，遼陽鐵嶺以達開原，開原城西有[illegible]又[illegible]，陸路從廣寧至開原[illegible]三百餘里，[illegible]外荒地[illegible]兵馬會於[illegible]山[illegible]，[illegible]開原之東[illegible]山中，[illegible]州[illegible]城[illegible]，[illegible]此墻[illegible]，[illegible]地置於境外。

女真人的南遷及其對明人的威脅

明人於嘉靖之世築固開原鐵嶺，以防禦女真人的南下，然女真（李成梁）人却依然遷徙於遼河流域之東。當永樂宣德之際（公元一〇三年至一四三五年），女真的建州部一部即已移住圖們江岸的會寧，其一部則移住於吉林。（指吉林市，為明人經營奴兒干時的船廠。）移住於吉林的一部更南移於鴨綠江流域的佟家江附近。後為朝鮮人所阻，移於渾河上游的蘇子河附近。以此為根據，對明人威脅。[illegible]成化三年（憲宗年）（公元一四六七年）明人已修築撫順以東的邊

情可以見其一斑。然其時女真人向利明廷所賞賜，與馬市的利益，故其間的情
形尚不至於惡化。及努兒哈赤起，東遼警訊遂日急一日。奴兒哈赤初起，曾
努力與女真勢力之復興強大，明之邊吏則腐敗無能，並不能消禍源於未兆，
於統一建州各部，於是其轄地東由朝鮮，明國相結，東至於海，西北達於黑
龍江以外矣。萬曆四十四年（公元一六一六年）女兒哈赤遂正式建立其後金汗國。
女真人在此時所處的地勢實在遼河流域以東的長白山附近，而明人則處
於遼河流域之平原。平原容易受山地敵人的攻擊，為居必然的情勢。萬曆四十
六年（清天命三年，公元一六一八年）薩爾滸一戰後（薩爾滸在渾河與蘇子河合流處），女真人遂大
勝頓挫進之明兵，而使張勢力於遼河以西。這時女真人一方面與明人爭遼
西，一方面南向經營朝鮮，並且更向經營兩側木河東地，於此時明遼人取已

（接上置諸境外）遼東之衛夷人肆意出侵擾入遼河套等處，假名牧畜，東陲

入寇。居遼墻害者較昔尤甚。且沿边墻一带，地多平浸。土脉鹹鹵。每年春

秋徵人夫四五萬名，費糧餉萬万石以上，無益边防，徒勞人居。惟最初之計画

特遼河為險，並夏旱水淺，敵騎易渡，冬寒冰凍，也履坦途。於是掠人畜，

無敢耕作。遂至田野荒蕪，边儲虚耗，不得不仰給北方之轉運，現糧路

隔遼河，又自盤山至牛莊無地，雨多水漲，引糧阻隔，第一個原有警

錦州、義州及廣寧之兵，何以應援？且遼東孤懸一方，女真今亦古及傳人，雖

處，倚遼陽為失策，則遼陽不支，遼陽不支，則畿輔之地，誰能安宴？……计今若

開復舊路，則據守之城堡及瞭望之營寨，往來道里，可減三分之一；山澤之利，舟楫之便，及地險之固，不可勝言。（引見稻葉君山清朝全史）

稻葉氏，註遼陽在西，今新民府一帶。

圖，但形勢窘蹙（寧遠〔今遼寧錦西縣〕之戰，明天啟六年即天命十一年，公元一六二六年），明人雖取得勝利，努爾哈赤雖

因傷致死，然女真人勢力已成，遂而取努爾哈赤地完成對於東北的包圍形勢。

崇禎九年（清太宗崇德元年，公元一六三六年）以後，金汗國又改其國名為大

清，表示出其勢力更進步的發展。這時候明國內亂已起，及李自成入京師，

破防守山海關的吳三桂，吳三桂遂降清，清兵遂長驅入關。

自薩爾滸之戰以後，女真人由長白山麓而至遼河流域，其後與明人之戰

於此流域先後達二十餘年，在此期間可以看到女真人對於農業區域的

利用。這一帶稱〔女真〕河谷、撫順以及女真人的祖先所蹤跡開拓的果實相付。

當努爾哈赤建都於興京（今遼寧新賓縣）時，其八旗兵丁不過六萬人，以此區區的六萬人

經營遼河流域的土地，殊感責大，且八旗兵丁僅用於戰爭，而非用於農作，女真

[illegible]崇禎八年即天聰九年，公元一六三五年，清軍在山西北部[illegible]往遼東人口七萬六千，[illegible]年，即崇德元年，清軍在畿輔俘掠人口十八萬，崇禎十二年即崇德四年，公元一六三九年，清軍在直隸山東一帶俘獲人口四十六萬，崇禎十六年，即崇德八年，公元一六四三年，清軍在山東俘獲人口三十六萬九千年，[illegible]村耕耳查李華錄[illegible]崇禎清初[illegible]入關前皆東北[illegible]明末清初三十七年版）頁[illegible]自然有[illegible]詩，但是據人口數量也是一個可觀[illegible]數字。

人除利用遼河流域未能出走的明人為他從事耕作外，又廣事擄掠以求人丁的充實。擄掠之時，清兵屢次翻越長城，到處擄掠，甚至前鋒直抵於濟南。固為對於明人國內的騷擾，然其目的實亦在於俘虜。及得毛文龍部下所佔領的海島（今大連東海中的海洋島），更能部分的解決這個問題。皮島位於朝鮮西海岸外，實遼陽瀋陽以後，遼東人民多逃亡於其地，所以清人的取得皮島，於人口方面得到很大的助力。其所得的漢人既多，對於文化的發展自然不能沒有新的影響。但當其未入關以前，人口之中已有漢軍，其人口數量亦有可觀，不可謂非依據遼河流域二十多年的結果。

本面眉批原稿已殘。

第　節　東北問題與國際影響

東北土地雖已久入我國版圖，為我國疆域的一部，然以滿清有意加以封禁的緣故，致人口稀少，州縣建置不多，肥沃的土地未能完全開墾，富庶的物產未能盡量利用。其後帝俄勢力東漸，日本亦崛起於海隅，遂皆以我東北為侵略的對象。在這種國際的壓迫之下，東北的情勢日趨危殆，九一八事变之後，偽滿洲國竟在日本卵翼之下建立起來，東北的危機這時實達於極點。賴我全國人民的努力，日本帝國主義崩潰，金甌得以無缺。追溯本初，對於演成這種危機的經過，不能不加以檢討。

據東華錄載：天聰九年，清軍在山西北部掠去人畜七萬六千。崇德元年，在畿輔俘虜人口十八萬。又崇德四年，在直隸、山東一帶俘獲人口四十六萬。崇德八年，在山東俘獲人口卅六萬九千。

清初東北農耕區域的範圍

東北地方固多適於農耕的區域，但在明末以前農耕的區域局限於遼河流域，從事耕耘者大部份自然皆是漢人。蒙古與女真仍棲留於游牧狩獵的階段，未能再向前發展。明清之際，女真人與漢人相爭於遼河流域，前後達二十餘年之久。因戎馬的蹂躪，致城堡丘墟。鄉之在這裡經營農業的漢人，俱相率逃回山海關以內，或者徙於朝鮮。女真人雖以征服者的身份佔領遼河流域農耕區域，然女真實不擅長於耕耘操作。且當時尚在與明人血戰之際，八旗兵丁在在需要補充，焉有餘力從事於農畝。實際執耒耜者，僅若干鋒鏑之餘的漢人孑遺與俘虜而已。

在這種情形之下，廣大的遼河平原已大半淪於荒蕪。及滿清破攻燕京，復且征服全國，燕京的繁榮與長城以內各地的富庶，對於其種人實給予若干希望及享受的機會，以戰勝者的地位去剝削被統治者的人民。於是遼河流域的農耕區域不惟淪於荒蕪，且人口亦感形稀少，因滿人已繼漢人之後，相率內遷矣。

清初當喪亂之後，人民流離，農事凋零，各地皆有此現象，故當其政權稍事穩定之時，即積極勸導農業，以期恢復生產。遼河流域農業區域的荒蕪情形，當然也在改進之列。順治八年（公元一六五一年）時，即有招墾之舉，不過尚限於山海關外的土地。順治十年（公元一六五三年）時，文劃定遼陽為府，並轄遼陽海城二縣，頒布招墾命令。並以官爵獎勵招募赴東北開墾之人，然當時政局粗安，關內勝地尚多，內地人民固不必遠赴他鄉，始可獲得耕地。所以雖下令招墾，其成績並不甚佳。康熙即位之初，奉天府尹張尚賢即奏陳遼情，就其所言，則遼河以東，僅奉天遼陽海城三處，稍具府縣規模。蓋州鳳凰城金州等地，每處不過數百人，鐵嶺撫順亦少數流遣者居之。不能望以耕種與生聚。其他城堡雖多，皆踏荒殘廢。至於遼河以西，則城堡更多，人民更少，此稀少的人民又皆聚居於寧遠錦州廣寧諸處。於是張氏因慨歎沃野千里，有土無人，惟餘處處荒城廢堡，敗瓦頹垣，點綴於茫茫原野之中而已。據盛京通志（卷二十三戶口志）載，順治十八年（公元一六六一年），奉天府屬計有人丁三千九百五十二名，錦州府屬計有一千六百零五名。綜茫茫原野，僅有五千餘人丁，無怪乎張氏的慷慨陳辭了。（據盛京通志所載順治十八年奉天府人丁共計三千九百五十二名，然通志又載其前一年即順治十七年，遼陽海城新增人丁為三十七百二十三，若所言果確，則奉天府原來的人丁誠寥寥無幾）。

清初漢人前往東北開墾者為數非多，致勞清廷下令招清時多以開原邊外的上陽堡（尚陽）寧古塔、鐵嶺、撫順、伯都訥、齊齊哈爾、船廠、三姓、寧古倫呼爾、拉林等處（達）為安置流人的處所。其中上陽堡、寧古塔為尤多。寧古塔的開發，不能說不歸於此些人。閱吳振臣寧古塔紀略、楊賓柳邊紀略所言皆可為證。（另參謝國楨清初流人開發東北史）。

漢人的出關與東北的封禁

墾，其情形固如上述。然關內各地局勢安定，人民生計日繁，繼之可以在本土耕種者，隨時間的推移，已感有遷於寬鄉的必要。東北各地，尤其是沿海等處，遂成為人民遷移的目的地。在這樣的情形之下，清廷固不必再從事招徠，舊日的招墾令因亦於康熙七年（公元一六六八年）實際廢除。不過廢除招墾令並不能意味着不許漢人再行移往東北，因後來三藩平定及時所獲的俘虜及與三藩有關的罪人因多以統治者的力量強徙於東北。惟普通人民的出關，則須於山海關執票登記驗行，不如以前的漫無阻隔，慢慢有了限制。雖然如此，由關內前往東北的漢人仍然是源源不绝。據盛京通志户口志所載，則奉天府及錦州府屬各地在康熙二十年（公元一六八一年）時，人丁的增加已達二萬八千七百二十四人。較之順治之末，已增加五倍有奇。下至雍正十二年（公元一七三四年）時，又達四萬五千零八十九人，是五十餘年之間，復增加壹倍。然此不過登記於當時政府户口册籍而實際服役之人丁，其未列入此數者又不知凡幾。由這種情形可以看出，關内的漢人遷移至東北盡與時俱增，當時政府雖有種種為難之處，也未能完全加以遏止。

這種人民遷徙實在順乎自然的潮流，其逐漸演變竟引起滿清統治者的戒惧。這由於：第一，滿清王室本崛起於長白山下，及其入關定鼎，遂視為東北為其發祥之地，若一飽任漢人前往開墾，萬一損傷風水重地，則所關非小，在這種理由之下，對於漢人的遷徙潮流，遂興起阻碍的念頭。第二，在清初的滿人統治者看來，其所以能够滅掉明代征服廣大的中國土地，實由於其人民的強悍與騎射的精熟。這種強悍的風氣固為漢人所不如，但漢人的文物制度實亦引起滿人的羡慕，從而傾心效法。這種情形常使其初年諸帝的憂慮。由皇太極（太宗）起歷玄曄（康熙）胤禎（雍正）因無時不加以注意。其先後入關的滿人再開自樂已無形中接受漢化，其所賴以保持其固有的氣質者，僅特居於東土未遷入關內的種人。漢人源源遷往，自不能不發生影響。是以弘曆（乾隆）即曾經說過：「盛京吉林為本朝龍興之地，若聽流民雜處，殊與滿洲風俗攸關」。在這一種認識之下，固無怪乎其不欲漢人大量的移往關外。第一個原因因為滿清統治者始終關心的問題，第二個原因僅為若干所謂遠慮者的獨見，而非一般統治者所關心。然而最實際的問題，則為，第三，經濟特權的動為漢人所侵蝕。內地漢人的遠出關外，其目的固在於開墾耕耘，但此不過為其目的之一。東北地方之所以能引誘漢人前往者，尚有若干特產如人參東珠與貂皮，其價值皆極為貴重。而採掘與採捕之權，固一向為滿清王室與貴族的獨佔，不惟漢人不能染指，即滿人亦不能任意採掘或採捕。可是重利所在，漢人終願冒種種危險，以圖一嘗禁臠。這一點實為當時統治者所難於忍受。第四，即以開墾土地而言，清初人少，固需要內地人民為其耕耘，然前往其地的人民仍可開墾其官莊與旗地以外的隙地。為日既久，或者逐漸侵入官莊與旗地的界址以內，或者使由若干滿人手中獲得土地的耕種權或所有權，而影響到若干滿人的生計。這在滿清的統治者視之，也是危害滿人權益的一種。

在這樣種種原因之下，滿清統治者為了防止漢人繼續前往東北，遂逐漸實行對東北的封禁。這也就是說封禁是為對付漢人。乾隆以前，漢人的出關已多阻碍；乾隆五年（公元一七四〇年）更下令嚴加禁止。不惟山海關喜峯口九邊門等處禁止私出，而奉天沿海各地亦多派兵役稽查，不許漢人假海道前往。對於已遷往者，則令奉天府加以整理，寄居人民欲入奉天籍者須立保証，其不願者著於十年之內各返原籍。這種命令當時曾嚴加執行，並曾對於執行不力的奉天府尹霍備加以議處，其用心良苦，可見一斑。然在這樣嚴厲執行命令之期中，已經顯露出對於漢人的前往東北有難於備防的痕跡。乾隆十一年（公元一七四六年）議處奉天府尹霍備之時，弘曆在其上諭中曾說明所以處分霍備者「謂其不知寄寓奉天人民之過尚輕，其漫不查察，至出關人數超數萬，其過實大」。這裡已充分說明了乾隆五年所頒布命令的效力了。所以乾隆十五年（公元一七五〇年）又重申前令，且特令西南各省及沿海地方嚴密注意，不許由海道偷渡。其結果如何也可想而知。既不能普遍的禁絕，遂轉而為局部的封禁，於是有乾隆二十七年（公元一七六二年）禁止寧古塔等處流民條例的頒布，四十一年（公元一七七六年）更全部封禁吉林，謂其原不與漢地相接連，不便令流民居住，並永行禁止，不許入境。在此以後，這樣的禁令仍然一再頒布，實際等於具文，其效力並非甚大，充其量不過是增加了闖關渡口吏人的不正當收入而已。

漢人之所以能夠在這種種阻撓之下依然繼續不斷的移植於東北各地者，固由於其毅力的堅強，然若干滿人及官吏的援引，也不可謂毫無力量。在這樣的說法在表面上看來，彷彿是奇離，實則正是當時的情形。因為對於漢人的出關深懷戒懼者，僅為滿清的王室及若干貴族，而一般的滿人及地方官吏卻並不作這樣的看法。滿人本以射獵為生，對於農業的生產自甚生疏。及征服了漢人之後，圈地佔產以及用其他方式所取得之土地，為數甚鉅，于是借以射獵為生的旗人一變而為擁大田園的地主。然滿人實不擅於農事操作，自希望招致漢人代耕，以剝削所得，安坐而食。地方官吏又常希望漢人遷來日多，以遂其敲榨和侵蝕的本心。在這一種矛盾的情形，雖政令日嚴，並不能斷絕關內漢人從入東北的途徑。

周圍各種族對於東北的覬覦自滿人崛起，獨佔東北以後，東北地方的物資利用與經濟發展，實未能有所進步，雖漢人由內地不斷前往，然在這廣大的區域中，仍然是顯得寥寥無幾。這樣無論在人口與經濟各方面，東北地方實猶待是一張空白圖，需人填補。漢人自是從事這種填補工作者，但漢人以外，蒙人朝鮮人以及遠在北邊以外的俄羅斯人也皆對於東北抱有若干企圖。這樣滿清政府的努力實不限於防止漢人的一方面，而其他方面的防止較之對於漢人尤為不易。即以蒙人與朝鮮人而論，已使滿清政府感到困難。

●就滿人而論遼河松花江兩岸的廣大平原與蒙古游牧區域之間並無顯著的自然界線，可以限制蒙古人向東發展其游牧事業；這種情形在明代早已是一難題，滿清繼起，難題仍不易解決。鴨綠江的北岸卻又是山嶺重疊，正予朝鮮人的採掘人參者以無限方便。這種情形皆為滿清政府所不願見者，尤其是漢人們前往東北為了避免在山海關及海岸受阻起見，常設法由蒙地或朝鮮方面偷行，遂使清滿政府不能稍事放鬆。可是滿清政府對這種情形並無特殊的策略，祇是重複着明代的邊牆政策。滿清的邊牆在遼河以西者，乃由山海關外修起，歷經中興城錦西錦州義縣諸地之西，即現時遼西與熱河的省界而北，再由義縣經北鎮新民法庫之北而東北達於開原昌圖之間。其在遼河以東的部份，則由開原東南行，繞清原新賓鳳城諸地之東，而至於安東以西的海岸。其在開原以北者，則由昌圖梨樹長春之東，東北達於永吉之北的松花江岸。邊牆經過各重要交通地方也特置關门以便出入者易於监视与稽察出入的行人。但这些关门也如山海关一样，并不能实际完成阻止人民进入的任务。时间稍久，逐西的边墙方面的漏洞，更予满清政府以相当的苦恼。因蒙古王公的堕落与腐化，其所保持的牧地也极愿汉人前往开垦，新垦的农田较之原来的牧地更有利於他们的剥削。这样不仅是汉人自动前往蒙地开垦，蒙古王公更努力於招徕。汉人既前往蒙地既多，当然可由蒙地越边墙关隘而转入辽河流域，所以满清政府为了加以防止，当然限制蒙地的开垦，不过大势所趋，能有若何效力，大成问题。

不论汉人蒙古人抑是朝鲜人皆为满清政府所征服的人

民，而漢人與蒙古人且直接受滿清政府的統治，就防止其遷入東北地區而言，問題實甚簡單。較為不易解決者，則為北方俄羅斯人的東進勢力。當滿人向中國全土發展其勢力時，俄羅斯人亦向東方西伯利亞尋求其殖民地。順治九年（公元一六五二年），俄人已在黑龍江上游石勒喀河與尼布楚河交會之口建立最東的根據地涅爾琴斯克，即所謂尼布楚城，尼城的建立實予滿人在北更以這裡為基礎，向東伸張其勢力。方以無比的威脅。當時滿人在關內的統治力量尚未鞏固安定，未能在這方面多所建樹。直至康熙時始有適當的解決，即是在與俄人實際戰爭之後，訂立尼布楚條約的時在康熙二十八年即公元一六八九年）。滿清政府在這一條約内，並未獲得若何權利，反將額尔古納河左岸地方完全割屬於俄，自蹙国土。雖然如此，俄人亦由這一次爭執中明白滿清勢力還相當強大，不容易與之爭雄，遂轉而經營外興安嶺以北及鄂霍次克海一帶。這樣使滿清政府認為從此可以高枕無憂，繼續其对内執行封閉東北的政策。

開内旅人間 但是滿清政府與其種人間的矛盾，使這空白地發東北的計画的實施带有了填補的機會。滿清入關之時，大部種人隨之内徙。滿清政府對於他们固然訂有許多優待的辦法，使其能享受種種利益，至低限度，可以不為生計問題而勞心。這些滿人有這樣的恩藉，遂岸然高坐以度其征服者的歲月。其後人口日增，優待辦法不能隨其需要而時加修訂，於是備之優遊無慮的滿人，也漸感到度日的不易。其原初所以不良的手段所獲得的土地所有權，更無由保持。當康熙雍正之時，曾不斷大發帑金，作為救濟，但無底深洞，終難填補。乾隆初年，即有人主張解決旗人生計的問題，不應單從救濟方面着手，而宜教以謀生的技術，因倡議移旗人於東北以從事墾殖。乾隆二年舒赫德，五年范咸及六年梁詩正諸人的意見實為其代表。乾隆九年（公元一七四四年）實際計畫移徙旗人，擬於相當時期內移徙旗丁三千人於拉林及阿勒楚喀兩河流域。這種計畫的實施並未能獲得預期的效果，因移徙的旗人習於京畿的安逸生涯，殊不願在荒涼邊地從事勞作，及所得的之產銀用完之後，多乘機歸來，辜負了滿清政府的好意。

嘉乾之際，滿清國運已漸由盛極而衰，對於人民的剝削却有增無已，各地農民多有起義。滿清政府的威信已不如以前時候，所以內地人民前往東北者，日多一日。滿清政府一方面顧慮到旗人的生計，一方面又恐漢人在東北的力量過大，於是又計議重提舊事，再徙旗人於東北，於是拉林河大凌河及松花江沿岸之處，與地牧場相繼為旗人的開墾而開放。其結果卻依然無[illegible]，未能達到目的。其目的雖未達到，不能說是毫無影響，至少對於漢人的前往開墾發生了相當作用。因為旗人本不習於農作，既然分配到若干土地，就設法雇傭漢人為其耕耘，這樣的機到更增加了漢人在東北的數目。

外人勢力的伸入東北

滿清政府有意重建旗人在東北的勢力，卻沒有想到旗人的勢力已經無法扶持；漢人願意前往東北經營，滿清政府卻百般的阻礙與禁止。漢人雖時時突破這種阻礙遷徙到東北，在整個東北地區說來，並不能說是已達到相當程度，就東北的府廳州縣的設置看來，即可以瞭解。東北各省建置的府廳州縣，直至道光以前，僅奉天省的奉天府（本遼陽府後改奉天府）錦州府（本廣寧府後改錦州府）與新民府三府，遼陽寧遠復州義州四州，海城開原鐵嶺蓋平錦縣廣寧寧海七縣，其數目的稀少，可見一斑。由此可知，東北的空白地帶，在道光以前並未能有若何的改善。但是國際情形的改變，不僅使老大的滿清帝國不能維持其閉關政策，也不能維持其興王之地的封禁政策。道光二十二年（公元一八四二年）的南京條約，英人侵入勢力的尚偏在長江以南地區，但及咸豐八年（公元一八五八年）的中英天津條約，已要求開放牛莊為商埠。這是英國勢力的侵入東北之始。由英國要求開放牛莊為商埠一事看來，英國人的目的實不僅祇以海濱一城市為限。牛莊固處於遼東灣頭，却是在遼河入海之處，其意蓋欲溯遼河而上，伸其支配之力於遼河整個流域，亦猶其控制上海，即進而向全國支配長江流域。由英人的立場看來，此種策畧固為其得意之作。固當康熙時與俄訂立尼布楚條約以前，備戰的軍需品由遼河運輸，直上溯至於開原鐵嶺之間，其後因淤泥漸多，通航路線即逐漸縮短，當英人初至牛莊開埠之時，即因牛莊的河身狹窄，遂將其商埠由牛莊下移，改設於遼河口頭的營口。英人的目的雖未完全達到，然東北的富庶與英人的努力，營口的貿易遂

20×25=500

越形發達。開港十年後的輸入額每年已超過五百三十萬兩。但自南滿鐵路（即今中國長春鐵路由長春至大連之線）修成，英人的勢力當更伸張無已。然南滿鐵路的修成却非中國人的力量，而為另一帝國主義者的野心表現。

當咸豐時，正值英法兩國和滿清政府搆釁之際，沙俄利用機會，迫脅滿清政府共訂瑷琿條約。在這一條約中，滿清政府損失了黑龍江北岸廣大的土地，並且約定烏蘇里江以東作為共管的區域。及英法聯軍入北京，沙俄的使臣居間調停，得以結束戰役。事後沙俄藉口索償，勒索滿清政府的報酬，於是烏蘇里江以東共管的區域完全成了沙俄的土地。這樣沙俄完成了對於東北地方的半包圍形勢，日後的予取予求的基礎，已經在這時候建立起來了。

日俄兩國在東北的衝突

沙俄的勢力侵入到東北，這與英人的勢力是一個很大的打擊。沙俄不僅要囊括東北，還要涉足到朝鮮，於是引起了新的國際爭執。同治光緒之間日本已在模倣歐美，變法維新，且收了相當效果，進一步也向外侵略。朝鮮的地位正是由日本到中國的橋梁，因而成了侵略的對象。這時候英國想要阻止沙俄勢力的南下，美國也想開放朝鮮市場，所以都在援助和鼓勵日本的侵略。自然首受其禍的還是滿清政府。這樣的演變，由是有中日甲午之

戰的爆發（光緒二十年即公元一八九四年）。戰爭的結果，满
滿清政府完全失敗，當然日本到處得了許多便宜。就中關於
東北方面的是確認朝鮮為獨立自主國，和割讓遼東半島。
朝鮮在不久以後即為日本所吞併，從此日本即以朝鮮的橋
梁不斷的向中國侵略。至於割讓遼東半島一事，却引起俄
俄的恐慌。因俄很早就認定東北各地是她的囊中之物，日
本竟然捷足先登，先嘗禁臠，自非俄所願意，遂聯絡法
德兩國共同干涉日本，要求將遼東半島歸還中國。三國各有企
圖，但在為日後侵略中國打下良好的基礎一點上，却是一
致的。當時日本羽毛未豐，自然遵從着三國意思，歸還遼

俄國聯合德法兩國干涉日本還遼，俄國在東北取得了絕對的優勢，這時的俄國不但不放棄獵取不凍港的政策，而且把滿洲變成俄國侵入中國及朝鮮內地的帝國主義進攻政策的第一內容並。俄國的財政大臣維特（Witte）即曾經說过我們的繼應走的道路是向東方，全中國及其至朝鮮屬於本年於南方（見中俄條約中國史）這段路以後常俄[illegible]

東半島，另由滿清政府加付了三千萬兩的贖款。這樣沙俄在東北的勢力又增長了，日本也懷恨在心，等待時機以圖發洩，吃虧的不用說還是滿清政府。

沙俄勢力的繼續擴張

沙俄既以壓倒的優勢阻止日本勢力的伸入東北，她自己对於東北的侵略更是節節前進，一步也不放鬆。光緒二十二年（公元一八九六年）乘俄皇尼古拉二世加冕的機会，要求滿清政府派李鴻章前往祝賀，因訂立中俄密約。在這次密約之中，沙俄取得了東清鐵路的建築權，東清鐵路沿綫各種權益包括經濟採礦權及駐兵權等也都附帶的為沙俄取去。並且要求租借膠州灣以便伸其勢在一八九七年時，帝俄正圖獲得滿鐵路的修築權以前，英日兩國早已有（[illegible]）即已設法圖獲得東北的採礦權，且派人赴東北實地調查，此等手續均以後來為俄國的影響而中止，但亦以看出英國人的企圖——見帝俄侵略中國滿洲史第三五頁滿洲之侵奪。

力於中國內地。並約中更規定黑龍江吉林及奉天長白山的礦產應准中俄人民自由開採。所說中國人民開採的條件自然一些寬在，實際是為了沙俄自己的方便。這些地方本是滿清政府認為龍興之地，一向不許任何人涉足的，如今在外力的壓迫之下，只好取消了封禁政策。正當沙俄躊躇滿志之時，德國先以強力要挾滿清政府租借膠州灣，便使沙俄將吃到嘴裡的東西吐出來。沙俄於是轉過頭來要求滿清政府補償。又獲得旅順大連及其附近地區的租借權，和由哈爾濱至旅順大連及由牛莊沿海濱至鴨綠江的鐵道建築權。這樣就是說在東北區域內由西到東，由南到北，都實際的受了沙俄的支配，成了沙俄的势力範圍。

清末的墾務移民

局势一天比一天嚴重，使满清政府受到很大的刺激。封禁的政策事实上不能再继续执行。而自清初一贯的执行封禁政策的结果，使东北长久留於人口稀少的土地未墾的地步。清末国際的複雜其原因固然很多，但东北的富源未闢，漫藏誨盜，實不能不説是其原因的一端。這樣使满清有重新考慮其对於东北政策的必要。尤其是沙俄在修築东清鉄路之時，看到鉄路沿線的地曠人稀，倡議每年移民六十萬人到东北的計劃。這对於满清政府實是一個驚人的震撼，朝野上下因主張亡羊補牢，移民實邊，以日俄戰後日本取得南滿，美國人看起來，是不甚好的事情，這樣統統從此日本的勢力進佔日大商埠以後，也是遠的將來方面的事務，而不至於當道。這可以解釋英國在日俄戰當日俄戰時曾同情於日變得它的原因（見鄒議美帝侵略中國史緒論，政戰評論。）

圖補救，而其目的地尤注意於沿邊各地，如額爾古訥河、黑龍江、烏蘇里江沿岸及牡丹江、葛根樓、鴨綠江諸水的上游，與洮兒河的流域。雖一再努力，然距充分利用若地的程度尚遠，猶待以後的努力

日俄之戰與兩國在東北的勢力範圍

帝俄的一再膨脹，其在東北的勢力，固與中國以極大的威脅，更使另一強國為之眼紅，此強國即日本是也。當中日馬關條約訂立之後，帝俄曾聯合德法兩國，強迫日本歸還遼東半島於中國，自為日本所痛恨。對帝俄的所指的嫉妒，不僅為東方的日本，抑且有西方的英國。光緒二十八年（公元一九〇二年）英日同盟的成立，就是以共同防制帝俄勢力為目的。庚子之役以後，各國皆撤退在華的軍隊，獨帝俄尚遲遲不履行諾言，復得寸進尺，對中國多所要挾（如要求中國決不租借或割讓

本面眉批原稿已殘。

滿洲的土地與他國的周旋之區，中國不能闢作自由通商港等，更進而要求租借韓國的港口（龍岩浦）。於是日俄間的戰爭終於爆發，而中國竟宣佈可恥的中立。日俄戰後，日本承受了帝俄在長春以南的利益，包括承築於大港口及接管長春至旅大的鉄路，即日後的南滿鉄路。更進而要求中國設立遍佈於東北各地的商埠，如盛京的鳳凰城、遼陽、新民屯、鐵嶺、通江子、法庫門；吉林的長春、吉林、哈爾濱、寧古塔、琿春、三姓；黑龍江的齊齊哈爾、海拉爾、愛琿、滿洲里等地。於是日本的勢力北上而侵入於松花江流及其以北的地區。

日本的侵入東北，因以朝鮮為跳板，中日、日俄兩次戰役日本皆藉此跳板得奏膚功。日俄戰後，由俄人手中轉存得旅大兩港。於是日本至東北又可由海道直達。但是日本猶不以此滿足，日俄戰爭期間，日人强築安奉鐵道（宣統元年改爲寬軌，即今安瀋鐵路），並一再要求吉長鐵路，俾展築至朝鮮會寧。（即所謂吉會鐵路，此路於光緒三十三年即公元一九〇七年日人始要求修築，迄爲國人反對，後於民國十五年即公元一九二六年修築。）是由朝鮮西海岸北進，可直至瀋陽，與南滿鐵路相接，由朝鮮東海岸北上，可直至長春，而入東北腹中心區域。（日人所謂的間島，即在圖們江以北延吉等縣境，吉會鐵路即通過這所謂間島區域。

列强在東北的角逐

日俄戰後，日本既獲東北南部的利益，遂暫時心滿意足，俄人退守東北北部，亦稍戢其野心。日俄並曾三次訂立密約，互相承認其已得的地位。（第一次在一九一〇年即宣統二年，由俄國承認日本併吞朝一九一一年即宣統三年，英美德法四國借款（振興東三省實業），[illegible]以東三省之[illegible]作保，[illegible]使用[illegible]之[illegible]，[illegible]使用日俄之[illegible]業，及[illegible]英美兩[illegible]之門戶[illegible]，[illegible]權，日俄[illegible]對此未達到目的。

鮮，日本承認俄國在伊犂蒙古一帶的行動。第二次在民國元年即一九一二年，劃長春以南之滿洲及內蒙古一部分為日本所有，長春以北之北滿洲及其餘蒙古地域為俄國所有，並約互相援助，不相牽制。第三次在一九一〇年民國三年，兩國互不加以敵對為第三國的團體，在協商國方面保護其既得的利益。）這種情形當然與美國主張滿洲的門戶開放政策不合，美國也想插足於此種場合，因倡滿洲鐵路中立的主張（在一九〇九年）。自然這種主張不為日俄兩國所歡迎。隨後英人想修築新法鐵路（由新立屯至法庫門），美人想修築錦瑷鐵路（由錦縣經鄭家屯、洮南、齊齊哈爾至瑷琿），日俄兩國又說是和南滿鐵路、東清鐵路平行，防礙南滿、東清的路政。英、美兩企圖是沒有達到目的。而英國在咸豐年間所請求開放的牛莊（後改為營

本面眉批原稿已殘。

（同所攫出來的滿洲鐵
路，正如吉張最主要的
是在日本在日俄戰後
飛快的擴張的危險性
但俄日都從了日本，而
絕業日的要求，民事
□□日本的中日史）

口也因爲大連港口的開放，爲之減色。英日同盟幫助了日本在東方得到相當的地位，日本却把英國擠出了列强在東北角逐的舞台。

日本在東北的獨佔勢力

日本的侵略東北，利用朝鮮的跳板，旅大的港口，控制着南滿鐵路，更以此爲基地，再向各地發展。南滿鐵路會社就是採取英國東印度公司的故技。於是一方面攫取了撫順煙台的炭礦，另一方面（表民二）又圖侵入間島地域，（皆指於一九〇七即光緒三十三年）。更以承認民國爲條件，取得滿蒙五路的建築權。這五路：是開原至海龍，吉林至海龍，四平街至洮南，長春至洮南，洮南至扯河。這五路無異是南滿鐵路的五條觸角，伸入了東北南部的各個地區。後來到民國七年即公元一九一八年更將這四（五）路歸併爲四鄭（鄭洮也）吉開長洮，洮熱及熱海（熱河至一尚未確定之臨海口），四路這無疑的是更擴大的了一步。（不過因人民的反對，迄未興築）。舊吉路是不包括四平街至洮南的鐵路在内，這不是為日本有意的忘却，大是在一九一五年即民國四年已將四洮的首段四鄭（鄭家屯）鐵路築成（民十二築成），其後續築鄭洮段和牠的支線鄭家屯至通遼一段（民十築成），更延長四洮至昂昂溪（民十五年築成）。這不僅是佔據了美國計劃的錦瑷鐵路的中段，而且將黑龍江中部東清鐵路的西段運輸貨物，奪取於大連，使帝俄的海參崴港為之冷落。

然而最為顯著的侵略，則為公元一九一五年即民國四年向袁世凱所提出的二十一條要求。這要求是中國全國都受到鉅大的影響，尤其對於東北，日本無疑的取得了南滿和東部蒙古的獨佔地位，並將旅大的租借期限，南滿安奉兩鐵路租借期間，吉長路的代管期間，一律都規定為九十九年，則司馬昭之心路人皆見了。二十一條為我全國人民誓死所反對者，但在強力之下，常強制執行，東北利權益多因之而喪失。

為什麽日本敢對中國作這樣毫無忌憚的侵略了？自然那時候北京政府是一個賣國政府，不會起來反對，日人自然予取予求，人民力量也未壯大，也不能會起來反對，尤其是那時正是第一次歐戰進行在激烈的階段，西方帝國主義者無力東顧，什麽勢力範圍，什麽門戶開放，這時都顧不得提起。等到日本在東北的基礎穩固以後，更進一步向西伸展，係滿洲國的建立，可以說是日本在東北的獨佔勢力達到了最高峯。

盧溝橋事變後，由於全國人民的抗戰，故土重歸。但美國的帝國主義者卻是步日本的後塵，仍然想以朝鮮為跳板，侵略東北，侵略全中國。的美因由日本舊路而來，無疑的要循着日本失敗的舊途而歸於失敗的。

本節重要參考書

稻葉岩吉滿洲發達史

柳克述近百年世界外交史（民國二十年，商務版）

謝彬中國鐵道史（民國十八年，中華版）

陳博文中俄外交史（民國十七年，商務版）

蕭一山清代東北之屯墾與移民（東北集刊第四期第五期，三十一、三十二年）

吳希庸近代東北移民史略（東北集刊第二期民三十年，東北大學東北史地研究室）

左稿爲單頁，本面空。

本面原稿已殘。

第六章 行省制度與中央集權制的封建國家

第七章 鴉片戰爭後半封建半殖民地國家的地理形勢

第　節　行省制度的成立與演變

前面所說的宋代所推行的中央集權制已經是相當可觀，可是比起元代來却還有點遜色。宋代祇是以中央政府的官吏兼知地方政府的事務，這樣是僅僅的派遣人員，以求僅僅的能收箝制，元代的行省制度，却是實際上分出一部份中央政府直接駐到地方去。這樣整個的國土都受到中央政府的直接統治。這其間的演變與發展是值得加以探討的。

行省制度的探源　按照元代的制度來說，是於中樞設中書省，於各地分設若干行中書省（或為尚書省與行尚書省）。中書省的設置是始於太宗窩闊台三年（公元一二三一年），行省的設置是始於憲宗蒙哥（公元一二五一年至一二五九年），初年。（憲宗初，初立燕京等處行尚書省，世祖忽必烈）中統初（公元一二六〇年至一二六三年）設置行中書省），至英宗碩德八剌至治時有一中書省（即腹裏）及十一處行中書省（嶺北、遼陽、河南江北、陝西、四川、甘肅、雲南、江浙、江西、湖廣、征東）。由元代的中書省行中書省的制度，再向前發展，因成為明代的承宣布政使司的制度。（洪武九年公元一三七六年，定制設行中書省為承宣布政使司，至仁宣以後，共有二直隸（南北）及山東、山西、河南、陝西、四川、江西、湖廣、浙江、福建、廣東、廣西、雲南、貴州等十三布政使司）。不過明代一般人的習慣，還是沿用着行省的名稱。因為就其地方區劃來說，不僅是與元制一脈相承，而且是所差無幾，實際上是換湯不換藥的。後來到了清代，就乾脆恢復了行省的名稱，不過行省是對於省而言說既没有省的名稱存在，行省的稱謂，就形成無處着落了。（清康熙初調整明代的南北二直隸及十三布政使司的區劃，為十八行省，即直隸、江蘇、安徽、山西、山東、河南、陝西、甘肅、浙江、江西、湖北、湖南、四川、福建、廣東、廣西、雲南、貴州。清末光緒時又先後建新疆、台灣、奉天、吉林、黑龍江諸行省。除台灣不久即為日人奪去外，其餘即通常所說的二十二行省。）這種情形一直演變到現在。現在祇是保存着省的名稱，行省的意義，無論就實際上或者形式上都已不復存在，已另發展成新的規模了。

如果我們要追求行省制度的來源，無疑的要涉及到封建社會中的整個政治制度。在封建社會中，其政府中大概可以分為三個部份：第一為王室，第二為中央政府，第三為地方政府。這三部份的重要性，因其與封建主即所謂皇帝的關係而有差異。大体上是以遠近親疏來分別的。就其與君主的遠近的關係來說，則分明是中央政府近，而地方政府遠。若是就其與君主的親疏的關係來說，則分明是王室諸侯親，而中央政府諸侯疏。親者權重，疏者權輕；近者位尊，遠者位卑。由這樣演变，王室諸侯的權柄最重者，漸由王室外出而據於中央政府諸侯之上，成為中央政府中的要員。及其實際成為中央政府中的要员，則其和君主的關係必然的由親而疏，甚至為君主所不信任，這時候別有王室諸侯中的握有權柄者，復由王室外出，又據於其前者之上，於是前者遂由要員漸退為閒員，其所職掌的衙司，也斷而為閒曹。王室中人與中央政府中人之間的演变是如此，中央政府與地方政府之關的演變也是一樣的。因為地方政府的大員，其所轄的地區相當廣闊，容易引起君主的猜忌，君主也恐怕這些地方政府中的大員萬一有跋扈擅權之處，所以常常使中央政府中的人員出去監督地方政府。這些監督地方政府的人員，當其初被派出之時，其名位或者尚較地方政府中的大員為低，及時間稍久，常常能代為地方政府中的大員。等到實際上成為地方政府中的大員之時，君主又別使人監督。由這樣層層的推演，地方政府中的階層因之日漸加多，而至於五花八門的情形。

這種演變的程序，正合乎秦漢以後地方政府演變的情形。漢時的州制，唐時的監道制，以及宋時的以中央政府中的人員兼知地方軍州事，都可以作這樣的看法。這還不過是上面所說的中央政府與地方政府間的關係。如果以元代的行省制度來説，則又可合王室與中央政府之間的關係，以及中央政府與地方政府之間的關係爲一。其本來者的名稱，在兩漢末年以後，是曾經用作王室所在的名稱。（秦漢時本稱禁中，西漢元帝時，避外家王禁的名諱，始改禁中爲省中。）當時中央政府中以三公九卿的地位最爲崇高。三公九卿的來歷，自然也是由王室中出來的，但是既成了政府中的要員，實際的權柄，漸移於王室中的尚書。魏晉以後，尚書、中書、侍中三者均先後由王室的官吏，躋於政府之中。於是省的名稱，也漸由王室的專稱，改用於政府的衙署。隋唐時，三省制度的建立，其淵源可以説是如此。這種三省制度至宋金的末年，又演變成爲一省的制度。其時期在金國爲海陵王亮的正隆元年（公元一一五六年），在宋代則爲孝宗的乾道八年（公元一一七二年）。這次的改革是事實上對於隋唐以來三省分立制度的取消。金於是時罷中書門下省，祇置尚書省，宋也删去侍中中書令、尚書令，以左右丞相充閣揆，左右丞相就是唐日的尚書省的左右僕射，也可以是祇剩下尚書省了。元人承金宋之後，有的時候称尚書省有的時候称中書省，這祇是名稱的不同，不能看作隋唐時代三省制度的復活，因為當時稱中書省的時期比較長久，所以一般就以中書省為元代的代表制度。

中書省的演变既明，我们當再推求行中書省的制度的來源。行中書省就其性質來說，是和中書省成為一套的，其實際上的起源也是相當早的。當曹魏末年（高貴鄉公髦正元二年，公元二五五年），司馬昭與諸葛誕战於壽春，

魏晋時期所設台閣

散騎常侍裴秀尚書僕射陳泰黃门侍郎鍾會等以行台從。這可以說是行中書省制度的濫觴。其所以称為行台者，以魏晋時候，尚書省是被称為中台（三國志吳志諸葛恪傳）或称為內台（宋書百官志）。到北魏時，更称為尚書大行台。行台的設置的目的主要的是為了軍事行動，軍事行動是暫時的，所以行台的設置也是暫時的，軍事行動終止，行台自然隨之而撤銷。北齊時行台兼理民事，隋時則總轄一方的兵農刑政，其權力已在逐漸擴大了。但隋時並且開始用行省的名称。開皇八年（公元五八八年）代陳，置淮南行省於壽春，以晋王廣為尚書令。不過這是軍事的性質。金源入主中國，南向攻宋，西向制夏，而北方防備蒙古，行省的建置一再的增多，不過這是臨時的性質。到元時，才由臨時的性質，發展到正式的制度。

元代的行省制度　就實際方面來說，元代的行省制度其規模的廣大，遠超過於前代各朝。前代各朝的行省，充其量不過和中央的尚書省相似。到元代，中央政府中最要部份，行省中也同樣的設置。當時中央的重要機構是中書省、樞密院、御史台，而此三者同樣也設於行省之中，祇是名稱小有異義罷了。中書省設中書令、左右丞相、平章政事、左右丞、參知政事諸官。其中，中書令一職，世祖忽必烈時候，規定由皇太子兼任。這自然不是其他行省所應有的。行省除這一職外，其他左右丞相、平章政事、左右丞、參政等名目，皆是應有盡有。中央既然有一個御史台作為監察的機構，各行省自然也有行御史台。中央的御史台設有御史大夫、御史中丞、侍御史、治書侍御史諸官，行御史台當然也一例設置了。

中央的樞密院，各行省中則設有宣慰使司，宣慰使司的掌職與樞密院完全相同。這樣，行省制度就其範圍而言，遠較以前行台尚書大行台或行省為廣大。就其性質而言，實無異若干駐外的中央政府。自中央集權制觀察，元代的制度是較宋代更為嚴密，實際上是沒有地方政府的存在了。元代的行省制度與其前代各朝所不同的還不僅是這幾方面，最顯明一點是中央政府兼辦地方政府的職務。元代的省級以下承宋人之舊有路府州縣諸等，行省就是地方政府當然轄有若干路府州縣。元制行省直轄有各路及直隸府、直隸州，路轄有府州縣，府又轄州縣，州亦轄縣，路府州亦有不直接轄縣者。但是實際在中央政府的中書省也直接轄有路府州縣，相當於地方政府。這樣的說來，中書省與行中書省的差別，只是其所在的地區。

三. 元代省區的劃分

元代省區除中書省以外，尚有嶺北、遼陽、河南江北、陝西、四川、甘肅、雲南、江浙、江西、湖廣、征東等十一行省。嶺北是蒙古的舊地，遼陽為遼金故壤，征東是為統治朝鮮及計畫征討日本而設，舊日的中國本土只有河南江北等九省。

此九省的分劃有一個特點，即北方省區十分廣大，而南方已逐漸接近現在的狀態。中書省包括今河北山西山東平原綏遠(陰山以南)察哈爾(長城以北)熱河(老哈河以西)及內蒙自治區的南部，河南江北則包括豫、鄂三峽以東的長江北部，這樣較示出兩種不同的情形。第一，這些區域為元朝與宋戰爭的區域，經過元人的屠殺，人口十分的稀少。現在的河北省在當時只有一百三十二萬多人，現在的山西省當時只有五十五萬多人，現在的平原省當時只有八十一萬多人，現在的山

日知錄十開墾荒地條可參考

東省當時只有七十九萬多人（以上皆舊唐書）而現在的河南省當時只有二十五萬多人（此係歸德府的數字）現在的湖北省江以北部份當時只有一百二十二萬多人，現在安徽省的江以北部份當時只有五十四萬多人，現在的江蘇省江以北部份當時只有二百零一萬多人（舊唐書郡州）即是說黃河流域破壞得最利害，漸往南去，情形漸好，大都是當時的都城，僅有四十多萬人（包括今荊州以西，霸州以北地）而揚州一路却有一百四十七萬人（包括吳陳泰通等縣五州地）這樣的情形之下，貞者的範圍不能不廣大。第二点，中書省地既原由中央直轄，而其範圍相當廣大，這更顯出中央集權的特質。在北方另外一省也值得我們注意，當時的甘肅省轄限於今甘肅省的河西地及寧夏省，這本是西夏的故土，這告訴我們甘肅省名的由起。

在南方，四川和甘肃、雲南大致和現在情形差不多，其餘江浙、江西、湖廣三省，同在江南，却大致能合乎自然局勢。江浙是沿海區域，江西是贛江流域，湖廣是今兩廣湖南兩水系流域。只是把現在的廣東劃入當時的江西，現在的廣西及貴州劃入當時的湖廣。這或許是出於當時的統治者對南海附近的不重視。但是元人也何嘗不知道省區的過大是會影響到行政的效率的。當時有一種補救的辦法，是設置若干宣慰使司的道。於是有山東東西道、河東山西道、淮東道、荆湖北道、四川南道、浙東道、湖南道、廣東道、廣西兩江道、海北海南道、福建道。元人所有和宣慰使司的道大都可說是明人布政使司區域的基礎。

四 明代的布政使司制度及其區劃

布政使司，在其區劃的範圍大致和行省相同。故當時一般人仍以行省相稱。

布政使由行中書省知政事所改
提刑按察使（肅政廉訪使）
都指揮使司及行都指揮使司
（元樞密院）

但在性質上，卻更較元人的制度更為中央集權。承宣布政之名亦可充分表示出來。此種改革為洪武六年事，與洪武十三年的廢丞相，在意義上更前後相符合。

明時有南北二京，所以有南北二直隸，此外由於中書省罷廢，因明時既無丞相，初期大學士又無政治實權，故直隸於六部。

當時全國共分二直隸十三布政使司，大致同於今制，所不同者今陝甘二省當時合為陝西，兩湖合為湖廣，安徽江蘇合為南直隸。

明制與元制的比較，①是將改了元時太大的省，依自然地理的區劃，如兩廣的重新劃分，浙江與福建的分立。②是北方各區域範圍的縮小，這原因可以人口的增加作為解釋，洪武二十六年的人口統計，山東省有人口五百二十五萬，山西省有人口四百零七萬，河南省有人口一百九十一萬，一般的都比元时為多。③ 元时甘肅行省陕西的分開，而甘肅僅限於今寧夏及河西，分明是因於西夏，明時合陕甘二省為一陕西省，也可以说明西北的仍然蕭條。明時陕西人口為二百三十一萬，較河南為多，但陕西的範圍遠較河南為廣，實際上是人口最少的區域。

由明时的區劃，可以看出統治者的用心，各省區間常有犬牙交錯的狀態，而此狀態的形成是極不合理的，如北直隸與河南之間是。

五. 督撫制度的成立及其發展

承宣布政使之初立，本為中央派遣駐於地方之官吏，後遂轉為地方官吏，設遂有新的中央派駐地方官吏的形成，巡撫總督即係布政使而起者。巡撫之設大於布政總督，故總督職權尤大於巡撫。巡撫之名起於洪武二十四年，以皇太子巡撫陝西；永樂十九年，遣都御史王彰等分巡撫河南，始漸成定制。然職權尚無一定，或僅巡撫地方，或兼理軍務，或管理糧餉，或整飭邊關，或撫治流民，或總督河道，皆因事而設。其轄事多者，則稱總督。總督之設，始於英宗正統六年之征麓川，其時兵部尚書王驥奉命總督軍務，至成化元年又命韓雍總督兩廣，始成定制。巡撫總督皆為中央所派遣者，故須帶本職。如巡撫必為都御史，或副都御史派出者，總督則為都御史派出者；兵部尚書及侍郎亦多奉派為之。然兵部侍郎為巡撫，必帶副都御史銜；尚書派出者，必帶都御史銜。且明時總督巡撫亦因時因地設置，故一省不限於一員。

清初本移布政使司而將分省者，由於督撫之設，布政使已化一區域中的

長官而為督撫的屬僚。

清初巡撫尚因明制，數目不定。乾隆時始定制為有一員。

清初總督亦未有定制，乾隆時僅設八總督，即直隸、兩江、閩浙、兩湖、陝

甘、兩廣、雲貴、四川。直隸以外各兼其省的巡撫，陝甘總督亦兼甘撫。

清時省制仍因明制，各因明舊，僅分析其過大者，如陝西之分為陝甘二省，湖廣

之分為湖南湖北，南直之分為江蘇安徽。

清末又析置新疆（光緒九年）、台灣（光緒十三年）、東三省（庚子後）。

清時督撫由軍職變為長官，僅治知府縣而已。

本面原稿無字。

第　節　元明清三代的運河及國家的財富區域

一　運河的開鑿及其意義

元代所開鑿而經明清兩代所承繼的運河，是與隋唐宋時代的運河不同，這自然是國家政治中心轉變的結果。

元代雖建立了大帝國，實際負担國家的財政開支的地區，仍然是嶺南（陰山山脈）的農業區域。而嶺南的農業區域，卻又有南北之分，即漢人居住區域的金國舊疆，與南人所居的宋國舊疆。這兩個區域同樣受元人的統治，但其所受的遭遇卻不相同。蒙古用兵於金，由一二一一年至一二三四年（即成吉思汗六年至太宗窩闊台六年），前後共廿四年。元人用兵於宋由一二三五年至一二七九年（窩闊台七年至至元十六年），前後共四十五年。由用兵于金至宋

的滅亡，前後几七十年。在此一段時期，元人对於土地的观念發生了若干变化，決
定了他們对於金人宋人故土的態度。其初侵金日，其本身尚為原始草牧區域的
奴隸社会，所以取得金人的土地，即想盡殺其人民，改其土地為牧場。一直到取
得開封（一二三三），還想盡殺城中之人。其後直經過若干年的薰陶，其本身
已進入封建社会，故用兵於宋，雖然仍是殺戮，但已比滅金時為較好。觀元其是
对於宋人圖籍的珍視，更可看出其意識的轉变。
其實在北方金人佔据黃河流域以後，情形已漸惡化。金人屯田兵於人民雜處，
耕稼之民與游牧之族生活習慣既不同，兩種族之間又嫌隙，北方的農業自
然受到極大的損害。在金元之交，民族间的報復，使女真人自食其果。接
着元人南來，地方又經過一度摧殘，

這樣的情形之下，北方的農村生產力是受到極大的破壞而難於恢復。南方則未受到極大的破壞，得以繼續發展，故古人色目人多以南方為樂土，就可作為証明。但北方的破壞還一直的繼續下去，因元人的屯田制度的施行是偏在北方，其情形與金時相同。

因為在當時國家的財富之區仍在江南，而元人的建都燕，乃成為必不可缺之事。

二 海運河運與運河

初期海運，繼以河運，終則海運與運河並行。

宋元之際河由陽武南行，奪淮入海，故河運由淮入河，經中灤（封丘西南）陸行至淇門（汲縣東北）而入衛河。

濟寧至汶水（須城安民山，須城今東平）。

濟州河：濟河再入[illegible]，以濟口北流，改由東阿陳述直至臨清，下入御河。會通河：安山到臨清，全長二五〇里。

通惠河：至大都通州，[illegible]一直溝至臨清，[illegible]運河一全長[illegible]，[illegible]大江（[illegible]），[illegible]（[illegible]），鎮江[illegible]。

至元二十年（一二八三）鑿濟州河，至元二十六年（一二八九）鑿會通河，至元二十八年（一二九一年）鑿通惠河，運河始告完成。因為是閘河，所以運量有限，所以海運得以並行不廢。

三　明初運河的再度需要及其開鑿

元代北方殘破並未恢復，元代末年像起了農民的起義，而北方受兵災最烈。黃河兩岸，人口至為稀少，所以明初當時的軍屯衛所，也以北方為多。到成祖，永由[illegible]靖難兵起，淮河以北又遭遇到一次兵燹。但南方則無兵燹，卻與北方無[illegible]重。

明初因避害經的由南方徙民於北方，但明人在長城以北卻常受韃靼、瓦剌的騷擾，全國的邊防重心在於北方（九邊鎮為遼東、薊州、宣府、太原、大同、陝西、延綏、寧夏、甘肅），永樂時邊防重心在北方，所以將政治中心也

明初運道

1. 洪武24年黃河由原武決口，东南至寿州入淮，漕運由淮入潁，至新鄉出武八柳树等處入衛。
2. 會通河的疏鑿始於成祖永樂九年由濟寧直至臨清入衛。
3. 通惠河明初未曾修浚，成化嘉靖六年才稍修後通。

大通河（通惠河）
白河（通濟河）
北河（由天津到山東）
中河（由豐沛到黃河）
南河（江淮之間）
白漕（白河）
衛漕（衛河）
閘漕（山東境內）
河漕（徐州以南的黃河）
湖漕（江淮之間）
江漕（長江）
浙漕（浙江[illegible]）

光緒27年1901。
由此年廢南北漕運，南北改折，漕運河運一齊停止。

由南京遷到北京（永樂十九年）北方的關係還未得到恢復，不能不依賴着南方。這樣運河的需要也是一樣的迫切。

元代的運河因黃河的泛濫，於元順帝時在濟州以會通河一帶发生阻塞。

在洪武時北運的給養是沿用元人海運的成規，後利用河運。洪武二十四年黃河由原武东南奔潁入淮。於是運道也由淮入潁，再經陳州、新鄉入衛。

永樂九年才重開會通河故道。

明人與元人不同，漕運全盤是在運河，尤其是後來倭寇的頻擾，海運更在禁止之列。因此明人對於運河特別注意。由明入清，情形並未改變。

四 黃運的關係及其對於北方的影響

元明清的運河與隋唐宋的運河稍不同。元明清的運河直貫南北，與中因囿自然地理條件，不會因而不能不採取閘河辦法，使運輸不能起最大作用。

運河與黃河成直角的形勢，河水本不宜北注，此對河造成若干困難。

因黃運的關係，又增加淮水的困難。當時既有意借黃濟運，因不能不違背黃河的水性，遂使黃河泥沙永無寧止。黃河泥沙一方面將泥沙土壤無法使用，一方面將若干湖泊（如大野澤）淹沒。湖泊淹沒，河無調劑，黃河支水道皆受影響而患益烈。這樣使黃河下游的三角洲昔日沃壤，永難復原，對於北方的社會影響最大。

第　節　西南少數民族區域的地理及明清的土司制度

一、西南少數民族居住的範圍及其社會的形態

以現在情形來說，西南少數民族居住的範圍是雲貴、西康、廣西及湘粤西南的西部，四川的西部。如果由歷史上來說，則甘肅的西南部，四川中部，及湖北的西南部，亦應當包括在內。

這些區域一般說來是丘陵或山岳地帶，交通不發達，所以民族間的互相影響，尤其是文化方面的影響是不顯著的。

因這些區域包括的地方很廣，就面積來說，是由甘肅的西南部直至海南島，也就是由北緯三十七度附近直至十八度附近，地域既廣，物產亦不同，所以在這些區域中的少數民族，有的是在遊牧社會，有的是在農業社會，有的

進入封建社會者，則是在奴隸社會。

但其社會發展程序來看，最初無疑的是存在着部落的形式，直至現在，若干種族中，還是存在着若干的部落，但土司制度的成立，無疑的是承認其封建制度的存在。

二 苗傜與氐羌

西南少數民族在今日說來，其種類甚為龐雜，無慮數十種，若自歷史上看來，則更為眾多。但最早見於史籍的則是苗傜與氐羌。

苗人的記載於古有之。三苗最初發祥於黃河流域，其後逐漸南徙，而至於湘鄂西部以至於黔，即漢時人所謂的武陵蠻。東漢時，時時以政府的力量徙於江漢之間，於為沔中蠻。其種人亦稍稍北上，永嘉之亂前後以至南北朝時有所謂荆雍州蠻豫州蠻，其分佈東達於安徽中部，與一帶而至巴蜀，南及江漢，北至河南中部，殆可恢復到古三苗的情形，但南北朝的末葉已漸於漢人混合，於其留居於湘鄂以西者分道揚鑣矣。

氐羌種族自一般說來皆視之為西方種族。史記西南夷傳即列白馬氐於其中，即以現今情形而論，氐羌已與藏人分不開，而西康及雲南西北部的藏人，同[illegible]相當[illegible]。在古時氐羌曾居於渭水流域及河南西部，甚其遷蓋西，與苗人相同，即在其土者已與漢人混合，而在西方者其本來區域者，仍保持其原來的狀態。

叁、漢人勢力向（西南）外發展民族區域的伸張周武王伐紂之時，有加軍事的庸、蜀、羌、髳、微、盧、彭、濮，正是西南的少數民族。

在古代華夏種族僅限於中原，因此西南少數民族不大發生關係。隨着華夏區域的擴張，和少數民族的關係亦漸複雜。到戰國末年，現在的四川和湖南已大部成為華夏的區域。由戰國到秦漢，漢人對於此一區域不斷伸張其勢力，但大體上是限於交通道路的附近及適於農業的區域。舉其著者，如

1. 楚威王時，楚將莊蹻經略巴黔中以西，至於滇池。
2. 秦時常頞曾在巴蜀徼外通五尺道。據括地志的說法，在郎州，今遵義。
3. 漢武帝時因通南越，始通夜郎。
4. 張騫自西域歸，因於大夏見蜀杖邛布、邛杖，乃通滇、昆明等地。
5. 漢明帝時於哀牢地置永昌郡，以通西南諸國的貨物。

6. 蜀漢時諸葛亮因南中屢有叛亂，五月渡瀘，以征不庭。

從秦漢時起，來自上漢人的郡縣已分布在今雲貴之廣大地。但實際上當時政府對於西南少數民族並未積極的加以干涉。通南府同的制度 秦漢時所實行的制度和諸葛亮的任用當地部落的渠帥的方式，猶可以看出這一時期漢民族與西南少數民族的關係。

這種關係至南朝宋齊時，又有進一步的發展，即左郡、獠郡、俚郡的建立。這是通過制度的發展，也是區別統治漢族和各少數民族的方法。其實這種獠郡俚郡更可說明漢人的統治權力的逐漸退出，因為若干獠郡俚郡僅置於荒徼之地，刺史、縣令皆用當地的人士為之，當書所不能記載。

梁時朱异所論，承聖（梁元帝年號）以後，梁人勢力不能及遠，而魏、北周也未能維所梁人對他繼僅空名也未能保存。

四、南詔大理與羅施鬼國

隋唐兩國所建立在西南少數民族地區，是和前代不同。隋代雖於今雲南曲靖置南寧州，唐代雖於今雲南姚安置姚州總管府，但還是羈縻州的性質。隋唐時代於這邊遠地多設羈縻州，羈縻州是有州縣的名稱，刺史、縣令皆以其酋長為之，這和南朝的獠俚郡都是差不多的。

即以劍南道共二百九州、江南道共五十一、嶺南道共九十二，三道合計羈縻州已有二百九十二州。

隋唐帝國西南方面的國界大致是以大渡河、金沙江為界，其州有其人統以東北的烏江流域、貴州黔巴寧以南兩江的上游，此外都是少數民族的範圍。

南詔本為漢哀牢夷種，唐時始建成六詔。其初本有六詔，蒙舍詔最南，後遂統一其餘五詔，徙於大和（今之雲南大理），受唐封為雲南王。其時在唐玄宗之世。

蠻語謂王曰詔。六詔者，蒙舍詔而外，又有蒙巂詔、越析詔、浪穹詔、邆賧詔、施浪詔五詔。蒙舍詔在今雲南蒙化縣，蒙巂詔在今（雲南祥雲縣）西康西昌縣，越析在今雲南麗江縣，浪穹在今雲南洱源縣，邆賧在今雲南鄧川縣，施浪在今洱源之東。

因唐邊吏措置失當，南詔遂與吐蕃聯合，為唐邊患。

雲南太守張虔陀私閣羅鳳妻子，且多所需求，閣羅鳳遂反，劍南節度鮮于仲通遂用兵征討，因力為疲。

其國土東距爨，東南屬交趾，西摩伽陀，西北與吐蕃接，南女王，西南驃國，北抵益州，東北際黔巫。其始稱曰大蒙，後（貞元十五年，七九九）貞元時始稱南詔，宣宗大中（十三年，公元八五九年）時又改

皮邏閣時始併五詔為一。唐開元廿七年（七三九）徙居大和城。

參 六詔所在地從日人鈴木俊之說，見東洋中世史第八章南詔を中心としての雲南社会族，據東洋学報第十九卷第二號刊載鈴木俊南詔の意義及び六詔の住地に就して。

摩伽陀，據新唐書謂在印度恒河下游。驃國今緬甸。據女國名在西藏北部。據唐末開元天寶時即有南詔之名，當不始於貞元之時，或者此係北詔？

稱大理。其後國名數更，至五代石晉時，復稱大理。

唐末昭宗時（光化四年（九〇一）），蒙氏爲其臣鄭買嗣所奪，國號改稱大長和，後唐明宗天成

（楊干貞[illegible]）三年（九二八）其王位由鄭氏轉入趙氏（趙善政），國號改稱大天興，同年又轉入

楊氏之手（楊干貞），國號又稱大義寧。石晉天福時（二年九三七），段思平自立，逐楊氏，建國號

大理。宋初太祖鑒於唐末南詔之患，以玉斧畫大渡河曰：此外非吾所

有。於是大理不通中國。直至

至宋理宗寶祐時（十三年/一二五三），爲蒙古所滅。元人就於雲南建立行省，然仍於大理設大理路

軍民總管府，以段氏子孫世襲，至明始絕。

羅施鬼國爲宋時烏蠻中的一部落，本[illegible]，在歷史上指

盧鹿部，南北朝時東爨烏蠻所居之地，三國時代的羅甸國，唐時爲羅殿

羅氏鬼國[illegible]，鬼主至宋時羅

施鬼国。至元时于其地置八番顺元等处军民宣慰使司都元帅府。

八番者，程番、韦番、方番、洪番、龙番、金石番、罗番、卢番，其地在今之贵阳、惠水之东（诸国、八番皆在今）。

罗施鬼国在宋时尚未与中国发生若何冲突，其最扰乱而叛者，则为宋仁宗时广源州侬智高。广源州在邕州西南，郁江之上源，为今越南谅山以北地。侬智高当时建国号曰大历，后又改为南天国，且陷邕州以下，围攻广州。为狄青所平定。侬智高走亡于大理。

两宋时代这种情形说明了下面几件事情。唐宋时代的汉人虽是文化最高的种族，他们所采取的羁縻政策固然是对于少数民族取一种放任态度，任其自己发展，但这种消极的政策是不对的，他们没有以其最高的文化帮助少数民族的发展，如果少数民族的力量不继续增长，而边境情况仍能维持着一贯的政策，自然没有什么问题，如若像侬智高那样强盛，解于这种适当的问题，冲突是难以避免的。

明清两代废土司者亦[illegible]，依据的是土著之人，每若干汉人不前服从，受封或镇守其地区的土司，但这样的土司，也是少数民族化的土司。

五　土司制度的建立及明清两代改土归流的政策

土司名称始见于明史，其意为以土著之人世其官守。土司制度虽形成于明时，而其制度的肇始，则上溯于元代。进而论之，则秦汉以来，对于西南少数民族的态度与方式固相差无几。

明史列傳一九八云：漢武置郡縣，歷代仍令自保，此即土官土吏之所始歟。

即以漢時而論也，夜郎、滇國皆置為郡縣，然夜郎、滇國之酋長且仍以王印。這與羈縻制度的建立，皆可表示漢人的統治者對於少數民族的態度。諸葛亮說平南蠻，即用其渠帥，其言：「若留外人，則當留兵，兵留則無所食，一不易也。加夷新傷破，父兄死喪，留外人而無兵者，必成禍患，二不易也。又夷累有廢殺之罪，自嫌釁重，若留外人，終不相信，三不易也。今欲使吾不留兵，不運糧，而綱紀粗定，夷漢粗安故也。」這雖時達權之方法，雖是表示統治者並不是對於少數民族要以平等的待遇。

元代對於西南區域是多少和以前不同，元代在這一區域中因少數民族部落的大小設有宣撫、安撫、招討、長官等司，軍民府、土府、土州縣。這些都是屬於行省，或間接隸於行省，是包括在行省的版圖之中於以前僅屬羈縻，與不隸版圖的情形不同。

明代土司制度其基本精神據明史列傳一九八所云，則踵元故事，大為恢拓，分別司郡州縣，額以賦役，聽我驅調，而法始備矣。然其道在於羈縻，彼大姓相擅，世積威約，而必假我爵祿，寵之名號，乃易為統攝，故奔走惟命。

其所以然者，因少數民族接近漢土，揆之當時，普天之下莫非王臣的觀念，力之所及，當無不許其能在版圖之外。但少數民族間的風俗習慣多不與內地相同，若仍依內地設官治理，殊易引起糾紛。少數民族的關係，彼此常有爭鬥，不如以爵秩之法治理之，能收安和也。

但是這種土司的制度只能控制若干大姓酋長，而對若干大姓酋長斷依賴的奴隸社會和封建社會，仍是種擋一般的少數民族的工具，並非能澈底的解決了少數民族的問題。不過當時在個的中間還是封建的社會，自然難以語此。

明初對於西南最重要的設施，除承元人之後，設雲南布政使司之外，復設廣西、貴州布政使司。廣西布政使司的設置，不過是對於元人行省區劃加以修改。至於貴州，則爲新置。貴州的設置，自統治貴州一區關係言之，尚不甚大。對於內地與雲南的溝通，其關係實非甚小。但是明代西南一帶土司的跋扈與叛變，卻未因貴州省的設置而根絕。此由於①明代土司的管轄區域，多因元人之舊，境域過大。如播州楊氏即其一例。加强難制，爲其一因。②土司承襲之法未能嚴密，易起爭端，

明代改流原因 ① 因承襲問題而引起亂源 ② 因土司不法經討伐之後改流者 ③ 因土司後人已絕，無人承繼者 ④ 土人思歸流官 ⑤ 土司間紛爭仍致改流者

貴州省的建置為永樂十一年事。先是，永樂八年（一四一〇）思州思南兩宣慰使為亂，平定之後，乃改為思州、思南、鎮遠、銅仁、石阡、烏羅、新化、黎平八府，同設貴州省。其後萬曆播州楊應龍為亂，平之，其地為遵義、平越二府。思州在今岑鞏附近，烏羅在今印江東，新化在今錦屏附近。

而中葉以後，土司獲得承襲之權，往往須待至二三十年之間，致土官政忽諸令引起亂源。③ 若干土司區域如烏撒（今貴州威寧）、東川（今雲南會澤）、烏蒙（今雲南昭通）、鎮雄（今鎮雄）諸地，雜錯於川滇黔楚之間，統轄既分，事權不一，遇有事故，未能即早日處理。④

劉株（方略）政策未能有一貫的政策。

明代雖行改土歸流的政策，但效果不著。其較有成績者如貴州的播州、廣西的大藤州（今廣西思恩）、歸德州、果化州、那地州（今廣西南丹）、南丹州等是。

然明人並不主張厲行改土歸流，如王守仁即其代表，故若干土司改土歸流後，仍設土官治理。如四川的芒部即是。而王守仁平貴州、廣西的亂事後，多主張仍復其官，不過若干土官之下，往往設流官來目佐之，稍稍限制其集權之氣。

清代對於土司的政策，大体是承明代的遺規，不過在施行時，表較明時為周到。明代土司最易發生問題者，為土司的承襲，清代則於這一点有了明確的規定。在老土司未死以前，已將嗣位者確定，故不至再引起爭執。至於改土歸流的問題，在清初亦曾實行過，但至雍正時鄂爾泰為雲貴總督始成為一定的政策。然鄂爾泰的主張，亦非一味的强改，而為斟酌情形，內地土司如遇適當時機，始皆在改流之列。其在邊地與內地較遠，可作為藩籬之用者，則仍保存其疆界。這時改土歸流的政策，一直延續到清末。在這時期改土歸流的以兩湖為最多，如湖北的散毛（湖北恩施）、施南（宣恩）、容美（今湖北鶴峰），湖南的永順、保靖、桑植及永綏、乾州、鳳凰諸地（皆在湘西），改流而為郡縣。四川的建昌、松潘、天全（天全）、打箭爐，廣西的鎮安、泗城、歸順（廣西），雲南的開化、昭通、東川、鎮沅、永化

清代對於土司另一種
处置，是建置而不奪其
力，老土司仍設常常，
多由族子傳承維持
清代土司數目較前為
尤多

興遠，貴州的威寧、印江、歸化、永豐，甘肅的岷州、西固各地也都同時改流。
至於清末，兩湖土司完全取消，滇黔蜀廣，亦十存五六，僅甘肅省仍未
廢止。
民國成立以後，仍斷斷續續地執行此種政策，如青海之囊謙、玉樹，西
康的瞻化，廣西的綏淥、上林、忻城、南丹、思林、向都、鳳山、萬承、龍茗、鎮
結、思樂、上金、雷平、果德、白山、都安，貴州有溪洛，四川寶興，雲南雙江、車里、
南嶠、佛海、鎮越、六順、江城、瀾滄等縣，及四川金湯，雲南金河、干崖、猛卯、盞
達、芒遮板、瀘水、臨江、阿墩子設治局，均為由土司改置者。

余賠譯中國土司制度一書中曾有中清代土司表，其言曰：「清代土司總計，其中雲南四川廣西甘肅貴州五省共計列名土司土官土吏四百九十一員，而不列等及無考証未列入者尚有二百六十九員（內雲南四十八，四川一百九十七，青海五十）。其他康雍之改土歸流者尚未計入，總共清代土司約共七百六十員。就所列四百九十一員中，屬雲南省者一百二十三員，四川省者一百六十二員，廣西省者四十六員，甘肅省者四十四員，貴州省者九十六員。

第七章 鴉片戰後半封建半殖民地國家的地理與疆域

第一節 鴉片戰後列強的壓迫與國土的喪失

一、鴉片戰爭以前的國勢及疆土的規模

1. 滿清政府自經乾嘉盛世以後，統治階級日趨於腐化，國力也日趨於衰弱，不過空架子猶存，依然是老大帝國的模樣。

2. 乾嘉盛時的國土，據清史稿的記載，說東極三姓所屬的庫頁島，西極新疆疏勒，至於葱嶺，北極外興安嶺，南極廣東瓊州之瓊山。

3. 在這樣的正式版圖以外，尚有若干藩屬，在西方的有，哈薩克，布魯特，浩罕，布哈耳，博洛爾，巴達克山，愛烏罕，坎巨提，等。在西南則有之廓爾喀（尼泊爾）布魯克巴（不丹）錫金，阿薩密，其在南方者，則有緬甸，暹羅，安南，蘇祿，

其在東方者，則有朝鮮和琉球。

二 英人對東方侵略及其勢力在我國境內的擴展

1. 正當滿清帝國的統治者以滿意足而逐漸趨於腐化之時，歐洲若干國家已經經過了產業革命，國內生產力的發展，而向外尋求侵略的對象。中國既然是一個老大的經濟落後的國家，有的是豐富的物產，眾多的人口，和廣大的地面，正好成為帝國主義者侵略的對象。

2. 我們所周知，英國與我們最初的衝突，是由於鴉片戰爭。英國就是一個可耻的向中國輸入鴉片的國家。鴉片是出產於印度，英人以其殖民地的出產運銷於我國毒化我國。於是引起鴉片戰爭。戰敗的中國割給英國以香港，又開廣州廈門福州寧波上海五口為通商口岸。

葡萄牙之來華互市最早，遠在明萬曆時，當時即已取得澳門，但并未引起若何大的影響。

香港在西南太平洋上為一重要島嶼，英口取得此地不僅是步進的前進基地，而且是其以進一步支配南中口作。

3. 香港一地，自當時中國統治者視之，不過海邊一小島，毫不足惜。但在英人視之，却不如此。香港是有益于航行價值這樣的地方，是英國侵略殖民地所必須争取的地方。由英國往東方的路程，直布羅陀、馬耳他、蘇彝士、亞丁、（以及好望角）錫蘭、新加坡的地位，都是和香港一樣的。另外，當時中口对外的口岸，廣州還是居第一位，而香港正是控制着珠江的口岸，這無疑的要取以廣州的地位而代之。并以此為基地，再向内地擴展。事實上英人已使其觸角移長江以南沿海各處。五口通商的口岸，一步步向北，正表示英人的勢力也一步步向北發展。當時英人採取海路擴展，而未採取陸路者，於本身是一個海洋國以外，當時（於英人）中口内地實在還是一個未知數。

三 法國勢力隨着東侵

1. 英法二國都是帝國主義的國家，英人在東方的得手，當然眼紅（拿破侖第三）遂借小故（因廣西殺法教士）來侵，英人也是未滿足，所以有咸豐時英法聯軍之二次鴉片戰爭之役。戰爭結果，訂定了咸豐八年的天津條約和十年的北京條約。

2. 在這兩次條約中，英人取得了九龍司的地方，作為香港的屏蔽（北京條約）

3. 英法要求開放牛莊、登州、漢口、九江、鎮江、台灣、淡水、汕頭、瓊州（後來又提原條約中除了天津一埠，另外因改登州為煙台）。由這些商埠的開放，可以看出：

① 帝國主義者的勢力已由長江以北，沿海岸北上，不惟進入渤海灣中，抑且進到遼河口，從此進入到東北。

② 侵略的另一箭頭，由長江西指，沿江水而進入內地。

③ 大陸以外的兩個大島，台灣和海南島，也不會被帝國主義放過。

三、帝俄势力的東侵

1. 英国在沿海打開了海上的大门，帝俄也在陸上敲着這老大帝国的後门，滿清同样的难以抵禦。

2. 帝俄與中国間的接觸，遠在一六八九年即康熙二十八年的尼布楚條約。古拉河以西的土地即国境劃定。不过俄人势力東向北發展，總是受到阻碍。

3. 咸豐八年（一八五八年）帝俄乘着滿清政府忙於太平天国的戰事，和英法聯軍之役的機會，強迫中国訂立璦琿條約，於是取去黑龍江北岸地與烏蘇里江以东至於海濱，作為兩国共管。

4. 到咸豐十年，俄使伊格那替業夫（Ignatiev）因居間調停英法侵略戰争之功，又索去烏蘇里江以东的地方。

5. 這時帝俄東侵的前頭，一路指着東北地方，一路指着庫倫張家口，又一路則在西北的回疆。早在咸豐元年，帝俄已要求伊犁、塔爾巴哈台通商，又添上一處喀什噶爾。

6. 西北門戶更加帝俄侵略的機會，西北的藩屬，先後為帝俄取去，這且不說，雍正六年所勘定的齋桑湖及特穆爾圖淖爾以西的界綫，這時也保不住了。

7. 咸豐十年，北京條約改定西北疆界，依着雍正六年的界綫從新勘定，但同治三年勘界之時，卻順着塔爾巴哈台山頂、額爾齊斯河、特穆爾里克山頂為界，於是齋桑淖爾、烏梁海部及齋桑湖、特穆爾圖淖爾附近的地方都完全失去。

8. 但是帝俄的企圖並不因此而滿足，同治時回亂大起，帝俄以維持邊境治安名義，公然派兵佔領伊犁。光緒四年（公元一八七八年）清廷派崇厚赴俄交涉，僅收回伊犁之名，並將伊犁西部特克斯河谷地割與俄領。光緒七年清廷再派曾紀澤前往交涉，僅得收回特克斯河谷地，伊犁西部霍爾果河以西地迄未歸還。然明年勘界，仍將谷地處竟為俄人所奪，以特克斯谷地復畀於俄人。

9. 這樣帝俄的擴張不只是採取向東北進展，及向西北進展，及向庫倫方面進展的三個方向。（一八六〇即咸豐十年許帝俄在庫倫設領事，又准帝俄人貿易。一八八一年即光緒七年，嘉峪關開為商埠。）

五 日本勢力的興起及中日俄間的衝突和日俄最初的衝突

1. 日本自明治維新後，躍躍欲試，想侵凌大國。同治十三年藉口台灣生番殺死琉球人民，出兵台灣，明年，脅清政府簽訂條約，清政府承認其出兵為保民義舉。這樣無異承認琉球是日本的屬土了。

2. 光緒二十年即一八九四年的中日戰爭，中國完全失敗，其明年，兩國所訂之馬關條約，中國割讓了遼東半島及台灣澎湖予日本。遼東半島經俄法德三國干涉，始得以相當（三千萬兩）的代價歸還我國。

3. 日人在這一次不僅表示向北侵入（朝鮮自此脫離中國而為日併）我國東北大陸，並且向南有伸入福建之勢，並且要通過長江岸，沿長江向西發展到重慶，於是亦這樣侵入的方向，又向西進了一步。

4. 三國干涉還遼，自然不是對於中國有好感。這一次主要是帝俄的力量，

因為（帝）俄本想支配整個我們的東北，如遼東半島為日人所奪去，自為

帝俄所不願意，尤其是旅順大連的不凍港，在帝俄視之遠較海參

崴為良好。這一下注定後來日俄的衝突。

六、帝國主義（帝俄與英）在侵略中國方面的矛盾與衝突，所謂勢力範圍

1. 日本的戰勝中國，要求割讓遼東半島，又從進了帝俄對於東北的侵略，

所謂三國干涉還遼，正是帝俄不願日本插足東北的表現。其間條約的[illegible]

（一八九六）二年，帝俄與李鴻章訂立所謂中俄密約，取得在黑龍江吉林地方建築鐵

路接濟西伯利亞幹線以達於海參崴，於是帝俄勢力進入了東北。又明年，

帝俄於德國租借膠州灣（以九十九年為期），帝俄也強租了旅順

大連。（以二十五年為期）同時俄人又取得由哈爾濱至旅大的鐵路建築權。這樣

帝俄們強租膠州灣時，俄們也強租了旅大，他們本想成立一種協定，把直隸遼東的朝鮮三地完全置於俄們支配，把俄們勢力扶植在東亞，這樣就把英們完全擠出黃海之外了。但是這個協定未成功，並且英們拿去了直隸灣入口處南岸的威海衛，於是猶恐日[illegible]遼了[illegible]抵抗。一[illegible]旅[illegible]日俄的[illegible]遠因[illegible]以[illegible]埋[illegible]了[illegible]。

津鎮鐵路的建築。這說明英俄協定並沒有把英國勢力觀念在長城以南，這在俄國人看起來，自然是俄國的失敗——雖要讓英俄侵略滿洲的要求退回長城以北的失敗。

同時英國更取得由山海關至新民屯及牛莊的鐵路建築權（即從來的北寧鐵路西段），這樣可以截斷俄人勢力下東北鐵路與津鎮鐵路的聯繫。

帝俄的勢力波及於整個的東北。

2. 這樣不僅刺激了日本，且刺激了英國，因英法戰爭之後，即要求中
口向中外各商埠，表示出北進的企圖。但帝俄並不因此而歛跡，又取得
京漢鐵路的建築權（通過比國公司），較後藉借款於正太鐵路（後由俄國出面以比利時名義取得），擴展其勢力，向南進一步侵
英國感受不佳，因為英人認為長江流域及其以南的區域是他的勢力範圍。
（英）遂在一八九八年即光緒二十四年，照會要求清政府不得租借或割讓揚子江沿
岸各省土地於他國。這樣挾制着帝俄勢力由陸路南下，同時又強租旅大
對面的威海衛，又防止帝俄勢力沿海岸的南下。因為英俄勢力的矛盾，於是
在一八九九年英俄訂立協定，規定揚子江流域為英國之鐵道建築範圍，
長城以北為俄國之鐵路建築範圍，互相承認，不相侵害。這樣就免自

英俄鐵路的衝突處，
1.京漢鐵路直達漢口
2.俄以

佔一席

3 因為英國想阻止著帝俄在東方的勢力，所以扶植日本，於是在一九〇二年（光緒二十八年）訂立英日同盟，這樣使英俄的矛盾，轉成日俄的矛盾，但俄國在東北的發展並不是因此就斂跡，於是就發生了日俄戰爭，（一九〇〇年光緒卅年），戰後，日本取得了帝俄在東北南部的權利

4. 英俄的矛盾不僅表現在東北中部，同時也表現在西部，帝俄在新疆方面一步的進展，固然取得了若干中國的領土，但也威脅着英國的印度，於是英人的勢力也就由印度向北擴張，而進入了西藏。一八九〇年（即光緒十六年）中國承認哲孟雄為英國的保護國，而哲孟雄乃是藏印間的門戶，至一九〇四年（光緒卅年）英人更以武力侵入西藏，此後英國就積極的進行對藏

侵略。在民国初年（民三四）英国並要求中国承認西藏有自治权，並議分

為外藏與內藏，但英俄協定又未劃清，此亦出英国有更進一步生西藏東

侵的企圖。（英俄兩国並在光緒廿二年時私分我帕米尔的地方。）

英国在侵略中国方面不僅與帝俄發生矛盾，而且與法国發生矛盾。光緒十

一年（一八八五）法国進一步，（法国本是英国來侵的夥伴，兩国共同與起英法聯軍之役）

奪取了中国的安南，（一八九五年）清廷再於法国締約，就定法国欽土壖峙至

湄公河時（東岸上流）之地江洪的時因確認是屬於法国）這一下刺激了英国，

他也於同年（一八九五）中侵佔了緬甸，法国既於我国粵桂滇三省接壤，自然就其勢力

隨之而入到三省。這情形是英人所不願的，於是在一八九六年（光緒廿

二年）英法協商在四川雲南兩省的權利兩国一分享。法国總看說的

帝俄侵略中国史第二章
俄国对满州之扩张的侵略。
变起，远东的各国割据港湾
时候，法国首先提出中国对它
应给的报酬，一法国对中国
的云南又得到一些地方的割
但在南，中国不仅在云南
广西开了一些商埠以利
法国的通商，并且使云南广
西及广东的矿权让给法
国，而且允许法国优先把
安南既存铁路伸长到中
国境内，并於中国境内另修
新路之权。此外又借款给中
国，又因俄国在北方的协助
而得修筑京汉铁路，获利
后就到了京汉铁路的修筑
权，广州商的大铁路之权。以上
种种地位，法国达成了欧洲列
强侵略中国的各先锋
各种情况中，它得到的全文。

一八九五年六月廿二日

利，及英人分去。於是又向清廷要求海南岛（一八九七年光绪廿三年）及广东广西云南三省不割让给他门（一八九八），同时要求由安南至广西及云南境内的铁路由法门承筑，又更进一步强租广州湾（光绪廿五年）。广州湾的租借自法门视之，一方面巩固了安南方面的防卫，一方面又确保西广方面的利益，且一方面还可与香港对峙以防英人势力的扩张（此项扩张的局势自亦），法门这种情形英人以为害，於是要求租借九龙半岛，且公然说中国租借广州湾於法门是威胁香港，所以英国也应当租借九龙以为抵制。这一年又藉口俄人攫取了东清铁路的建筑权，於是又向清廷要求承筑天津镇江间，山西河南湖北间，广州九龙间，上海南京间，浦口信阳间，苏州杭州宁波间铁路的承筑权。由于其浦口间的铁路又与德门势力发生了冲突。

6. 德国在一八九八年（光绪廿四年）获得胶州湾的租借权，以后同时又获得自胶州湾建筑至济南或山东边界铁路与由胶州湾至沂州再经莱芜至济南二铁道之权，并获得以后山东有关办任何事项，德人有优先承办之权。自这样山东省是在德人的势力范围之内了。英人既要求津镇路的修筑权，自必与德人利益冲突，折衝的结果，英人修了津镇以南的一段，德人修了津镇以北的一段，德人的势力范围遂不限於山东一省。

7. 在英俄法德四国竞划定势力范围的时候，日本也於一八九八年（光绪二十四年）划定福建省及其沿海一带为其势力范围。

8. 正当英俄法德日各帝国主义者在中国划定势力范围时，美国也

列強勢力劃分的工作以後，是
其加速度破壞中國的統
一與完整，義和團運動
即直接原因之這時最重要的
一個。

向太平洋上發展，他於一八九八年后併了檀香山，並佔了菲律賓群島，隨即想參加列強對中國的侵略，但各列強勢力範圍多已劃定，勢難插足，於是倡導倡導所謂門戶開放的政策（一九〇〇年為有關各國所贊同）。這樣將從前單獨侵略的勢力範圍，變為各列強協調的侵略，勢力範圍的外貌上，去結果是在中國，門戶開放的政策，使中國將有列強的共管，花樣是不同，中國的被侵略却是一樣。

七、庚子以後的局面

1. 一九〇〇年即光緒廿六年，八國聯軍侵入北京一役，使滿清政府受到重大的損失，從此北京城內各國使館區域有了外國駐軍，這開各國未有的先例。而由北京經天津至山海關等處准許各國駐兵，尤使首都永無屏蔽。

2. 在這一次战役以後中國人心理有了很大的改變，由輕視外人一變而為畏惧外人，從此，外人的要求就可予取予求了，並且辛丑條約对於中國的主權也是殘缺不全。

3. 在這以後因為俄日兩國在東北的利權矛盾引起了日俄战役（一九〇四年光緒卅年），結果日本承繼了帝俄在南滿方面的利益，又進而擴大；日本又在民國三年，乘欧战的機会又出兵佔據[illegible]，承繼了德國在山東的權益，民國四年的廿一條，更对中國有進一步的侵略，其中關於中國方面，則不僅要求山東福建及沿海一帶土地島嶼，不得割讓租借於他國，且要求所有沿海港灣及島嶼，不得割讓於他國。這樣不啻認為中國整個國土都在他的勢力之內。

4. 而俄人则策动外蒙独立，英人则策动西藏独立，更进一步，且欲使中国的藩属一齐丢掉。

5. 至于各地租界，则天津一地有英法日意俄比奥德八国租界，汉口有俄德法英日五国租界，上海有公共租界及法租界，其他英国于厦门、九江、镇江、广州、营口等地有租界，日本于苏州、杭州、福州、沙市、重庆、汉口、沈阳、营口、安东等处有租界，法国在广州有租界，烟台、芜湖、鼓浪屿又有公共租界。长沙

6. 澳门于明嘉靖时为葡萄牙人所占，光绪十三年，葡人遂永久管辖澳门。

本面原稿無字。

第二節 沿海經濟都會的興起及內地經濟的凋枯

一、鴉片戰爭以前的情勢

1、鴉片戰爭以前國內富庶區域是東南江浙一帶，其他各處比較江浙為貧瘠與蕭條。江浙是國家經濟的命脈，國家財賦之所出。

2、國內的交通除運河一途外，別為驛站。惟驛站以北京為中心分佈各省，僅到都邑，於經濟的發展乃無大的補益。清承明後，比較重要的都市除北京外，大部份萃聚於運河沿線，如淮安、濟寧、東昌、臨清、德州、東光（明史食貨志）杭州、鎮江、揚州、徐州等處皆是。運河以外，如朱仙鎮、天津、荊州、武昌、江夏等處皆有相當的發展，但當時對外是閉關時代，所以這些都市，其經濟的發展情形，自然也限於國內，而難以康熙開放海禁以後，对外貿易口岸有寧波、廈門、廣州、澳門等處，而廣州特爲重要。

前揚州等地的繁榮。

三、对外貿易，在台湾爲清廷征服之後，因然開了海禁，許江浙福建廣東等省人民出外貿易，（康熙二十三年）但却未積極的鼓勵，而外人之來華者，形以天朝物產豐盈，無所不有，原不藉外夷貨物，以通有無（乾隆五八年給英王之敕諭）（年二上諭只是二元）的緣故，而加以拒絕，英使馬加特尼（Macartney）於乾隆時來華，未能有所獲得，就是這種緣故。這是中江的自給自足的經濟基礎在作祟。

四、鴉片戰爭以前海上对外貿易的口岸，爲廣州，陸上对外貿易的處所是恰克圖，（雍正五年在恰克圖所訂條約規定之）但恰克圖僅是與俄的貿易，而廣州的貿易却不限於一國，所以東南海上的貿易實比西北陸上的貿易爲重要。不過過去沿海設市舶司的地方，多因禁閉關政策而荒廢了。明代在廣帝國主義所需要的貨物為棉花、絲、大豆、茶、油料、煙草、雞蛋、豬鬃和糧食。

帝國主義者所要求開的商埠大都是在海濱江岸或沿海附近的平原，因為此等區域交通較便，容易被侵入，且在土地肥沃或易於灌溉區域容易生產帝國主義者所需要的貨物。又上海與天津港口的改善之種，載在辛丑和約中，這是帝國主義者想使中國為一形式市場從其口岸的經濟侵略，因為這個緣故也就成了海於天津的商業發展。天津港結冰的口岸這個障入冬不易，需冰凍封，但其東北的秦皇島卻補足了這個缺陷。

州以外，還有泉州、寧波。

二、雅片戰爭以後所開的沿海商埠與鐵道交通

1. 道光二十二年所開的有廣州、廈門、福州、寧波、上海。咸豐八年所開的有煙台（登州）、汕頭、營口（牛莊）、咸豐十年所開的有天津。光緒二年所開的有北海（合浦）、溫州。十三年所開的有拱北、九龍。十六年所開的有福寧。二十三年所開的有吳淞。二十四年所開的有三都澳、秦皇島。二十五年所開的有青島。三十一年所開的有海州。三十二年所開的有大東溝、大連。三十四年所開的有連山灣。宣統元年所開的有[illegible]。

總計鴉片戰爭以後所開的沿海商埠有二十三個。其中或者因為腹地過小，或者交通不便，其可以稱道的僅廣州、廈門、福州、寧波、上海、青島、煙台、天津、大連幾處。尤其是廣州、上海、青島、天津、大連最為重要。其與帝國主義開始關係的

發展程序是由南而北的。

2. 帝國主義者以通商口岸為據點，以壟斷我國的對外貿易，為達到交通的控制。其中除上海、廣州，一是位於長江的入海處，一是位於珠江的入海口，所以帝國主義向我國進一步即要求內河航行權，因為長江流域很遠，所以在長江沿岸，若干商埠也隨着開放。帝國主義的侵入內地就起來，如鎮江、南京、蕪湖、安慶、九江、武昌、岳州，（及洞庭湖與湘水流域的長沙、湘潭、常德）沙市、宜昌、重慶，其在珠江流域者則有三水、梧州等處。除此而外則為經利用鐵路以相聯繫，鐵路因為近代交通的利器，然因為便利帝國主義經濟侵略的目的而建築，故充分表現出殖民地的特色。

帝國主義不僅侵佔着海口，且進一步侵入內地，在沿鐵路未普遍興修以前，所以他們要求內河航行權。

3. 中國鐵路與殖民地的特色的一端，是由海口的商埠向內地伸展，是通給內地物產富饒的區域與商埠之間的交通，這自然更加便利帝國主義者的經濟侵略，而且這些鐵路建築權常是落於在有關係的商埠擁有相當勢力的帝國主義者之手，如粵漢、廣九、滬寧、滬杭甬等路，均與英人有關係，而膠濟鐵路與德日兩國先後有關係。

4. 中國鐵路的半殖民地的特色，就另一端是為了便利帝國主義向中國的侵略而建築的，是由某些帝國主義的國境或屬地伸入到中國的境內，如東清鐵（光緒廿二年）路及其支線（今中東長春鐵路）、安奉鐵路（光緒卅二年）（今安瀋鐵路）、吉會鐵路（現尚未築成的）、滇越（宣統二年）鐵路皆屬於這種特質。

5. 中國鐵路的半殖民地的特色的又一端是由於帝國主義之間矛盾衝突的結果，如因帝俄取得了東清鐵路（通過比公司）的建築權，英人遂恐其

在半殖民地裡的鐵路，是各帝國主義者獲得自己的利益，侵入中國吸取中國的原料並把商品輸入。

帝俄的勢力因此由東北發展至長江流域，因攫取關外鐵路的建築權，
又因於乘英、美鐵路取得平衡的緣故，又攫取津浦、滬寧等鐵路的建築
權。

6. 中國鐵路不僅含有半殖民地的特色，而且又有半封建性的特色。中國鐵路
多由洋商洋債自內地發展，這是有以京師為中心的向外輻射，京漢、京綏、京奉（北寧）
津浦等鐵路的興築，固有帝國主義侵略的成份在內，然滿清（京山於寧山）
清政府的用意未嘗不是想利用這幾條鐵路鞏固其統治權，維護
其半封建的統治。

7. 雖然中國鐵路本身的特點不一，但直接間接的有助於統治權維護和
今（即前清）的沒有建，則是不可否認的事實。

因為是選擇，所以各鐵路的車輛軌距皆收有差異，因其工程師及材料的來源都不相同，這是半殖民地鐵路的特色。

嘉庆二三年一八一八年，英门对华输入额为五·六〇〇〇〇〇千元，其中鸦片值〇·七〇五千元，占输入总数的十分之一三·五。

道光五年一八二五年，英门对华输入额为二五·九三二千元，其中鸦片值七·六〇八，占输入总数的六分之一。

道光一三年一八三三年，英门对华输入额为二三·二〇〇千元，鸦片值一二·八七八，超过了一半之上。

三 鸦片的输入与国际贸易的入超

1. 鸦片战争是由于鸦片输入而引起的。鸦片贸易自乾隆后半期即已开始，以后逐渐发达，至道光初年输入已达到当时门户所不能忍受的程度。因然人民吸食者极甚深，尤其是银货的流出，情形更形严重。道光三年至十一年每岁因鸦片输入而银两外流即达一千七百万两，自十一年至十四年，每岁漏银二千余万两，自十四年至十八年，岁漏银三千余万两。这还是由广州方面流出的，其余福建浙江山东天津等处流出者，还不在数内（道光十八年黄爵滋奏疏）。当时每年输入之数的情形我们不知道，但就这情形来看，其情形自是严重的，所以鸦片战争是难于避免的。

鸦片战争的结果英人获胜，鸦片的输入自然较前更甚了，直至光绪十四年以

鴉片輸入（百分數西）
同治九年　二六
光緒六年　三二
光緒十六年　一九
光緒廿六年　二七

前此鴉片仍為輸入的大宗。據海關的記載，在光緒四年時，鴉片的輸入，佔總輸入數百分之四五。至光緒十四年時鴉片輸入還佔百分之二五·九，再過十年，為光緒廿四年，鴉片還佔總輸入數百分之十四，直至民國前五年（光緒三十三）中英兩國協約定限制鴉片入口，民元年政府禁止輸入，但這種形式禁止，並不是說沒有鴉片的輸入，只是以前的輸入不是公開的了。

鴉片輸入減少的原因，是由於中國自行種植及印度用於種茶的緣故。中國的種煙，在鴉片戰爭以前已經有了，廣東福建浙江雲南山西。道光二十二年浙撫劉韻珂致伊里布書云浙江台州出產土煙，其一族尤甚。到光緒初年，陝甘雲南四川江南及浙江均有出產。祁寯藻有清禁鴉片煙奏。更積極，後來煙產地日以加多。據英人 Bartholomew 著 A Literary and Historical Atlas of Asia 中的材料，以甘肅陝西雲南山西四川

云南贵州四川以及长江南及松花江流域。五口人因不知鸦片产量到底有的数

量由鸦片输入的逐年减少，当可知是在逐年增加。

2. 至于门户贸易中江的海关档有记录为同治七年即一八六八年。自此以

后，入超常多于出超。由同治七年至民二十三年（一九三四）的记录，其中入超结

佔六十二年，出超佔五年。在这期间，总共五年入超，金二〇、八二七、七六六关两，

六十二年的出超七、二一八、三八〇、〇九一关两，出入相抵净入超七、一九三、五五六、

七二三万关两。这些入超，自然要由全国的人民全体的去承受负担。

3. 第一个受影响的当然为农产品的粮食。中国本是一个农业国家，

粮食的生产本该不应发生问题的，但结果竟然发生问题。据海关的记

录，小麦及米为主的五谷类在光绪十四年（一八八八）时已占入口货的第二位，此后一

雅片的种植需要很多的肥料，非常耗费土地的精华

此處應將全國棉紗棉貨輸入中國列成一表

（民二十）直到一九三一年，米、麥、麵粉在我國入口貨中的地位才由落到第二位至第六位之間。而一九三二年至一九三四年又跳居到第一位，為什麼會如此呢？⑴難民的移植 ⑵自清末一直到民國二十年前後的天災人禍。

其次受到影響的乃是食糧以外的棉花與棉紗棉貨。英國都在鴉片戰爭以前資本主義的發展已達到相當高的地步，而曼徹斯特的紡織業，不僅是英國紡織業的中心，也是世界的中心。這樣中國的棉花棉紗棉貨的輸入，更加上其他的帝國主義者，是逐年的高漲，自同治七年至民國十九年，輸入品以棉織品為最多，其中棉貨常佔第一位，棉紗也常佔到第二位（或第三位），大戰以後，棉貨及棉紗的輸入已逐漸減少，而棉花的輸入常在第五位以上，民二十年更跳進第一位。這說明棉貨棉紗輸入的減少，只是外人在我國設廠紡織的結果。

重要的入口貨：棉貨、五穀、呢絨、棉紗、糖、液体燃料、棉花、棉紗、魚介、煙草、鋼鐵、固体燃料、機械、船舶、紙烟、染料、顏料、麵粉、紙類、木材等十餘種。

5. 在入口的貨物中，尚有一個重要的項目，乃是煙草。尤其是第一次世界〔大戰〕之後，煙草輸入更為激增，一九一八年時，竟在入口的貨物中佔到第四位。（三〇三九百万関両）

6. 最可注意的這些入口的貨品中，鋼鐵和機械竟然佔到無足輕重的地位。第一次世界大戰以前，鋼鐵的地位，猶遠在第六位以下，大戰以後，始稍稍的好轉，鋼鐵也只有一九二〇年的第四位，機械也只在同年，達到第四（五）位。這說明了帝國主義者在輸入方面剝蝕了廣大的農村，卻也未實幫助發展了都市的工業。

（四）國際貿易中的出口貨物與農村

1. 在出口貿易之中，是近代為帝國主義者所需要而生產的可了受剝的原料品。

重要的出口貨：茶、生絲、雜糧、油類、棉紗、絲貨、棉花、蛋產品、糖、紙、爆竹、種子、獸皮、五穀、烟葉、瓷器、菜子類、圓傘、燃料、皮貨及皮革、毛類、絲繡等工藝、豬鬃

2. 在這些輸出的物品中，最重要的是茶。由同治七年（一八六八年）至光緒二十四年（一八九八）約三十年間，茶的輸出都佔出口的第一位。光緒廿四年以後，茶的地位是讓與生絲了，不過還可維持着第二位的地位。第一次世界大戰以後，因英國在印度、錫蘭上大量培植茶樹，日本茶樹亦參加到世界市場之中，茶葉地位就降落下去了。

3. 說到生絲，這是與茶同為出口的大宗，絲貨也是和生絲相彷彿。在一八九八年以前生絲與絲貨居茶的次位，為第二第三位。一八九八年生絲已代替了茶而居第一位。一九三一年以後生絲則退居第二位或更次要的位置。大戰以後絲貨已居到不重要的地位。

4. 以東大豆為主要的雜糧，在日俄之戰以後，東北完全開放，大豆的輸出大為

增多。在一九三一年、一九三二年佔到出口貨物中的第一位。此後日人佔領東北後，即無此項材料。

五、沿海經濟的都市與農村

1. 鴉片戰後由于對外貿易頻繁，助長了沿海經濟都市的發展。由輸出的物品看來，生絲與茶的產地在南方，其輸出地當然在南方的海港。大豆雜糧出產地在東北，所以大連港得以益加繁榮。

2. 糧食的輸入可以看到農村的蕭條，而西北的蕭條尤與西南尤其受到影響。因為那裡曾經是鴉片種植的區域，東南各地因為本來富庶，是產糧之區，所受的影響比較的為大。

3. 茶與生絲雖是南方農村的生產物的副業，其輸出固為滿足帝國主義者的需要，但究竟是因為有這一些收入而稍保持產地農村

四 尤其是沿海附近及農村與平原的農村，河川之地，鐵路附近的地區。帝國主義者需要這些地區生產他們所需要的棉花、絲、大豆、茶、油料、煙草和雞蛋，同時需要這些地區消費他們所剩餘的貨物，掠奪他們的農產，榨取中國經濟，使他們可以操縱農村的命運。帝國主義者糧食的輸入，棉紗紡織品的輸入，事實上可以說他們侵入到這樣更打擊了中國糧食的生產，東南各地的農業亦頗多的受到這種打擊。

年代？

帝國主義在中國設廠於何時

重慶？

的元氣，等到帝國主義者自己培養烟草樹那種事業，像南方的農村一樣的受到影響。

帝國主義者最初是需要供給他們的原料，同時再其成品的銷售地，後來在中國獲得了設廠製造的權，道路方便了他們的侵略，設廠地方，主要是幾個通商都會，間接助長了他們的繁榮，但是農村却更增加了負擔。譬如煙草，因為帝國主義的烟廠（英美煙草公司）設在中國，於是像許昌、襄城一帶，就成和鐵路的維縣一帶都成了產煙的區域。這在最初時，當然為帝國主義解決原料的需要，也減少農村稼合的影響。不過等到中國製煙事業發展以後，倒成為補充損失的因素，又如中國棉花種植的發展，在抗戰以前也是如此方式。本來，自國防七年

七年以後，中國就是一個棉花及棉織品的輸入國，而其來源大致以美國、印度

這自然影響了農村的經濟情形，

為主。這種情形當然從使中國農村對於棉花的種植，但有一個特殊的

情形，中國一方面是棉花輸入國，一方面又是棉花輸出國，而輸出的對象，大

部份是日本。據海關的數字由一九〇五年，即為光緒三十一年）以後，輸入日本的

數量佔最重大的比例。最多者在一九〇五年，約百分之九十六。（佔全國棉花輸

出的總價值），即最低者也佔到百分之七十五。（一九三三年全國棉花輸入是六三・二萬

万關兩，棉貨是四一〇・五百万關兩。而輸出的棉花是二一・七五關兩，棉紡是二五・

六七關兩。）中國棉產本不十分發，中國的需要但是要為帝國主義服務，因日

人在中國設紗廠甚多，他們以在棉田棉花價值低的地方買去棉花，而高的地（價值）

方要安南外國補填。這樣農村是受到一層剝削，而日人設廠的都市，表

而趨於了破產。

5. 農村的蕭條，不僅是受到帝國主義經濟的剝削，同時也是受到帝國主義所卵翼的封建殘餘的統治者及軍閥互相間鬥爭的影響。帝國主義既然在中國各有其勢力範圍，於他們為了擴大固其勢力，就扶持這些封建殘餘。例如民國初年的直系受英美所扶持，皖系受日本所扶持。他們間的鬥爭，至直接破壞了農村生產的機構。

6. 帝國主義及其所扶持的封建殘餘（封建地主們也有責任），不僅破壞了農村中農業的生產，而且破壞了附加農村有關的手工業和家庭業，於是要在農村中無以生存的人民，紛紛的集中到若干都會去，尤其是沿海的大都市。上海人口增加到三四百萬，就是一個明顯的例子。但這種繁榮的大都市是畸形

農村中農產品的價值，也是受到帝國主義的支配。他們操縱市價，抑制剩餘價值的一些農業（加入的）機構來調查農村的生產，從而因為使農產品的價值趨於低落。這樣農村不能在資本受到破壞而也由於廣大的極大，這樣帝國主義的投資就是一個例子。

中國新式的工業，本來已不能和外國競爭，但是軍閥的混戰隔離了各區域間的聯繫，以及中國過去的商路，於是地方工業因之衰落，如錢感

鋼鐵業。因為中國的鋼鐵業主要是操在日本資本家的手裡，如鞍山本（鐵礦煤礦）
溪湖、大冶、安徽南部等處與鋼鐵業有關的鐵礦是掌握在日人手中，撫順、本溪湖、
萍鄉、淄川的煤礦也掌握在日人手裡，開灤煤礦是掌握
在英人手裡。他們自然是不希望中國能有重工業的發展。於是一些民
族資本家們只能經營些輕工業，如棉織業、煙草製造業、麵粉業等。這
些部門的工業有些卻是利用輸入的原料來生產，只就這一些來說，已
可以表現農村經濟的衰頹。但是若干工業品卻含着造成破壞農村
獲得市場（在中國日人所稱的紡織廠也有同樣的遭遇）這說明中國農村的衰
頹的另一面。（這些輸出品中有棉紗、電器用具、留聲機、帽子、絲織物、火
柴、肥皂、水泥等。一九二九—一九三一）

7. 就這些較小的論述，充分表現了半殖民地的性質，因爲他們只集中

在幾個大的通商口岸，也就是在帝國主義卵翼之下討生活，他們爲了

避免本封建殘餘勢力的迫害，他們爲了乞求帝國主義者的保護，所以

都集中在幾個大的經濟都會。他們於本國原料之產地，脫節了

經濟發展的不平衡

8. 這是近百年來中國的經濟都會於農村發展的過程，這種畸形的病態

的必然一要因帝國主義在中國勢力的崩潰和其所卵翼的半封建殘

餘勢力的崩潰以及人民政權的建立而另外換成新的面目

將來的歷史就是這樣新的面目。

中口商埠表

康熙二十八年	龍江、呼倫、愛琿、臚濱。
雍正五年	買賣城
道光二十二年	福州、寧波、廣州、上海、廈门。
咸豐元年	塔尔巴哈台、伊犁。（庫車北、庫[illegible]）
咸豐八年	營口、煙台、南京、鎮江、九江、漢口、又汕頭、瓊州、臺灣、淡水
咸豐十年	天津、張家口、喀什噶尔、庫倫。
光緒二年	蕪湖、溫州、宜昌、北海（合浦）
光緒七年	嘉峪関、迪化、哈密、古城（奇台）又吐魯番、烏里雅蘇台、又科布多。
光緒十二年	九龍、拱北（中山）、龍州、蒙自。
光緒十六年	福寧（霞浦）

光緒二十一年　思茅、騰越

光緒二十二年　吳淞、蘇州、杭州、沙市、三水、梧州

光緒二十三年　河口、亞東

光緒二十四年　三都澳、岳州、南寧、秦皇島

光緒二十五年　青島

光緒二十六年　武昌

光緒二十八年　安慶、萬縣、惠州。噶大克

光緒三十年　濟南、濰縣、周村、長沙、江門。寧安、依蘭、甘竹（順德西）、江孜

光緒三十一年　鄭州、海州、湘潭、常德、雲南（昆明）。吉林、長春、哈爾濱、綏芬河

光緒三十二年　大東溝、大連、奉天、安東、鳳凰城、遼陽、新民、鐵嶺、通江子、法庫門、琿春

光緒三十四年　連山灣（遼西興城）、彰德、洛陽、新寧（台山）

宣統元年　龍井村、局子街、頭道溝（二者皆在延吉縣）、百草溝（同上）、香洲（中山）

民元　浦口（延吉）

民三　洮南、龍口、赤峯、歸綏、多倫。

岳陽　古峽

主要入口商品的來源地（[illegible]）

1. 米○穀○一項以安南暹羅印度為三大供給地。

2. 棉○花○以美國印度為主，自日本運入者也有大数。印棉也印輸日由日輸華

3. 棉○布○久為日本英國所瓜分，現在自蘇聯輸入者也有大数。

4. 煤○油○美國佔第一位，其次為荷印及蘇聯。

5. 五○金○英德美比日本為主。

6. 小○麥○澳洲為主，加拿大美國次之，阿根廷亦有之。

7. 糖○類○荷印香港日本及台灣

8. 麵粉 美國澳洲日本加拿大為主。

9. 機器 英德美日為主

10. 紙類 以瑞典英及斯堪的納維亞諸國為主。

11. 煙○草○美國為主，英日次之。

12. 毛○織○物○　英国佔半数以上，德日次之。

13. 木○材○　美俄日加為主。

14. 魚○介○　香港日本澳门南洋等地為主。

15. 人造丝　意大利日德英国為主。

16. 煤　安南日本為主。

總值　1. 織紡品　日英最為重要。

2. 重工業品　英德美三国為主要，日本比利時次之。

3. 化学工業　德美英日本及歐洲其他工業国為主要。

4. 食糧　以亞洲之殖民地及澳洲北美洲為主。

——見何炳贤中国的国际贸易（二十六年版）

主要出口商品输出地（续前）

1. 生丝 以美法印度为主。

2. 棉纱 以日本朝鲜印度及香港为主。百分之七十以上均为日本在华工厂出品

3. 蛋及蛋之产品 英德法美为主。

4. 茶叶 摩洛哥俄英美为主。

5. 桐油 美国占其分之一或三分之二以上，其他香港英荷。

6. 棉花 三分之二销往日本。

7. 绸缎 香港印度安南南洋及法英诸国。

8. 皮货 半数往美国，其他日本及欧州。

9. 棉布 南洋及非洲。

見卷[illegible]

10 花生○ 歐洲各國

11. 豬○鬃○ 美國為主，次為歐洲諸工業國。

12. 豆○麩○ 日本、德、俄諸國為主。

13. 豆○餅○ 日、俄、朝鮮。

14. 豆○油○ 德、俄、荷蘭及英國

15. 煤○ 日本佔三分之二。

輸出

1. 棉織品 南洋及非洲等工業落後國，為主要銷場。

2. 生絲 美國及歐洲絲織業發達諸國，

3. 食料 歐洲各國

4. 飲料 非洲、俄、英。

5. 原料 美國、歐洲及日本諸工業國。

第　節　構成近代國家疆域的經過及疆域變遷的諸形態

滿清盛時統治帝國疆土的方式

滿清帝國到乾隆時候發展到最盛的階段。在帝國內部包含着若干不同的民族。滿清帝國對於這些不同的民族是有不同的統治方式。

長城以內，南至於海，這是明代的舊有版圖，是有很高文化的農耕區域，其居住的民族，自以漢族為主。雖然若干地方也雜居着若干少數民族，自滿清政府視之，這些少數民族並不佔着重要的位置。在滿清帝國廣大的疆土之中，這一區域乃是最主要的區域。對於這一區域疆土的劃分，滿清政府並不感到若何困難。元明以來行省和布政使的區劃，正為滿清政府所困(?)就。即滿清時代的行省，行省之下有府，府之下有廳州縣諸等級，分屬轄相當的地域。其廳州也有直隸廳州，和散廳州的分別（散廳州不統縣）。滿清時代道的制度，也與其他滿清時候的道，和唐代的道不同。滿清的制度乃是由元代制度演變而來的。元代的道是設在各行省之中，遠離行省省會的地方，其初意本是加強控制，並不是一種普遍的制度。到明朝才在布政使下面，分設若干分巡分守的道員。分巡的道員專管刑名，分守的道員則專管錢糧。分巡的道和分守的道，其所管的地方不大相同。也還沒有達到一種固定的形態。到了滿清才慢慢有了一定的轄屬。（按明代的制度，分守道是屬於布政使的，道員由布政使下的參政參議副使分命專管。分巡道則是屬於按察使的，道員由按察使的屬官

屬初設於邊地，後漸置於內地。

道有特殊職務的道員，有一般的道員，前者無守土之責，後者有守土之責。前者如督糧、鹽法、鹽茶、河工、驛傳、海關、屯田、茶馬、兵備等，後者即為分巡分守。分巡掌刑名，分守掌錢穀。除此以外，又兼理地方邦司風憲、傳宣教化之者（轄區）有分守分巡之稱也。

本面眉批原稿已漫漶。

華監所以分守分巡的道員必須帶原銜，表示為使司的屬吏。乾隆十八年裁其本銜，定其轄地，分守分巡各執其事，所治理的地方始有固定的範圍。這時候道成為行省與府、廳、州、縣間的一級，道的制度歷經清代中葉以後的演變，到民國初年，廢去滿清統治時代的府、廳、州等級，於是重新釐定道的轄地，於是行省與道、縣復成為三級的制度。但是道在省縣間的關係，並不十分嚴密，因為所謂道，不過是介省縣之間，而有點可直達於縣，彷彿道的存在，形同贅疣，所以北伐之後，實際的廢去了道的制度。

在東北的勃海灣以北的土地，是滿清政府所認為龍興的地方，所以滿清不能和內地採取同一的統治方式。原則上東北是保持着其原始的狀態，在清初的時候，因為遼河下游一帶有漢人居住，於是在遼河以西設錦州府，遼河以東設奉天府，以為統治的機構。整個的東北在清初是分劃為三個大的區域，即所謂盛京、吉林、黑龍江。每處設一將軍以掌鎮撫之事。將軍之下，則設有副都統。在初年盛京將軍屬下的副都統一共有三人，分駐於盛京、錦州府、興京三城。（今遼寧西南）。吉林將軍屬下的副都統一共有五人，分駐於吉林、寧古塔（今松江寧安）、伯都訥（今吉林扶餘）、三姓（今松江依蘭）與阿勒楚喀（今松江阿城）等處。黑龍江將軍屬下的副都統一共有三人，分駐於齊齊哈爾、墨爾根（今黑龍江嫩江）與黑龍江（今黑龍江省黑河）。當時東北一隅居民既少，本來是山林牧草的地域，這樣統治的方式是維持其本來狀態的。

對於北邊的蒙古族，滿清政府又是一種統治方式。蒙古族經過明時演變，其所分佈的區域大概有幾個地區。瀚海以南的內蒙古，東起吉林，西迄於賀蘭山下。當地分為二十幾個小部，瀚海以北的外蒙古，也稱喀爾喀蒙古，當時分為土謝圖、車臣和札薩克圖三部（後增三音諾顏部）。外蒙古之西的額魯特蒙古則是游牧於天山以北。當時分為四部，所謂四衛拉特是也，乃是瓦剌的後裔。四部是：準噶爾部居於伊犁，杜爾伯特部居於額爾齊斯，土爾扈特居於塔爾巴哈台，和碩特居於烏魯木齊。十六世紀初時，準噶爾部獨強，凌壓諸部，於是土爾扈特部移入窩爾加河流域，另一輝特部代居其故地，仍稱四衛特，後和碩特部又徙居於青海，其勢力且曾伸入西藏。其別部居於賀蘭山西者，則稱為阿拉善厄魯特部。（清初顧實汗據青海時）滿洲勃然崛起，由遼河流域向西發展其勢力時，內蒙古插漢（今察哈爾部）林丹汗最強。滿清既滅林丹汗，於是盡降內蒙古諸部。（天聰六年，即公元一六三二年，林丹汗走死於大草灘，八年，即公元一六三四年，貝額及部衆降清。）外蒙古喀爾喀三部也時來通貢。至康熙時（二十七年）準噶爾部噶爾丹勢盛東侵，外蒙古喀爾喀諸部舉族內附，遂與滿清政府結姻婭之好，永為藩屬。準噶爾部既強盛，清初歷三個階段。康熙初年噶爾丹倂稱雄西陲，嘗併合四衛拉特及天山南路、西藏等地。康熙二十九年，滿清政府西征，大戰於烏蘭通布，

（在多倫泊東北）三十五年，敗於昭莫多（今庫倫烏魯額之近地），噶爾丹走死。其侄策妄阿拉布坦復據其故地。康熙五十四年（公元一七一五年）清軍再出，乘間收復唐努烏梁海。但是準噶爾部紛亂事猶未平定。乾隆二十二年（公元一七五七年）兆惠平定伊犁，大事殺戮，準部人民幾無孑遺。兆惠既定伊犁，復定天山南路的回疆，於是天山南北路遂共稱為新疆。

當準噶爾部稍强於西陲之前，和碩特部的顧實汗已侵入青海，其勢力又進而伸入西藏。當時西藏實分為兩部，東為喀木（包括青海迤西），西為衛藏，再西為阿里。喀木即康，衛即前藏，藏為後藏。顧實汗以青海為基礎，既據喀木，復進佔衛藏。（時在崇禎十五年，即一六四二年）（當顧實汗，時其力且曾及河套之西（即所謂套西厄魯特）及準噶爾部。據青海遂為噶爾丹所殘破。其在藏者為拉藏汗，康熙五十五年為準噶爾策妄阿拉布坦所破。及滿清追破策妄阿拉布坦時，顧實汗的後裔又復重理其舊業。雍正時，顧實汗的孫羅卜藏丹津欲再於青海西藏建一大王國，未久即為滿清所擊破。（雍正三年，即公元一七二五年）當準部平定以後，西藏諸部也相率內屬了。

滿清政府的經營邊疆，其起因當是由於蒙古問題。至乾隆時進而解決了回部與西藏的問題。因為地域不同，種族不同，滿清的統治方式也就不大相同。大致說來，是予各種族以相當的自治權力，而再以鎮守邊疆的大員總其大綱。

満清政府對於蒙古的策畧，一開始就與明代不大相同。明代與蒙古各部雖時有通商和好的事情，大体上說來，是處在敵對的情形之下。既然這樣，就不能不採取修築邊墻的策畧，也就因為這樣情形，明代的北邊總是永遠難以安靖。満清最初與蒙古發生關係，即採取婚姻和好的辦法。這是一種懷柔的辦法。這種懷柔的辦法，康熙帝於親征準噶爾部時即曾明白加以道出。他說以前的漢人，根本不明白柔遠能邇的道理，祇恃修築長城，究竟能獲得多麽大的利益。他又說満清政府的施恩於喀爾喀，其價值實在長城於之上。其遠征準噶爾，都可以這一策畧視之。

満清政府对於統治外蒙古的具体辦法，是沿用其对於内蒙古

的辦法。此後對於青海、新疆以及西套蒙古的辦法，都是由此而
來的。其對於內蒙古是保持蒙古部族的形式，部下分旗，部上爲盟。
旗爲蒙古的地方基層組織。各旗間的關係雖有部有盟，但部並非十
分密切。主要的是滿清政府要分散他們的勢力，使他們再不能有
合成一個龐大的部落，建立帝國的機會。這一點於當時所定的旗札
薩克是世襲的制度，而盟長則是由中央任命的情形，可以看見。在
此以外，滿清政府當然還派駐了一些地方大員，以便於控制。於是張家
口有察哈爾都統，熱河有熱河都統，綏遠有綏遠都統。烏里雅蘇
台有定邊左副將軍兼參贊大臣，科布多有辦事大臣及參贊大
臣。青海雖爲蒙古部族，則統於西寧的辦事大臣。

新疆的世家古部落，自然仍照着這些辦法做。新疆的天山南北兩路在國防的意義上，是自成一個單位的。滿清政府對於天山北路的蒙古部落是採取舊部旗的制度；對於天山南路的回部，自然也因襲着舊日的伯克制度。伯克為回部官吏舊名，其等級甚多。如總辦各城各地事務的長官，稱為阿奇木伯克，其副手伊什罕伯克，其餘田糧刑名諸職，總之等事，亦皆有不同等級的伯克管理。滿清政府在天山南路的回部，當然也因襲着這種舊習慣的。可是總攬天山南北兩路的則為駐於伊犁惠遠城的伊犁將軍。這是統治新疆的最高長官。伊犁將軍以外，烏魯木齊設都統，伊犁（駐惠寧城）、塔城、喀什噶爾等城各設參贊大臣。其他如哈密、葉爾羌、和闐、烏什、阿克蘇、庫車、喀喇沙爾各

滿清对於蒙回藏各部是採取以教任政策,其中对於西藏尤为積極,這大概是由於西藏是喇嘛教策源地的關係

城,則設辦事大臣,鎮西古城庫車喀喇烏蘇吐魯番巴里坤哈密等城

則設領隊大臣,以就近管理其附近的地方。

滿清政府對於西藏,雖然在拉薩也設有駐藏大臣,但對於西藏的

統治,却着重在支持達賴喇嘛和班禪額爾德尼。達賴喇嘛掌全藏

的政教,而班禪則僅司後藏的政教。因爲西藏人民極端崇信喇嘛教,所

以滿清政府支持這二位喇嘛,不是沒有道理的。西藏各地是劃爲若干

宗。宗如內地的縣,宗設宗本,也等於內地的縣長。

滿清政府把東北看作他們祖先興王之地,是與內地不同。對蒙藏回部

則視作藩屬,用藩屬屏蔽內地。藩屬之外,又有藩國,這樣一層一層的

分佈,都受到滿清政府的控制,金湯永固,自可以長治久安下去。

帝國主義的侵入和邊地引有的現實

滿清政府對於邊陲各地的放任政策，是以其本身的武力基礎，其所給予邊地各族以行政的權力，祇是維護着邊地部落的統治者的封建勢力，並非提高邊地人民的政治地位。滿清政府是通過這些邊地的封建勢力以統治邊地的人民，但是這種方式隨時代的發展而失其效力。第一，滿清政府本身的腐化，其所施的恩惠既不能滿足邊地封建勢力的要求，其本身更無威力足以鎮攝邊地的封建勢力使其不敢反側。第二，邊地的封建勢力也走上滿清政府腐化的路途，其本身既多已腐化，自然加重剝削，使受其統治的人民倍感痛苦。第三，乃是帝國主義者的侵入，使此種腐化情形下的邊地處處露出空隙，予侵略者以有利的機會。這種情形在蒙古西藏於新疆皆或前或後的顯露出來，而新疆的情形尤其嚴重。就新疆本土說，南疆的問題遠較北疆為多，這是因為北疆自準噶爾亂事以後，準部子遺不多，滿清政府的統治力又僅集於北疆，（伊犁將軍的設置，即可見之）。南疆回部則逼浩罕、布魯特等國，因同為回教的關係，對於一些的回教領袖加以支持，這些回教領袖失意，有力量時，即可以受其掩護，使回疆培植其勢力。而英國與帝俄的勢力在這方面的發展，更使問題趨於複雜。因這兩個帝國主義惟恐中國的邊疆安謐，失去侵略的機會，乃藉口所以不斷的挑撥邊民種族的感情，引起亂離的機會。這一點左宗棠和劉錦棠看得相當清楚。在同治時新疆回民事變發生之後，（白彥虎、阿古柏等），即生張和內地的辦法一樣，建立新疆為行省。因為建立行省可以一改過去对於邊地的放任政策，且可使駐於邊地的若干大臣在事權上的各自為政的弊害。最重要的一点，則是減少各部中的封建統治。即是各級伯克的權力因建省而加以廢除，使人民少受一层剝削。而消除英國及俄國等帝國主義的覬覦一点上，尤可發生相當的效果。這樣新疆就於光緒九年實行改為行省。但當時却在新疆的行政上，留下一点尾巴，當建省之時，盡撤各城的大臣，獨伊犁將軍及其所轄的塔城參贊大臣及伊犁領隊大臣仍然存在。即是伊犁塔城區域與烏魯木齊的新疆巡撫分庭而治。這是因為伊塔等處，沿邊俄僑，且哈薩克和魯特種人錯處其間，所以另成為一個單位。這固然

是國防上的問題，其实也是滿清政府腐败的政治所演成事跡。這

因爲同治新疆回民事变，左宗棠、劉錦棠的兵力是由嘉峪関以東的内地前去的，而當時伊犁將軍統轄下也有一部份旗兵。這兩種不同的兵力要統同在新疆，就形成了新疆巡撫和伊犁將軍分治的局面。這種畸形的制度，直至民國二年（公元一九一三年）時，始爲楊增新所改革。

隨着新疆的改省接着在光緒十三年（公元一八八七年）又將台湾改行省。台湾在行政上遠不如新疆的複雜。台湾固然有些少数民族，但他们居住的地方區域是在中心的山地區域，而漢人居住在沿海各地。其間関係總當不很。實是台湾的位置却在東南海中。東南沿海各地

在鴉片戰爭以後，已成爲各帝國主義角逐的場所。早在咸豐之時，英國已注意此地，當第二次鴉片戰爭時，即要求滿清的統治者開闢台灣淡水爲商埠，這種情形當然引起滿清統治者的警惕，台灣設省實已有其必要。所以在新疆設省之後，又將台灣設省。滿清政府雖如此設置，帝國主義却不容許其照這種情形發展下去。甲午中日戰後，日本即將台灣攫去。直至抗戰勝利之後，舊日疆土始得重返祖國版圖。

邊陲設省較遲者，爲東北的奉天、吉林、黑龍江三省。三省的設置爲光緒三十三年（公元一九〇七年）事，這時已在日俄戰爭结束後第二年，滿清政府久視東北爲其龍興禁地，不許關內人加以開發。迨日俄兩國主義自南北兩方交侵，東北的緊逼情形，日益岌岌可危。這使得滿清政府深於舊日一貫封閉的非計，而圖積極開放。辛亥革命成功，放棄帝俄時代對華的侵略政策，日本竟乘機攫取東北的一切權利，因而有九一八事變的發生。總使滿清政府早能放大眼光，早日視同內地，不阻止漢人的移往東北，則二百年的期間，當有相當效果，必不至侵藏海盜，引起強鄰的侵略野心。

民國成立以後的疆域區劃

民國成立以後，對於疆域區劃自有一番修正。舉其最著者，如府廳州的制度的廢除，即其一端。府、廳、州之轉區劃，屬於省與縣之間，對於行政的推動，祇發生些架牀疊屋的妨礙作用。不過因為歷朝沿襲下來，以於行政作成了畸形的發展。滿清末年的時候，想革新內政，簡化行政手續，於是注意地方制度的改革。首先從事這種工作的，爲廣東省。民國成立以後，其他各省也有起來仿效的，如湖北安徽江蘇浙江江西等省。但因爲國基初定，法令既尚未統一，各省之間，自相爲政。如湖南貴州廣西等省，遂有併縣爲廳州的事情。民國二年（公元一九一三年），才劃一了全國的制度，這對於行政的工作，總算是一個進步的現象。

民國初年既然廢去了府廳州的制度，卻於北京附近，成立有京兆區域。這是承受了滿清政府順天府的規模而來的。原來的順天府設尹，京兆也設尹，其間的承襲自然是很顯明的。當時還沒有市的制度，而北京又爲國都的重地，和其他的地方不同，所以就保留下順天府的舊規模。但順天府分明是封建統治者的名稱，也是專制君主時代的名稱，不能够再加以沿用。新名稱的根據，大概還許要追溯兩漢時代的舊制度。北伐之後，北京一時失去了國都的地位，京兆一區的名稱自然也就取消了。

民國初年，有一樁荒謬的事情，是需要提一下。當時既然知道順天府是一個專制君主制時代的名稱，予以取消。但充分的表示滿清政府的統治權的奉天省，卻依然容許其名稱的存在。這如果不說是當時有意的保存封建社會的意味，至少是執政者的疏忽。不料這個荒謬絕倫的名稱，卻一直沿襲到民國十八年（即公元一九二九年）才被取消。

與奉天省相似的名稱，則為直隸省。前面已經說過直隸省的得名遠在明初，當時京畿附近之地，不設承宣布政使，其政令直轄於京中的六部，永樂時以北京為國都，所以北平布政使司也就改稱為直隸，而有南北二直隸。滿清征服了中國，以北京為國都，自然廢止南京的陪都，也自然廢止了南直隸。在滿清時只有一個直隸，那是指北直隸而言。其實直隸這個名稱，在滿清設直隸總督以後，就已經不辭了。因為直隸總督兼理直隸地域，和其他的省份已經成為一樣，原來的直隸之意義早已不存在了。不料這個根本有封建意義的省名一直沿襲到滿清末季，也一直沿襲到民國十七年即公元一九二八年，舊社會的懶於改變，即此也可以見一斑了。

民國初年另外一種設施是值得我們注意的，乃是熱河察哈爾綏遠川邊四個特別區域的設立。其設置的治策是民國二年，即公元一九一三年間劃定綏遠特別區域，於明年，又陸續劃定其餘三個特別區域。特別區域的設置表現出當時國內民族問題也引起社會的注意。（也表現出帝國主義侵略的嚴重性，也有一個原因來說。）自明代建築邊牆以來大致規定了漢人與蒙人居住的界線，這條界線並非單從自然的地理而是由於當時政治的局勢。當時的蒙人和漢人在生產方式上代表農業與遊牧兩個社會。邊牆以北（相當的地帶）固然是適於遊牧的地區，卻也是適於農業的地區。在明代這條邊牆限制住蒙漢人民的往來。在滿清初年，卻也因襲著這個辦法，（自然其政策的出發點並不相同。）但是滿清中葉以後，由於蒙旗古王公所招引漢人前往蒙地開墾土地，也由於當時國內政社會的條件，使漢人向邊墻外若干發展，於是邊墻以北成了蒙漢雜居的區域，也成了農牧兼營的區域。滿清政府為了易於管理起見，特在山西北部邊墻以外，設置了歸化城薩拉齊清水河豐鎮托克托寧遠和林格爾陶林武川五原東勝等直隸廳。又在直隸省北部邊墻以外，設置了承德朝陽二府赤峯直隸州和張家口獨石口多倫諾爾等直隸廳。這自然承認了邊墻以北是漢人居住的區域了。民國初年摻雜了這個區域的蒙人盟旗的制度和漢人的縣的制度，就形成了綏遠熱河察哈爾三個特別區域。至於在西南的川邊特別區域，則是漢藏雜居的區域，而且分佈着若干的土司。在滿清末年時候，趙爾豐在邊寧夏屬已設寧[illegible]西安二府。

神廣行政上歸流，設置特別區域自是注意到漢藏的關係。

四特別區域的設置，對外的意義是要大於對內的意義，因為這樣可以昭告於帝國主義，我們對於邊地已經不取放任的態度了。既清末民國初年之間，帝俄乘着我國國內多事的時候，鼓動外蒙的王公宣布外獨立，成為大蒙古國。自然內蒙各盟當然感受到威脅。同時西藏的達賴喇嘛也為英國所鼓動，進犯打箭爐（即康定）。所以四特別區域的建立是有其意義的。

這四個特別區域在民國十七年即公元一九二八年一齊改為省。（改省時以察哈爾南境較小，劃河北省張北、宣化等十縣併入）同時改省的還有兩個，是西套蒙古加甘肅寧夏道合併成立的寧夏省，與青海加甘肅西寧道合併成立的青海省。這因為西套蒙古有阿拉善疆諸納西個蒙旗，而青海也是蒙藏漢諸族雜居的區域，所以設省的意義是相同的。名稱雖前後不同，基本的情形卻並沒有改變。因為民族問題不能合理的解決，僅設立一些特別區域和些省區反容易使帝國主義有了間離的口實。九一八事變以後，日本人的勢力由東北向蒙古發展，熱河境內的盟旗，隨着熱河的淪陷而入於日人掌握之中。又假借着民族自治的名稱，企圖使內蒙脫離中國，錫林郭勒盟的副盟長德穆楚克棟魯普和李守信等在日本卵翼之下所成立的內蒙地方自治政務委員會就是一個顯明的實例。

輓近以來，一般人士都相當的提倡省區縮小的問題。本來現行的省區，大致的規模還由元朝的制度推演出來的，經過明清兩代的修正和修補，並未徹底的改革。這其中的問題很多，是值得詳細考慮的問題。但是較近一般人所提倡的省區縮小的辦法，仍然還不能徹底的解決全盤的問題。查從省區縮小最重要的一個理由，是認為省區過大，容易為野心家所割據。民國成立以後，軍閥的混戰，就是由於每個軍閥都割據相當地盤，以其搜刮所得，發起戰爭。軍閥的混戰誠然是極端可惡的事情，但所以混戰是另有其基本的原因。如果基本原因仍然存在，僅求縮小省區，究竟能有多大的效果？而若干人所擬的方案，是將各省區一例的縮小，縮小到北伐以前的道一樣大，若是衹就行政的便利來說，固可較簡捷為，但設省的意義卻不僅衹在注意到推行政治一方面，其他經濟建設、國防建設等方面，要樣樣顧到，不然的往，同样的要受到影响。

人民政府成立以后的建设施

这些事情在人民政府成立以后，都逐渐的在改善。在缩小省区一方面，人民政府在东北方面已经对于那情形部份的实现了。本来东北诸省区域在满清时代是划为奉天、吉林、黑龙江三省，其区划是相当广大，可是在当时地利未开，人口稀少的情形之下，还不感觉到不相称。由清末以至民国初年，由于日本的军事侵迫，东北方面的建设是较内地为佳，而人口也随之增加。原来三省的区划是有些不大适合了。伪满时期（日本侵略后）曾经有过三度的改置。（日本人既取我东北三省后，依我推测，所以其伪满时期的地理区划改置是以过四省为基础的。当九一八事变之后，日本初统治东北，仅于四省之外增设一兴安省。最为第一次的改畫，及偽滿州國成立以後，以原有省區劃，交通都會不相適合，又不能滿足其所謂"產業開發"的需要，並且藉多劃省區，可以一方面增強日本人員以加強其統治的機能，另一方面也可消滅淪陷區域中人民舊有的意識，於是分東北為十四省，即奉天、安東、錦州、熱河、吉林、濱江、間島、三江、黑江、黑河、興安東、興安西、興安南、興安北。後以義軍時起，治理不易，乃根據於是又增置通化、北安、東安、牡丹江四省，共為十九省。（抗戰以後，偽國民政府也曾經劃為九省，（奉寧、遼北、安東、松江、合江、吉林、嫩江、黑龍江、興安。另熱河不在其中。）日本人的划分是有目的，偽國民政府的划分則是臨時雜湊，自然都不能解決問題。人民政府成立，在舊日三省區域中首先將蒙族部分分出，餘下的重新劃分為遼西、遼東、吉林、松江、黑龍江五省，另外又將工業集中地的瀋陽、撫順、鞍山、本溪等地設市。

在關內各省，人民政府注意到改正不合理的省界和增劃新省。省界有兩處，這一方面的設施目前已經實現的有平原省的增置和徐州附近的省界重新劃定。本來太行山東南黄河以北的地區，自隋唐宋元都是成爲一個區域，明清時，彰德、衛輝、懷慶三府隸於河南，大名一府却隸於直隸。這不惟在行政上造成犬牙相錯的區域，而且在黄河防護汜濫的工作上也是受到相當影響。人民政府因以這一地區爲基礎，（北至於漳河）再加上魯西的地方而成爲新的平原省，自是合理的措施。徐州附近在明清以來是屬於南直隸或江蘇省的，但這一個地區是蘇皖魯豫四省交界之處，同樣是一個犬牙相錯的區域。遠在清季的時候，就有人主張在這裏設一個淮海省，以徐州為基礎，東至於海州。這個計劃是有相當道理的，可是滿清末年已經不是一個改作的時代，所以到底成為空談。人民政府的設施是將這個區域歸併於山東，一來可以抵償山東因將曹州劃歸平原省區過小的損失，再則以徐海的民情風俗而論，也是較接近於山東的。這一次改置，山東變化最大，在舊道且曾與河北省互相換了五縣，即山東西北的恩縣、武城、夏津、臨清、館陶五縣，交換了河北省東南的鹽山、慶雲、南皮、東光、吳橋、寧津六縣。

人民政府同時也顧慮到國內民族地域分佈的問題，內蒙自治區及其他各省中的自治區的設立，就是一個證明。這樣解決了從清代以來一個大問題。內蒙自治區是由原來的黑龍江、遼寧、熱河、察哈爾四個省區所分出來的。這樣一來原來的察哈爾新劃併的地方就太小了，為了補救起見，又將原來山西北部雁門關外桑乾河流域劃歸了察哈爾。其他省區的自治區域是因少數民族居住地區而不同。最顯著的是綏遠省內的烏蘭察布盟、伊克昭盟自治區。

然而，最重要的措施還要數到大行政區的劃分。大行政區組成它不惟在貫徹中央的政令一方面起了相當大的作用，而且在領導建設方面也因若干省區的聯繫，發生了巨大的效果，東北行政區的工業建設就是一個顯著的事情。

一切事情都是發展原則，地理情形也是如此的。目前的設施固然已往合理，但到了條件改变時，新的設施，自然会隨之出現的。

謹以此書紀念史念海先生誕辰一百一十周年

史念海 著
王雙懷 編

中册

陝西師範大學出版總社

陝西師範大學資助出版

中国历史地理第一稿

本篇内容爲史念海先生所撰中國歷史地理的部分初稿。史先生從蘭州大學轉入西北大學工作以後，主講中國古代和中世紀史及中國歷史地理課程。1950年，史先生曾應侯外盧先生之約，前往北京師範大學用三周時間集中講授中国历史地理。1954年4月21日西安師範學院整理的史念海材料（正本5料8號2頁）上説，史念海『現結合教授歷史地理課程正編著歷史地理一書。計劃四十萬字，現已成十五萬字』。1956年6月29日西鴻在人民教育發表辛勤的園丁——先進生産者史念海教授二三事一文説：『史念海同志關于中國歷史地理的著述，預計1959年全部完成初稿，1960年最後完稿。』這説明，史先生在20世紀50年代曾經撰寫中國歷史地理講義，并多次進行過修改。

目録

中國歷史地理第一稿目録包括草稿和謄録稿兩種。草稿寫在西安南大街祥大印刷廠印制的30×10豎行方格稿紙的背面，改動較大。謄録稿寫在西安南大街祥大印刷廠印制的30×20豎行方格稿紙上，相當整潔。目録分爲九章：第一章緒論，第二章古代人民的居住區域及中原的地理情况，第三章由諸侯分立的局面到中央集權統一的國家的發展，第四章統一帝國的建立及其時地理情況的變遷，第五章統一帝國瓦解後的分裂與各部族的遷徙，第六章統一帝國的再建及其疆域的盈縮，第七章宋代和契丹女真諸族的鬥争及其所引起的地理情況的變化，第八章行省制度的建立與元明清三朝的版圖，第九章鴉片戰後帝國主義對我國的壓迫及新民主主義革命時期的變化。各章下有若干子目。其體例大體以時代爲綱，專題爲目。内容涉及民族地理、人口地理、經濟地理、政治地理、軍事地理等諸多方面。1956年8月中旬，開封師範學院（今河南大學）教師陳昌遠先生被派到陝西師範大學，跟隨史念海學習歷史地理。他回憶説史先生當時正在編寫中國歷史地理。史先生曾送給他一本此前編寫的中國歷史地理教材。該教材由上、下兩册組成，下册在『文革』中遺失，現僅存上册，共有137頁，分爲緒論、古代人民的活動區域及中原的地理情况、由諸侯分立的局面到中央集權的統一帝國發展三章。可見該講義正是按此目録編寫的。

天下之中的陶地及其他經濟都會的興起

此篇爲中國歷史地理第三章第九節。此稿用西安南大街祥大印刷廠印制的30×20竪行方格稿紙書寫。此稿首次論述陶地在先秦時代作爲經濟都會的重要地位。注釋較多，寫在各段之後。此稿寫于1955年以前，後來史先生在此基礎上寫成釋史記・貨殖列傳所説的『陶爲天下之中』——兼論戰國時代的經濟都會，載人文雜志1958年第2期。

戰國時期各國疆土的輪廓

此篇爲中國歷史地理第三章第十及第十一節。此稿用西安南大街祥大印刷廠印制的30×10竪行方格稿紙書寫。第十節節目及魏國的疆域子目缺失，論述魏、韓、趙三國疆土及魏國與韓、趙兩國在上黨的土地。第十一節論齊、楚、燕、秦國的疆土及秦、趙、韓、魏、宋、楚諸國的遷都及燕下都問題，兼及各國間的重要地區。這部分對戰國七雄及東周王室的疆域範圍進行了深入探討，論述非常詳細。注文頗多，位于段後。史先生在論燕下都時，引用了傅振倫燕下都發掘品的初步整理與研究一文，該文刊于考古通訊1955年第4期，説明此篇當寫于1955年之後。

九州問題

此篇論述九州問題，缺前五頁，第一子目可能是大禹與九州，第二子目爲禹貢中所説的九州。此稿主要分析了『九州』名稱的由來及其地理範圍。此稿用西安南大街祥大印刷廠印制的30×10竪行方格稿紙書寫。

第一章 绪论

中国历史地理的意义及其内容 过去学者努力的成绩 历史地理及其有关的地理

第二章 古代中原人起居的一区域及中原的地理情况 古代城市的建立 古代各部落部族间的斗争及其

原始人及原始社会人民居住的地区 古代国都的迁徙

有关的地理情况

第三章 由诸侯分立的局面到中央集权统一的国家的发展

1 西周初年的诸侯封国 2 城市的发展 3 西周与春秋时代的边疆 4 华族与非华族的杂居及其间的争执与融合

1 封建诸侯的关系及经济霸主局面的形成 8 战国七雄的发展与王室的衰微 9 经济区域的富庶 10 关中与天下之中

的关与其他都市 11 郡县制度的创始及其意义 12 先秦人士对地理知识中的经济区划的记述 11 战国时代的各国的国都的迁徙

长城的修筑 12 战国时代各国的疆域扩张 边境土的对外扩展 的侵土及其

第四章 统一帝国的建立及其对地理情况的关系

秦的郡县制度及其 汉初的分封 秦汉帝国的统一 关东的西与关西 成都平原与其

以三川 秦汉帝国对外的扩展 对外交通的发展 州郡的创立 县治的官僚 长沙的疆域

财经的经济 秦汉的交通 东汉的人士对于地理知识 长江流域及其以南

的发展 隋唐帝国的四方 东汉的郡国

第五章 统一帝国的分裂与再统一

魏晋南北朝的分裂与再统一的封建帝国 南北朝间的人及南方的开发

北方民族的侵入 南北朝的疆域 隋唐的郡县制度 隋唐的统一

当时的城市 南北朝间的都市

第四章

[illegible]的疆域及其[illegible]制度的创立

隋代运河的开凿及其意义 扬州的繁荣

[illegible]隋唐[illegible]

第七章

北宋的建都及[illegible]

北宋的中央集权制与漕运转输制度的完成

契丹与西夏的兴起

南宋主的形势 女真兴起以后东北情势 女真势力南下与秦岭淮水的分界

南宋偏安以后江南的事业

由宋到金[illegible]的演进及其影响

第八章

元朝疆域的[illegible]及边疆的[illegible] 二 商业与都市的分布 北京的地位

行省制度的创立及其意义 元代统治下中原与蒙古人的盛衰 大运河的开凿 [illegible]

明的兵之制度 明代对于东北的经营 西南的开发 少数民族 新疆区域

清代版图的扩大及其[illegible] 清代对于东北的封禁

第九章

1 鸦片战争[illegible]及口岸的开放 帝国主义者 [illegible]

[illegible]

中國歷史地理目錄

第一章 緒論

歷史地理的意義 中國歷史地理的主要内容 過去學者們努力的成績 中國歷史地理的地圖

第二章 古代人民的居住區域及中原的地理情況

原始人及原始社會人民居住的地區 古代國都的遷徙 古代城市的興建 古代各部族部族間的鬥爭及其有關的地理情況

第三章 由諸侯分立的局面到中央集權統一的國家的發展

西周初年的諸侯封國 城市的發展 西周與春秋時代的邊圍 華族與非華族的雜居及其間的爭執與融合 封建諸侯的兼併及强國

霸主局面的形成　郡縣制度的創始及其意義　先秦人士理想中的疆域區劃的觀念　運河的開鑿與交通的發展　天下之中的陶地　富庶的經濟區域　陶地以外的其他商業都會的發展　戰國時代各國疆土的開拓及其國都的遷徙　長城的修築　戰國時代緣邊諸國疆土的向外擴展及其相鄰的部落諸部族活動的情況

第四章　統一帝國的建立及其時地理情況的變遷

秦帝國建立後的郡縣制度及漢代封國與郡縣混合制度的演變　[illegible]
關東與關西　成都平原與長江三角洲　秦漢帝國周圍的國家及部族　秦漢帝國對外的擴展　邊塞的修築　交通的發展　州制的創立　黃河的泛濫與安流的段落　東漢時候的洛陽　匈奴羌人等部

落的內徙　長江流域及其以南地區的發展

第五章　統一帝國瓦解後的分裂與各部族的遷徙

三國鼎立發展的形勢與西晉暫短的統一　越山區域的縮小與北邊各部族的繼續內徙　永嘉亂離與各部族的大遷徙　北方淪陷區域的殘破　江淮以南的繼續發展　僑州郡縣制度的創立與其演變　南北糧場的推移．北方農業區域的恢復與都市的復興　鮮卑族南遷後塞外的新變化　南北兩國間的商人及南方的僚俚各族　西域南海交通的間斷與繁盛　疆域區劃的紊亂

第六章　統一帝國的再建及其疆域的盈縮

統一帝國再建後對於紊亂的疆域區劃的整理　道的制度的創立

運河的開鑿及其意義 揚州的繁榮 隋唐國都的長安 隋唐時代邊疆各部族與隋唐邊防的情形 藩鎮的割據 中央與藩鎮對於運道的爭奪、南北發展的平衡、 回紇吐蕃南詔的強大及唐帝國疆土的壓縮 西域南海交通的繼續發展與變遷 五代十國的局面 契丹的強盛與燕雲十六州的佔據

第七章 宋代和契丹女真諸族的鬥爭及其所引起的地理情況的變化

道與路制度的演变 汴都與汴河 邊防重心的移轉 契丹西夏與北宋鼎立的形勢 女真族興起後的東北 女真勢力的南下與黃河流域的蕭條 秦嶺淮水的分界 南宋偏安後江南的繁榮

第八章 行省制度的建立與元明清三朝的版圖

行省制度的建立及其區劃的变遷　元代統治下的中原残破情形與人口的减少　北京的位置　大運河的開鑿　江南經濟區域的發展　明代初年的屯墾與人口的遷徙　鄭和的下西洋與明代海外的交通　工場手工業的發展與經濟都會的分佈　明代對於東北的經略、瓦剌韃靼與明朝的對立及邊墻的修築　滿洲族的興起及其南向的發展　西北各族與满清的關係　西南少數民族雜居的地區　鴉片战争前夕人口的分佈與發展中的農工業

第九章　鴉片战後帝國主義對我國的壓迫及新民主主義革命時期的变化

鴉片战後帝國主義者對我國的壓迫及國土的喪失　太平天國的建

國及其势力發展所及的地區　帝国主義者在我国争夺利益所引起的諸矛盾　東北問題與国際爭執　沿海都會的興起與内地經濟的凋枯　日本对我国国土的侵略　解放區的擴大增多與解放战争的胜利

西安南大街祥大印刷廠製　30×20

天下之中的陶地及其他經濟都會的興起

戰國時候生產力的發展促成了若干城市的繁榮。最顯著的情形乃是濟水流域的陶地。遠在春秋末年，陶地就被稱道為天下之中，說是這裏已成為諸侯四通，貨物交易的處所。(註一)陶地於秦漢時候稱為定陶。當於現在山東定陶縣附近。現在的山東定陶縣居於山東的西南隅，只是一個普通的城市，並沒有什麼可以特別稱道的地方。但在戰國時候為什麼戰國時候却不是如此。那時候陶地居於濟水沿岸。濟水與河水都是向東北流去，這和南方的淮水江水的向東入海是不同的。河濟與江淮及其附屬的水

註一 見史記貨殖列傳。據早在陶被稱為天下之中以前，當周初

時雒邑也是被稱為天下之中。不過這兩個天下之中是不相同的。陶所以被稱為天下之中，是由於諸侯四通貨物之所交易也。雒邑所以被稱為天下之中，則是由於四方入貢道理均見史記周本紀。很顯然，前者所以成為天下之中，乃是由於經濟的原因，而後者則由於政治的理由。就後者來說，按之當時的情勢，這天下之中是不錯的。由雒邑東至齊魯，西至秦隴的西垂，距離是相當彷彿。即南至漢陽諸姬，北至邢衛，也是差不多的。以這樣的政治中心控制當時的封建諸侯國家，乃是最為合理的事情。同時也可以說明雒邑是如何代替了豐鎬。因為在周人翦商之後，豐鎬毫無疑問在整個周族是偏於太西了。

流因而也分成不同的系統。如果由泰山之南與嵩山之南的相當地點連接一條直線，就可以分成兩個不同的水道交通區域。這種情形對於當時國際間的往來是有相當影響的。春秋末年，吳王夫差要想會晉侯於黃池，就開始通淮於商魯之間。這是聯繫這兩個不同的水道交通區域的第一聲。在此以後，對於這方面的致力是不少的。前引史記河渠書所說的滎陽下引河，東南為鴻溝，以通宋鄭陳蔡曹衛，與濟汝淮泗會于楚，就是當時所得到的成就。不過司馬遷就說得相當籠統，因為由衛似滎陽東北，並非東南。但是以後來酈道元之所作的水經注來對照，說明司馬遷所記載卻也是實錄。根據水經注所載，則河渠書這一段話實包括幾條水流。由北向南來說，則最北的為濮水和荷水，再南為吳王闔廬於商魯之間那一條水流外，還有汳水、獲水、睢水、狼湯渠、魯溝水及渦水等。這些水流都是由濟水分出，而濟水又是由黃河分出，所以史記河渠書就說滎陽下引河。濮水由今河南封邱縣自濟水分出，東北流至今山東鉅野縣界入於鉅野澤中。（註一）荷水在今山東定陶縣自濟水分出，東南流至今魚臺縣東入於泗水。（註二）狼湯渠在今河南中牟縣自濟水分出，至河南淮陽縣東南入於潁水。（註三）汳水在今河南開封縣自狼湯渠分出，至今河南舊考城縣南為甾獲渠。（註四）由甾獲渠東出至今河南商邱縣北於為獲水，獲水東南流至今江蘇徐州入於泗水。（註五）睢水是由在今河南陳留縣西自狼湯渠分出，至今江蘇宿遷縣入於泗水。（註六）魯溝水是由今河南陳留縣分狼湯渠東南流，至太康縣入於渦水。

（註七）潁水在今河南扶溝縣分狼湯渠東南流，至今安徽壽縣入淮。（註八）這些水道很有長遠的來歷，都應該是所謂鴻溝。（註九）鴻溝分濟水是在滎陽附近，是屬於鄭國的地方。鴻溝以下，以濮水通衛，以菏水通曹，以汳水獲水睢水通宋，以狼湯渠潁水及濄水通陳，再經過淮水通蔡。這一系列的水道在濟汝淮泗之間構成了一廣的水道交通網，對於當時的交通不能說不起一定作用的。

這一系列的水道交通網的開鑿可能不是一個時代。大梁以下的汳水獲水睢水以及狼湯渠的開鑿，可能是梁惠王時候的事情。（註十）那已

註一　據水經濟水注，濮水上承濟水於封丘縣。封丘即今河南封

即縣。濮水由封邱縣東北流，經今河南長垣東明兩縣北，山東菏澤縣北。據注言地理志曰濮水自濮陽南入鉅野，亦經所謂濮水自乘氏縣南分東北入於鉅野。乘氏縣在今鉅野縣境。濮水自濮水分流後，中經濮陽縣故城南。濮陽縣為春秋戰國時衛國的都城，河渠書所說的衛就指這裡而言。

注二　水經濟水注，菏水分濟水於定陶東北。定陶即今山東定陶縣。菏水由濟水分出後，東南流經鉅野縣南，今金鄉縣北。據水經言，菏水又東過湖陵縣南，東入於泗水。湖陵縣在今魚臺縣東南。定陶縣為曹國的都城，河渠書所說的曹就指這裡而言。

注三　水經：渠出滎陽北河，東南過中牟縣之北。注：渠水自河與沖亂流，東經滎澤北，東南分派，歷中牟縣之圃田澤北。中牟即今河南中牟縣。渠水又東南經今河南開封陳留二縣之南，又經扶溝縣東，淮陽縣北。淮陽縣即春秋時的陳國。河渠書所陳就指這裡而言。

註四　水經汳水注：汳水出陰溝于浚儀縣北。陰溝水的上游亦即狼湯渠。浚儀縣於今為河南開封縣。汳水東流，經今河南陳留縣北，蘭封縣南，至今河南舊考城縣南為留獲渠。

註五　水經獲水注：獲水出汳水於梁郡蒙縣北。蒙縣在今河南商邱縣東北，獲水東流，經河南虞城縣北，江蘇碭山縣北，蕭縣之南，而至於徐州入泗。徐州即水經獲水注所言的彭城。汳獲二水東流，經過商邱縣北。商邱在春秋戰國時爲宋都。河渠書所說的宋就指此邑而言。

註六　水經睢水注：睢水出陳留縣西蒗蕩渠。陳留縣在今河南陳留縣。睢水東南流，經杞睢二縣之北，寧陵商邱之南，又經夏邑永城之北，再經今安徽宿縣靈壁之北，過今江蘇睢寧縣北，至宿遷縣入泗。如上所言，睢水也經過了宋國的地方。

註七　水經渠注：陰水又東南逕中牟縣東南，魯溝水出焉，亦謂之宋溝也，又逕陳留縣故城南。依水經注所述，渠水即狼湯渠。魯溝水分出之地當在陳留縣北。酈注又言魯溝水至陽夏縣故城西，又南入渦。陽夏今爲河南太康縣。

西安南大街科大印刷廠製（40×40）

註八　水經陰溝水注：過水受沙水於扶溝縣。扶溝縣今仍昔名。按渦水自扶溝東流，經今太康縣城北。太康以下與今渦水所流大致相同，即至安徽懷遠縣入淮。

註九　根據司馬遷所說的鴻溝範圍是相當廣大的。但也有以其一部份稱為鴻溝的。戰國策魏策載蘇秦說魏王說，大王之地，南有鴻溝，是以大梁以南諸水為鴻溝的。鴻溝所以為後世所稱的原因，主要是由於楚漢分界的故事。關於楚漢分界的鴻溝，說者也多有不同。史記高祖本紀索隱引應劭說，謂在滎陽東南二十里，又引張華說，則是指皇灌大梁時所鑿的。水經渠水注則謂在浚儀縣（即大梁）以下的莨蕩渠。

註十 見拙著中國的運河第二章。

經進入戰國時代有相當的時候了。但在此邊的菏水可能較大梁以下各水流開闢的時間為早。如前所說，菏水由定陶分濟水東南流。正由於菏水的溝通濟泗二水，就促進了定陶附近的繁榮。那時候定陶還是稱為陶的。根据史記貨殖列傳的記載，范蠡既佐越王句踐報吳稱霸，乃乘扁舟，浮於江湖，後來就到了陶地，因為他認為陶是天下之中，可以從事商業。事實上他所從事的商業，果然獲得厚利，為當時後世所稱道。這充分說明了陶地在范蠡未到以前，已經是相當繁榮的。但這樣繁榮的形成也並不是十分早的，因為陶地以前乃是曹國的都城。如果曹

西安南大街祥大印刷廠製 20×20

國末之之前已經有了這條水道，那末，曹國在當時絕不至是無聲無響，不見重於國際之間的。

陶之所以能成為當時的天下之中的經濟都會，與菏水的鑿通是分不開的。如前所說，河濟二水的系統和江淮二水的系統是本來不相關聯的，菏水的鑿通使這些不相關聯的水道互相聯接起來，也就是說當時國內主要的水道交通由此而貫通起來。這自然不是平凡的事情。滎陽引河的工程範圍固然是十分廣大，但菏水的開鑿實較早於其他水道，所以其價值也是特為顯著。就是後來滎陽引河工程接二連三地完成後，也只能使陶地的繁榮錦上添花，而不於減輕。這是由於菏水在河濟系統與江淮系統間是一條距離最短的水道，所以其他水道的鑿成在未影響陶地的繁榮，反而還助長了它的繁榮情形。

陶地不僅居於交通的樞紐，而且是在一個富庶區域的中心。從戰國歷秦時而至於漢初，陶地的附近正是一片盛產五穀的地區，也可以說是當時全國重要穀倉的所在地。陶地之東為齊，齊國正是帶履山海，膏壤千里。（註一）齊國在戰國時候是常被人稱譽為粟如丘山。（註二）就是到後來與漢初，齊東琅邪即墨之饒，也是經常膾炙人口的。（註三）陶地東南為魯，魯地也頗有桑麻之業。（註四）齊魯而外，梁地也是相當富庶，為天下的膏腴地。（註五）就陶來說這盛產五穀的地區是西起大梁睢陽之間，而東迄於琅邪即墨海濱，則陶正在其中間。農業如此，工業也是不多，齊地與梁地同為絲織業麻紡發達的地區，臨淄與襄邑同為重要紡織原稿前有缺頁。

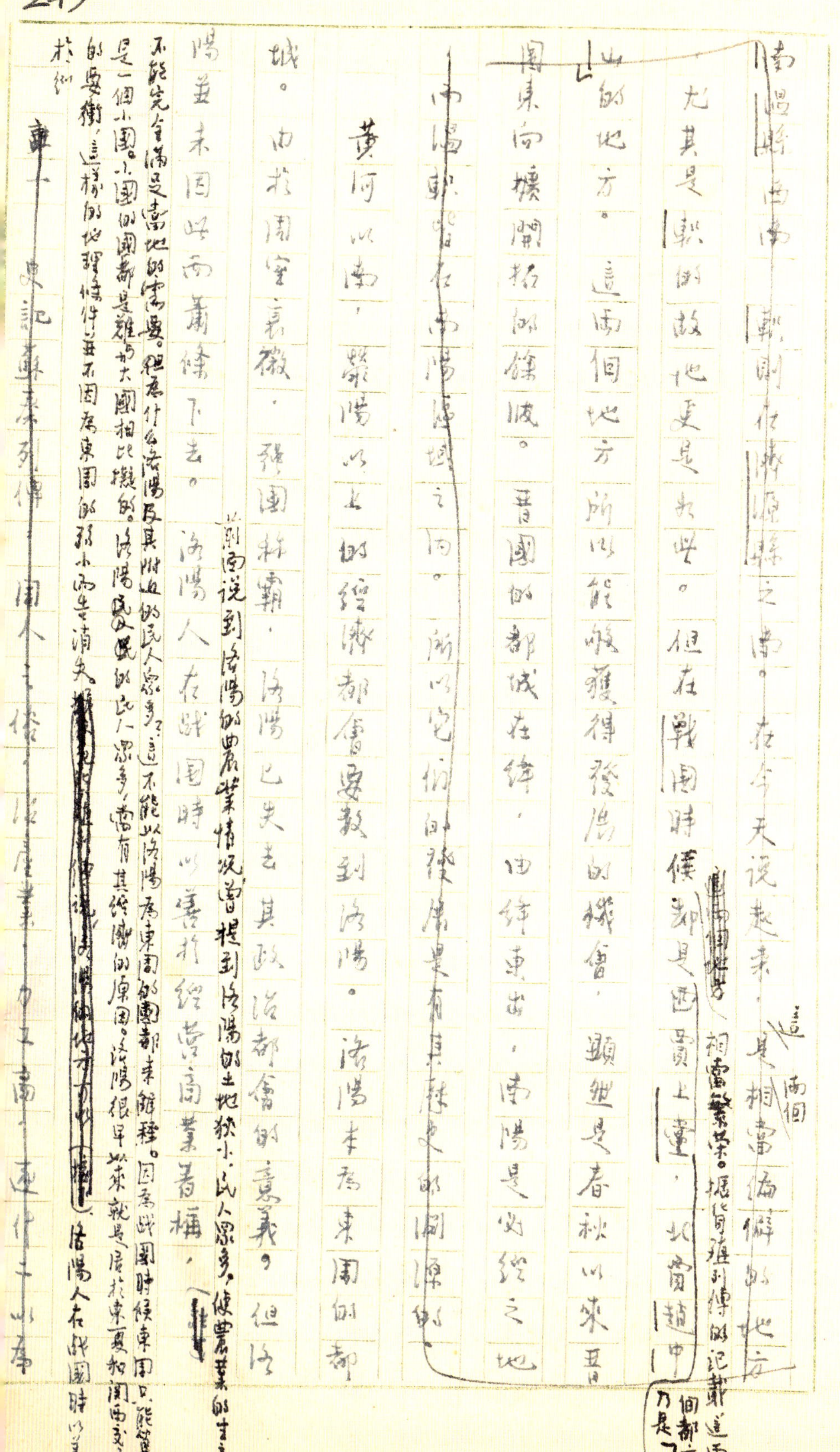

249

南陽以西南，商在今天說起來，是相當偏僻的地方，尤其是韓的故地更是如此。但在戰國時候，這兩個地方相當繁榮。據貨殖列傳的記載，這兩個都市乃是西賈上黨，北賈趙中山的地方。這兩個地方所以能夠獲得發展的機會，顯然是春秋以來晉國東向擴開拓的餘波。晉國的都城在絳，由絳東出，南陽是必經之地，而南陽就是在南陽盆地之內。所以它們的發展是有其歷史的關係的。

黃河以南，滎陽以上的經濟都會要數到洛陽。洛陽本為東周的都城。由於周室衰微，強國林霸，洛陽已失去其政治都會的意義。但洛陽並未因此而蕭條下去。前面說到洛陽的農業情況，曾提到洛陽的土地狹小，民人眾多，使農業的生產不能完全滿足當地的需要。但為什麼洛陽及其附近的民人眾多？這不能以洛陽為東周的國都來解釋。因為戰國時候東周只能算是一個小國。小國的國都是難與大國相比擬的。洛陽民眾的民人眾多，當有其經濟的原因。洛陽很早以來就是居於東西和南北交通的要衝，這樣的地理條件並不因為東周的弱小而告消失。洛陽人在戰國時以善於經營商業著稱，

史記蘇秦列傳：周人之俗，治產業，力工商，逐什二以為

形。

戰國時最著名的經商者白圭就是洛陽人。(註一)洛陽的地理情况就是東西齊魯，南當梁楚，(註二)也就說洛陽的商人能夠充分利用滎陽以下的鴻溝系統的水道，和東方富庶的區域作貿易的往來。同時洛陽本地的農業情况也促成當地人民從事貿易的生涯。洛陽附近的土地小狹，民人眾多，(註三)蘇秦自以為如有洛陽負郭田二頃，就不打算遊說諸侯。(註四)其實二頃田在當時算不得了不起的地主，因為秦封之家是需要有帶郭之田千畝的。(註五)蘇秦的故事正好顯示出洛陽附近人多地少的情形，為周陽人所以好賈趨利作了充分的說明。洛陽附近的穎陽翟與宛也有相當的重要性。陽翟在穎水上游，順穎水而下，可達楚夏之交的陳，溯穎水而上可從轘轅而達洛陽。（註六）宛則西通武關，東受江淮，也要一個交通要地。（註七）陽翟都鄭洛，土地磽薄，（註八）其俗多商賈。（註九）宛亦商賈雲會之處，（註十）兼富有鐵礦。（註十一）所以皆能成為地方性的經濟都會。戰國時代，韓國後遷都於河南，輾轉於陽翟新鄭兩地，宛也成為韓楚與秦爭奪的焦點，不是沒有緣故的。

黃河上游一帶，關中應成為一個經濟區域，也應該有經濟都會的形成。關中一向是被稱為沃野千里的，（註十二）土既肥沃，故農業能有相當發展。戰國時候經秦國過一些變法措施，遂能積粟如丘山。（註十三）在

註一　見史記貨殖列傳。

註二　同上。

註三　貨殖列傳說：昔唐人都河東，殷人都河內，周人都河南。夫三河在天下之中若鼎足，王者所更居也。建國各數百千歲，土地小狹，民人眾，都國諸侯所聚會，故其俗纖儉習事。司馬遷這段話指出了人口與農業土地的關係，說明了當時的人口超過了農業生產所能負担的力量。周人從事商業，這是一個重要因素。在貨殖列傳說到鄒魯的人推崇技術，甚於周人，也是因其地小人眾。三河情形差不多，而洛陽顯著地成為經濟都会，自然還有其他原因的。譬如交通的便利就是其中一個條件。

註四　見史記蘇秦列傳。

注五至注十原稿缺失。本節以下内容原稿缺失。

註十一　見史記貨殖列傳。

註十二　史記貨殖列傳：關中自汧雍以東，至河華，膏壤沃野千里，自虞夏之貢以為上田。又留侯世家說：關中左殽函，右隴蜀，沃野千里。又劉敬傳：因秦之故資，甚美，膏腴之地，此所謂天府者也。關中土地，農業自甚發達。

註十三　見戰國策楚策。

此内在的條件之外，又南都巴蜀，北接胡苑，（註一）對外的經濟交换也有足够的便利。關中的經濟都會是隨秦國國都的改易而時有變遷。遠在秦文公秦公穆公時候，秦國是以雍為都城的。雍都臨蜀，所以隴蜀據六國表。

註四（五） 杞於周定王二十四年（即公元前四四五年）為楚所滅。見同上。

註五（六） 莒於周考王十年（即公元前四三一年）為楚所滅。見同上。

註七 鄭於周烈王元年（即公元前三七五年）為韓所滅。見同上史記六國表。

[illegible]鄭的亡國時候皆[illegible]

註八 史記越王句踐世家：「楚威王興兵而伐之，大敗越，殺王無彊，盡取吳故地，至浙江。」集解引徐廣曰說：「周顯王之四十六年。」即公元前三二三年。據六國表，其時為為楚懷王六年，去楚威王之死已有六年。史記越王句踐世家於記載楚威王伐越之後，又說：「越以此散，或為王，或為君，濱於江南海上，服朝于楚。」越雖沒有全滅，實際已成為楚的屬國了。

註九 宋滅於公元前二八六年，見史記六國表及宋微子世家。宋微子世家說宋為齊魏所滅，是不確的。因為史記田敬仲完世家

因為根據田敬仲完世家[illegible]……[illegible]齊[illegible]滅宋[illegible]

2629

说述：「齐遂伐宋，宋王出亡，死于温。齐南割楚之淮北，西侵三晋。」则楚魏不能和齐国共灭宋国是很明显的。荀子议兵篇说：「齐能并宋而不能凝也，故魏夺之。」盐铁论论功篇也说：「齐湣王奋二世之馀烈，南举楚淮北，并巨宋，苞十二国，西摧三晋，却强秦。五国宾从，邹鲁之君，泗上诸侯皆入臣。矜功不休，故诸侯合谋而攻之。」这些话都可说明灭宋乃齐国事，与魏楚无涉。魏楚已先取得宋国一些土地，齐灭宋後，魏楚又由齐国取得宋国若干地方。这些情形以後文再具体说明。

本頁粘于上頁背。

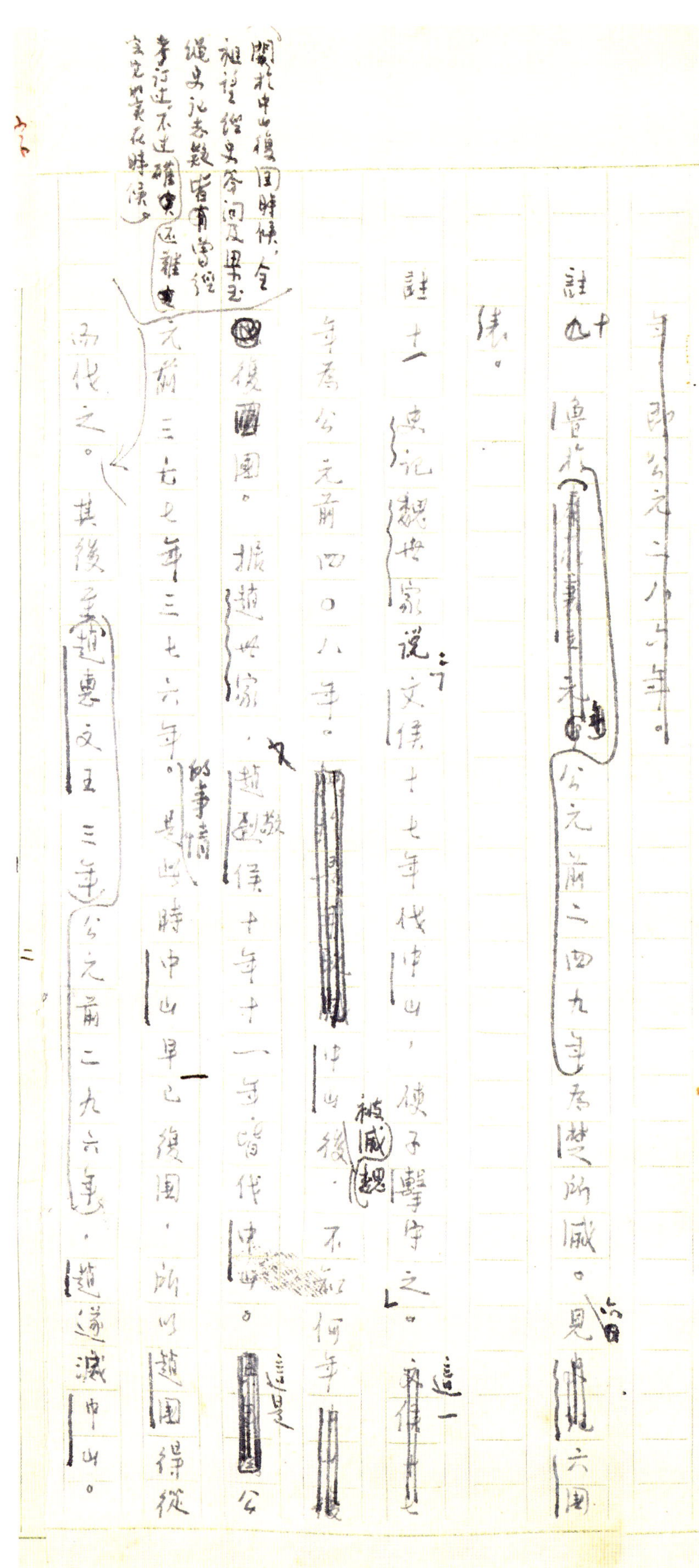

年，即公元前二八六年。

註十九 魯在春秋末，公元前二四九年為楚所滅。見六國表。

註十一 史記魏世家說：文侯十七年伐中山，使子擊守之。這一年為公元前四〇八年。中山後被魏滅，不知何年復國。據趙世家，趙敬侯十年十一年皆伐中山。這是公元前三七七年三七六年。其時中山早已復國，所以趙國得從而伐之。其後趙惠文王三年（公元前二九六年），趙遂滅中山。

關於中山復國時候，全祖望經史答問及梁玉繩史記志疑皆有考證，而不述確實，還難定它的實在時候。

本頁續接上頁，原稿兩頁拼接。

404字

史記趙世家及六国表皆載：「獻侯十年，中山武公初立。」而漢書人表考說這位中山武公為周桓公子。據周本紀，桓公死後，其子威公代為西周公，周士僅有河南一隅，如何能遠封於中山？趙世家索隱說，「中山，古鮮虞国，姬姓也。」呂祖謙大事記也說：「是時中山勢益強，遂建国，備諸侯之制，與諸夏抗。」都是不以中山和周室有关係的。或說中山為魏滅以後，魏以其地封諸公子，為魏的別封，趙人所伐並非鮮虞的中山。史記樂毅傳明載中山復国的事情，史記魏世家索隱也說：「文侯既滅中山，使子擊守之，後尋復国。」既然說是復国，則趙国所滅就不是魏的別封了。

註十二　戰國時候衛國和魏國關係最為密切，看情形衛國是受着魏國的庇護的。史記衛康叔世家說：「昭公糾立，是時三晉彊，衛如小侯，屬之。」這話是不錯的。可是張守節解釋這句話，却說是屬趙。按照當時情況來說，張守節的話是不妥當的。史記趙世家說：「敬侯四年，築剛平以侵衛。五年，齊魏為衛攻趙，取我剛平。」可是衛與魏的關係密切。後來衛國背棄了魏國，附合秦國，招到魏國的攻擊。韓非子五蠹篇說：「周去秦而為從，期年而舉；衛離魏為衛，期年而亡。」魏滅衛在魏安釐王時候，是韓非子飾邪有度二篇及呂氏春秋應言篇。衛後復國，是受到秦國幫助的。衛國直到秦二世時始被廢去，正說明後一段時間中，衛與秦的關係。

註十二 見史記越王句踐世家。

越絕書說："越伐伯道，沛歸於宋，浮陵以付楚，臨沂開陽復之於魯。"沛為今江蘇沛縣。安徽盱眙縣西有浮山，古之浮陵在其地。開陽在今山東臨沂縣北，臨沂或為臨沂之誤。

註十三 見漢書地理志，越絕書，吳越春秋。也見於水經濰水注。或說越都的琅邪在今安徽滁縣。今滁縣固然有琅邪山，其得名乃是因為晉伐吳時琅邪王伷曾在那裡駐過軍（見讀史方輿紀要滁州琅邪山條）。

註十四 見史記越王句踐世家索隱引竹書紀年及水經沂水注。

註十五 春秋正義說："滕三十世為楚所滅。"杜預春秋釋例據世本又以滕為齊所滅。張宗泰孟子七篇諸國年表考訂為宋所滅。春秋戰國時候一些小國滅後復封的情形，滕國當也是如此。

註十六 此從竹書紀年。參見陳夢家六國紀年越王句踐以下世系表。此國世系表。

註十七 見史記越王句踐世家引竹書紀年。

註十八 見史記魏世家。

註十三 墨子非攻篇說："東方有莒之國，不敬事於大。東者越人夾削其壤地，西者齊人兼而有之。"是越莒為鄰國。孟子離婁篇下說："曾子居武城，有越寇。"武城值是正義引閻栖中辨正說，越寇季氏，非寇魯也。然季氏為魯三桓之一，仍應為魯國的地方。這樣說來，越魯也是鄰國。

本頁粘于上頁背。

2636

伯之田，最後又盡有晉國的舊土。（註二）累次有地，總不盡和它們原來的土地[食邑]相連接，當不免有互相穿插的情形。魏國時候由於國際關係變化不常，魏國的土地也和他時有盈縮。當時人們說魏國疆土的，以蘇秦的言辭最為具體。他說：魏國南有鴻溝、陳、汝南、許、郾、昆陽、召

註一　見史記魏世家。

本面原稿已殘。

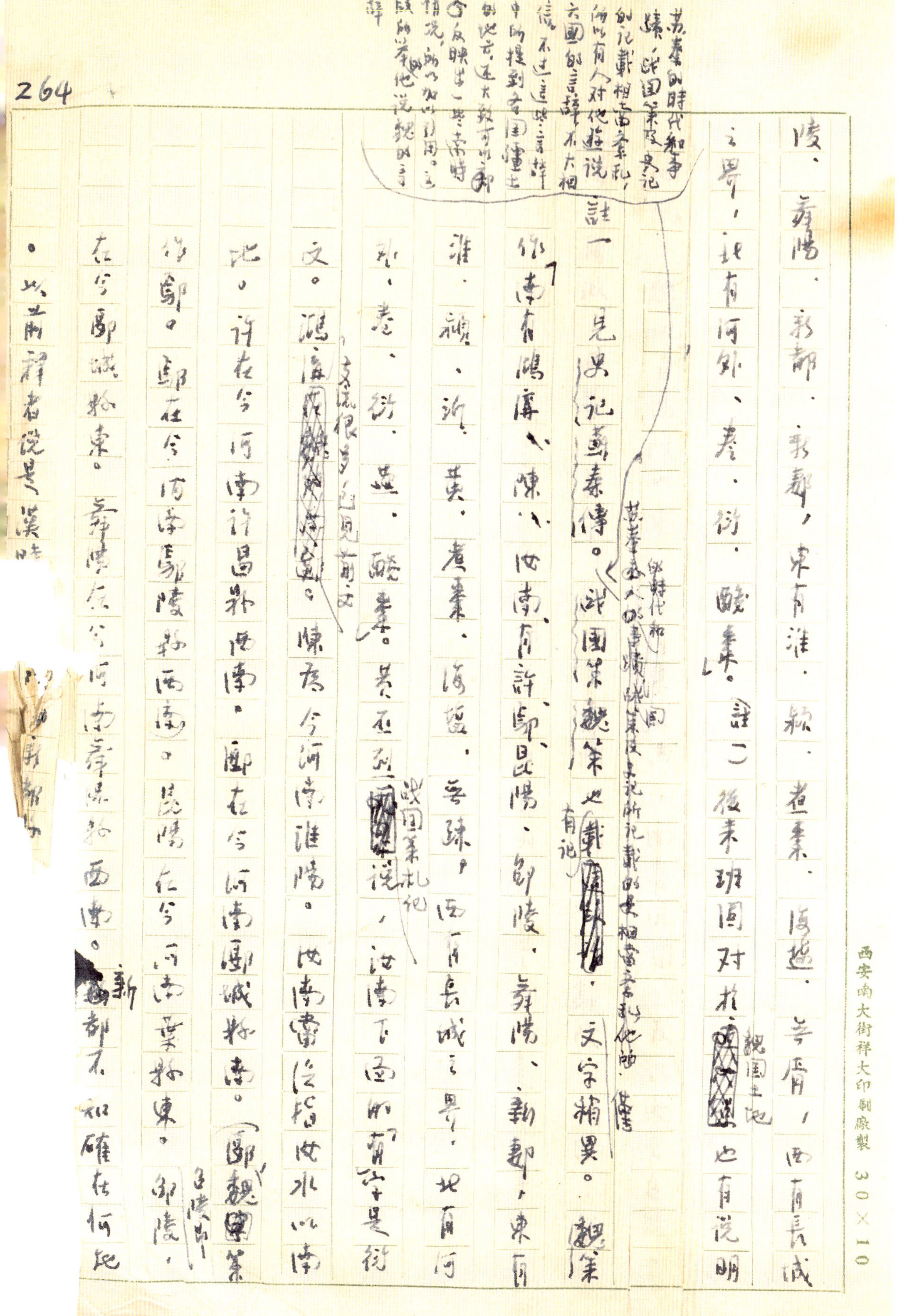
264

陵、舞陽、新都、新郪，東有淮、穎、煮棗、海鹽、無胥，西有長城之界，北有河外、卷、衍、酸棗。（註二）後來班固对於[illegible]也有說明

註一　先見史記蘇秦傳。戰国策魏策也載[illegible]。文字稍異。魏策

所謂南有鴻溝、陳、汝南，有許、鄢、昆陽、邵陵、舞陽、新郪，東有淮、穎、沂、黃、煮棗、海鹽、無疏，西有長城之界，北有河外、卷、衍、燕、酸棗。

陳為今河南淮陽。汝南當係指汝水以南地。許在今河南許昌縣西南。鄢在今河南鄢城縣東。昆陽在今河南葉縣東。邵陵，在今鄢城縣東。舞陽在今河南舞陽縣西南。新郪不知確在何地

265

淮、潁、沂、黄，是四水名。潁水流过魏國西南，黄即由鄭水分出的黄溝也，流过魏國的東部。

和魏國無関。新鄭在今安徽太和縣北。不过根據漢書顏師古注

書地理志引臣瓚的說法，新鄭是漢時地名。战國時候應該稱為

鄭丘。淮、潁、沂、黄，水名。沂水在今山東。

煮棗在今山東荷澤縣西。

有兩長城，其西長城濱於今陝西洛水，東長城則在今河南中部

。卷在今河南原陽縣西。衍在今鄭州北。燕在今河南延津縣東

北，酸棗在今河南延津縣西南。

。他說：魏地自高陵以東，盡河東、河内，南有陳留及汝南之召陵、

隱彊、新汲、西華、長平，潁川之舞陽、郾、許、傿陵，河南之開封

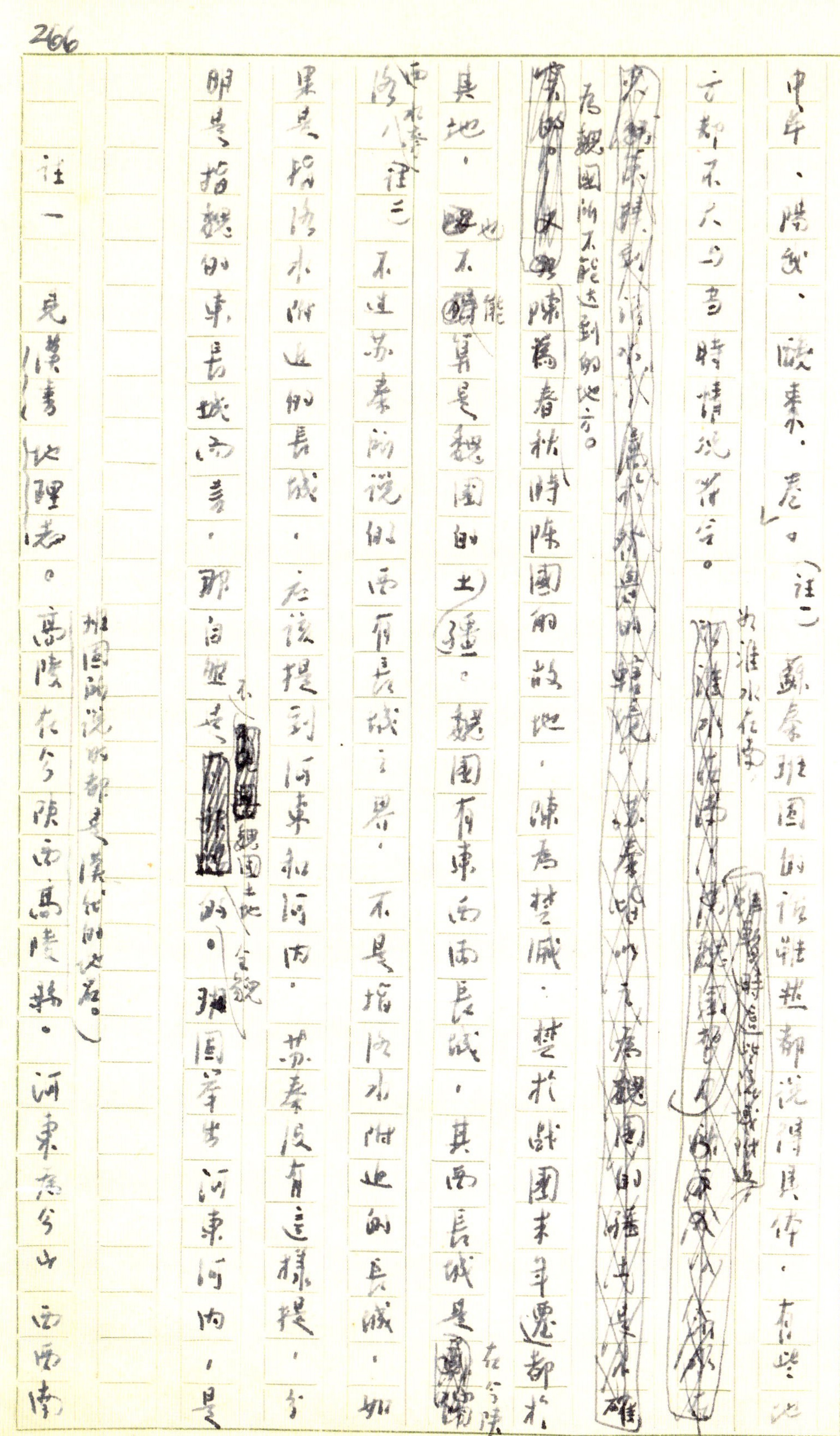

中牟、陽武、酸棗、卷。（註一）蘇秦把魏國的領土都說得其大，有些地方都不大合當時情況符合。

[illegible]

[illegible]

為魏國所不能達到的地方。陳為春秋時陳國的故地，陳為楚滅，楚於戰國末年遷都於其地，也不能算是魏國的土疆。魏國有東西兩長城，其西長城是在今陝西洛水（註二）不過蘇秦所說的西有長城之界，不是指洛水附近的長城，如果是指洛水附近的長城，應該提到河東和河內。蘇秦沒有這樣提，分明是指魏的東長城而言。那自然不是魏國土地全部的。那國半為河東河內，是

註一　見漢書地理志。高陵在今陝西高陵縣。河東在今山西西南

此國所說的都是漢代的地名。

場○　場×

郡地。河内為今河南省太行山東南地，陳留郡在今河南開封陳留一帶。滎陽在今河南滎陽縣東。新汲在今河南扶溝縣西南，西華在今河南西華縣東，長平在今西華縣東北。傿陵即傿。開封在今河南開封縣南，中牟在今河南中牟縣東。陽武在今河南陽原縣東南。其餘諸地見上注。

註二　見史記秦本紀。

不錯的，不過高陵遠在涇水下游，距洛水尚遠，非魏國所能據有，〔都提到魏地在高陵以西來的話，〕魏的西界不應西越高陵的。

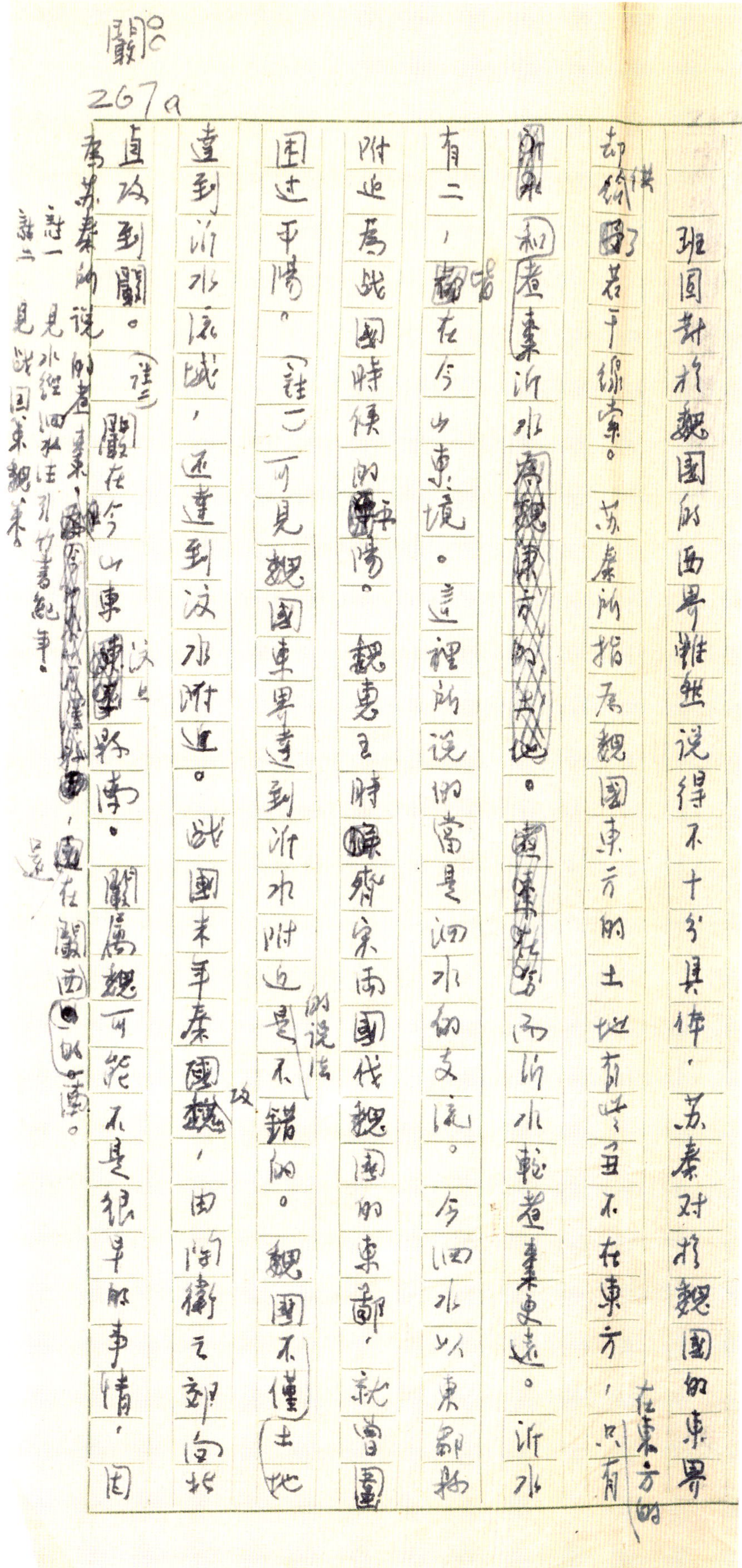

267a

班固對於魏國的西界雖然說得不十分具體，蘇秦對於魏國的東界卻供給了若干線索。蘇秦所指為魏國東方的土地有些雖不在東方，只有沂水和煮棗在東方。煮棗在今……而沂水較煮棗更遠。沂水有二，皆在今山東境。這裡所說的當是泗水的支流。今泗水以東鄒縣附近為戰國時候的平陽。魏惠王時齊宋兩國伐魏，魏國的東鄙，就曾圍困過平陽。（註一）可見魏國東界達到沂水附近的說法是不錯的。魏國不僅土地達到沂水流域，還達到汶水附近。戰國末年秦國攻魏，由陶衛之郊向北直攻到闞。（註二）闞在今山東汶上縣西南。闞屬魏可能不是很早的事情，因

註一 見水經泗水注引竹書紀年。
註二 見戰國策魏策

2676.

以現在地理來說，河南安陽和河北大名一帶地方在戰國時候應該屬於魏國的版圖。魏國的西門豹和史起先後作過鄴令，魏武侯的別都也在今大名附近。（註二）不過武侯的別都，後來在魏國徙都大梁時候，為趙國以中牟易去。（註三）安陽和大名一帶地方，在漢朝也還都為魏郡。河東方面，魏國的土地也不僅以漢朝[illegible]所說的河東郡為限。漢時的河東郡南邊到黃河，北邊到今山西靈石霍縣之間。戰國時候魏國在漢河東郡以北還有屬地。魏襄王時，秦曾取魏的平周。（註三）平周在今山西介休縣，漢時為西河郡的屬縣。班固沒有提到西河郡，也是不甚妥當的。

註一　見漢書地理志注引應劭說。這個地方在漢時還稱為魏縣。

註二　見水經河水注。

註三　見史記魏世家。

本頁粘于上頁背。

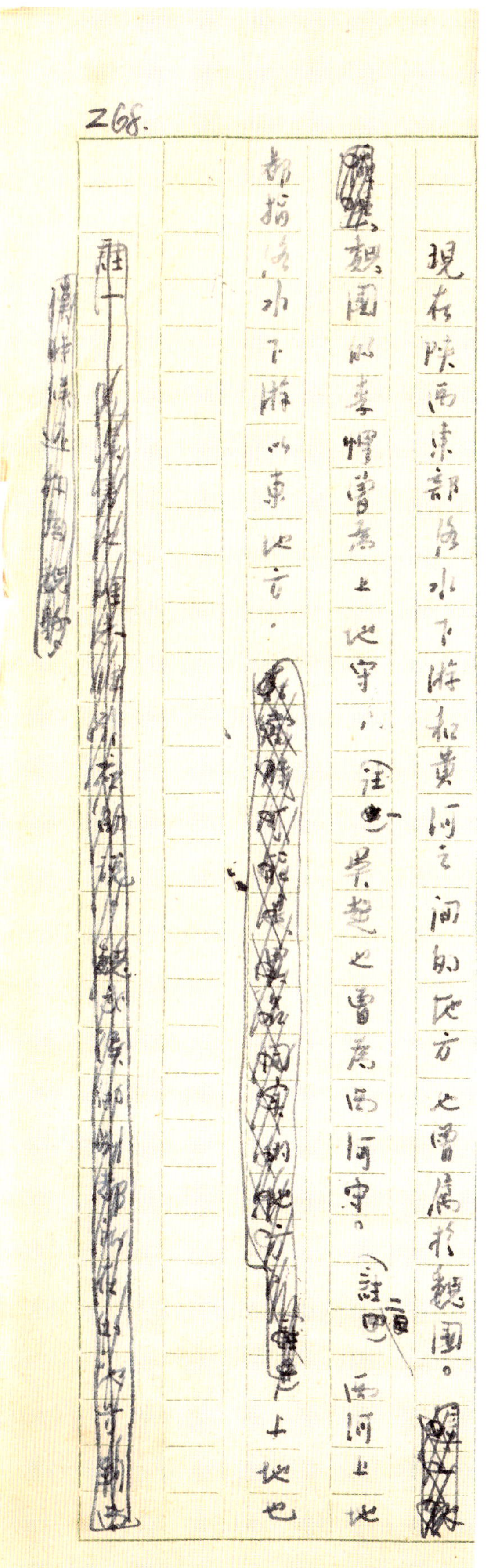
268.

現在陝西東部渭水下游和黄河之間的地方，也曾屬於魏國。魏國的李悝曾爲上地守，（註一）吴起也曾爲西河守。（註二）西河、上地也都指渭水下游以東地方。

註一 見韓非子內儲說上第。

註二 見史記吳起列傳。

就是上郡。上郡在當時有很多的縣，公元前三二八年（秦惠文王前十年），魏國畫割上郡的時候，一次就割了十五縣，（註一）魏國在河西地的方是西起於今陝西華縣，華縣在當時為鄭，是魏國西長城的起點。（註二）

註一 見史記秦本紀及魏世家張儀列傳。

註二 見史記秦本紀。

270

但是上郡北端到什麼地方却是疑問。[illegible]這個上郡名稱和漢朝的相同。漢時的上郡由河水中游一直達到內蒙伊克昭盟南部。魏的土地不可能有這樣的廣大。因為漢上郡裡面還包括有趙國的土地。趙國的定陽在今陝西宜川縣北，（註二）趙國的膚施在今陝西綏德縣，（註三）都是魏國的勢力所不能達到的地方。趙國而外，在當還有義渠戎的地方。（註三）魏國在這方面的北界，大致是在今陝西鄜縣以北。那裡當時是雕陰地方。魏國將軍龍賈曾在這裡為秦師所敗。（註四）不過應該提到的是固陽的問題。固陽是魏國西長城防北端止的地方。（註五）許多人都說固陽是在今包頭附近。（註六）這是因為那裡有漢稒

註一　戰國策齊策：「魏拔邯鄲，西圍定陽。」漢有定陽縣，屬上郡

。其故城在今陝西宜川縣西北，圖四地名考說，趙國的定陽就是漢時的定陽縣。

註二　史記趙世家：「惠文王三年，滅中山，遷其王於膚施。」膚施在今陝西綏德縣東南。

註三　史記匈奴列傳說：「秦昭王時，義渠戎王與宣太后亂，有二子。宣太后詐而殺義渠戎王於甘泉，遂起兵伐殘義渠。於是秦有隴西北地上郡。」

註四　見史記秦本紀及魏世家。

註五　見史記魏世家。

註六　楊守敬歷代疆域戰國圖可參此表。

陽縣的緣故。漢時的稒陽縣屬五原郡。五原郡乃戰國時趙武靈王驅逐林胡樓煩所開置的九原郡的故地，（註一）魏國的疆土不可能達到那裏。究竟魏國的固陽在現在的什麼地方，已經無法確指了。

魏國還有一些地方可以指為邊界的而為蘇秦班固所沒有提到的。魏國河西南端雖起於華山，以南也還有魏國的土地。蘇代約燕王曾提到西河之外，上雒之地。（註二）就指的是魏國這塊地方。上雒在現在陝西商縣，雖遠在魏國的西南，又距楚境不遠，所以曾經為楚國所侵據。（註三）後來魏楚戰於陘山，魏國想打斷楚國和秦國的聯絡，才把上雒割讓給秦國。（註四）由函谷東往來，就是魏國的河外，魏國在這裡有焦和曲沃等城。（註六）另外根據史記楚世家和魏世家的記載，魏國於戰國時候，還曾由楚國

註一 是史記趙世家索隱所引。

註二 是戰國策燕策。

註三 是水經丹水注引竹書紀年。

註四 是戰國策秦策。

（註四三）戰國時候魏國稱黃河之南爲河外。前引蘇秦的說「北有河外卷衍酸棗」，就是指河南而言。不過通常是指河東郡以南的地方。史記張儀列傳載張儀說齊湣王時，嘗提到「韓獻宜陽，魏效河外」。索隱說：「河外，河南邑」。魏世家說：「惠王時，秦[illegible]予魏河外」。〔見史記魏世家注云：陝在今河南陝縣。焦在陝縣之南。曲沃在陝縣南。〕世家又載無忌說魏王：「所亡於秦者，山南山北，河外河內，大縣數十，名都數百」。這說的河外，就是指這一帶而言的。

奪取魯陽。（註一）魯陽為今河南魯山縣。雖在汝水南岸，却已位於韓國都城的西南了。至於東方，魏人對於宋國是未能忘情的。魏惠王東遷之初，宋國尚保有大梁以北的黃池。（註二）馬陵之戰時，魏國地僅至於外黃之西。（註三）外黃後來還是為魏國所佔有。（註四）再往南，魏國還佔有雍邱和襄陵，（註五）用現在說來，乃是河南的杞睢二縣。由杞睢二縣往東，商邱寧陵一帶當時稱為睢濊之間。（註六）睢濊之間本來也是魏國的土地，當魏國圍攻邯鄲時候，為楚國乘機取去。（註七）後來宋國為齊所滅，魏國又由齊國方面奪取了宋國的土地，即所謂大宋方與二郡。（註八）大宋郡應該就是宋國故都的睢陽。戰國末年，魏國土地一直到了睢陽以東。（註九）這時還提到的是魏國於秦國方面奪得了陶，（註十）並進而滅衛

（註十）衛國後來雖然復國，但魏國總算一度佔有了衛都濮陽。（註十二）

註一　見史記魏世家。

註二　同上。

註三　見戰國策宋策說：「魏太子自將過宋外黃。」可見這時外黃還是屬於宋國的。（這是指魏馬陵之戰以前的事情。）

註四　史記蘇秦列傳載蘇代約燕王說：「決白馬之口，魏無外黃濟陽。」（戰國策燕策也載這段話，不過沒有「外黃」二字。）

註五　雍邱屬魏見戰國策燕策。襄陵屬魏見水經淮水注引竹書紀年，戰國策齊策及史記魏世家。

註六　見程恩澤國策地名考。

本頁續接上頁，原稿兩頁拼接。

274

註七　見戰國策楚策。

註八　史記楚世家載楚人說頃襄王，曾提到「外擊定陶，則魏之東外棄，而大宋方與二郡者舉矣。」

註九　韓非子有度篇：「魏安釐王睢陽之事，荊軍老而走。」

註十　陶於宋亡入齊，後歸屬秦，魏取得其地已經是安釐王時事。見韓非子飾邪篇有度篇及呂氏春秋應言篇。

註十一　戰國末年衛國的土地已經是十分狹小。史記衛康叔世家就明確地記載著衛嗣君時候獨有濮陽。濮陽為衛國的國都。就是說國都之外都皆為他國所據有了。漢書地理志後序說，衛地為漢時的東郡和魏郡黎陽，河內的野王朝歌。班固這些方面的記載是有点誇大。史記魏世家說：「景湣王元年，秦拔我二十城，以為秦東郡。」衛康叔世家也說，「元君十四年，秦拔魏東地，秦初置東郡。更徙衛野王縣，而并濮陽為東郡。」可見衛的濮陽在秦時屬於東郡，並非東郡完全為衛國的地方。就以漢書地理志所記載的東郡來說，東郡轄二十二縣，其中聊城東阿等縣都是戰國時候齊國的地方，也並非衛國所能領有。朝歌雖曾為衛地，但戰國時候已為趙魏先後據有。後來秦國由魏國手中取去，是史記魏世家可見與衛國無涉。至於衛所徙的野王，也非衛國本來的土地。史記白起列傳說：「昭王四十五年，伐韓之野王，野王降秦。秦取野王在遠衛君遷從以前。秦設東郡時，衛君已实際成為秦國的附庸，衛君遷從是為了讓出濮陽。衛國既無其他土地，所遷的自然還是秦國的地方。黎陽屬衛，別無他証。戰國策趙策，趙嘗以焦黎牛狐之城予秦。說者以黎在黎陽。如果這個說法確實，黎當屬趙，而非屬衛了。戰國策所記衛的地，除濮陽而外，在衛策中有蒲及左氏，在齊策中有濮上、陽晉、陽城。秦策中有東野、剛平，趙策有淇。史記穰侯列傳中又有單父。濮上指濮水之上，當在濮陽附近。東野當即東地，同義，不能確指其處。其他各地據策文所載，當已陸續為他國奪去。根據這些記載，史記所說的衛獨有濮陽的話，應該是实錄。濮陽今为河南濮陽縣。

〈印〉

本頁續接上頁。

撮起來說，魏國的土地有現在的陝西山西河南河北山東安徽等省的一部份。由西邊說起，魏地起自渭水以北的洛水沿岸和渭水以南的華縣和華陰之間。洛水沿岸向北達到了鄜縣，渭水以南達到了雒南附近。在山西汾水以西魏國的土地達到隰縣附近，由汾水往北最遠還達到介休縣。因為晉的故都原魏國所有，所以魏地應該達到汾水下游。在黃河沿岸魏國佔有垣曲縣。山西東南部當時被稱為上黨，魏國在上黨也有少許土地，這在下面將另加說明。在河北省的南部，魏地有今大名魏縣以及臨漳縣境漳水以南的地方。在山東省西南部，魏地有今魚台金鄉等縣，最遠還曾達到泗水以東的鄒縣和汶水以南汶上縣的附近。山東西南菏澤之間也曾屬於魏國，不過已是戰國末年的事情了。

本頁續接上頁，原稿三頁拼接。

276

魏國的土地主要是在今河南省。从東边說起，魏地達到了南部以東，南部西南的寧陵睢縣應該还是屬於魏國所有。中部的鄢陵，扶溝，許昌，西華，鄢城，臨潁，上蔡，葉縣，舞陽，魯山諸縣也是隸屬於魏國的版图。汝水之南，也有魏國的土地。魏地並且達到了安徽的太和。河南西部，魏國曾據有陝縣及其附近的地方。開封以西，魏國有長城與韓接界，这條長城大致是在鄭州和陽原以東的。黃河以北，除过韓趙少許的土地外都為魏國所有。魏國还曾一度佔有濮陽。

「魏国與韓趙兩国在上党的土地」 上党在今山西東南部。三家分晋的時候，韩国得上党的土地為最多，魏国也得了一部分。戰國策載周君求救於魏，魏国為上党有急，未能出兵相助，（注二）可是魏国在上党

注一 見戰国策西周策。

有土地是確實的。不過為數不多罷。據竹書紀年所載有屯留、尚子（長子）、涅、端氏、濩澤諸地。（註一）史記秦本紀也載有高都一處。（註二）這幾個地方多散相當懸遠，不能完全連在一起。屯留、尚子、涅在魏惠王時已為韓國所取去。（註三）魏國所剩餘的僅是太行山北丹沁二水中游附近的地方。這幾個地方魏國一直保持到戰國末年。中間韓國想以其他地方來換取這些土地也未能成功。（註四）魏國以外，趙國在這一區域也擁有一部分土地，魏國的長子和端氏原來就曾屬於趙國。（註五）襄垣和閼與尚也是趙國的故土。（註六）所以趙成侯一再經營他們的上黨。（註七）

註一　屯留、尚子、涅三地見水經濁漳水注引竹書紀年。端氏見太平寰宇記澤州高平縣條引竹書紀年。濩澤見水經沁水注引竹書紀年。長子在今山西長子縣西。屯留在今山西屯留縣南。涅在今山西武鄉縣西。泫氏在今山西高平縣。濩澤在今山西陽城縣西。

註二　高都在今山西晋城縣東。

註三　見水經濁漳水注引竹書紀年。

註四　見戰國策西周策。

註五　見史記趙世家及水經沁水注引竹書紀年。

註六　見元和郡縣志。襄垣在今山西襄垣縣北。潞與在今山西和順縣西。

註七　見戰國策趙策。

戰國末年韓趙國嘗許割上党二十四縣予秦。（註三）這二十四縣中應該有韓國的十七縣屬。（註三）當時韓國受秦國壓迫，韓國的上党未能以土地讓趙，使馮亭過去。十七縣，趙國原來的土地應該是還有七個縣的。

西趙國在上党南部還應該有些地方，在現在壺關縣東南的羊腸相當於現在高平縣西北的長平城，都應該屬於趙國所有。（註一）

韓國在上党領有十七縣。（註二）這十七個縣已難指其名稱，不過韓與魏趙共爭的長子（註四）與魏共爭的屯留及涅（註五），以及本為韓國所有的端氏、路，應該包括在這十七縣之中。（註六）漢時上党郡領有十四縣，（註七）韓國的舊規模，大體上是承襲韓氏的舊制的。漢上党郡諸縣中除去趙魏兩國據有一部分外，其餘應該都是韓國的土地了。

註一　戰國策西周策載樊餘說楚王曰：「韓兼兩上党以

二7096.

臨趙，即趙羊腸以上危。」史記趙世家載蘇厲為齊遺趙王書說：「秦以三郡攻王之上黨，羊腸之西，句注之南，非王有已。」這樣看來，羊腸以西應該是趙國的土地。羊腸有三，一在上黨，壺關附近之外，恆澤之間還有上黨。不過趙地應該在壺關附近的羊腸。因為史記魏世家載如耳見成陵君時曾說過：「昔者魏伐趙，斷羊腸，拔閼與。」壺關附近的羊腸距閼與為較近。長平為秦敗趙的地方，當為趙國所有。不過長平之戰為韓割上黨予趙（公元前二六〇年）之後的事情，原來還可能是屬於韓的。

註二　見戰國策齊策。

註三　見史記趙世家。又史記韓世家載桓惠王十年，上黨郡守以上黨郡降趙，即指此事。韓世家又載桓惠王二十六年，秦悉拔韓上黨，是韓獻上黨不僅十七縣

279C.

註四 見水經濁漳水注引竹書紀年及史記趙世家。

註五 見水經濁漳水注引竹書紀年。

註六 見戰國策趙策。端氏在今山西沁水縣東北。路當即潞，在今山西潞城縣東北。涉在今河北涉縣西北。涉已在太行山東，漢時屬不屬上黨郡。

註六 參見漢書地理志。

〔韓國的疆域〕

韓國和趙魏一樣，同出於晉國。其先始封於韓原。此韓原當為西原西南。韓國的舊城，位於汾水上游。韓宣子時徙居於州。州在今河南沁陽縣東南。韓貞子又徙居於平陽，則移歸於汾水流域的澮水附近。

〔註一〕韓與趙魏既分晉國故地，

又南滅鄭國，其疆土因而向南擴張。據蘇秦所說，韓國地北有鞏洛成皋之固，西有宜陽常阪之塞，東有宛穰洧水，南有陘山，地方千里。（註二）漢書地理志也說：「韓分晉，得南陽郡，及潁川之父城、定陵、襄城、潁陽、潁陰、長社、陽翟、郟，東接汝南，西接弘農，得新安、宜陽，皆韓分也。」又說：「鄭國今河南之新鄭及成皋、滎陽，潁川之崇高、陽城，皆鄭分也。自武公後二十三世為韓所滅。」（註三）蘇秦班固所說韓國的土地主要是在今河南省西南部，他們所舉的地名是相當詳細的，但也仍有失於疏略之處。蘇秦以宛穰為在韓國的東部，其實應該是在韓國的南部。宛穰於戰國時為秦楚韓魏諸國共爭的地方，雖曾一度屬韓，其後則歸楚國，韓國屬於秦國。（註四）蘇秦說的時候或者是宛穰正屬於韓國，所以他能這樣向韓王提出。宛穰是漢時南陽郡的屬縣，，卻非南陽郡的全域。南陽郡的大部分應該是楚國的土地，不應說是完全是韓國的。不僅如此，韓地也有一部分在黃河以北。韓地在河北的以上黨一帶最為重要。其後上黨為秦所攻，韓以降趙，最後仍為秦人所得。（註五）就是韓國的故都也在河北的平陽。魏國的土地如前所說，既有上郡河東絳附近，復有河內及大梁附近。不過應該注意，乃是韓魏兩國疆土交錯的關係。韓地既分在黃河的南北兩魏地也是西有黃河沿岸的上郡、河東。其後韓魏的土地一為南北，一為東西，成複雜交錯的狀態。這兩國的土地各樣能各自相連接，應為有趣的問題。其實戰國時候雖然疆土的爭奪最為激烈，所得的土地卻不必與本國其他部分都相連。[illegible]於前所說。

註一　姚名達平陽與韓原說：史記韓世家：韓武子事晉，得封於韓原，宣子徙居州，貞子徙居平陽。鄙意以為韓都三遷皆當在澮水絳水流域。戰國策秦四：「汾水利以灌安邑，絳水利以灌平陽。」水經注，絳水出絳山，西北流注於澮。又，絳縣南對絳山。此絳縣當即今曲沃，但非晉都新田。澮水南岸即絳山北麓，絳水流逕其間，則平陽應於此間求之。約略當今侯馬南方附近之地。

平陽既為韓貞子之都，則其故都韓原亦當在附近。

由周秦晉遷都皆自上游趨下游之例推之，則韓原當在平陽之

281

東方，濟水上游之南岸。姚文收在顧頡剛先生浪口村隨筆中。姚說韓原與平陽實甚確當。然謂韓三遷皆在濟水洧水流域，似尚有待商榷。如春秋南陽地方，春秋時韓趙魏三家曾共爭此地，並不在濟水流域。

10

註二 是戰國策韓策。這是蘇秦說韓宣惠王的言辭。蘇秦這段話中所舉的鞏、成皋、宜陽諸地，現在還是河南省內的縣。諸水，洧水現在也是在河南省境內。常阪，史記蘇秦傳作商阪。黃正義說，商阪即商山，在商洛縣南。究此處商阪當今河南南陽縣，據在今河南鄧縣東南，陘山，史記蘇秦傳正義謂在新鄭西

唐商洛縣為戰國時商於的地方。商鞅所封，不在秦韓國的境上。商山為秦嶺支脈，韓亞國難等處。韓國西界當達到商山的東麓，不一定就是在商於的地方。

南三十里。然韓曾都新鄭，蘇秦何以舉其國都西南數十里的山，說是韓國的東界了。這自與實際的地理不合。索隱說引徐廣，召陵有陘亭，密縣有陘山，以陘山在密縣，和張守節的說相合。召陵在今河南郾城，其地為楚國的北鄙。蘇秦說楚國北有陘塞，當是陘山，為韓楚兩國交界的地方。

關於韓楚之間的陘山，在後面說到楚地的時候還要提到。

註三 漢書地理志所說的郡縣，其餘的都在今河南省境。漢南陽郡治在今南陽，其轄地相當廣大，今南陽縣以北汝水上游的南召、魯山，漢水流域的光化、穀城，都是屬於漢時的南陽郡的。父城在今寶豐縣東，定陵在今舞陽縣北，襄城今為襄城縣，潁陽在今許昌縣西南，潁陰在今許昌縣，長社在今長葛縣西，陽翟今為禹縣，郟今為郟縣，新安在今澠池縣東，新鄭在今新鄭縣北，滎陽在滎陽縣東，崇高今為登封縣，陽城在登封東南。

註四　宛穰二地當秦楚韓之間，諸國爭奪最為頻繁。史記楚世家說：「頃王二（本為楚國所有，因為正）十六年，齊韓魏為楚負其從親而合於秦，三國共伐楚。」戰國策西周策說：「韓慶為西周謂薛公曰，君以齊為韓魏攻楚，九年而取宛葉以北，以強韓魏。」兩書所說當為一事。可見韓魏兩國是由這裡發展的。史記秦本紀「攻楚取宛。」（昭王十五年）韓世家則說韓釐王五年，秦拔我宛。據六國表，「韓釐王五年即秦昭王十六年。」也許秦從楚取宛之後，韓一度奪去，不久又為秦所取。穰地的爭奪和宛也相彷彿。韓世家說：「襄王十一年，秦伐取穰。」大概穰後來又為楚奪去。戰國策魏策說：「穰侯攻楚得宛穰以廣陶。」史記穰侯列傳說昭王封穰侯於秦昭王十六年。可知宛穰兩地都曾經韓屬過楚國的。

據戰國策及史記所載，約有下列各事。

283

蘇秦和張儀對於韓國的土地固然說到一些輪廓，也沒有把韓國較遠的地方都包括起來。蘇秦說韓國北有鞏洛成皋，其實成皋東北還有廉有垣雍與管，這些地方都在滎澤附近，和魏國的疆土相毗連。（註一）張儀說韓地東接汝南，可是韓國幾個有名產鐵的地方如棠谿、合伯、龍淵正都是在漢朝汝南郡範圍之內。（註二）因為漢朝汝南郡最西邊到今河南西平遂平等地，而棠谿、龍淵正在今西平縣境內。如果根據當時策士的說法，韓國還有冥阨，這本是楚國的要地，或者曾經為韓國奪取過。（註三）

註一　戰國策魏策：「秦有鄭地，得垣雍，決滎澤而水大梁。」又說：「秦攻韓之管」。則垣雍及管皆為韓的領土。垣雍，據續漢書郡國志在河南郡卷縣。按照現在地理來說，應該是在河南省原武縣西。管在今鄭州北。滎澤在今鄭州與滎陽縣之間。

註二　見本章第七節註。

註三　韓國有冥阨，見戰國策燕策。冥阨也作冥山，見戰國策韓策。冥阨在今大別山上。

韓地尚有一大部份在黃河以北，這也是蘇秦和班固所沒有提到的。如前所說，上党一地雖分屬韓趙魏三國，韓國應該佔到絕大部份。在上党西北部份水中游西岸，韓國尚一度佔有藺、離石、祁諸地，不過後來這些地方都為趙國取去。（註一）韓國原來的都城是在平陽。平陽在今澮水入汾之處，應該在河東範圍之內。這樣就和魏國的河東聯繫起來。平陽以東，韓國的土地和它的上党相連接。平陽以南，還有武遂，平陽就隔河和宜陽新安相望。（註二）這樣說起來，魏國的河東在西，韓國在這區域的轄地在東了。（韓井）

註一　見戰國策韓策。藺在今山西離石縣西，離石即今離石縣。

2885

8

註㊁ 韓與秦數爭武遂。據史記六國表，秦武王四年，拔宜陽城，涉河，城武遂。次年，為韓襄王六年，秦復與韓武遂。襄王九年，秦取武遂。十六年，秦又與韓武遂。又韓世家，釐王六年，與秦武遂地二百里。武遂所在，據韓世家正義謂在宜陽附近。然既說涉河，當在黃河以北。史記楚世家載昭睢的話說，「秦破韓宜陽，而韓猶復事秦者，以先王墓在平陽，秦之武遂去之七十里，以故尤畏秦。」楊守敬戰國疆域圖置武遂於今山西垣曲縣東，大致是不錯的。因為今垣曲縣西乃是魏國王垣的故地，所以武遂應該在王垣之東。武遂和王垣之間，應為韓魏兩國在（見史記魏世家）這一區域中分界處。

286

韓國的土地既然分据黃河南北，而魏國却是西有上郡河東，復有河內及大梁附近，兩國的土地一為南北，一為東西，成為互相交錯的狀態。這兩國的土地各自能[illegible]形勢實為[illegible]的問題。前面說過，趙韓魏三國共分晋國的土地，原不是一次分完的。當然不免有互相參差的情形。就戰國時候一般情形來說，各國對於疆土的爭奪最為激烈，所得的土地却不必與本國其他部份相接連。最顯著的例子是魏國的[illegible]滅掉中山和秦國的取得陶邑。魏滅中山為文侯時候的事情。（註[illegible]）中山在今河北正定一帶，而魏國的疆土北不過漳水，由魏至中山須越过趙國，然當魏滅中山的時候和不関趙國根本非議。陶本為宋的土地，宋國亡後，宋為齊[illegible]，戰國時佔有。（註一）後來又為秦國奪去。秦得陶後以之封魏冉。（註二）其時陶東

註一　見漢書地理志。

註二　見史記秦本紀及穰侯列傳。

諸國依然存在，秦國的疆土竟越兩周韓魏而至於齊國的边陲。魏冉不僅封於陶，而且还封於穰。（註一）穰陶相距甚遠，而不碍於魏冉的獲得封邑。這不過是兩個顯著的例子，戰國時候這種情形是習見不鮮的。當時的人們对於疆土的觀念尚保存春秋時候若干色彩，和後世还有很多不相同處。這種觀念情形，則韓魏土地東西與南北互相交錯的情形當非奇怪的事情。

在這裡还应提到的是澠池。澠池在宜陽之北，瀕於黃河，這裡本來也是韓國的土地，秦奪取了，時為秦國取去。

就韓國的土地來說，黃河南北兩部份是有互相接連的地方。據史記六國表所載，秦國拔韓國的宜陽，就河城武遂。這顯示出宜陽和武遂是相鄰近的。張儀說韓王，謂「秦下甲據宜陽，斷絕韓之上地，韓國河南河北兩部分間的通道。（註二）蘇秦說趙王，也提到「韓弱則效宜陽，宜陽效則上郡絕」的話（註三）

所謂上地和上郡都是同一意義，都指韓國黃河以北的地方而言。就張儀蘇秦的話來看，宜陽在當時是十分重要的，因為它是

2887

註一　見史記穰侯列傳。
註二　見戰國策韓策。
註三　見戰國策趙策。

宜陽附近的混地由於渡黃河也有同樣的重要性。韓國河南河北兩部分土地就在這裡相接連，也就是說魏國的河東河內是隔絕的。但這種隔絕的地方，其間的距離並不是很遠，兩地的往來還是不會受到阻礙的。因為在當時河東河內之間的交通還是黃河以北一條主要道路。（註二）

韓國惟陽絕了魏國的土地，但魏國也會在這裡控住韓國河北河南兩部的聯繫。魏國在這裡有一個名為安戰的地方，後來秦國就打算佔領這裡，威脅韓國，就地都看來，安戰和宜陽是同樣重要的。（註五）

韓國在河內本是有一些土地的。如在現在濟源縣的軹和在現在沁陽縣東南的州，都是韓國屬於的，後來東屬魏國所有。（註三）除此以外，韓國還有野王及邢丘。（註四）野王在今河南沁陽縣西北，邢丘則在其東南。

這裡所說的太原，應該不是趙國的太原，而是在什麼地方已經不能知道，不過在黃河之北是可以肯定的。

註一　關於這條道路有不少的記載。戰國策趙策載蘇秦的話：「秦下軹道，則南陽動。」

註二　戰國策魏策說：「……秦攻安邑而塞女戟，韓之太原絕。」……

2

註三　州為韓宣子舊都，不知何時入於魏。州為魏地見戰國策趙策。魏取

，見水經河水注引竹書紀年。

1

註四　見史記白起列傳。

2889

邢丘南對隔河成皋，成皋以東為滎陽，以西為鞏縣，這三地在當時最為重要，因為北边渡河可由邢丘以達上黨。(註二) 由野王邢丘北行，太行山上的少曲，尤為控轂南北的衝要。(註一) 韓國雖有這些地方，仍無要通過魏國的土地，當時也倒未聽說魏國又什麼留難。後來這些地方都為秦國奪去，上黨道絕，魏人打算另外給韓國開通道路，不過在新道路上行走，魏人是要徵收一種賦稅的。(註三)

註一　戰國策秦策載范雎說秦王說：「舉兵而攻滎陽，則成皋之路不通，北斷太行之道，則上黨之兵不下。一舉而攻滎陽，則其國斷而為三。」又燕策載蘇代說燕王說：「秦正告韓曰，我起乎少曲，一日而斷太行。」少曲，據史記蘇秦傳正義文當在唐河陽西北。唐河陽城在今河南孟津縣對河。

註二　戰國策魏策載朱己說魏王說：「通韓之上黨於共莫（史記魏世家作寧），使道已通，因而關之，出入者賦之。是魏重質韓以其上黨也。」

總起來說，韓國的土地有今山西河南河北諸省的各一部分。在山西省的主要是河東和上党。河東方面是在汾水以東澮水流域，南邊達到垣曲縣東的黃河岸上。東面和上党相連。上党主要是韓國的領土，不過其中還有一小部分是屬於趙魏兩國。另外祁縣和離石兩縣地方也曾有短時期在韓國的版图之内。在河南有韓國的土地，韓國西邊達到澗水上游的黽池和洛水流域的宜陽。再西還達到豫陝之間的山地。汝水上游也是韓國的土地。再往南去，韓也曾有一個時期達到南陽和鄧縣。在汝水下游的西平郾城也是屬於韓國，據說韓國的勢力還曾達到了大别山下。

潁水和洧水是韓國兩條主要水流。這兩條水流都是發源於韓國境内，下游流入魏国。韓國在這方面的邊境是在許昌和長葛兩縣境内。再往北去，韓國還有密縣、鄭州、滎陽、成皋和鞏縣。河南省黄河以北，主要是魏國的土地，不過韓国在沁陽、濟源等縣境内，還是有一些土地的。

趙國的疆域

與韓魏共分晉國，以趙氏，其先世趙夙始受封於耿。耿在今山西河津縣東南。趙簡子曾居晉陽。晉陽在今山西舊太原縣。趙獻侯後徙中牟。中牟在今河南湯陰縣西南。（註一）及三家分晉，趙地乃在韓魏二國之北。蘇秦說趙，謂趙國西有常山，南有河漳，東有清河，北有燕國。（註二）常山即今恒山，其北本為代國，當趙襄子時已為趙國所取得。蘇秦說趙為趙肅侯時事，趙國北疆遠踰恒山，不當謂為西有常山。且常山尚在晉陽東北，說趙國疆界不應舍晉陽而僅提到常山。其實趙國西疆遠在晉陽以西，西達於藺、離石，（註三）以西還越黃河而有定陽膚施，達到了現在陝西宜川綏德等處。蘇秦所說僅得趙國疆域的大致輪廓，不如漢書地理志所記載的為詳細。漢書地理志說：「趙分晉，得趙

（趙襄居原。原在今河南濟源縣西北。）

國，北有信都，真定，常山，中山；又得涿郡之高陽、鄚、州鄉；東有廣平、鉅鹿、清河、河間，又得渤海郡之東平舒、中邑、文安、東州、成平、章武，河以北也；南至黎陽浮水、內黃、斥丘；西有太原、定襄、雲中、五原、上黨。上黨本韓之別郡也，遠韓近趙，後卒降趙，皆趙分也。（註三）以現在地圖按之，趙國（班固所說的）的土地東至於渤海灣頭，南越過漳水，北至於易水，而西達到了內蒙自治區西部的陰山以南。漢書地理志所記載的地方中有趙國後來所擴張而為蘇秦所不及知的。

註五 中牟，漢書地理志謂為河南郡中牟，正云，趙獻侯自耿徙此。依班固所說，當在今河南中牟縣。然史記趙世家正義索隱皆謂在河北，不在河南。及臣瓚注漢書，酈水經渠水注從班說而斥臣瓚說為妄言。全祖望趙一清王先謙皆以酈之所說法錯誤，皆主在河北。河北的中牟在今河南湯陰縣牟山之側。

註二 見戰國策趙策。河漳，通指黃河與漳水。河為黃河，漳為漳水。然策張儀說秦，謂秦趙戰於河漳之上……注以河漳為漳水的，蘇秦的說法，河漳應該和張儀的說法相同。清河，水經注指淇洹二水相合的下游。戰國時，淇水南入黃河，洹水獨流東北至今河北景縣入河。清河當指今流經大名清河等地的洹水而言。

謂皆以為屬元氏誤，當以在河北者為是。據其地應在今河南湯陰縣羊山之側。

註三　見史記趙世家。

註四　見戰國策趙策。

註五　藺在今山西離石縣西，離石本今離石縣。這兩地在戰國為秦趙兩國不斷爭奪的地方。史記趙世家：肅侯二十二年，秦取我藺、離石。武靈王十三年，秦拔我藺。

註六　史記趙世家：惠文王三年，滅中山，遷其王於膚施。

註三　趙國在這裡所舉的漢代郡縣，所謂河以北地，皆在現在的河北省境。趙國在今邯鄲縣附近。信都在今冀縣附近。真定在今正

安定縣附近。常山在今元氏縣附近。中山

在今唐縣附近。高陽在

今高陽縣東。鄚在今任邱縣北。州鄉在今河間縣東北。

東平舒在今大城縣。中邑在滄(今)縣

境。文安在今文安縣東北。束州在今河間縣東北。成平在今交

河縣東。章武在今滄縣東北。河以南燕陽在今河南內黃縣東北

。蕩水當在蕩陰附近，當以蕩水河流得名。內黃在今河南內黃

縣西北。斥丘在今河北成安縣東南。太原郡在今山西中部。

定襄當在內蒙托克托等處。雲中在今內

蒙薩拉齊附近。五原在今內蒙西部河套北。

109

趙武灵王实行胡服騎射之時，嘗說過吾國東有河薄洛之水，与齊中山同之。（注一）薄洛之水為漳水的異名。（注二）齊国在趙国東南，中山在趙国東北，依趙武灵王的話，則中山在河水和漳水的下游。趙中山有地名扶柳，（注三）在今河北冀縣西南，正當薄洛之水以東，再南就是趙國的东陽，趙與中山接界的地方或者就在扶柳附近。（注四）中山都城為靈寿，在今河北靈寿西北。當呼沱水由出太行山谷的近傍。呼沱薄洛二水合流於今河北武强縣境，此處或仍為中山的舊地。中山和趙国不斷發生戰争，其最北的战地為中人，（注五）在現在的河北唐縣，可能是臨中山的北疆。趙国既滅中山，遂北与燕国相鄰，燕趙二國在這方面的疆界時有變化，大体是以易水為界。（注六）班固所說的說法是不錯的。

本頁續接上頁，原稿兩頁拼接。

294

趙國已驅逐林胡樓煩及其他，獲得九原郡云中的北方。趙国土地不僅这時的疆界已經达到了陰山。並且順在九原以東和陰山以南直到原來燕代國的地方，建立了云中雁门代郡三郡。(注四九) 趙国的土地不僅达到了陰山之下，並还曾越过黄河，據有河套东北的榆中。(注五〇) 趙国的东界了结了它的统治者累世的心願，趙国的向西發展，也达到了趙武灵王胡服騎射後的一部分目的。

至於上党一隅雖也有趙国的土地，不过漢書地理志在这裡所说的乃是指趙国取得韩国上党的事情。韩国的上党於公元前二六二年(趙孝成王四年)降趙。趙国不久就為秦国敗於長平，新得的土地很快就失去了。(注五一)

注一 見趙國未遷來

原稿前缺若干頁。

297

註三　剛平爲趙地，見戰國策齊策。剛平在今河南清豐縣西。鄴本魏地，悼襄王時[illegible]見史記趙世家。（趙）（魏以鄴與趙，未久爲秦取去）平陽見趙策。亦在鄴東。房陽朝歌皆見魏策。房陽在今河南湯陰縣西南。朝歌在今河南淇縣東北。（不過朝歌後來還是爲魏人所有。史記魏世家：「景湣王三年，秦拔我朝歌」）修武見秦策。（屬趙）今爲河南獲嘉縣。（可疑）

總起來說，趙國的土地有今山西、河北、河南、（陝西）山東及內蒙自治區的各一部分。由趙國的西北邊境說起，趙武靈王的拓地，達到了內蒙自治區的陰山山脈。趙國的土地並曾越過晉陝之間的黃河，佔有河套的東北部，陝西北部的綏德和宜川也都屬於趙國所有。在山西省內汾水以西的祁縣、（文水）離石等縣以北，原趙國的版圖範圍的內地方。在山西東南部趙國也有一些地方，大致是在高平、壺關、長子、襄垣諸縣境內，和順以北就都是趙國的土地了。

在河北省西北部，趙國的疆土達到桑乾河流域蔚縣以東的地方。在河北省中部，易水、滹沱水以南皆為趙國的土地。趙國的土地向東達到了高陽、任邱、文安、大城和滄縣。滄縣以南運河以西的地方自然都是屬於趙國的。河北省的南部，臨漳縣境漳水以南的地方屬魏外，其他各地也都是在趙國版圖之內。

都是屬於趙國的。

在山東境內，聊城西北為趙國的河東地。另外趙國還有平原、禹城、長清等縣地方。不過這些地方有時候也又屬於齊國。在河南北部，趙國佔有內黃、清豐、濮陽、淇縣、獲嘉等縣地。這些地方有時候也是曾經為魏國所有。

298

節目前後各空一行。

且西漢時的清河郡，就是因為有清河之流而得名的。[illegible]

第十一節 戰國時候各國疆土的輪廓（下）

另起一行 低二格。

〔齊國的疆域〕

齊國的土地是自成為一個局面的。據蘇秦所說，「齊國的四塞是南有泰山，東有琅邪，西有清河，北有渤海。」（註一）漢書地理志則說：「齊東有菑川、東萊、琅邪、高密、膠東，南有泰山、城陽，北有千乘、清河以南、渤海之高樂、高城、重合、陽信，西有濟南、平原。」（註二）齊國東瀕東海，北瀕渤海，這是沒有問題的。齊西北接燕趙，西南接魏、宋、楚，疆界卻是經常變易的。就以西北來說，蘇秦所說的清河與班固所說的清河容或不同，前者確指清河之水，後者或乃指漢時的清河郡，所差還不十分過遠。戰國時候其他人士說齊國的險要是以清濟濁河為

註十 韓宣王與趙，史記韓世家載秦韓楚事王十年事，即早於趙

世家所載前一年。長平之役為趙孝成王七年事（公元前二五九年，六國表作六年即公元前二六〇年）。長平在今山西高平縣西北。

註二 戰國策趙策載蘇秦為齊說趙王時曾提及「秦以三軍攻王之上黨，而危其北，則句注之西，非王之有也」。（史記趙世家作秦以郡攻王之上黨，羊腸之西，句注之南，非王有已。張守節正義說，「秦上黨郡，今澤潞儀沁等州之地，兼相州之半，韓總有之。至七國時，趙得儀沁二州之地，韓猶有潞州及澤州之半，半屬趙魏」。儀州今為山西左權縣，沁州為今沁縣。

註五一 戰國策齊策。

註四二 漢書地理志所舉這一些漢代的郡縣，除勃海清河屬於今河

及……的一部份

北海外，其他皆在今山東境。菑川郡在今青光縣南附近。東萊郡在今山東東北。琅邪郡在今山東東南。膠東。高密在今高密縣附近。膠東國治在今山東膠水以東。泰山郡在今泰山附近。城陽國在今莒縣附近。千乘郡在今黃河下游入海之處。濟南郡在今濟南市附近。平原郡治在今山東北部東。清河郡在今河北清河縣東附近。高樂在今河北南皮縣東南。高城在今河北鹽山縣東南，重合在今山東樂陵縣西，陽信在今山東陽信縣南。

岸，（註一）西漢時人追述齊趙之間的土地也指出是以河為界的。（註二）齊
這裡所說的清濟濁河當然有點泛指的意思。因為濟水和黃河之間還有
很多的土地，不能混為一談。如前所說，齊有濟西，趙有河東，則齊
趙的交界應該在濟水與黃河之間。然據戰國策所記，趙國有以河東地
方和齊國交換齊人所佔的燕國的土地的舉措。（註四）則齊國西北的邊疆
達到河（黃）岸上，和趙國以河為界是有可能的。同樣的情形，蘇秦說的
勃海和趙國說的勃海，含義也不相同。趙國所說自然是指的漢朝勃海
郡，而且還是僅指出勃海郡中幾個縣。這幾個縣在今山東陽信和河北
鹽山附近，也就說在山東河北交界處。蘇代說燕王噲曾提到齊國備燕曾
於河北設防的事情，（註五）既然設防在黃河以北，當然不限於現在河北山東的之間
鹽山陽信諸縣了。有人以史記正義說以為這裡所說的河北是指滄景德棣諸州，（註五）倒
也近情理。不過齊國還曾有過漳水黃河交會處的河間和易水以南的狸
和陽城，（註五）這些地方都在今河北省中部，較所謂滄景德棣還要在西北的。

當時的黃河是由現在山東平原北流至天津入海。

本面原稿已殘。

所記趙國有以……
河東地和務……
國家構難人……
所稱的燕國的……
上說的權……（註三）
則趙國西北邊境
達到黃河之……
是有可能的

註一　見戰國策燕策及韓非子、初見秦第。

註二　見漢書地理志所載賈讓治河策。

註三　見戰國策趙策。所載

註四　見戰國策燕策蘇代說燕王噲章。

註五　見國策地名考史記樂毅傳正義。

註五　秦有河間見戰國策燕策。史記趙世家：「悼襄王九年，趙攻燕，取貍陽城」。索引是這裡所說的陽城及貍。國策地名考引水經注及太平寰宇記謂貍在今河北任邱縣西北。又引郡國志謂陽城在今河北完縣東南。

3006

本面粘于上面背。

300h.

齊國在西北方面和趙國的毗鄰的地方時有变化，这是不必说起的。齊國在西陲很早已由趙國取得了平邑。（註一）平邑在現在濮陽縣的东北，（註二）正是河北河南山東三省交界的地方。齊國土地直到現在山東的西界應該不會有问题的。在平邑南边齊國还有鄄，鄄在今山東濮縣東。直到战国末年，齊王建將入朝於秦，其臣子们还提建议齊王收集三晋的大夫逃亡在阿鄄之間的三晋共同抗秦。（註三）由鄄往南，越过濮水，就是宋國的土地了。

註一　水經河水注引竹書紀年：「齊田肸及邯鄲韓舉戰于平邑，邯鄲之師敗逋，獲韓舉，取平邑新城。」

註二　見程恩澤國策地名考。

註三　見戰國策齊策。

齊國西南的疆土，蘇秦和張儀所說的是一樣的。然戰國時候齊國的土地實遠達於泰山之南。齊人所稱南陽，即指這裡而言。(註一)蘇秦自己在說齊的時候也曾提到亢父之險。(註二)亢父之險在今山東濟寧縣南，已在泗水的中游附近。齊湣王時，因為滅掉宋國，開拓疆土，達到了淮北，後來魏楚相爭，秦國也取得陶地。齊國在這方面新增的土地所餘無幾了。(註三)

註一　見戰國策齊策。

註二　見戰國策秦策。

註三　漢書地理志說，宋亡後，齊得濟陰東平。濟陰郡治定陶。

一東平國治今山東東平。漢書地理志這段話可能記載稍晚的事情。史記齊田敬仲完世家說載湣王伐宋之後，即「南割楚之淮北」。齊有淮北宋地又見於史記樂毅傳所載樂毅遺燕惠王的書中。楚取淮北，魏取故宋地皆見史記楚世家。秦取陶，見史記穰侯列傳。根據史記六國表，楚取淮北在楚頃襄王十五年，也就是燕軍破齊的那一年。又戰國策齊策載蘇秦自燕之齊，對齊王說，有陰平陸，則梁門不啟。這是說齊取代宋之後齊對魏的威脅。也是說伐宋後齊國在這方面的邊防。這段話也見史記田敬仲完世家。世家陰作陶。平即定陶。平陸在今山東漢為東平陸縣，屬東平國）汶上縣北。距汶濟二水合流處不遠。秦取陶後，齊國西南疆土致是僅止於汶濟合流之處。

另提一行
低二格

註二 莒本為楚滅，後入於齊，見戰國策西周策及宋策，據史記六國表，莒後仍為楚取去。

303

南徙，大致是僅止於汶濟淮泗之處。(註九) 至於沂水和泗水下游的地方，蘇秦和張儀所提到的琅邪和城陽是不錯的。琅邪在現在山東諸城縣海邊，這是越王勾踐的舊都。城陽在現在山東莒縣，戰國時也稱為莒，本是春秋時代莒國的舊址，後來為楚國滅掉的。蘇秦說齊既然提到琅邪，當是琅邪已為齊人取去。莒國雖為楚所滅，然齊湣王末年為燕人所攻，田單以殘卒保莒即墨，(註一) 是莒地後來也入於齊國。(註二) 再南則沂水下游的襄賁、開陽與蘭陵，(莒地之南) 即為楚境了。(註十) 不過泗水中游的薛城，即(當時所稱為)在薛地之陸的徐州，却還是齊國的疆土。(註十二)

註一 見史記田單列傳。

的南陵中。見史記荀卿列傳。蘭陵在今山東嶧縣東。

註㊂ 薛在今山東滕縣南。孟嘗君封於薛，見史記孟嘗君列傳。薛亦稱徐州，見續漢志。史記田敬仲完世家：田常之徒追執簡公於徐州。索隱：世家又載齊威王語梁惠王：吾吏有黔夫者使守徐州，則燕人祭北門，趙人祭西門。還特別提到楚國伐徐州。可見徐州為齊國的舊土。不过齊国後来又失掉了徐州。呂氏春秋首時篇說，「齊以東帝困於天下而魯取徐州」。（史記）魯世家說：「頃公十九年，楚伐我取徐州」。是後来又為楚人所有了。

總起來說，齊國的土地主要是在現在的山東省。山東東北至海，皆為齊地。山東西北，除聊城平原禹城長清諸縣曾屬趙國以外，都是齊國的領土。齊國南邊在沂水流域據有莒縣，在泗水流域據有濟寧鄒縣和滕縣。在汶水流域據有汶上縣。

本頁續接上頁，原稿兩頁拼接。

不過齊國的土地還曾伸入到河北和河南江苏等省。就河北省来说，鹽山縣和景縣都靠近山東，和齊國本土毗連。這裡乃是齊國原有的土地。另外在任邱完縣和交河獻縣等處曾有過齊國的土地的。齊國曾經滅宋，它的疆土不僅達到山東的西南，且達到河南東北和江苏的徐州。後来这些地方相继為秦魏楚諸國奪去，齊國在这方面依然保持其原来的疆界。

楚國的疆域

至於南方的楚國，由於春秋時候不斷滅國拓土，疆域已經相當广大。战國時候继续擴展，依然保持着大國的地位。蘇秦说六國時对於楚國疆土的輪廓也有扼要的叙述。他对楚威王说，楚國西有黔中巫郡，東有夏州海陽，南有洞庭蒼梧，北有陘塞郇陽。（註一）班固則說楚國的地方當於漢朝的南郡江夏零陵桂陽武陵長沙及漢中汝南郡。（註二）蘇秦和班固所說的大体不錯，不過還不能盡楚國土地的全貌。蘇秦所說的巫郡，自在巫山之下，當楚國的上游。（註三）黔中約在巫郡之南，洞庭之西。（註四）夏州海陽雖未能確指其地，以前的註釋家大致認為當在漢水入江之處，（註五）這和班固所說的相差不多，因為漢朝的江夏郡也只是在今湖北的東部。不論兩家的意思如何，楚國的東界應該還遠在東方，而且是直到東海之濱。這是由於楚國滅掉了越國的緣故。（註六）至於

註一　見史記蘇秦列傳。戰國策楚策作北有汾陘之塞郇陽。

註二　見漢書地理志後序。南郡江夏在今湖北。零陵桂陽武陵長沙在今湖南。汝南郡在今河南東南部，漢中郡則在漢水上游

註三　史記蘇秦傳正義說：巫郡，夔州巫山縣是。巫山縣在今四川巫山縣東北。

水經江水注："江水又東逕巫縣故城南，縣故楚之巫郡也，秦省郡立巫縣，以隸南郡。"漢巫縣

註四　史記蘇秦傳正義說："黔中郡，今朗州、楚，其故城在辰州西二十里。"唐朗州治所在今湖南常德縣。辰州治所在今沅陵縣。通典則說黔中在黔州。唐黔州在今四川彭水縣。元和郡縣圖志指出唐黔州的名稱實肇始於周建德三年，並因其郡名亦為黔中，遂互相混淆。元和志並指出其間的區別說："秦黔中郡所理在今辰州西二十里黔中故郡城是，漢改黔中為武陵郡，移理義陵，即今辰州敘浦縣是，後魏移理臨沅，即今辰州是。今辰、錦、敘、獎、溪、澧、朗、施等州，實秦漢黔中郡之地。而今黔中及夷、費、思、播、隔

水經沅水注以臨沅爲楚黔中郡治所是矣

越峻嶺，東有沅江水及諸溪並合東注洞庭湖；西有巴江水，一名涪陵江，自牂柯北歷播費思黔等州，北注岷江。以山川言之，巴郡之涪陵與黔中故地，炳然可知矣。據戰國策楚策載張儀說楚王說：「秦西有巴蜀，方船積粟，起於汶山，循江而下，不至十日而距扞關。扞關驚，則從竟陵以[illegible]東盡城中矣。黔中巫郡非王之有[illegible]。」史記秦本紀[illegible]昭王二十七年，使司馬錯發隴西，因蜀攻楚黔中，拔之。以這幾處記載看來，黔中與巫郡皆當離江不遠，所以秦人就以此嚇楚，而且實際上也是這樣向楚國進攻的。扞關，據續漢書郡國志說是在巴郡魚復，當今四川奉節縣地。史記張儀傳正義說是在峽州巴山縣。巴山縣在今湖北長陽縣南。如果說楚黔中郡在今沅陵縣，則扞關所繫，當不至於影響到黔中的安全。事實上，楚國的疆土當達至於扞關之西。史記楚世家說：肅王四年，蜀伐楚，取茲方；戰國策燕策蘇代約燕王說：「楚得枳而國亡。」茲方地方雖不可考（正義引古今地名說：「荊州松滋縣古鳩茲地，即茲方是也。」然荊州松滋縣為東晉時僑縣，不能以「滋」「茲」同音即視為一地。）枳則在今四川涪陵縣。頗疑楚國黔中當在長江南岸，西起於枳，東達於洞庭湖西岸。又按秦本紀，昭王三十年，蜀守若伐取巫郡及江南，為黔中郡。這裡所說的江南，以大國表和楚世家相比照，就是楚的黔中郡。黔中郡的治所應如張

李吉甫所說是在沅陵縣。水經沅水注以楚黔中郡的治所在臨

沅縣（今湖南常德縣），大概以東漢武陵郡的治所作為楚黔中郡的治所了。

註五　參見史記蘇秦列傳注。

註六　見史記楚世家及越王句踐世家。漢書地理志以江夏郡以東歸於吳國版圖之中，後來吳為越滅，楚又滅越，應該江夏以東是楚國的土地了。漢書地理志所說吳國的土地包括會稽在內，（這當然構包在內。不過漢的會稽郡也有今江蘇南部和浙江福建。楚地可能沒有這麼）會稽為越的本土，這是不必說的。除此以外，漢書地理志又以漢朝的蒼梧、鬱林、合浦、交阯、九真、南海、日南諸郡（在現在廣東廣西和越南）為句踐的舊土。這些地方要與句踐是不相關涉的。

稽大的。史記東越列傳說：「閩越王無諸及越東海王搖者，其先皆越王句踐之後也。秦已併天下，皆廢為君長，以其地為閩中郡。漢復立無諸為閩越王，王閩中，都東冶。立搖為東海王，都東甌。」可見這些地方不是楚國版圖。在閩越王所封在就是現在福建。東海王的封在就是現在浙江南部甌江流域。

30×6

楚國的南境應該如蘇秦的說法，直到蒼梧。蒼梧當在今湖南南部。（註一）

今湖南南部有九嶷山，見於楚辭，（註二）詩人就加描述，當為楚地名也，且就是楚國的青陽地。這樣說來，

關為楚國於戰國末年獻給秦國的青陽地，就在湘水中流。（註三）秦國的

長沙郡就是以楚國的青陽地設置的。（註三）

今湖南南部在當時都應該是在楚國之內的。沅湘諸水又為屈原所常於道

楚國土地比較有問題複雜的要算北邊的疆界，楚國和當世諸國的此以[等]這一帶最為頻繁，所以疆界變化也就較大。蘇秦所說指楚國的北界，史記本傳說是陘塞。戰國策楚策卻說是汾陘之塞，其間是稍有差異的。附說這裡的陘塞當與韓國南界的陘山同義。應為兩國分界的地方。

註一　見史記蘇秦列傳正義。又莊子外物篇也說：“自制河以東，蒼梧以北，莫不厭若魚者。”則蒼梧為楚的南界，固為戰國時人一般的說法。

註二　見楚辭湘夫人篇。

註三　見水經湘水注。史記秦始皇帝本紀及

懷王初立，魏國乘喪來伐，兩國即戰於陘山。（註一）楚懷王末年，齊韓魏共同伐楚，後來還加上秦國，也在這一帶作戰。（註二）由古書所載戰爭地點的不同，可知陘山所包括的地方是相當的廣泛，大致說來，現在河南方城東部，洧水上游都應該說是陘山的範圍之內。（註三）蘇秦所說的陘之塞，所指的陘就是指陘塞或陘山而言。所說的陘是在河南襄城東北，（註四）陘山也不甚遠，所以蘇秦就以陘塞提了。不過國也不能說楚國的北界就固定在這裡，就國是一個動盪不寧的戰爭時代，各國疆界經常会發

註一　見史記楚世家。

本面原稿已殘。

註二　關於楚懷王末年所發生的戰事見於史記秦本紀、六國表、楚世家、魏世家、韓世家和齊韓魏諸國、田敬仲完世家，呂氏春秋處方篇及戰國策秦策趙策。這些書中所說的事實有不完全相符合的地方，但楚懷王末年曾經和齊韓魏諸國在陘山附近發生過一次大戰是不會錯的。楚策所說的長沙之難楚太子橫為質於齊，就指的是這次戰爭。

註三　這次戰爭在趙策中說是發生在陘山。史記秦本紀（六國表及）說是在方城，田敬仲完世家說是在重丘，呂氏春秋處方篇說是在泚水，荀子議兵篇說是在垂沙。楚策所說的長沙可能是垂沙的錯誤。楚方城的東部達到泚水上游，重邱在泚水上游今河南泌陽縣附近，（見楊守敬歷代輿地圖戰國疆域圖）垂沙可能是泚水附近的地方，各書記載雖有不同，或該說是一事。由此可見，韓魏的勢力範圍是相當廣泛的。（楊守敬戰國策地名考說，垂沙在方城內外。）

註四　左傳襄公十八年，子庚師師治兵於汾。杜注：襄城東北有汾丘城。續漢書郡國志所說和杜注同。襄城即今河南襄城縣。

生安化國。楚國在韓國的近傍，就曾經佔有過三川和潁川。（註二）這是韓國的重地，楚國自不能永久佔據下去的。不過楚國在汝水上游和伊水上游卻還保有陽人、上梁及新城諸地，而且新城是楚國被當作主郡的。（註三）汝水伊水的上游有楚國的地方，則其南的究

註一　見戰國策韓策。

註二　見戰國策楚策。陽人上梁皆在今河南臨汝縣，新城在今伊陽南。

穰，後來自然也為楚國所有。班固說楚地，沒有提到南陽，應該是遺漏了。宛、穰於漢代都屬於南陽郡。

蘇秦所說的郇陽，後來的注釋家的說法各有不同，但以在漢水中游者為是。（註一）以郇陽以下正是楚國漢中郡的地方。（註二）

註一：史記蘇秦傳三家注列舉了關於郇陽的幾種說法，皆未見妥帖。王應麟通鑑地理通釋以為在漢的旬陽縣，大致近是。旬陽縣即今陝西的旬陽縣。

註二：史記秦本紀說：「惠文王十三年，攻楚漢中，取地六百里，置漢中郡。」戰國時代，秦楚兩國各有漢中郡。水經沔水注：「周赧王十三年秦惠王置漢中郡。這是秦國的漢中郡。史記楚世家又說：懷王十七年春，與秦戰丹陽。秦大敗我軍。遂取漢中之郡。是楚國而楚為記同為一事，不述

和秦國的不同。楚漢中郡的範圍可能是由鄖陽到丹陽的地方。

的漢中郡。據水經沔水注，秦漢中郡治南鄭。南鄭本為秦地。秦躁

又據水經沔水注，秦置漢中郡在周赧王二年，周赧王二年為楚懷王十六年，即秦楚戰於丹陽的前一年。

公時，南鄭反。秦惠公時，伐蜀取南鄭。皆見秦本紀所記載。

當是秦的漢中郡，乃據漢水上游的。

本從秦的漢中郡本與楚地無關。後來秦取楚地，而漢中郡相合

併。到漢人承秦後，漢中郡直延到今湖北西北部。

本面眉批原稿已殘。

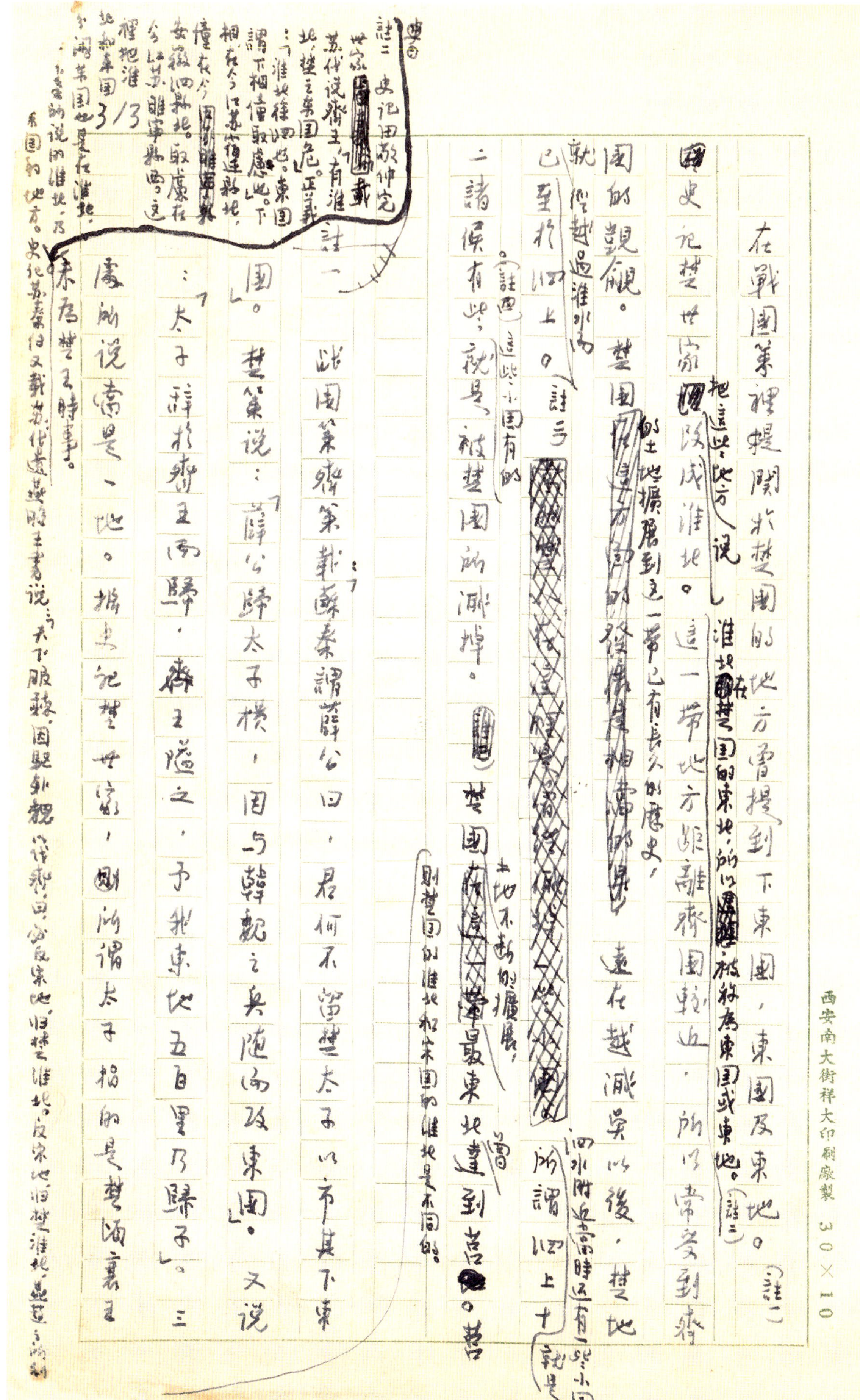

在戰國策裡提到關於楚國的地方，曾提到下東國，東國及東地。（註一）史記楚世家把這些地方說成淮北。淮北在楚國的東北，所以被稱為東國或東地。（註二）這一帶地方距離齊國較近，所以常受到齊國的覬覦。楚國的土地擴展到這一帶已有長久的歷史，遠在越滅吳以後，楚地就已經越過淮水，已至於泗上。（註三）泗水附近當時還有一些小國，所謂泗上十二諸侯，這些小國有的就是被楚國所滅掉。（註四）楚國土地不斷的擴展，最東北達到莒。則楚國的淮北和宋國的淮北是不同的。

註一 戰國策齊策載蘇秦謂薛公曰，君何不留楚太子以市其下東國。楚策說：「薛公歸太子橫，因與韓魏之兵隨而攻東國」。又說：「太子辭於齊王而歸，齊王隘之，予我東地五百里乃歸子」。三處所說當是一地。據史記楚世家，則所謂太子指的是楚頃襄王未為楚王時事。

史記蘇秦傳又載蘇代遺燕昭王書說：「天下服聽，因驅韓魏以伐齊，曰：必反宋地，歸楚淮北。反宋地，歸楚淮北，燕趙之所利……」

註二 史記田敬仲完世家載蘇代說齊王，「有淮北，楚之東國危」。正義：「淮北徐泗也。東國謂下相僮取慮也。下相在今江蘇宿遷縣北，僮在今安徽泗縣北，取慮在今江蘇睢寧縣西」這裡把淮北和東國3/13……

西安南大街祥大印刷廠製　30×10

註三　見史記楚世家。

註四　史記秦本紀說：「孝公元年，河山以東彊國六，與齊威、楚宣、魏惠、燕悼、韓哀、趙成侯並。淮泗之間小國十餘。」這十餘小國（淮泗間）在戰國……說成泗上十二諸侯。史記張儀列傳索隱解釋泗上十二諸侯說是：「邊近泗水之側，當戰國之時，有十二諸侯，宋魯邾莒之比也。」通鑑胡注說：「泗水出魯國卞縣，西南至方與，入沛，宋、魯、鄒、滕、薛、郳等國國於其間，齊威王所謂泗上十二諸侯。」楚世家載楚人說頃襄王時曾提到齊、鄒、滕、郳，這些國家也都在泗水附近。孟子告子下所說：「季任為任處守」的任，應該也是其中之一。邾為春秋時的邾，在今山東鄒縣東南。滕在今山東滕縣西南。薛在今滕縣東南。郳即小邾，亦在滕縣東南。費在今山東費縣西北。郯在今山東郯城縣西。郳在今滕縣，任在今山東濟寧。

315.

就是現在山東的莒縣。莒後入於齊。但現在莒縣以南臨沂縣的附近，在後還是楚國的土地。（註二）

楚國原來在東北方面大規模擴張土地，是在宋國滅亡以後的事情。據漢書地理志所載楚國得到宋國的舊土，以漢時地理來說有沛楚二郡，按照現在的地理來說，楚國所得宋地，大致是有江蘇省最西北部徐州及其西的江蘇河南和山東東界的地方。（註三）戰國末年，楚國滅魯，因而又拓地到泗水上游。（註四）

這些地方也是在淮水以北，所以也稱為淮北。因為宋地曾經為齊國所佔有，史書上也就稱為齊國的淮北。（註三）這裡和上面所說的楚國的下東國，或東國不同。東國是在它的西面。

註一　荀子彊國篇載荀卿子說齊相曾提到楚人有襄賁開陽以臨吾左。襄賁在今山東臨沂縣西南，開陽在今臨沂縣北。

316

註二 據史記楚世家及六國表，楚取宋的淮北，為楚頃襄王十五年事，也就是燕國樂毅破齊那一年。戰國策秦策又載楚爲秦逼東保陳城後，使黃歇往說秦昭王。黃歇說昭王時曾提到：「秦楚之搆而不離，魏氏將出兵而攻留、方與、銍、胡陵、碭、蕭、相，故宋必盡。」因爲這些地方本是楚人取之於宋國的，所以說故宋必盡。方與，宋亡後入魏，魏從爲郡，已見前文。後來又入於楚，所以黃歇將魏人前未攻取。留在今江蘇沛縣東南。銍在今安徽宿縣西南。胡陵在今山東魚台縣東南。碭在今安徽碭山縣南。蕭在今江蘇蕭縣西北。相在今安徽宿縣西北。

註三 見史記楚世家。

註四 魯國的故地據漢書地理志後序說，「東至東海，南有泗水，至淮，得臨淮之下相、睢陵、僮、取慮。」班固這段話亦非事實。漢東海郡相當廣大，非魯國所能盡有。漢泗水國及臨淮所屬各縣皆在淮水北岸，彭城之南。魯為弱國，不能越宋國有其以南的土地。魯國應土地該在泗水上游。漢書地理志後序又說東平、須昌、壽良皆在濟東，屬魯。東平這樣的說法是可能的，不過漢東平國的平陸、元父應該是魯國的土地，不當郡歸入魯國的版圖。須昌壽良二地皆在今山東東平境內，楚取魯地，這種應該是最遠了。

總起來說，楚國的土地有今湖北湖南江西江蘇四省的全部，安徽浙江兩省的大部分，四川陝西河南山東四省的各一部分。安徽省西北大和縣附近為魏國的土地，浙江省南部甌江流域為甌越的土地，其餘皆為楚國的領土。

楚國最西達到巫山和清陵兩縣，也就是到了四川省境內。漢水流域楚地達到洵陽，這是陝西省東南部的地方。在山東境內，楚國在沂水流域的土地達到臨沂縣。在泗水流域楚國佔有絕大部分的土地，但齊國只在這裡佔有小部分的地方。由於楚國滅了魯國，楚地最遠達到了汶水流域的東平縣。

楚國在河南省的土地最為複變化最為頻繁。現在南陽附近雖為各國互爭的區域，而楚國在這裡佔據的時間比較長久。南陽以北，楚國的土地最遠達到臨汝縣和洛陽縣的南邊。南陽以東，楚地達到了方城和泌陽。鄖城和襄城也曾經作過楚的北界。現在的汝南雖為等地魏國所佔去但楚國在河南東南部还保有淮陽附近和商邱寧陵以南的地方。魏國在河南東部佔有商邱，則商邱以東應該也是楚國的版图之内的。

燕国的疆域

戰國時候的七雄中，以燕国最為弱小。燕國的土地據蘇秦所說，乃是東有朝鮮遼東，北有林胡樓煩，西有雲中九原，南有呼沱易水。（註一）漢書地理志則說是東有漁陽右北平遼西遼東，西有上谷代郡雁门，南得涿郡之易容城范陽，北新城故安涿縣良鄉新昌及勃海之安次。（註二）蘇秦和班固說的雖然具体，还是有些地方和當時的情况不大符合。燕國的南界據蘇秦說是呼沱易水，這裡所說的易水乃是南易水，也就是現在的雹河，在河北徐水縣以北。（註三）而呼沱水遠在今正定以南，而水之間還有相當遠的距離，不能混為一起。呼沱水的中游本是中山國的國土。中山國後為趙國所滅，這裡自然成為趙國的版圖。戰國末年燕國的兵力最遠曾到達下曲陽，（注②）這是在呼沱水以南當於現在晉縣的地方，不過這只是暫時的事情，並非長久佔據下去。一般說來，燕國在易水以南是曾經佔有土地，趙國所攻進的唐曲逆和中陽就都是在易水以南。（注③）後來到趙孝成王時，燕趙兩國易土，燕國取得易水以北一些地方，也放棄了易水以南的地方，也就是說燕國的南陲大致是以易水為界了。所以後來燕太子丹送荊軻赴秦，也就止於易水之上。

那國所說燕國南邊的土地皆不出易水的附近，應該是不錯的。

蘇秦說燕國西有雲中九原，也是不妥當的。雲中九原兩郡本為趙武

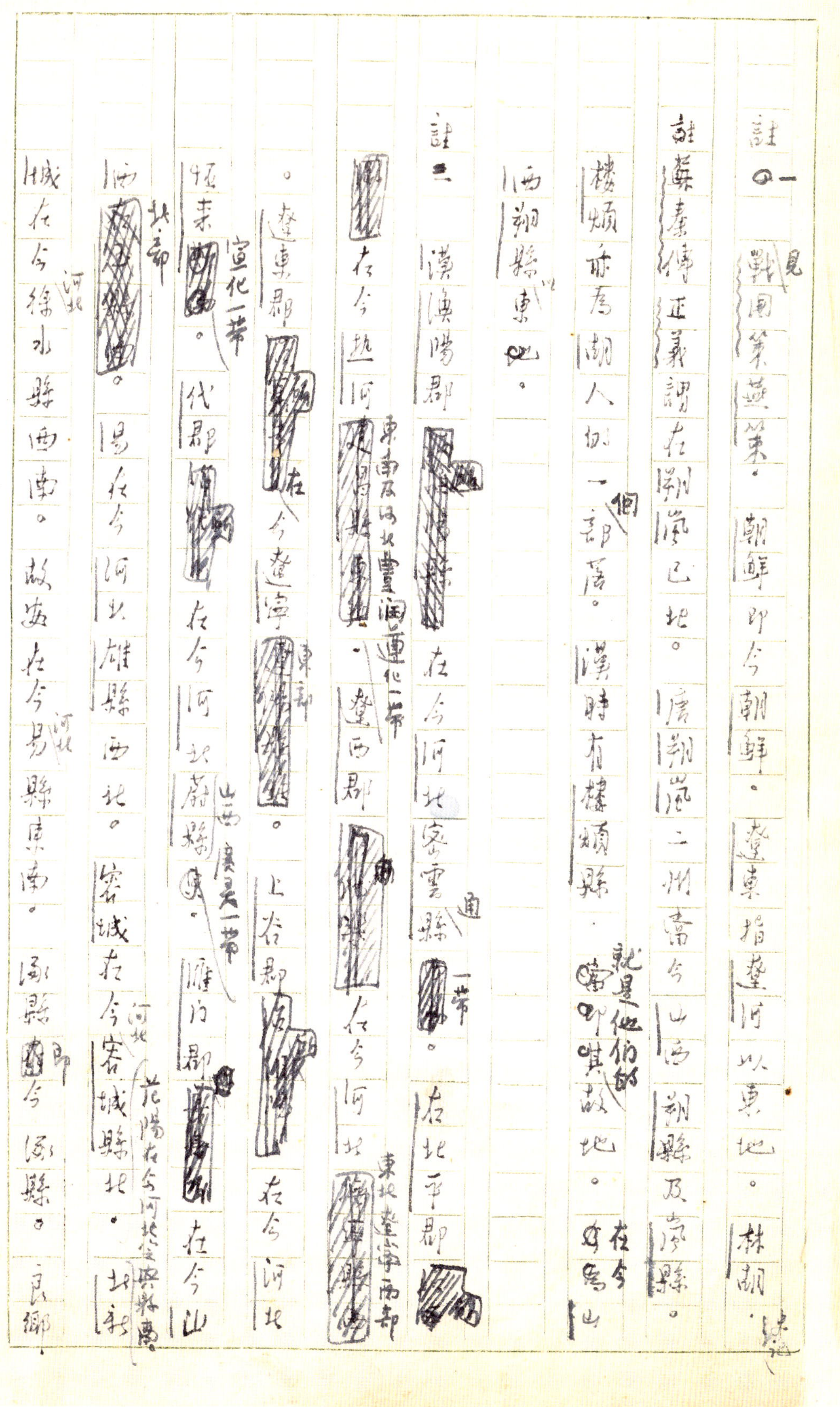

豐潤

註〇一 見戰國策燕策。朝鮮即今朝鮮。遼東指遼河以東地。林胡、

註：蘇秦傳正義謂在朔嵐已北。唐朔嵐二州當今山西朔縣及岢嵐縣。

樓煩亦為胡人的一個部落。漢時有樓煩縣，就是他們的故地。在今[illegible]山

西朔縣東。

註二 漢漁陽郡在今河北密雲縣一帶。右北平郡

在今熱河東南及河北豐潤遵化一帶。遼西郡在今河北東北遼寧西部

。遼東郡在今遼寧東部。上谷郡在今河北

懷來宣化一帶。代郡在今河北蔚縣山西廣靈一帶。雁門郡在今山

西北部。易在今河北雄縣西北。容城在今河北容城縣北。范陽在今河北定興縣南。北新

城在今河北徐水縣西南。故安在今河北易縣東南。涿縣即今涿縣。良鄉。

在今河北唐山縣東。彭昌在今河北新城縣東。安次在今河北安次縣東南。

註三 見水經易水注。見史記田叔傳。

註四 「戰國策燕策」：「秦并趙，北向迎燕，燕王聞之，使人賀秦。使者曰，今趙之時，南鄰為秦，北下曲陽為燕」。下曲陽在今河北晉縣西，當時滹沱水之南。不過這時已在戰國末年了。

註五 「戰國策齊策」：「趙可取唐、曲逆」。「趙策」：「通於燕之唐、曲吾」。曲吾即曲逆。曲逆在今河北完縣東南。唐在今河北唐縣東北。這都是位於易水以南。這是燕國盛時的地方。史記趙世家：「田單將趙師而攻燕中陽」。據張守節的解釋，趙師所攻離唐不遠，可見當時燕國土地是曾達於易水以南的。趙世家又說：「孝成王十九年，趙與燕易土，以龍兑、汾门、臨樂與燕，燕以葛、武陽、平舒與趙」。據徐廣說，龍兑、汾门在今河北徐水縣境，臨樂在今河北「固安縣境。葛在今河北任邱縣境。據水經易水注，武陽在今河北易縣。平舒，徐廣張守節皆指在代郡，代本趙土，不當再與燕國互易。班固說燕地所舉的地名中有東平舒，應該就是這個平舒。平舒和葛相近，當是在一起割讓的。根據趙世家的記載，班固所說的燕地可能是戰國末年的事情。

雲中所開設，明是史記趙世家。燕國力如何能够達到陰山以南和河套的附近？不僅雲中九原和燕國沒有關係，就是雁門代郡也不是燕國的領土。雁門郡在現在山西北部，代郡以西。代郡則在今河北山西之間桑乾河的中游。代郡原代國的故土，遠在趙襄子時候已為趙國所征服。代郡既也不是燕國的土地，則在代郡以西的雁門更非燕國所能過問、燕國的西境僅至於上谷。班固所說燕國的西境，只有這一點是對的。

燕國土地東边曾达到遼東，不过不是蘇秦時候的事情。燕國土地向東擴展乃是秦開襲破東胡的結果。（注一）秦開之孫為曾和荊軻共刺秦始皇的秦舞陽。以年代推求，蘇秦到燕國時當早於秦開的闢地。这一段变化，蘇秦是不可能預先知道的。至於班固所說燕國土地东有漁陽

本頁續接上頁。

本頁續接上頁。

（註一）見史記匈奴列傳。

右北平遼西和遼東。正是當時的情況。其實這幾個郡和上面所說的漁陽郡都是燕國所設立的，秦漢時候還是依照燕國的舊規模。這幾個郡的北面鄰接東胡，燕國和東胡的交界處，可由漢時這幾個郡看出來。漢時在這方面的北界是由現在河北的張家口往東，經過赤城和承德和朝陽以北而達到遼寧的昌圖附近。漢郡既然承燕國之舊，燕國的北界也應該和漢時相同在此。不過應該指出，現在河北的獨石口附近還是燕國的土地。因這裡本是燕國的造陽，漢武帝時候才為匈奴戰爭佔去。（註二）在遼水以東，燕國的疆界比較模糊。但是史記朝鮮列傳都載有漢初的境界，可供比照。朝鮮列傳說，漢朝初年曾經修復遼東故塞，至浿水為界。所謂遼東故塞本當為燕國所修築。浿水在水經注中有專篇記載。這條水流

註一 見史記匈奴列傳。

漢朝樂浪郡治所的朝鮮縣。朝鮮縣為現在的平壤。（註一）故浿水應該就是平壤城南的大同江。燕國的東界當已經達到大同（朝鮮的）江上了。

總起來說，燕國的土地有今河北北部、遼寧及朝鮮的西北一部分。燕國的南境，達到徐水（河北省）縣附近的雹河。徐水以東的容城、雄縣、霸縣都在當時的燕國版圖之內。燕國的西界達到河北的張家口。燕國的北界是由張家口以東，經過熱河的（在承德朝陽以北，可能還經過內蒙自治區的地方）承德、朝陽以北，直到遼寧的昌圖。燕國的東南界達到朝鮮的大同江上。燕國的土地在戰國諸強國中算是最狹小的，所以司馬遷就曾說過：「燕國北迫蠻貉，內措齊晋，崎嶇強國之間，最為弱小，幾滅者數矣。」（註二）

註一 據中國歷史地圖西漢地理圖及馬庫吉等所著的〈漢代的朝鮮〉（見滿洲歷史地理第一冊）

註二 見史記燕召公世家。

〔衛國的疆域〕

上面所說的國家，皆在函谷關以東。函谷關以東還有一些小國，如宋、衛、中山等。論情形是不能和燕、齊諸國並列的。這時周王室已不是天下原稿前有缺頁。

「秦國的疆域」

函谷關以西的秦國的土地，蘇秦和班固也都有所敘述。蘇秦說：「秦國西有巴蜀漢中之利，北有胡貉代馬之用，南有巫山黔中之限，東有崤函之固。」（註一）班固說：「秦地自弘農故關以西，京兆，扶風，馮翊，北地，西河，上郡，安定，天水，隴西，南有巴，蜀，廣漢，犍為，武都；西有金城，武威，張掖，酒泉，敦煌；又西南有牂柯，越巂，益州。皆宜屬焉。」（註二）二人以外，秦昭王時候的范雎也曾說過秦地，說是北有甘泉谷口，南帶涇渭，右隴蜀，左關阪。（註三）三家所說的以班固最為詳盡，可是說的地方也最多。武威、張掖、酒泉、敦煌四郡為漢武帝時驅逐

註一　見戰國策秦策。史記蘇秦列傳作秦四塞之國，被山帶渭，東有關河，西有漢中，南有巴蜀，北有代馬。

註二　見漢書地理志後序。班固所說這些地方都是漢時的郡名。京兆扶風馮翊在今陝西中部渭水流域。北地在今甘肅東北。上郡在今陝西北部，西河郡兼有陝西東北和山西西北，這裡所說當是指黃河兩岸一帶。安定郡在今甘肅固原。天水郡在今甘肅甘谷一帶。隴西郡在今甘肅洮河流域。武威、張掖、酒泉、敦煌四郡在今甘肅河西，金城在今蘭州附近甘青之間。武都郡在今甘肅南部。巴、蜀、廣漢、犍為、越嶲諸郡皆在今四川。牂柯在今貴州，益州在今雲南。所謂故吳乃是指的戰國時候的吳國。

註三　見戰國策秦策。根據史記范雎傳正義引括地志的說法，甘泉山在今陝西淳化縣西北，谷口在今陝西醴泉縣東北。

匈奴後所設置，（註一）武都、犍為、牂柯、越嶲、益州五郡也是漢武帝安插所謂西南夷新開的疆土。（註二）漢時的北地、安定、金城三郡皆跨有黃河南北，當時秦國的地方卻還不能達到黃河沿岸。秦惠文王時曾北遊到黃河岸邊，那還是戎人的地方，並非秦國的領土。（註三）秦國領土向北擴張，及是秦統一六國以後的事情。（註四）漢朝初年匈奴向南侵擾，漢朝保守着故河南塞，至朝那膚施。（註五）所謂故河南塞就是秦始皇向北擴張以前秦國的故塞。朝那在今甘肅平涼西北，膚施在今陝西綏德東南。所以秦國在這方面的邊境是不會超過平涼和綏德以北。膚施為上郡屬縣，就因指出秦地有上郡是不錯的。至於范雎所說的秦界到甘泉谷口都是太近了。因為甘泉谷口距咸陽不遠，應為秦國腹內的地方，不應專就指為

西安南大街祥大印刷廠製 30×10

本頁續接上頁，原稿兩頁拼接。本面原稿已殘。

325

邊境。因為范雎在秦，秦國剿滅掉義渠，並且設置了北地郡。（註七）秦地實際已達到現在甘肅的東北部。秦國的南邊確實是達到了巴蜀，可是如果說是西界遠在岷山之中，那已是亡秦以後的事情了。（註八）

註八、見漢書武帝本紀匈奴列傳西域列傳。就是漢書地理志也說是武帝時的事情。

頞

326

註三　見史記秦本紀及六國表。

註二　見史記西南夷傳及漢書武帝紀本西南夷傳。按史記西南夷傳說：「始楚威王，使將軍莊蹻將兵至滇池，以兵威定屬於楚。欲歸報，會秦擊奪楚巴、黔中，道塞，因還，以其衆王滇。秦時，常頞略通五尺道，此諸國頗置吏焉。十餘歲，秦滅。及漢興，皆棄此國。」這樣說來，秦時這些地方曾經內屬過，但已經是秦國大破楚以後的事情。當時秦國土地已遍設郡縣，可是在這些地區並未見設郡設縣的記載，恐怕不和內地情形一樣，所以後來到西漢初年，就把這些地方棄掉了。

註四　史記秦始皇本紀說：「西北斥逐匈奴，自榆中並河以東，屬之陰山，以為三十四縣。」榆中在今甘肅金城縣西北。

註五　見史記匈奴列傳。

327

註四（六） 據史記范雎列傳，范雎至秦，昭王在位已三十六年。後漢書西羌傳說：「王赧四十三年，宣太后誘殺義渠戎王於甘泉宮，因起兵滅之，始置隴西北地上郡焉。」周王赧四十三年爲秦昭王三十五年（公元前二七二年），正在范雎至秦的前一年。不應該就所以在這時說秦國的土地說「北有甘泉谷口」了。范雎這句話和他所說的「南帶涇渭」同是錯誤的。秦國在惠文王滅巴蜀後九年（公元前三一六年）已，見史記秦本紀張儀列傳及華陽國志巴志、水經江水注，既然還限於秦昭王時的土地怎么說「涇渭而滅」？至於蘇秦所說「秦北有胡貉代馬之用」，可能是傳指，不能確說秦地已經達到代國的。

註五（七） 秦取巴蜀時候見上註。蘇秦入秦在惠文王初立的時候，按理還不應該說到巴蜀。據秦本紀，秦取巫郡及黔中也是昭王三十年時事（公元前二七七年），蘇秦時又不會知道的。

本面原稿已殘。

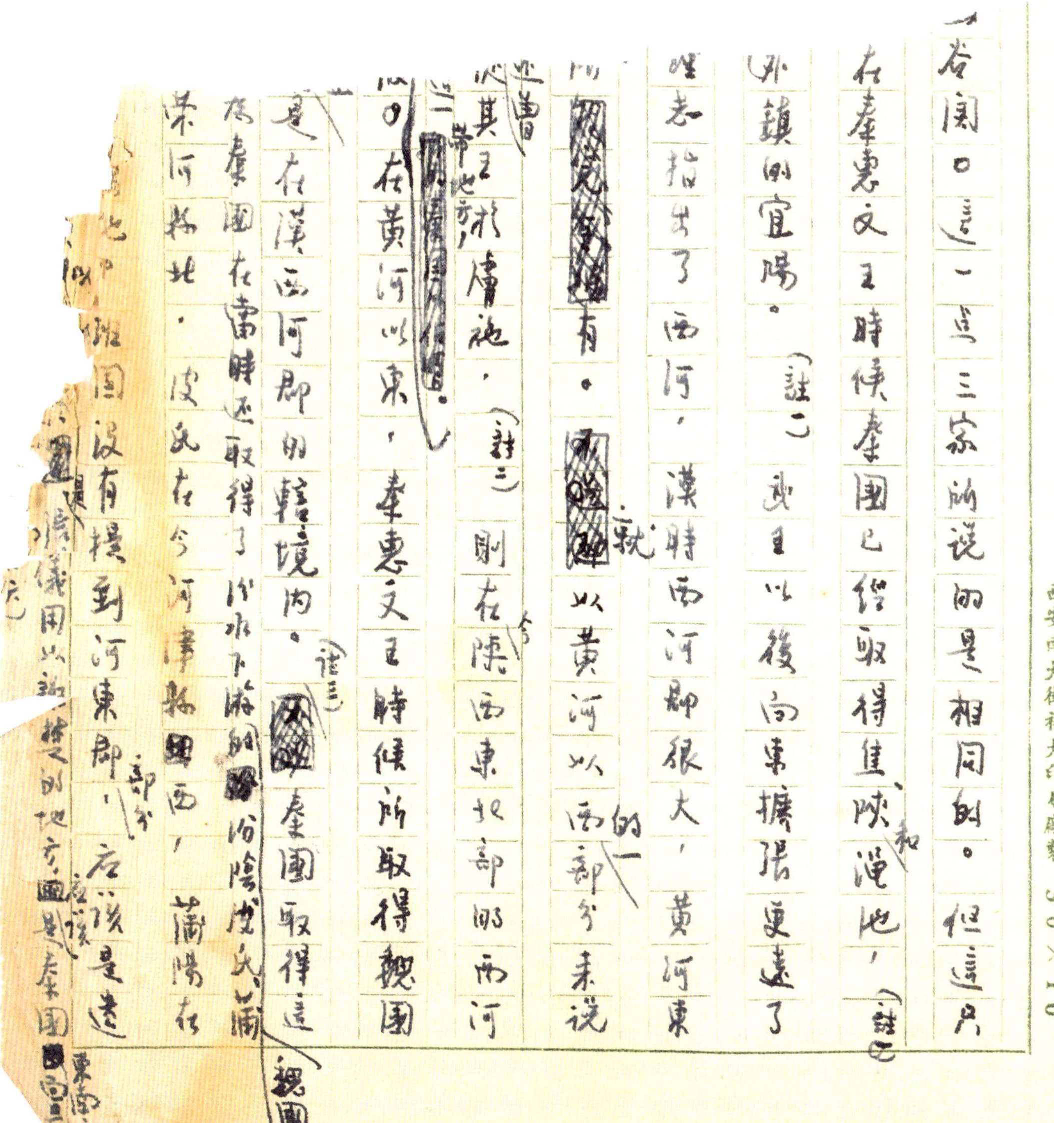

谷關口。這一點三家所說的是相同的。但這只

在秦惠文王時候秦國已經取得焦、陝和澠池，（註一）

外鎮的宜陽。（註二）武王以後向東擴張更遠了

地志指出了西河，漢時西河郡很大，黄河東

有。就以黄河以西的一部分來說

在黄河以東，秦惠文王時候所取得魏國

其王於續施，（註三）則在陝西東北部的西河

是在漢西河郡的轄境內。（註三）秦國取得這

秦國在當時還取得了汾水下游的汾陰、皮氏、蒲

榮河縣北。皮氏在今河津縣西，蒲陽在

魏國沒有提到河東郡，應該是遠

註一　見史記秦本紀、張儀列傳、魏世家、韓世家、甘茂列傳。張琦戰國策釋地說：「惠文六年魏納陰晉，九年圍焦，十三年張儀取陝，後十一年樗里疾攻魏焦，拔之。陰晉東至陝，兼殽函之道，自惠文王六年至後十一年始克有之。蘇秦說時在惠王元年，殽函未入秦。賈生又曰，孝公據殽函之固。蓋策文後來增飾，賈生本秦之强，將自孝公，所不暇耳。孝公元年出兵圍陝，強出武關，由盧氏以北，實欲取殽函而未能也。」

註二　見史記趙世家。

註三　見史記秦本紀、趙世家、魏世家。西都中陽，秦本紀作中都西陽。正義以為中都就是西都，西陽也就是中陽。漢時有中都和中陽兩縣，應該就是秦國所取的地方。中都在今山西平遙縣西。中陽本頁續接上頁。

329

在今山西中陽縣西。

註四　見史記秦本紀魏世家。

註五　見史記張儀列傳。

註六　班固以漢中郡為楚國的地方大致是不錯的。不過漢的漢中郡是兼秦國之舊的，和楚國的漢中郡不同。漢水上游的南鄭本為秦國的土地，原說是提明的。不然，秦取巴蜀將是不容易的事情。

顧頡剛先生田地理考說：史記衛鞅既破魏還，秦封之於商十五邑。秦策張儀言，商於之地方六百里，亦即十五邑。數之遠自今陝西西安府之商州，延及河南南陽府之內鄉縣，皆古商於之地。州即今商縣。

秦國自孝公以後的發展是相當迅速的。蘇秦范雎和班固三家根據的時代不同，所指的地方自然也不能完全一致。如果以秦惠文王末年為一段落來說，則當時秦國的地方應當有現在陝西省的大部分和甘肅四川山西河南諸省的各一部分。就陝西省來說，它的趙國在北部還有相當土地，秦地可能只至於鄜縣附近。在甘肅省內，秦國當已完全統治了渭水和涇水流域。（註七）在山西省內，秦國這時已經取得的汾水流域地方當本頁續接上頁，原稿三頁拼接。

329

陝縣和渭地。在四川省內，秦地應可能有岷江以西的青衣江、及岷江合長江會合處以下的江北各地。由於楚人還有巫郡，則楚四川東部的巫山附近就不在秦國的版圖之內。

註一　史記匈奴傳列說：「秦昭王時秦有隴西北地上郡」。~~實這些地方入秦當在惠文王以後。~~隴西以東的天水郡為秦國早已開擴拓的土地，這時應在秦國的版圖之內。天水郡就是在渭水的上游。史記匈奴列傳正義引括地志說：「秦惠文王取烏氏戎地，置烏氏縣。」烏氏在今甘肅平涼西北，則涇水流域這時候也歸入秦國的版圖了。

註二　史記貨殖列傳說：「蜀卓氏之先，」當秦國破趙後，徙於臨邛。臨邛乃在岷江之西。秦自取巴蜀後，自未見有西南擴土的記載，則臨邛入秦，也當在惠文王的時候。

300

向外擴張。在昭襄王時候，疆土的擴張更為顯著，到秦王政即位時，秦國土地的規模更為廣大，史記秦始皇本紀說，在這時候，秦地已并有巴，蜀，漢中，越宛有郢，置南郡矣。北收上郡以東，有河東，太原，上黨郡。東至滎陽，滅二周，置三川郡。司馬遷的簡短的言辭說明了秦國在戰國末年擴土的情形。不過司馬遷在這裡所說的還不算是全備。宛為南陽郡治，早在昭王的時候已經建置南陽郡了。（註二）始皇本紀也沒有記載上黨滎陽之間的地方，這裡本是魏河內，其中若干城邑這

註一　見史記秦本紀。

「秦國的遷都」

遠在三家分晉以前各國就已經開始遷都。最早遷都的應該是在西鄙的秦國。秦國在靈公時候徙居於涇陽。（註一）涇陽在涇水下游，當在今陝西涇陽縣附近。靈公時候秦國的國力正是處於衰弱的階段，說不上有什麼發展，不過靈公這一舉措已經可以顯示出秦國並未忘情於東方發展。（註二）到獻公時候秦國又遷都於櫟陽。（註三）櫟陽在今陝西臨潼縣渭水以北。又在涇陽的東面。秦國為什麼徙都櫟陽？這在獻公之子孝公所的下令文中就說得相當明白。他顯明地指出獻公所以遷都櫟

註一 見史記秦始皇本紀。本紀作肅靈公。即靈公

註二 此從王國維說。王說見觀堂集林秦都邑考。

註三 見史記秦本紀。

334

陽乃是為了東伐，是為了要收復春秋時候穆公的故地。孝公不僅為獻公之子，且為獻公政策的繼承者，孝公自己更由櫟陽徙都咸陽。（註二）咸陽在今咸陽以東。雖在櫟陽以西，然距櫟陽不遠。實際上是不會影響到他的東進政策的。

秦國累次所徙的都城雖和西周時候不同，但是秦國向東發展的趨勢和西周如出一轍。西周由岐下徙於豐鎬，是為了向東發展，也是為了豐鎬在當時經營上有超過於岐下的價值。秦國舊都的雍和岐下相距不遠，其情形應該是很相彷彿。秦國所徙的汧陽櫟陽和咸陽都離豐鎬不遠，咸陽尤其接近。孝公由櫟陽徙到咸陽並不是由於東方有了

註一（四） 見史記秦本紀。

新的变化，使他不能不中途折回，而是由於衡量了櫟陽和咸陽兩地的結果。他根據什么情况来衡量，現在已不可得知，不过由咸陽距離豐鎬較近，可能是因為這裡更適於農業經營的緣故。

〔趙国的遷都〕

戰國時候由於爭取形勢發展國力而遷徙國都的以趙韓魏三國的表現最為顯著。三家分晉以前，趙獻侯已由太行山西的晉陽遷都於中牟，其後至趙敬侯即位，復徙治於邯鄲。（註一）趙國的東邊分明是打算向東擴展。中牟近衛國，而邯鄲更近中山。趙国當獻侯徙治之後，公室之中曾不斷發生問題，但還可以控制住衛國。（註二）趙國对於中山的攻滅幾乎成為趙國統治者的一貫期望。（註三）而魏國却幫助衛國和中山來抵抗趙國的擴展，尤其是中山還曾侵入趙國的土地。這樣看來趙國的遷都邯鄲不是沒有意義的。更可注意的乃是邯鄲附近的產鐵。鐵在戰國時候不僅用於農業生產工具的鑄造，並且也是鑄造武器的重要原料。由這一點就可以說明，邯鄲與中牟同在太行山的東麓，而趙國卻會由中牟遷都邯

註一　趙敬侯遷都邯鄲，見史記趙世家及漢書地理志。漢志於趙

國邯鄲條下注蓋刪趙敬侯自中牟徙此。胡三省通鑑注說：「按史記六國表年，周安王之十六年，趙敬侯之元年；至王之二年，趙成侯之元年。成侯二十二年，魏克邯鄲。是年顯王之十六年也。二十四年魏歸邯鄲。若敬侯已都邯鄲，魏克其國都而趙不亡，何也？蓋肅侯始都非敬侯也」。胡三省這樣說法並不能作趙於敬侯时不都邯鄲的理由。戰國策魏策說：「須賈之言曰：初時惠王伐趙，戰勝乎三梁，十萬之軍拔邯鄲，趙氏不割而邯鄲復歸。齊人攻燕，殺子之，破故国，燕不割而燕復歸」。須賈的言辭不好解釋胡氏的疑問。齊国末年湣王末年，齊国的臨淄也曾為燕国所攻破，其情形和趙国相彷彿。楊守敬據戰國疆域圖，於中牟注趙戰国初都此；於晉陽注趙自中牟遷此；於邯鄲注趙自晉陽遷此。皆和趙世家漢書地理志不同，所以不加採取。

336

註（二） 戰國策趙策載趙武靈王要傳胡服騎射的時候和肥義的談話就可說明這一點。

鄴的道理。

趙國國都所以會去中牟，可能還有另外的原因。中牟在今河南湯陰縣西南，北距鄴甚近。鄴為魏國地方，而且遠在魏文侯的初年，趙就獲封於此地。（註一）魏國疆土遼闊，城邑當也不少，而鄴獨屢為魏國君臣所稱道。魏文侯時候對於鄴令的選擇就已特為注意。西門豹的治鄴成為魏國吏治的佳話。（註二）有人認為鄴是魏國的國都。（註三）可見鄴的重要性。中牟與鄴因為魏文侯曾經在鄴住過，所以相離既不遠，不可能不感受威脅。趙國不能在中牟安居下去，由這方面看來是有相當的道理的。

本頁續接上頁，原稿兩頁拼接。

337a

如果就軍事形勢看來，邯鄲確實要比中牟為有利。趙國北都中山，東鄰燕國，東南鄰衛，西南以魏接。就趙國來說，中山和衛國為趙國攻擊的對象，原不要什么防禦的設置。魏趙之間的黃河還是兩國互相防禦的要線。只有南方的防綫感到暴露。但是如果遷都到邯鄲以後，這种顧慮就可以減少。因為邯鄲在漳水和滏水之北，趙國很可以利用這些水流，進行設防。事實上戰國時候趙國和其餘各國的戰爭，漳水是曾經起了若干作用。而各國對於趙國的威脅，也常提到要越過漳水的話。後來秦兵度漳水北征，趙國已就難於困守了。

注一　見水經濁漳水注。

注二　見史記魏世家。

注三　見太平寰宇記相州條。

3376

〔韓國的遷都〕、

韓國本都於平陽，景侯時遷都於陽翟。（註二）哀侯遷於新鄭，（註二）其後復遷於陽翟。（註三）景侯遷都於陽翟，在舊史雖偶有不同的記載，但韓於滅鄭以前，曾遷都於陽翟，在當時情勢實為可能的事情。三家分晉雖後，鄭國已極衰弱，鄭韓的衝突又極後頻繁，顯而易見韓國是亡國滅

註一　漢書地理志穎川郡陽翟條云，周末，韓景侯自新鄭徙此。

補註引錢坫曰，「韓世家，貞子徙平陽，哀侯徙新鄭，不言景侯徙陽翟」。又引姚鼐曰，「韓之都三，平陽陽翟新鄭也。韓至哀侯滅鄭，都新鄭。景侯乃哀侯曾祖。魏世家，景侯九年，鄭圍我陽翟，安得有新鄭哉。當時韓北有平陽，南有陽翟，蓋包新鄭於腹中，迨哀侯滅韓定居。故表於新鄭下云，韓自平陽徙都之。蓋自景侯至哀侯，雖居陽翟，而平陽之為都，猶南北并建，故於新鄭尚可云自平陽徙，於陽翟必不可云自新鄭徙耳」。

註二　見上。

註三　史記韓世家，「秦滅韓為潁川郡」。若韓都於戰國末年尚在新鄭，則秦滅韓後，新鄭乃（不應）在潁川郡以外。

西安南七街洋□製　30×20

掉鄭國的。陽翟位於潁水上游，新鄭位於洧水上游，潁水洧水中間相距甚近，韓國侵略鄭國，這裡當然較平陽為方便。後來果在韓哀侯二年（公元前三七五年）把滅鄭。

韓國遷都新鄭，就遷都到新鄭人的故都。鄭住都國中陽翟遷往新鄭，也有相當的建置，韓國因鄭國的舊貫，利用鄭國的遺績，也是當然的事情。戰國末年，秦國強盛起來，韓國首受壓迫，宜陽伊闕負黍陽城之間成為秦國東侵的韓国道路，再往前去就到了新鄭城下了。這样的情形使韓国不能不再回到陽翟去。

無論是陽翟或者新鄭，就土地來說，都是相當偏瘠的。張儀說韓王時，就已經指出韓地土地瘠薄，收成很不好，甚至一遇荒歉就難以維持。

（注）既然這樣為什么韓国还

本頁續接上頁。

捨去他們汾水流域的沃土而遷到這種磽瘠的地方？韓國南遷是有他的政治上的目的，這是不必說起。就在經濟方面來說，也並不是完全沒有可取的地方。陽翟或新鄭距離棠谿龍淵等產鐵的地方都不甚遠，韓國的遷都在利用鐵礦的方面是和趙國遷都邯鄲是有相同的意義的。

新鄭是鄭國的故都，陽翟也本是鄭國的地方。（注三）鄭國在春秋時候處於晉楚之間，迭受晉楚的壓迫，十分狼狽。鄭國是弱國這種情形原屬難於避免。但是四戰之地的形勢也使鄭國難於改變他們自己的環境。戰國時候新鄭和陽翟地理自然沒有什麼變化，國際形勢卻已經不同。楚國力量發展不完全以三晉為對象，而三晉本身的情況也和春秋時候互同相異。這樣韓國雖都於新鄭，和原來鄭國的地位就不可能一樣。韓國國力是強於鄭國，也還是受到其他國家的壓迫，不過壓迫並不是來自南方或北方，而是來自西方的。

33 7d.

韓國陽翟及新鄭的附近，尤其是西南方面都是山岳地帶，加上春秋以來四戰之地的影響，這裡人民就比較雄勇武。蘇秦說韓的時候就一再提到韓卒之勇，（註三）並不是一種虛偽的奉承。一直到西漢初年，劉邦還說這裡是：「北近鞏洛，南迫宛葉，東有淮陽，皆天下勁兵處。」（註四）韓國都城之所以南遷，可能是依靠這裡人民的力量。事實上韓國能在戰國局面中支持相當長久的時間與這種因素是分不開的。

註一　見戰國策韓策。

註二　見春秋十五年杜注。

註三　見戰國策韓策。

註四　見史記韓王信列傳、

338

魏国的迁都

魏国当三家分晋的时候，本都于安邑。至惠王时，由安邑徙都于大梁（大梁当于现在河南的开封）。魏国为什么迁都？史记魏世家曾有明白的解答，说是由于安邑近秦，魏国感到威胁的缘故。不过这种说法是错误的。

338

魏世家中所载魏国的迁都是在惠王三十一年。这时魏连为齐秦所败，秦地东至于河，所以安邑感到秦国的威胁。实际魏国的迁都并非在惠王三十一年，而是在惠王六年。这是见于竹书纪年的记载的。（注一）竹书纪年为魏国人所记载的魏国的史书，当然不会有错误的。（注）魏惠王初年，魏国国势方张，秦国也不到强盛的时候，魏国用不着防御秦国，如何能因恐怕秦国压迫而迁徙国都呢？魏世家安邑近秦的说法分明是把魏国的年代弄错了，才勉强作出了这样的解释。清朝朱右曾就指出这史记说法的错误。他说：「惠王之徙都，非畏秦也，欲与韩赵齐楚争强也。安邑迫于中条太行之险，不如大梁平坦，四方所走集，车骑便利，易与诸侯争衡。赵之去耿徙中牟，又徙邯郸，志在灭中山以抗齐燕。韩之去平阳徙阳翟，又徙新郑，志在包汝颍以抑楚魏，岂皆为避秦哉」。（註三）这样的解释是合乎当时的情势的。魏国的东迁除此以外，还应该有一些原因。三家分晋，魏国势力原独强，魏国的国君很早就自认为是晋国的继承者。（註四）惠王的时时候，韩赵两国皆已迁都于太行山东，魏人接踵而来，其想併灭韩赵两国的企图是很显然的。据史记所载，魏惠王九年之后曾不断伐赵侵韩，且曾一度攻入赵国的都鄭。就是因為魏國一再借道侵韓，引起了其他各國的擾始，為齊國戰敗於馬陵，第一蹶不振。（註四）魏國的[illegible]的擴張也與魏國不斷向東方擴展有關。魏人的東徙國都，一方面因為統一三晉，然是為了避秦，其另一方面卻也想就近向東取宋國。

魏國奪取宋國的土地為最多，（註五）就是証明。這些情形都可以說明魏國的遷都並非簡單地由於安邑近秦的緣故，而是魏惠王另有他的一套擴展疆土的打算的。

339b 339a

註一 見史記魏世家集解引竹書紀年。史記魏世家集解、孟子正義引，水經渠水注，漢書高帝紀注，路史。國名紀又引作惠王六年。

註二 魏遷都大梁非如史記所說在惠王三十一年，不僅是因為紀年一書以魏人紀魏事尤少錯誤，即按照當時情形來說，紀年的記載也是正確的。史記秦本紀說：「秦孝公十年，衛鞅為大良造，將兵圍魏安邑，降之。」秦孝公十年為魏惠王十九年。前一年魏兵方攻破趙國的邯鄲，國力還相當強盛，當不至於韓趙之間本國的國都又為秦人所奪取。又史記孫子列傳記田齊救趙桂陵之戰前，魏方圍趙邯鄲，齊兵救趙，孫臏主張引兵疾走大梁，則魏國必然會放鬆趙國。後來在馬陵之戰以前，齊國救韓，也是直攻大梁。可見大梁已是魏國的都城。按史記魏世家，這兩次戰役皆在惠王三十一年以前，則史記所說魏國的遷都是為了避秦，顯然是不可信的。

註三　見朱右曾竹書紀年存真。

註四　見孟子梁惠王篇上。

註五　按馬陵所在有二說，一說在今河北大名縣東南，一說在今山東鄄城縣東北。其說詳見史記魏世家集解及正義。以在鄄城者為是。

註六　見拙著論戰國時代宋國的疆域，刊益世報禹貢週刊。

其實魏國的東遷除過大梁形勢便利以外，還有一段歷史淵源。如前所說，今河北大名附近，魏武侯曾設為別都。既然稱為別都，當和正式的都城有別。文侯的時候還曾居於鄴。（註二）雖其時甚暫，總可以看出魏國對於東方的重視。魏惠王的遷都大梁，這一些淵源不能說沒有一點關係。

註一　見水經濁漳水注。

本頁粘于上頁背。

〔宋國的遷都〕

魏惠王遷都大梁的時候，宋國的國都早已不在商丘（睢陽）而在彭城。宋國在什么時候遷都到彭城，史書上没有記載，難於確知。不過史記韓世家却記載有文侯二年伐宋，到彭城，執宋君的事情。至少在韓國用兵以前，宋國的都城就已經遷到了彭城，所以韓國軍隊才在彭城俘獲

西安南大街祥大印刷廠製 30×20

了宋君。再說宋國的故都睢陽，到西漢時候是稱為梁國。這就無說那裡早已是魏國的土地，與宋國無關了。韓國俘獲宋君時候上距三家分晉不過二十年，還是戰國初期的事情。可見宋國的遷都是相當早的。宋國為什麼遷都？這自然也難於考察。不過彭城附近的地理來說，是可以看出一些線索。當時已遠在吳王夫差北伐之後，邗溝早已開鑿，而濟泗之間的菏水也已經暢通，彭城正當泗水中游，為南北的衝要。宋國由睢陽東遷到彭城，可能是和趙國的徙邯鄲，韓國的徙新鄭，魏國的徙大梁，同樣也是在爭取形勢之地。爭取形勢之地，固可以幫助國力發展，但並不是說遷徙到形勢的地方國力就可以發展。換從實際情形說來，宋國遷都之後並未振作起來，宋君反而被韓國俘去了。

各国的迁都和国际的重要地区

由各国的迁都可以看出当时国际间互相争执的重心所在。战国时候以秦国的迁都为最早，但秦国的迁都只能显示出他们自力已求发展的意图，因为在那时候秦国还不是为各诸侯国家所重视，（注二）所以他们迁都的举动没有表现出国际的意义。应该引起人们注意的乃是赵韩魏三国的都城都已离太行山西汾涑流域迁到东方。这种情形是可以理解的。西方的秦国这时还未能给予他们很大的威胁，而他们发展的方向也不是在西方。他们的迁都虽各有企图。他们向东发展是一致的。为什么他们都在向东方发展？这不能说不和东方地区的富庶有关。而其都近一些力量较小的国家，如前所说的郑、中山、卫和宋国也就成为他们如果就這些國家都城遷徙地方來看，這種情形更是顯明。趙國所遷的邯鄲，魏國所遷的大梁，韓國所遷的陽翟和新鄭，和宋國所遷的彭城，再加上齊國的臨淄，相互成為一個圓圈。而這個圓圈正是以陶為中心。陶在當時最繁榮的都會，陶的附近還是最為富庶的區域。各國的遷都雖各有其特殊的目的，但是這些國家在這裡進行爭奪或者鞏固這個（戰國時候齊國並沒有遷都，由這樣情形看來，臨淄已在這個圓圈之中，所以用不着再遷都）繁榮都會和富庶區域的佔有權的鬥爭，則是很明顯的。佔有繁榮的都（略）會和富庶的區域固可促進國家的強大，但這並不是促進國家發展的根

註一　見史記秦本紀。

本原因，如果不对于本国社会进行根本改革，这样的佔有也必然会成为徒然的事情。事实上战国时候宋国齐国魏国都曾经佔有陶及其附近的地方，可是佔有这些地方的国家并没有免去最后归于灭亡的命运。

（楚国的迁都问题）

楚国都城在战国时候也曾经一再的迁徙，其情形和上面所说的那些国家完全不同。楚国的迁都完全是因为受了秦国的压迫。楚顷

楚国的都城本来是在现在湖北的江陵，当时是称为郢的。还在春秋时候楚昭王为了避吴国的压迫，把都城迁到鄀，就是所谓的鄢郢。这个地方为现在湖北宜城，在汉水的旁边。作为对中原的发展来说，鄢郢比较原来的郢还更为方便。经过楚人的努力，到战国末年，鄢郢已经

本頁續接上頁，原稿兩頁拼接。

342

成爲有數十萬人口的大都城。楚頃襄王時，秦國白起率軍東殘楚地，引水灌鄢郢，人民遭到淹沒，鄢郢的繁榮已就跟着蕭條下去。鄢郢失去以後，楚王還曾返回在現在江陵的楚國故都。但是秦兵並沒有放松對楚國的壓迫，郢繼鄢郢之後也就失掉了。（注一）在這種情況之下，楚國就不能不向東北遷都，以從前陳國的都城爲楚國的新都。（注二）到孝烈王時，楚國又由陳遷於鉅陽。（注三）鉅陽在陳的東南，當於現在安徽太和縣地。最後更遷都於壽春。（注四）壽春即今日的安徽壽縣。陳、鉅陽兩地同在穎

見於漢書地理志南郡江陵縣條

註一　楚國的都城舊說是郢，也就是今湖北江陵縣。顧觀光

3434

七國地理考說為楚國的都城是鄢郢，也就是春秋時候的鄀，爲現在湖北宜城縣西南九十里的故鄀城。高士奇春秋地名考略說：「鄢，楚之別都，後楚徙郢於都，兼稱鄢郢，楚又嘗自都徙鄢，踰年而復。」顧觀光的話是有道理的。戰國策齊策說：「鄢郢者楚之柱國也。」高誘注：「柱國，都也。」可為証明。荀子議兵篇說：「楚人汝潁以為險，江漢以為池，限之以鄧林，緣之以方城，然而秦師至而鄢郢舉，若振槁然。」就也是說楚國的都城是在鄢郢的。荀子這樣的說法在當時是不僅荀子一人。史記平原君傳載毛遂說楚王，就曾提到：「白起率數萬之眾，一戰而舉鄢郢，再戰而燒夷陵。」戰國策秦策載蔡澤的話也是說白起「一戰舉鄢郢，再戰燒夷陵。」攻下一國都城實為一時大事，所以當時的人一再的提及。水經沔水注說：「夷水東注沔，昔白起攻楚，引西山長谷水，即是水也。水潰城東北角，百姓隨水流死

343b.

於城東北角者數十萬。城於郢郢之舊都。有數十萬人口在當時不是一個普通城市。楚自昭王遷都後，歷經幾處，都城人口達到數十萬也是可能的。不過說楚自遷都鄀一直未返還郢，却也不是事實（漢書地理志南郡若縣傳注說，楚昭王自郢徙此，後復還郢。林春溥戰國紀年據此說，楚還都郢在惠王五十六年。這种說法或有其他根據，恐非事實。）。金正煒國策補釋說：史記楚世家，頃襄王二十一年，秦拔我郢，燒夷陵。襄王東北保於陳城。二十二年，秦復拔我巫黔中郡。白起傳，白起攻楚，拔鄢鄧五城。其明年，攻楚，拔郢，燒夷陵，遂東至竟陵。楚王去郢，東走徙陳。秦本紀載武王二十八年取鄢鄧，二十九年取郢，與起傳同。是楚失鄢郢不在一歲。金正煒所說的郢自是分別指鄢郢而言。鄢既破於秦，楚王當不至立刻徙都於陳，而是返回故都。直待郢為秦人所奪才向東遷徙。顧觀光又說：「懷王入秦，蘇公言郢中立王；楚辭有哀郢，莊辛謂楚襄王郢都必危；則鄢郢亦單指郢矣」。這話固然不錯。但原來的郢都也並沒有因此改移。史記秦本紀：「昭王二十九年，取郢為南郡，楚王走」。白起傳也說：「楚王亡去郢，東走徙陳，秦以郢為南郡」。這裏所說的郢明明不是鄢郢，漢承秦制，南郡以江陵為治所，江陵即是郢，可見秦以郢為南郡的郢不是鄢郢。既不是鄢郢，則鄢郢失去之後，楚王是曾經回郢，至後一年去郢，才東徙陳。因為時間短促，所以就不易引人注意了。

註二　見史記楚世家。此事在公元前二七八年，即頃襄王二十一年。

註三　見史記六國表。此事在公元前二五三年，即楚考烈王十年。

344

註四　見史記楚世家。此事在公元前二四一年，即楚考烈王二十一年。

本頁續接上頁，原稿兩頁拼接。

下都

345.

水流域，寿春也在颍水入淮處的附近。这几個地方固然在地理上都有相当的优越條件，但是楚国当时的国力已经不能利用这些條件以求發展，相反的在秦國的壓迫之下，楚国是一步一步向更遠的地方遷都，最後還是難免於滅亡。

〔燕国的下都〕

在北方的燕國本是以薊為都城的，薊為現在的北京。燕國大致是沒有遷过都城，不过為了应付南方各國的攻擊，曾經经营过一個下都。這個下都在今河北易縣，下都是在什么時候建築的，說者不一。（註一）因為不是永久性的都城，在战国末期燕趙兩国交換若干城邑，下都所在的武陽即在割予趙國之列。（註二）而秦國攻滅燕国的時候，燕王还是都於薊城。（註三）

註一　關於燕國經营下都的時候，史記燕世家集解引世本說是燕本節以下，原稿內容缺失。

346

桓侯時候，水經易水注說是燕文公時候，又說是燕昭王時候，還說是燕太子丹繼續營建的。對於桓侯文公的記載都說是遷，桓侯時已難詳知。燕有兩文公，一在春秋時，一在戰國時。若戰國時的文公，則戰國策燕策所載蘇秦說燕的正是文公時事。由蘇秦的說中，當可以看出當時燕國的都城還是在薊的。

注二　見史記趙世家。

注三　見史記燕世家。燕下都遺址過來曾經發掘，傅振倫先生先後寫有燕下都發掘報告和燕下都發掘品的初步整理與研究。前者載北京大學國學季刊三卷第一期，後者載考古學報一九五五年第四期，可以參看。

古人居地多靠近水边，尤其是黄河流域湖泊的众多，水患不能绝对避免。在这样情况之下，治水的传说并不是无根之谈。因为禹与治水有关，水患下去后，人们才能在州上安然居住下去，所以齐侯镈钟所说的「咸有九州，處禹之堵」是有它的道理。禹既然能够治水，所使人民能够安居下去，所以在一般人心目中开拓天下的功绩也应该归于禹的名下。诗商颂说：「天命多辟，设都于禹之绩」。（注一）商人与禹没有关系，在这方面都不能不对于禹加以称道。周继兴自西陲，说到丰水能够安澜，也是「维禹之绩」。（注二）禹绩

注一　見商頌殷武。

注二　見詩大雅文王有聲。

本面起，原稿缺失章題，暫題爲『九州問題』。原稿前缺。

既通於各処，九州又是華夏的代称，九州与禹自然可以發生关係。

九州既然是泛称，也就不可能有詳細的規划。~~春秋時候晉國魏絳向晉侯称道和戎的利益，曾引用過~~虞人之箴，說是：「芒芒禹迹，画為九州，經啟九道。」（注一）怎樣画法也沒有說得明白。王孫滿答楚王問九鼎輕重，說是「昔夏之方有德也，遠方圖物，貢金九牧，鑄鼎象物。」（注二）這樣說來，不僅画為九州，而且还有九牧。既有土地，又有官吏，好像已經像個樣子。但是九州到底是那九個名称，却还沒有能人敢說得出来。这顯示出九州的概念还動在發展之中，由已經泛泛之称走到具体

注一 見左傳襄公四年。

注二 見左傳宣公三年。

化。（註一）

「禹貢中所說的九州」

在禹貢中，這說說之稱的九州有了具体的說法。禹貢的作者具体指出九州的名称為冀州，兗州，青州，徐州，揚州，荊州，豫州，梁州和雍州。還逐指出九州的界線，山水，澤地，土壤，物產，田賦，之

註一　春秋時期有所謂九州之戎，已見前述。顧頡剛先生撰九州之戎與戎禹，刊禹貢半月刊第七卷第六七合期。他說：「九州之戎的九州是否為九個州，抑但為多數之稱而非固定之序，今已不可知；所可知者，則瓜州當為九州中州名之僅存者也」。他又說：「由戎居之九州，演化而為天下之代稱之九州」。

355

交通以及鄰近的各族各部族。這自然是一篇十分詳備的記載。禹貢這篇書固然被編在尚書之中，列為夏書的第一篇，不過裡面紕漏的地方太多了，很難使人相信這是出於禹時的記載。關於這個問題因為篇幅關係不能詳細論述，只能舉出幾個重點來說說。就文字來說，禹貢篇中所說的話富麗堂皇遠非殷墟出土的甲骨文所可比擬。甲骨文是商代的文字，怎麼竟然是這樣夏禹時候竟會有比甲骨文還複雜的文字和語法。僅就這方面來說，以禹貢篇作為夏禹時候的記載顯然是不恰當的。禹貢篇中所說的地理情形也顯然和夏禹時候不相符合。前面曾經論列過夏人活動的範圍，僅由夏人建都的記載說是主要是在汾涑流域和伊洛流域。後來夏人勢力擴展達到濟水流域。總起來說是不出黃

356

河流域，並且還是黃河的中游和下游。直到戰國時候，孟子在説到三代的地理時，還特別指出：「夏后殷周之盛，地未有過千里者也。」（註一）禹貢篇中所説的地理太大了，遠非禹（夏）時候的人們所可想像的。禹貢於各州之中，都記載有進貢的物品。其中梁州的貢物中竟然有鐵。夏（有鋼）禹時候的土地是否已經達到梁州，暫時不必説起。假若當時能夠有鐵的發現的事情，那末，社会的發展將会因為生產工具的改變而早就有顯著的改觀，不必等到以後。不僅如此，（夏時）梁州貢物中除鐵外還有鏤，鏤是鋼的一種。這樣説來，梁州所貢的鐵已經不是最初開採的鐵礦，而是冶鉄術有相当成就，如果僅是生鐵，还猶可説，煉鋼是要有很高的技術成就。的鐵和鋼是已有相當的基礎了。但是在夏代以後的商人（商末）之

註一　見孟子公孫丑上。

西安南大街祥大印刷廠製　30×10

种情形就手難以设想。因為在殷虚的發掘中並未有鉄器發現。(注一)殷商時候还没有鉄，在殷商以前的夏人怎麽能够说已经有了鉄？鉄都不可能有，怎麽能够说还已经有了鋼？禹貢裡面既然載着有鉄有鋼，就不能够说是夏代的作品。最使人怀疑的，要算是其中所说的徐州的貢道。禹貢的作者是以冀州為王都所在的地方，各州的貢賦都要向王都運送，因而各州都有貢道。徐州的貢道是「浮於淮泗達於菏」。(註二)淮

註一　見安陽發掘報告第一期董作賓商代龜卜之推測一文。文中说：「殷代為銅器时代，其時是否有鉄之發明，实为一重大問題。今所得与甲骨同出之器物，銅器间有之，鉄器絕無所見。」

註二　這個菏字有的版本寫作河。一字之差，其間有很大的分別。菏水如前所說，在現在山東省的西南部，乃是一條人工開鑿成功的水道。如果是河，則应該指黃河了。胡渭禹貢錐指說：「說文菏字下云，禹貢浮于淮泗达于菏。从水苛聲。徐鉉音古俄切。隸从艸作菏，俗遂訛為荷，又訛為河也。許慎时經猶作菏，而史記漢書並作河，蓋後人傳寫之訛。」

泗二水是自然水道，固無問題。菏水上無源頭，分明是人工開鑿的水道。前面已經說过，菏水的開鑿大概是在春秋末年的時候。因為菏水的开鑿遂使菏水和濟水交会的地方陶迅速地發達起來，成為一個繁榮的天下之中的都会。閒有些閒時候在曹國的封地。直到春秋時候，曹的國在國際間並沒有什么地位，也不大為人所称道。都同一地方在一條人工水道開鑿的前後，竟有這樣的差別。這种情形在禹的時候當然不会有的，如果說是禹貢為禹時的作品，怎樣預想到後世開鑿成功的水道？由菏水被寫入禹貢裡面來說，禹貢的成書應該是很遲的事情。大概是當禹貢作者撰寫禹貢的時候，菏水的交通極为發达，一般人早已不注意它是究竟人工水道，還是自然水道，所以禹貢的作者也就毫不在意地把它寫到禹貢裡面，而且把它作为禹敷治水土，画土分州以後所定規的一条貢道。由此可見，禹貢不能算是禹時的記載，它的作成時候至早也不至能早到戰國以前。

由禹貢所說的州名稱，也可以看出禹貢是帶有戰國時期的色彩。禹貢所說的第一個州為冀州。冀州的名稱在以前是有的，冀州是黃河以北的地方。尚書五子之歌就說過：「惟彼陶唐，有此冀方。」不過五子之歌是有問題的書，它所記載的很難作為根據。墨子兼愛篇裡面也提到冀州，他所說的冀州是算作東土，大致是指黃河以東，淮汝以北的地方。（注一）穀梁傳也說到冀州，並指出鄭國是在冀州。（注二）和禹貢的所說冀州大不相同。

註一　見墨子兼愛篇中。

注二　見穀梁春秋傳桓公五年。

鄭國在河南，和禹貢所說的也有差別。楊士勛解釋穀梁傳所說的冀州，說是冀州為天下之中州，唐虞夏殷皆當在這裡建都。（註二）如果他所解釋的不錯，則穀梁傳所說的冀州和墨子所說的也有所不同完全一樣。這種情形正可說明那時的人對於冀州還沒有一致的概念。墨子兼愛篇中說到禹治天下曾使利各處的人民，除冀州外，還提到燕代胡貉西河荊楚于越南夷等地方，可是這些地方都沒有提到州名。可見其他州名在兼愛篇寫成的時候還沒有成說。

如果從地理方面來看，冀州的冀字是有它的來源線索的。晉國司

註一　見春秋穀梁傳注疏。

馬係曾説过「冀之北土，馬之所生。」~~無以國爲~~。（注一）杜預解釋「冀之北土」，説是燕代地方。杜預時候禹貢九州已经成为定论，以燕代当「冀之北土」自然是再恰当不过。可是在春秋時期冀州區画还没有定论，这样解釋就要再斟酌了。晋国附近本有冀国。春秋初期，冀虢虞曾互相攻擊。（注二）根据杜預的注解，冀国在今山西河津縣東北。前面論述晋国的良馬，曾提到屈產之乘，屈離冀很近，可以算作一個區域。冀北產馬不僅春秋時候为然，後來还是如此。冀在龍门附近，龍门以北直到漢时还是畜牧發达的區域。（注三）根据这些情况看來，冀雖小国，没有支持

註一　見左傳昭公四年。

註二　見左傳僖公二年。

註三　見史記貨殖列傳。

得很長久時期，但由於附近島的緣故，使它成為人們樂道的名稱。（注二）冀州名稱的得來，不能說和這神傳說沒有关係。禹貢作者排列九州，把冀州置於黃河之北，豈能說不是受了這些情況的影響？

再以青州來說，青州於諸州之中最居東方。由青州的名稱來看，分明是受了五行學說的影響。這個州既在東方，東方於五行學說應屬於木，木色為青，所以稱為青州。五行學說盛行於戰國時期，青州的得名應該不能太早。徐州在泰山之南，淮水之北。這裡本來有稱為徐州的地方，（註三）其地在今山東滕縣南。

註一　伯亞相馬的故事為一般人所樂道，在這個故事中就曾涉及

註二　到冀州的名稱　見上節論列國的疆域。

條還是稱爲舒州的。（註二）雖然舒、徐聲近，可以通用，然稱爲徐州正是戰國時候的事情。（註三）而且在戰國時候魏齊會於徐州，互相稱王，爲一時國際上大事。禹貢的作者習聞此事，故直截了當就採用這個地名作為他所排列的九州的一個州名。至於西方的雍州，本來就是一個比較

不過雍城是秦國的都城，所以也有資格當作九州的州名。

註一 見左傳哀公十四年。

註二 見漢書地理志。

註三 見史記六國表及魏世家田齊世家。

可是這樣也就有了漏洞，因為雍在秦國作為都城以前並不是一個被人注意的地方。而秦國遷都到雍卻只是春秋時候的事情。禹貢的九州雖然湊齊了，但卻顯明地給人們一個印象，禹貢的九州並不是當時的地理，而是根據戰國時期地理情況擬定出來的一套州名。

九州的州數固然是很早以來人們的說法，但在戰國時期並不是沒有這樣的背景。孟子初到齊國，就曾對齊宣王說過：「海內之地，方千里者九。」（註一）這種情形也不僅孟子當時為然。以前既有九州的說法，戰國時期又有九國並立的局面，以以前的成數而合當前

註一　見孟子梁惠王篇上。

參366.

的實際情況，很可以構成一座九州的制度。在禹貢九州中有兩個州應該引起人們的注意，這是東南的揚州和西南的梁州。如果由戰國時期的實際情況來觀察，則禹貢的揚州在淮海之間，這裡本是吳國和越國的地方。揚州的「揚」和「越」是字的聲轉，和吳國沒有什么關係，這分明是說，禹貢的著作時候，吳國的霸業已終，而越國尚未為楚國所滅。禹貢的梁州包括有巴蜀兩國，這兩國處於西南，和中原國家比較起來，自成一個系統。這兩個國家在秦惠文王時候才為秦國所滅。禹貢把這個地區另列為一州，說明所指的時候應該在秦滅巴蜀以前的作者。（注一）

注一 巴蜀和秦魏等國早有交往，史記秦本紀及六國表於秦厲共公二年皆載有蜀人來賂。水經青衣水注引竹書紀年也說：「梁惠成王十年，瑕陽人自秦導岷山青衣水來歸」。交往既多，中原人物自可以知道那裡的情況。

西安南大街祥大印刷廠製 30×10

367

如果按照戰國時期的情形來觀察，禹貢所分的九州不是沒有根據的。揚州梁州而外，青州是在齊國，荊州是在楚國，雍州是在秦國，其餘各州也都有該有的根據。魯國和衛國在戰國時期雖然算不得重要國家，但徐州、禹貢的和兗州還是在魯國和衛國的基礎上分畫出來的。只有河南河北的豫州和冀州卻不能看到明顯的分界。不過也不是完全沒有線索可尋。戰國時期的情形，這一區域包括那些國家，周室而外，還有韓趙魏三國以及河南的宋和北方的燕。周雖衰微，究竟是各國的宗主，韓趙魏三國皆出於晉，為了湊足九州之數，則分為在這個地區豫州和冀州是可以理解的。戰國初期，燕國尚未強大，宋國也處在眾強國之中，難以自存，禹貢的作者因此也就沒有把它們特別畫成一個州。

368

如果再就禹貢所說的國都探討，也可得到更多的線索。禹貢裡面沒有明顯地說出國都所在，但由各州的貢道可以看出它是以冀州的西南部作為國都的。這是有道理的，這裡曾是傳說中的都[illegible]汾水和涑水流域。如果由戰國初期情形來看，這种安排也不是沒有道理的。戰國初期魏國與韓國都是曾經建都於汾涑流域。尤其是魏國更容易使人們和禹貢相聯系。前面說過，魏國與韓趙兩國同由晉國分出，魏國的統治者都以承繼晉國的衣鉢自居，時時想恢復晉國的舊址。禹貢裡面以冀州一州代表示晉國，沒有把這個區域分為三州，正顯出當時人們的一個看法。魏國在惠王時候國力強大，儼然以各國的盟主自任。惠王且曾會諸侯於逢澤，乘夏車，稱夏王。（注一）惠王這種舉動用意有什么地方，他為什么要用夏的稱號，這且不必探求，不過他這種舉動在當時會一定造成很大的影響。禹貢的作者很可能從這裏得到啟示，構成一幅禹貢圖。

註一　戰國策秦策說："魏伐邯鄲，因退為逢澤之遇，乘夏車，稱夏王，朝天子。天下皆從。"齊策說："昔者魏王擁邯鄲，西圍定陽，又從十二諸侯朝天子，以西謀秦。衛鞅見魏王，勸以先行王服……魏王說，故身廣公宮，制丹衣柱，建九斿，從七星之旟。此天子之位也，而魏王處之。"秦策又說："梁君伐楚勝齊，制韓趙之兵，驅十二諸侯以朝天子於孟津。"這都說的是魏惠王的事。

附録：清代政治制度概述

此篇講述清代之政治制度，用毛筆書寫在紅色10行竪列稿紙上。全文27000餘字，分爲三個部分：第一部分爲清代以前政治制度之演變的回顧，第二部分講清代的中央政府，第三部分講清代地方政治制度。第一部分標了序號一，第二、三部分衹有題目而未標序號。似第一部分與第二、三部分之寫作有所間隔，且未及統稿。

此文用較大篇幅對清代以前政治制度的演變進行了論述，對清代政治制度的叙述也較爲翔實。文中某些見解頗爲精辟。如在回顧清代以前政治制度之演變時説：『歷代之政府，大要者可以分爲三部分：第一爲王室，第二爲中央政府，第三爲地方政府。』『此三者間的關係與其消長的演變，吾人可就之而得一法則。若就其與君主遠近而言，則中央政府近，而地方政府遠。若就其與君主之親疏言，則王室諸臣親，而中央政府諸臣疏。親者權重，而疏者權輕。近者位尊，而遠者位卑。』現在看來，此類觀點并不過時，仍有參考價值。

清代政治制度概述

一、清代以前政治制度之演變的回顧

自秦始皇帝制中六國建立至古未有之大帝國時起，對於政治制度即有一完整的調整于建立。自此而後，歷代的政治制度皆由之演變而出，雖前後之間頗多有不同之處，然大演變之痕跡，則歷歷可以覆案。歷代之政府，大要者可以分為三部份，第一為王室，第二為中央政府，第三為地方政府。中央政府于地方政府之區別至為明顯，可以置而不論。至於王室之官吏，歷代不乏有以政府中之官吏別加一官銜即可兼為王室中之一部份，然二者之間亦別有時，亦至分明，如兩漢之外朝、内朝，外朝為政府，而内朝則為王室。西漢時，霍光與車千秋同，光治内，君侯治外，蓋此時光為大將軍，而千秋為丞相也。其後霍光廢昌邑王時，而丞相楊敞事前不預知，光祗與内朝集，無關外朝也。又如季漢之時之宮中、府中，見於諸葛亮表，宮中者王室也，而府中則為政府。而唐太宗所謂南衙宰相所居之地，亦可以見兩者間之區別。

此三者間的關係與其消長的演變，吾人可就之而得一法則。若就其與君主遠近而言，則中央政府近，而地方政府遠；若就其於君主之親疏言，則王室諸侯親，而中央政府諸侯疏。親者權重，而疏者權輕。近者位尊，而遠者位卑，陵偪王室宗親諸侯之權最重者，漸出而攝於稍中央政府諸侯之上；及其已成為中央政府之大員，則有王室諸侯之權最重者，復出而攝於其上。而中央政府之大員遂漸近為閑員，其所執掌，亦漸為閑曹。至若地方政府，亦復如此。蓋地方政府之大員，其位高，其所轄廣，為君主者恐其萬一有跋扈擅權之虞，故每使中央政府中諸侯，出而監督地方政府，此監督地方政府之人，其初行時，名位或較低於地方政府之大員，其後遂代為地方政府中之大員，或其初非出而監督地方政府之時，其名位亦非當時地方政府之大員所可比儗。及其正式為地方政府中之大員時，最主要則使監督之職由此層層推演，地方政府中之階層，因之日漸加多，時代愈趨晚近，其情形亦愈顯著。吾人若欲明瞭清代政治制度衍形成經過，此種演變之過程，亦不可稍為忽視也。

吾人試就歷代的事實，舉例說明，以明此種法例之非虛。秦漢時代之丞相與九卿，俱皆為政府中之大員，然一究其本質與原始，則莫非君主之私人，掌管古代封建社會中宗廟祭祀事，前主宰牲之任，此非親貴莫當，臨祭主宰牲，平時則總理家務，是為家宰。及化家為國，則家宰成周宰矣。至於相，則為封建貴族祭祀相禮之人，亦以執貴為之。臨祭為相，朝聘會盟之禮亦為相，化家為國，則家相乃為國相矣。故宰相之原本係宗法社會中天子之宗屬私人。御史之官早見於戰國策，東周策記獻書於大王御史，又曰，御史在後，執法在前，是其先亦宮職，非府職，是家臣而非朝臣也。秦及漢初有太尉，與丞相、御史大夫並為三公。太尉主武，實為武官長，至武帝廢太尉而改立大司馬，為內朝之領袖，正見其為皇帝之私屬。所謂九卿，則為掌宗廟禮儀之太常，掌宮殿門戶之光祿勳，掌宮門屯衛兵之衛尉，掌輿馬之太僕，

掌刑辟之廷尉，掌諸化諸賓客之大鴻臚，掌宗屬之宗正，掌
穀貨之大司農，掌山海池澤之稅以給天子之私養之少府，
論此九卿的職掌，皆近乎王室的事務官，而為皇帝的私人，
其初並非政府中的正式官吏。然而秦漢之時，此輩即是
中央政府中的最高官吏。證明秦漢的政府本由王室擴
演而來。但此三公九卿，漸至於王室分離，此其故，一由於三公九
卿既為政府中的最高官吏，因而多以士人為之，其地位漸至
尊嚴，非昔日家臣之可比擬；二由於三公九卿既於王室關係
漸疏，則君主必恐大權旁落，太阿倒持，亦不能不求其補
補此缺陷之道（漢武帝諸相皆用平庸而無若何建樹

之人。唐代初年，所以中書令、侍中、尚書令等職為高職任，皆王以降人，即由於此。）政府中最高官吏，於王室關係，既日形疏遠，王室仍不能不有其私人，秦以趙高為中丞相，漢則自武帝時以侍中、左右曹、諸吏、散騎、中常侍、尚書等名稱加於若干親信官銜之上，於大司馬大將軍等皆為內朝，於是參與謀議朝政之人，遂由丞相三公而落於此輩侍從之臣。至於漢哀帝時正三公官分職，而大司馬乃以內朝之領袖而高據於大司徒大司空之上，而為外朝之首揆矣。

至大司馬由內朝之領袖一變而為外朝兩首揆之時，自其性質而言，已表示其於王室之關係，由親而趨於疏，由近而趨於遠。

於是王室之中另有一班人出現，而執掌國計之大事。案漢時之臺閣中的尚書輩，即是也。尚書本秦時及西漢時的少府官屬，在殿中主發書，漢初尚書猶於尚衣、尚冠、尚食、尚浴、尚席等並稱六尚，可見其職任之卑下。武帝寵幸用尚書，其權日重，其末年，霍光以大司馬為內朝之領袖，而其官銜中尤得繫領尚書事字樣。其後宣帝欲誅光子山，而令封事不關臺，霍氏竟敗。至光武即位，不任三公，事歸臺閣，於是三公皆擬虛號，凡天下之事，盡入於尚書，因此，皆是尚書引下三公，或不經由三公而徑下至九卿。由是三公者，不能不坐而論道矣。三公之欲求知國政者，亦必兼錄尚書事之銜，然後得知國政，趙熹、牟融、鄧彪、徐防、張禹、李固等人所以得參聞國事者以此。按後漢書百官志例，台閣所置為尚書令一人，尚書僕射一人，左右丞各一人，而尚書僕射於令不在職時，得兼代其任，已開後世之規模。案僕射一名其來亦古，本為周時侍御之長。記稱僕人師扶左，射人師扶右，秦時擬於謁者博士之流，取其領事。又按晉書職官志例，漢成帝時始置尚書四員，分為四曹，其一曰常侍曹，（後改吏曹）主丞相御史公卿事，其二曰二千石曹，主刺史郡國事，後又置三公曹，為五曹。（按唐六典列有民曹尚書）後漢光武以三公曹主歲盡考課諸州郡事，改常侍曹為吏部曹，主選舉祠祀事，尚書雖有曹名不以為稱，靈帝以侍中梁鵠為選部尚書，於此始見曹名」，後世六部尚書之名雖各有不同，而分曹分部之名，則遠始於此。

曹魏之時，尚書又見疏遠，而中書之名以起。中書之名，漢武之世即已有之，武帝晚年宴遊內庭，不復多與士大夫接，遂用宦者主中書，以典尚書章奏，而司馬遷實為之長，實之中書之名以起。魏武帝為魏王之時，置秘書令，以典尚書之奏事。文帝黃初初，改秘書為中書，置監、令，以中秘書左丞劉放為中書監，右丞孫資為中書令，並掌機密，自是之中樞機務之任，而尚書轉疏矣。

自宋齊梁時，尚書中書兼機密之實權，先後起歷而替南北朝皆陳陳相因。如晉初雖太宰（安平王孚）太傅（鄭沖）太保（王祥）太尉（義陽王望）司徒（何曾）司空（荀顗）大司馬（石苞）大將軍（陳騫）八公並置，同為台司之職，然特假之名號，不必盡知國政，只後此設官之所置多虛，亦必錄尚事及兼中書令監者，始能參預機密。然是時侍中一職，又由宮而移之政府，據初學記所引齊職儀及五代史志，則晉宋齊梁陳侍中並與三公參國政，唐六典云：南齊正置門下省，通典亦云：既時重門下官，多以侍中輔政，故王應麟玉海云：政歸尚書，漢事也；歸中書，魏事也；天聽所寄，門下，世謂侍中其為小宰相。由南北朝之演變，而有隋唐三省分立之制度

隋時之省的制度為尚書省、門下省、内史省。内史省即中書省，

以隋室諱忠，故改中書為内史。其尚書省置令，左右僕射各

一人，其下又置吏部、禮部、兵部、都官（後改為刑部）、度支（後改

為民部，至唐又改為戶部）、工部等六曹，各設尚書及侍郎。門

下省設納言及其的侍郎，内史省置監令各一人。尚書省於國

事無不總領，門下則掌獻納，内史則掌納王命，擬言之，則中

書面受機宜，門下掌封駁，尚書執行之。此三省，皆漢以後

王室的侍從之臣，因得參謀議，故漸由王室之官吏演變

為政府中的首長。

至於唐時，承隋之舊，而略異其名稱。其時之三省為尚書門下

中書，即内史改為中書，而納言又改為侍中。（按：唐人制度於初年名目多有改正，高宗龍朔二年改尚書省為中台，僕射為匡政，左右丞為肅機，中書門下為東西台，侍中為左相，黄門侍郎為東台侍郎，中書令為右相，侍郎為西台侍郎，尚書省，咸亨元年如故。至光宅元年又改尚書省為文昌台，左右僕射為文昌左右相，門下省為鸞台，中書省為鳳閣，侍中為納言，中書令為内史。垂拱元年又復故，開元初又改中書為紫微，門下為黄門，侍中為監，左右僕射為左右丞相，五年又復故。）然以太宗嘗為尚書令，臣下避不敢居其位，故左右僕射與中書令、門下侍中，號為宰相。然時以官名高，往往不授，其後往往不以降，人同有同品平章之名，而同中書門下三品之名最為尊重。同三品之名起於太宗時之李靖，蓋以侍中中書令本皆三品之官，名稱既定，為宰相者必加此而後始為真相，漸漸品高盛（故中宗神龍時豆盧欽望為僕射，不帶此銜，即不敢參議政事也）。

唐時宰相如侍中中書令等職位既以崇高，權重，不以除人，以職卑者加同品平章之名，以館閣貫繁，然貫後猶以權重，而加以剝奪。開元以後，翰林院新設置，則為剝奪宰相職權的目標，翰林學士不僅代草制誥，以拜免將相，而宣布號令征伐，復且遇朝廷疑義表疏，亦皆密使參議，即使诏从中出，宦翰所挥，亦资其检讨，谓之视草，是又不仅分宰相之权矣。及至德以后，天下乱离，军国务殷，其入直者，皆以文辞共掌诏敕，迁用益重，而礼数益亲，至有内相之目。故代宗大历时，时以左翰林为学士帝号，无大小，皆给出其敕，重无比。而顺宗时，王叔文以学士柄任天下，至是宰相之宰执道不得不承而行之。其后宦官俱文珍嫉害其权，至不得不先削其学士之职，尽学士职制，即不得复入禁中，承恩命也。翰林之初设，本以文词之臣，而待诏侍帝王，局于翰林之事，是以王室之私人，乃以其近柄机（宋承唐时宰相必加学士之号）枢，遂得侵及宰相之权。降至宋时，三省之名虽依然存在，但實際爲宰相者，必須帶同中書門下平章事之銜，始得爲真宰相之任。並且必加昭文館大學士、監修國史及集賢殿大學士等館閣職銜，以分別其爲首相、次相。此館閣之職銜之加於宰相，正如尚書、中書等名稱同，皆爲宮掌的官吏演變爲政府的官吏的結果。

唐代另一批宮掌的官吏因其權力日漸擴大，亦演變而爲政府的官吏，則爲樞密使。唐代樞密使之置，以宦官爲之，代宗永泰時，其最初之職掌，不過爲承受表奏於內中進呈，若人主有所處分，則宣付中書門下施行而已。本等於供奔走之徒隸，原非能掌大權也。至於僖昭之時，楊復恭、西門季玄等於憲宗此後始兼指揮公事，於是遂大奪指揮宰相之權。昭宗季年，崔胤說朱溫誅唐室宦官，遂以心腹蔣玄暉為樞密使，由是樞密使由宦官移於朝士，然其權力益大。至後唐明宗時，郭崇韜、安重誨等，皆以樞密使而權侔於宰相，而宰相亦自此失其職。下至宋代，樞密院遂與宰相並稱文武二府。

然此二種王室與私人，由王室而轉於政府，其間仍大有區別。翰林學士則被稱為內相，以至於宋代之為宰相，官銜上所必須兼有之名號，其演變之跡，殆於以前之尚書中書同，亦以多事繁承恩遇而臻於高位，其本源則仍為法定之組織階級，於政府中其他官吏未深相同，特以其先入王室，而再由王室轉至政府，至於權家使節，最初設置原為以處宦官，而宦官則為王室的廝養徒隸，然唐代中葉而後的宦官則多典禁兵，以兵力擅權，遂漸干國事，於學士輩的以才藝進者，又自不同。(唐代的宦官，至中葉以後，多擅廢人主，自穆宗以後八世，為宦官所立者七世，僖昭時，宦官楊復恭遂有門生天子定策國老之語)

宋遼金時中央政策府的制度，雖不斷有所變更，但無顯明的王室的私人蔭陞至政府中而為政府中高級的官要(契丹以北南面官分治漢人契丹事，而其北面的北府

宰相，幕府宰相，即为厚拥的封建制度，皇族因万世一系
选，并其尚留三省制度，因於唐宋旧制，仅存名位于部下的
汉人而处理政事者不同，并非以皇室的私人而操纵政府
中的一面是）宋与金两国，对於中央政府最高官吏的制度
的最后改革之时为金海陵王亮正隆元年（一一五六年）及宋
孝宗乾道八年（一一七二年）。来此次改革，仅为事实上对於
自隋唐以来三省分建的制度的取消。金於是时罢中书
门下省，止置尚书省，尚书省仅置尚书令，左右丞相，平章政
事，参知政事；宋於是时，亦删去侍中中书令尚书令，以左右丞相，元
阁揆，左右丞相即旧日的左右仆射也。此种改革，仅为使政

府中的首揆，求其名实相副而已。

元人的中书省制度，是由宋金末期的制度演变而来，虽然在个间仍有若干时期仍用尚书省名称，然仅为暂时的政策，非永久的制度（元太宗三年始立中书省，宪宗初改尚书省，世祖中统初改中书省，至元七年改尚书省，八年并改中书省，廿四年复立尚书省，廿九年尚书省并罢，武宗至大二年复立，四年又罢，自此以后，不复改立）。辽金元三国本起于游牧部族，封建制度意味尚浓，故自表面上观之，若由王室之私人凌驾于政府之上，而后其首领实则王室与政府同相合而不分。府院言，辽之南北二府宰相，皆由皇族国舅世预其选惟亦間有例外，如韓德讓係少儁，嘗為北府之宰相，且賜姓名為耶律隆運，及耶律仁傑，然此等人不能不能以漢人視之，且亦不能以普通契丹人視之矣。又如金太宗時之韓企先及章宗時之張萬公，雖亦能據高位，而唯唯諾諾，並無實權之可言，特其時以此為羈縻漢人之工具而已。至於元時更如開國初年大功臣博爾忽、博爾术、赤老溫及木華黎四人之後所形成的怯薛之系統，其情形殊特殊矣。而中書令一職又多以皇太子領之，其權力所在益不可問。

中央政府的制度，至明代而有劇烈的改變。明初尚因元制而設左右二丞相。然明太祖為一雄猜好殺之主，對於臣下總難放心，故

於洪武十三年胡惟庸謀反伏誅之後，遂下詔不得再立丞相，
且詔以後嗣君毋得議置丞相，臣下有奏請設立者，論以
極刑。於是以六部尚書任天下之事，而天子總攬其成。此種君
主獨裁之制度，非有君主者之權力過絕人，其勢必不可以久也。
故其結果必有另一種制度代之而起。此種新制度蓋是走
秦漢以後王室的私人轉入於政府的康莊路。明時此種制度
為大學士制，亦為內閣制，蓋源於廢相之後，特設四殿（中極、建極、
文華、武英）兩閣（文淵、東閣）大學士，為天子襄理文墨，並選
兩對侍左右，備天子顧問，而奏章批答皆御前傳旨當筆，下
其所以稱為內閣者，蓋以授餐大內，常侍於天子殿閣之下故也。

此種制度實遠承於唐時之宏文館大學士、集賢殿大學士。此輩
而其尊嚴，其權力，則又過之。此輩殿閣大學士本出自翰苑春坊，
權入閣辦事，入閣預機務而已。故不置官屬，不過五品，其實
亦不過皇帝之私人秘書，且其於帝王更有一重關係，蓋多係
東宮舊臣，師傅之輩，為日既久，遂為實際上之宰相。（仁宗時
楊溥、楊士奇及楊榮皆以東宮師傅舊臣，領部事兼學士之
職）由王室之私人而躋於政府之高位矣。
此輩內閣學士，宜為帝室最親近者，實則亦非盡然。蓋由
時間的遞嬗，漸與王室疏遠，而另有一部份王室親近者處
於大夫王室之間，即宦官是也。特宦官無由自王室轉至政府

耳。因君主生長於深宮，一面侍之後，精力知識皆不如前，遂漸漸不親政事，懶於接見大臣，愈懶愈疏，愈疏愈不明白外面事理，遂漸漸不敢於大臣直接對面辦事。於是此輩學士遂得見其對於某一事意見，用小墨筆書，貼於其所閱之公文之上，是此種形式，即為票擬，乃代帝王所擬批答公文字句。帝王即照所擬者另易紅批而出。其後帝王於閣臣[illegible]，遂又於中間增加一層宦官的轉遞。但明代世帝王懶此照墨筆所易紅批之工作，亦懶於為之，因由太監代為。於是此輩宦官（司禮監）倒成權，又凌駕於內閣之上，而內閣且仰其鼻息，所異者實不在於竟由王室[illegible]隸變為六部大臣也。

中央政府的隱安如此，地方政府的隱安，亦復有一定的法則。當先秦之時，原始的封建制度中所謂地方政府乃是中央的王室以一定的采地分封給有關係的部屬。此有關係的部屬，或者于王室的血統極為親近，或者曾為王室建立有不世的功勳。其用意乃用以夾輔王室，共傳於久遠。然此種封建的國家，傳世漸久，侵漸于其原初封建之意相違。蓋其初封建之時，所唯一藉以聯繫于王室于封建國家者，厥為血統或王室于受封的關係，及傳世稍久，此種關係乃日趨於淡薄，繼之為王室所能控制的封建國家，王室不獨不能加以控制，且進而于成為敵對的狀態。於是乃不得不改絃易轍。

戰國中葉以後，即已行於各國的郡縣制度，正是此一發展的結果。此種郡縣制度中的郡縣長官，論其性質固非如原始封建制度時的世代相傳，然就其最初建立之時的性質觀之，要算亦是一種封建制度的諸侯，且較原始的封建制度更為謹嚴。蓋此種郡縣長官之受命於王室也，論其對於王室的關係，固不在於血統，卻較有偏於有功酬勞之意。王室對於彼等所加的控制力量，實不亞於原始封建時代的對於各諸侯國。然各諸侯國亦於年世久遠時，與王室關係漸疏，此則不待其歷遠之時，即已另外更易其長官，而不建其親密的關係。故就王室的控制力量而言，此種修正，對於王室更為有利。

吾人所日嘗聽稱爲秦始皇帝廢封建立郡縣，若就其表面論之，固是兩個制度的一廢一興，若就其本質言之，實乃一個制度的繼續。一個制度的嚴密加強。吾人若以爲兩周是個標準封建制度時代，則其時的封建，僅是經以封建即已成爲定型，降非如受封國的自己滅亡，而另外換一國家。秦始皇帝以戰國以來的制度，乃是時時在變更封建關係，使王室於地方永遠保持一定的密關係。即王室經常而由中央政府派人至地方政府，以統治其所統之的範圍。

此種制度的形勢自秦以後雖大體維持，而仍在不斷的演變修正之中。此其盡由於：第一，地方區劃積久而愈趨於狹小（特別是在縣級以上的一級或二級）區劃既狹小，其行政長官為數自必增多，此非但王室及中央政府不能經常保持一定的親密，第二，地方政府長官與王室及中央政府關係不親密的結果，是王室不能有效的加以控制，而難免有類魔力反叛的事情發生。於是第三，中央王室及政府即不能不另外派人至地方監督與控制，期能在一種新的親密關係之中，保持其間的聯繫。在一階級區分的結果，為使中央政府所派出監督控制地方的人員，漸變為地方政府中最高的人員，使與此相偕而至的，即地方政府一級增加，最高的人員，地方區劃即不能沒有一度新的整理。秦始皇帝以後，最初一個演變的階段，乃是在漢武帝的時

侯。（武帝元封五年）其時地方區劃比郡一再的增加，較秦時增

至兩倍有餘，於是地方政府的制度就不能不加以調整，而有州刺史的

出現。刺史者據漢書百官公卿表上的解釋，乃是丞相遣史分刺

州，刺史是中央政府丞相府中之史，其對於地方政府本為監察的性

質，而未變成實際的長官。其後成為地方政府正式的最高長官

之時，第一次在成帝綏和元年。是年以刺史位秩權輕，不足以

收控制地方之效，於是改刺史為州牧。但三年以後哀帝的建平

二年又以州牧的權過重，復改為刺史。其後州牧及刺史的名稱，時有

改變，但最能表現出以中央政府的官吏而為地方政府的最高

長官，要算東漢末年的一次改革了。後漢書劉焉傳云：「焉覩太

帝時四方兵寇，焉以爲刺史威輕，不能禁，建議改置牧伯，鎮安方夏，請選重臣以居其任，焉議得用，出爲監軍使者，領益州牧，太僕黄琬爲豫州牧，宗正劉虞爲幽州牧，皆以本秩居職，州任之重，自此而始」。以本秩居職，正可說明其時的州牧實有兩重資格，一方面猶爲中央政府的官吏，而一方面已爲地方政府的最高長官了。以後每代有許多的制度，雖名稱不同，而其精神是如此彷彿的。

當刺史改爲州牧之時，仍有若干地方保留刺史的制度，但此時刺史以中央王室及中央政府關係已疏，權位已輕，於是王室以中央政府又重新賦予其一部份權力，使其重建其向王室及中央政府間之關係。於是都督之名稱因以建立。魏晉之世，州牧隆重，其刺史任重者，因加使持節都督，或持節都督，而仍領刺史之任。其正式成為地方行政長官之名之時，為魏文帝黃初二年（通典云，光武建武初，征伐四方，始權置督軍御史，事竟罷）。至於晉初，而分別其等級，於是都督諸軍為上，監諸軍次之，督諸軍為下。使持節為上，持節次之，假節為下。其不帶節者，稱為單車刺史。單車刺史權任最輕，為人所恥，此可見郡刺史一級，此時已分為兩系，即不帶將軍之銜，不開府治軍者，於王室及中央政府間關係較疏遠，而帶將軍開府者，其關係乃較密切也。所謂持節即以之代表帝王，故其一方為地方之長官，而一方面則又為帝王派駐於地唐太宗時，行軍征討，曰大總管，在內者曰大都督。

方面使者由都督開府的演變，而有後周及隋唐的總管及大總管（大都督、都督，皆兼節制之號），皆為一方面之任者。又可以見中央政府與官吏成為地方政府的正式官者，而行台的制度。行台制度的肇始，遠在魏末。其時晉文帝討諸葛誕，散騎常侍裴秀、尚書僕射陳泰、黃門侍郎鍾會等，以行台從。此種行台，其權力又遠超過於都督、持節等之上。其行台中之人員，多係尚書省的官職名號，甚或即稱為尚書省中的人員前往。然魏晉時此種制度，尚乃純粹的軍事制度，亦無甚關於地方。至後魏時的尚書大行台，則開府置屬，於一路府州無所不統，漸非一時的性質。惟尚不兼理民事，至北齊時，則兼理民事，隋則置官尤衆，有尚書令、僕射，以至各部侍郎，一切皆屬行政，盡歸統轄，宛然一個外設之小中央政府。其位至尊，其權至重。至唐初而廢，其後元時的行省政制度，蓋於此相仿佛。

唐時另有兩種新的制度發生，一為觀察使，一為節度使。觀察使，使則職務重在治理民事，而節度使則最初設立之意義，則完全都在軍事。觀察使所以在統轄州縣，故可謂漢代的刺史，最初設置的意義完全相似；節度使既為軍事，其權力又遠在觀察使以上，故可謂漢末的州牧，最初設置的意義相似而不同者，刺史完全為州牧，而觀察使、節度使則最初乃彼此互不相關，而後來始合為一。蓋唐自中葉以後，節度使於邊地之外，內地亦多設三於是節度使多兼觀察，於兵甲財賦民俗之事無所不領，謂之都府。又各道又有度支營田招討經略等使，其名稱無定，實際上皆爲節度使的領隸。

地方政府的形成，不論其出於何種方式，要皆有其所轄屬的地域。秦漢以來的太守與州刺史、州牧，皆有其一定的郡與州；即都督、總管、刺史、節度、觀察等，亦莫不有其統轄的範圍。郡與州爲純民政的區劃，故其所形成的區劃較爲永久；至都督、總管、刺史等，且偏重於軍事方面，故所形成的區劃比較起來是臨時的，甚或是因人因時因地而設置，故容易動搖特大。唐代的觀察使與節度使兩種制度，其設置的時期較長，故其所形成的區劃，再難爲人所注意。觀察使爲節度使所轄的區域，皆稱爲道。觀察使偏於民事，故其道的爲區劃，比較固定，通常爲人所稱的乃貞觀時的十道及開元時的十五道。節度使所轄的道，以偏於軍事的故，變動性甚大，而元和之時已有四十七鎮。此可於《新唐書·地理志》所記乾符（僖宗時）之後，天下亂離，禮樂征伐，不自朝廷，而藩鎮九州瓜分三割，或併或析，不可備書，即指此而言。

唐代的節度使其最初的設置，僅是限於邊地，論其性質，也僅爲中央政府派駐於地方的使人（節度使者，乃都督帶使持節者之稱）。然其初本爲中央政府期能控於軍事要地的控制。而此非肆，最初設置的節度使，又皆為王室或中央政府所親信任，故能不負其所托。然其演變的結果，則有出於其被派遣時的本意。節度使次第設置，由邊地而普遍於內地，又兼觀察度支經略營田招討等使，於是兵甲財賦民政事無所不統，於是其權力日大，有非中央政府所能控制者，漸且進而一種對立的狀態。若干地區的節度使（為唐中葉的或五代時各國）甚且成為世襲，（有子孫世襲及將部屬世襲兩種）。其情形完如先秦以前原始封建制度的末期。而此等世襲的節度，就其本身而論，亦完全表現其封建的特質。（其與先秦原始封建制度同異者，乃其世襲，非由於中央政府的同意，即被同意，亦屬事後的追認）

如果我們說秦代的普設郡縣是結束自春秋末葉以後歷時

周時代的封建國家不遵中央王室的命令的情形而加強王室或

中央政府的權力，則我們亦應承認宋代初年的削藩鎮權柄大

事改革地方政府制度乃是結束自唐代中葉以來節度使

的權柄過於龐大的應有設施。宋初因鑒於唐代中葉以來

節度使的跋扈，遂厲行中央集權的制度。在以前地方政

府雖隸屬於中央政府而受其轄管，然無論在名義上或

行政的權柄上，地方政府自有其活動的範圍。宋代既行中央

集權制，一切權力悉歸於中央，地方政府的階級雖仍舊

保持州、縣兩級（自隋時起郡縣兩級即合為一），州府，州縣，但州

唐五代之藩鎮而縣州府不設縣令長州刺史府尹，而以京朝官帶本職出而權知地方政府事者，於是乃有權知縣事、權知府事等名。此權知縣事、權知府事，於縣令長、州刺史、府尹，自其性質上言之，乃絕對不同。縣令長、州刺史、府尹為地方政府組正式長官；而權知縣事、權知州事、權知府事為中央政府臨時派遣，特以臨時權派之差遣。延長至有宋一代，莫不如此，竟成一代的定制。故宋代對於地方政府制度稍加調整，乃以中央政府所派遣者代替地方政府。以前各代尚有中央政府派遣之人員，僅由監察而漸轉為地方政府的最高長官，此制一變而為整個但易置，不可謂非一極大關鍵。北宋時雖仍保存節度使、防禦使團練使刺史等名稱，然僅爲決官封授階品之稱謂，已非實際之地方長官矣。

宋代尚有一特殊之制度，即地方政府中各州皆置通判，通判爲諸州佐貳之官。宋以前，州縣佐貳之官，例由其長官自行辟舉，不由中央政府任命。宋則不惟知州爲京朝官，且此佐貳之官亦由中樞任命。按通判之置，尚在知州一名稱設立以前。本爲限制藩鎮之權力而設，故中央所賦予之權力特大，凡其轄區之兵民錢穀户口賦役獄訟聽斷之事，皆能過問，且一切軍民政務，均須通判簽議連書，方許行下。通判事得專達，如長吏徇私，此在其初設置之時，不特爲地方政府之監察官，且爲地方政府之副

副長官。藩鎮未完全廢除以前，固是如此。及藩鎮漸漸廢

去以後，通判仍未隨之以廢去，而知州等並成為一種永久

的制度，而其實權力並未因藩鎮的廢除而有所削減。於是

遂演變而成為知州等為中央派駐地方的官吏，而通判又

為中央再派一監察其所派駐地方官吏的人員。由是唐唐

舊制，而地方政府的本來面目（即由秦以後的）完全不同矣。

然宋代的中央官吏演變為地方官吏，其情形並非如此簡

告一段。秦漢之際，郡為地方的最大區劃，故太守為地

方的最高長官。其後郡的區劃日以縮小，其上又有州，於是

州刺史及州牧又為地方的最高長官，及州的區劃又日以縮小

其上又臨之以道，於是觀察使節度使爲地方長官。宋既廢節

藩鎮，道之名稱亦隨廢去，而改爲路。路之含義與唐道同，

然其置官則異。宋時各路皆設監司官，監司官大率有四

種（有缺一二不備置者，亦有兼他使事務者），即帥、漕、憲、

倉。帥爲安撫使，掌一路的兵民；漕爲轉運使，掌一路的財賦；

憲爲提刑按察使，掌一路的司法；倉爲提舉常平使，以掌

一路的常平義倉救恤之事。自其名義上瞭之，此諸使卻亦爲中

央派駐地方的官吏，然四使並出，轉使職務更繁，承轄

府縣，似此層層所制，地方政府皆成爲中央政府的一部分。

此四司中，尤爲重要者爲轉運使，務令地方金穀財貨全集

中於中央。宋代懲前代中央政府之僅控制地方行政的權力，實際不足以遏止亂源，地方政府之所以跋扈難制，不僅在於其行政權力的廣大，而在於其能支配一方的兵馬錢穀財貨。故宋財政徹底的改革，遂開有宋一代內無權相外無跋扈的地方官吏，正以此故。

至於遼金兩國，其地方政府的制度大要上承唐舊，兼採宋制，如遼五京，每京皆設都總管府，其內設都總管知府事，同知府事。其於州亦設節度，觀察，團練，防禦等使及刺史。而金亦於各路置都總管府，都總管（其轄運使、按察等使、府尹、節度、防禦、刺史，皆如前朝之舊），其總管所掌，則民事而外，兼及城隍兵馬田仗，此地方政府們最高長官，實於軍民諸政無所不總。其由來蓋上承唐初州總管制度，而其權力則又過之。論其性質，不惟爲中央派遣監臨地方的官吏，且多非其本部族人不能爲之，故其封建的意義亦特重。遼季本爲初民部族，勤爲封建的國家，此種情形，實無足怪。

然遼時更有一種封建意義特重之制度，不能不述。遼制諸王大臣外戚等，皆得自行建築城郭，以置其從征俘掠人戶，政府從而賜以軍州之額，謂之頭下軍州，其官吏一皆以其本部之人爲之，僅節度使一職，仍聽中央政府加一頭銜，至於其餘種稅收，亦皆歸其本部所有，僅酒稅歸於中央政府，此種制度全時不見記載，然元時又没有之，此不能以秦漢以下的中央地方關係論之，而於先秦的卿大夫采邑相似，完全為原始的封建制度相衍，特其時已在唐宋之時或以後，故其名稱亦有時代性。（清代王公有園地之制，有某地投充之人，就所投充之王公庄而供給，制是為王公之色，有如僕，而投充之王公外戚以所得糧生活，郎勤以園集之制相似。）

元代所行的行省制度，較之宋代的中央派駐地方人員的方法為更進一步。宋代雖屢屢派遣人員，屢屢雜制，然究竟未大改變前代相傳的名稱。元於各地分區設行中書省（或行尚書省）於叔晋的行台後，魏的尚書大行台相衍綿，而其規模特爲廣大。元時中央政府的最要部份，爲中書省、樞密院、御史台三者，而此三者各行省亦皆有之。中書省設中書令、右左丞相、平章政事、右左丞、參政、諸官。其中中書令一職，世祖以皇太子兼之，故非其他行中書省所應俱有。行中書省於中書令以外，亦設丞相、平章、右左丞、參知政事諸官。中央有御史台，各行省亦有行御史台。御史台置御史大夫、御史中丞、侍御史、治書侍御史。行御史台亦一例置之。中央有樞密院，而各行省則設西宣慰使司，而其所掌則與樞密院固完全相同，就其範圍而言，遠非以前的行台尚書大行台爲廣大，就其性質而言，實無異一種外的中央政府。是故時中央政府所賦予地方政府的權力

室遠較以前各代爲重大，而地方政府於中央政府，甚至於王室
的關係亦遠較其前代爲密切也。
元代何以如此劇烈的更改其時的地方制度，最大的原因厥爲恐漢人
的反抗，故必需擴大地方政府的權力，而以重臣鎮壓地方，其初相
皆以宰執行某處省事繫銜，其後即以其中央政府分攝地方權力
之大政，爲某處行中書省，錢糧，兵甲，屯種，漕運，以及軍國重
事，無不領之。此實爲一種變相的封建。雖其名義上可以遠紹於[illegible]
的行省實際上常爲其部落的原始的封建制度所演成。
且其性質於先秦的封建國家亦不盡相同。先秦的封建國家乃是
由中央政府或王室分出一部份土地，在此土地上，其權力實與王室相衍

彿，而元代此種制度實際仍一本於地方。在整個的行政上，皆只
有中央而無地方，故較之宋代的中央集權又進一步。明清兩代
的地方制度就名稱上而言，與元代曷有不同，而其性質上則是
承襲元人的遺規者，有改變（即就省之一字而言，亦是化略秦漢
時王室所居之地，為禁中。禁中與政府不同，故非內朝的官吏不
得通籍入內。及文帝時，避外戚王禁的名諱，始改禁中為省中。
然省中尚非政府，自魏晉而後，尚書、中書、侍中三者皆由王室之
官吏轉為政府之中樞，於是省之名亦由王室之專稱，改為政府之衙署。
及元時，合中央政府於各地，而立行省之名，於是省之名稱又由中
央之官署改為地方之官署。元時行省名稱如河南江北等處行中

書省、江浙等處行中書省，亦只是以官署之名稱稱地方政區劃。及明代，內廢丞相，外廢行中書省，一時仍沿因元時舊時名稱，稱各地為行省。至清代，行省一名又正式採用。然清代的地方政府的最高官署已不是行省制度，且中央承明之後，以大學士為宰相，亦無省之名稱。故只用舊名，實不辭之甚。）

元時別有一種地方政府的官吏，元代帶有封建的性質，即所謂達魯花赤是也。達魯花赤，蒙古語，即（今俄國稱謂的）總督之意。元時於行省以下，路各級地方政府皆置達魯花赤一人。其外則總管（路）、知府、府尹（府）、知州、州尹（州）、縣尹（縣），如前代之制。達魯花赤皆蒙古人為之，漢人無得擔任此職。此猶金人於諸路置總管，皆以女真名之意相同。不惟用以監視漢人，使不敢稍存反抗之心，亦其封建部落的舊制也。

明代的地方政府制度，雖亦同於元人，而所改者亦多。明太祖乃一雄猜之主，自不願其大權的旁落。元人過分的擴大地方政府的權力，自明太祖視之，實為使地方官吏日趨於跋扈的權輿，實不能不加以改革。故當其初因元制而設行中書省之時，即廢其丞相而僅設平章政事，左右丞及參知政事，既而復罷行省，為徹底的改革。於元人之舊行省的區域改設承宣布政使司，盡廢平章政事諸官，而改其參知政事為承宣布政使，又師元人於行省分設行御史台及宣慰使司之意，而設提刑按察使使，及行都指揮使司，計共爲三司。（提刑按察使司由元人的肅政廉訪使而來）。據其性質，亦中央派遣駐於地方的官吏。行都指揮使司由中央都指揮使司分出，固不必再論，即承宣布政使司，就其名稱字面論，亦爲中央分布駐於地方的官吏。布政使職掌一部之政司錢穀的出納，但其本質，則爲承流宣布王室及中央的德澤禁令，以達於各有司。且明時南北二京皆直隸若干府州，所謂直隸者，即直隸於中央政府的六部，不再派三司分駐直轄其事。以中央兼轄地方政府之事務，亦元人的中書省腹裏的遺意。（清人於明人的南直隸改爲江南，使之成爲與其他省分相同。北直隸的直隸，而別設藩臬二司，既設藩臬二司，則應稱即不必直

隸於六部，是雖存舊名，已失其本意矣）

由上所述，吾人當可知承宣布政使之設立，本爲中央派駐於各省宣布主室德音的官吏，及行之稍久，遂成爲地方政府的正式長官。於是又有新的中央派駐於地方的官吏，即巡撫與總督。巡撫之設早於總督，故總督的地位與權力尤大於巡撫。明洪武二十四年，遣皇太子巡撫陝西，是爲巡撫一名稱的肇始，然其時尚未成爲定制也。至永樂十九年，右都御史王彰奉命巡撫河南，以治周府的亂事，是爲明代巡撫官設立之始。然其時的巡撫所行的職務，並無一定，或僅巡撫地方，或兼理軍務，或管理糧餉，或督防邊關，或撫治流民，或總督河道，皆因事設立。其轄全省者，則稱總督。總督之設，遠始於英宗正統六年之征麓川。其時兵部尚書王驥奉命總督軍務，已有總督的名稱。景泰三年又命左都御史王翱總督兩廣軍務。其後至成化元年，又命韓雍總督兩廣。遂定設總督，不論巡撫的總督皆由中央派出的官吏，故稱帶大吏職。如巡撫必由都御史或副都御史派出者，總督必由都御史派出者。兵部尚書及侍郎亦多奉派出之。然侍郎出任巡撫必帶副都御史銜，尚書出任總督必帶都御史銜。且明時的總督與巡撫多因時因地設立，故一省不必限於一員，亦只因本非地方官也。

清代的中央政府

清代起於長白山下，以游牧部落，征服中國，本無文化之可言，然以在遼東之時，與明對峙時久，故已熟稔中國的文化。入關以後，更為全盤的接受。此在各方面莫不如此，而政治制度尤然。

自明祖廢除丞相以後，君主大權獨攬，形成絕對專制的獨裁的局面。其時六部尚書侍郎雖直接隸屬於君主，然只能代替君主辦理庶政，而無權參預軍國的大政。永樂設大學士，為實際的丞相，而其權力亦殊不低，尤其明中葉以後，君主每非令主，即普通的視朝亦等於具文（如嘉靖萬曆時皆二十餘年不視朝）

予權臣攬權的機会。嘉靖時的嚴嵩竟是如此。清因明制，亦設大学士，然清初因鑒於前朝末葉的積弊，處處在維持其君主独裁的權柄，處處防备大權的旁落。明自太祖以後，以威權挾持臣下，使其不敢稍事反抗。洪武之時，鞭笞捶楚已為臣子經常所受的侮辱，而廷杖之事，更史不絕書，其目的在於使臣下伏伏貼貼，一惟君主之意是承。清代君尊臣卑，一切远軼明代而甚，然清代於達此目的的技術，則遠較明代為高明。明時朝儀，臣僚四拜或五拜即已盡礼，清代則始有三跪九叩之制。明時大臣得侍坐，清則奏對無不跪。明六曹答诏皆称卿，清則率斥为尔。而滿族大吏摺奏，咸自称

奴才，稱使其平常禮儀之中，即已養成一種奴顏婢膝奉命

惟謹的態度，更不敢稍懷違貳之心。

清代諸帝中，乾隆更時時注意於此。乾隆帝嘗書程頤進

經筵劄子後，謂為宰相者居然以天下為己任，目無其君，此

尤大不可者。其對於當時諸大學士（尤其是漢人），更於微末細

節，時時注意。如張廷玉歷事三朝，乾隆之初，且於鄂爾泰同

受顧命，及其年老致仕將歸，以世宗遺詔許配享太廟之上

一言以為請。謝恩未親至，奉旨詰責。時汪由敦在軍機承旨，

免冠叩首言，廷玉當蒙優恤，已始終矜全，若明旨詰責，則

無可容。遂以廷玉當朝上表由敦漏言，徇師生私恩，不顧公道，解協

辦大學士，並罷其所任刑部尚書，仍令其在尚書任贖罪。皆

後乾隆五十一年，于敏中倚權招賄事發，又特下諭曰：「朕幾

鍾祿猶有專請，年間豈無念及此，設當專權竭蔽，以致周事

日非，朝多稗政。……本朝家法相承，紀綱整肅，太阿從不下移，本無

大臣專權事。」可見一斑。而於大臣稍專意旨，輒以嚴刑隨之。

然猶下外廷公議，以示至公極仁，而借此以伸君權，更屬易見

（雍正時年羹堯以罪逮至京師，下議政大臣三法司九卿會

鞫，具獄辭，當大辟，然後由雍正下諭，賜其死，此則有感

有恩禮，使其下咸感極德）。

其時君主大權又可於用人方面見之。自古用人行政，皆屬於

相切吏部職責，丞相舉任高者，其餘皆歸吏部，尚書可擬除，詔旨但畫聞從之而不可否。雖宰相之職位重，亦只於陞降時聽取廷臣意見，而加揀擇，自明廢宰相，而吏部乃權尤益重，銓政咸主於文選司，自部院屬官以及府縣正佐，皆聽吏部擇人注授，而大僚則仍由廷議會推，朝臣用舍悉在政府，而不在君主個人。至於清代，則首罷廷推之制，內外大員皆由於特簡，即五品以上，亦皆例由部案注擬，表亦必經引見，然後始得赴職，用人之政事事悉仰一人獨斷，務求操柄不能下移。此種情形，實為歷代所未見，而清代廢相，君主獨裁，悉心於求，固無所不用其極也。

清代君主獨裁，權力猶可於不設諫官一事見之。諫官的設置，遠始於秦漢之時，其職權與御史不同，諫官與御史雖俱為言責之官，然其職各異，諫官掌獻替以正人主，御史掌糾察百僚，而給事中一職尤為重要。蓋其職屬於門下，而門下掌封駁之任，君主所頒詔敕，令給事中審核，認為可疑，則有權封駁。及至清代，尤其在雍正以後，由大學士內閣析置軍機處，所有重要文書，外廷皆無由預聞，故六科給事中實無職掌可言，於是由獨立的官署，而歸併於都察院，為左都御史的屬僚，而台諫合為一，自給事中併於都察院後，其職掌乃僅以稽查六部有司的文卷，而於其應否注銷，此御史的職權完全失却諫官的本意。當時群臣才能對於此種政要，尚有據前代制成例力爭者，蓋因於組織中的曲折，乃在其操大君主的權力，並非一通常機關的政務，自然難獲邀准。

吾人既知清代君主的獨裁情形，當可推知其時宰相的權力所地位，清代宰相承明代之後，亦設內閣大學士，為實際的相任，然其間亦有更易。當太宗初年，始置文館，命儒臣達海、庫爾禪等十人，分為兩直，以備譯典籍，記注政事。至天聰十年，改為內三院，即內國史院、內秘書院、內弘文院，各設大學士一人。內國史院掌記注詔令，編纂史書，及撰擬祝表章之儀；內秘書院掌撰外國往來書狀及敕諭祭文之儀；內弘文院掌注釋歷代行事善惡，勸講御前，侍講皇子，並教諸親王，頒行制度之儀。

其時六部雖已設立，然實權則操於文館諸臣之手，所以然者，因其所司之事務，接近内廷，迥非外間部司所可比擬。及入關之後，於順治十五年，始遵明制，改稱内閣，其大學士俱由特簡，加内閣銜，仍兼帶銜，其殿閣之名稱凡六，爲中和、保和、文華、武英四殿及文淵、東閣二閣。乾隆十三年，以四殿二閣未爲畫一，其中和殿一名，又久不用，乃罷去中和殿名，而增體仁閣，於是三殿三閣之名稱，甚爲整齊。

考清代内閣之制，雖因於明代，而與明代亦稍有不同處。明時内閣諸殿大學士，其初設時，本皆爲翰林院檢討編修之流，故其品秩極

仍初不逾五品。其後以備近內廷，職權日重，於是兼攝尚書、師保

諸官。然師保尚書本一二品官，而五品的翰林院官本不相侔。

既已兼銜，其署銜必曰某部尚書兼某殿閣大學士，於是本銜

在下而兼銜反在其上。此蓋由於明時的大學士本非職設的宰相，及

一旦僭竊，遂代實際的宰相，而官銜一項，亦不見其僭竊的痕

跡。至於清時，於早年即加整正，大學士於初設之時即正為宰相之

職。其初設之時，即正為正五品，雍正之時，又提升至正二品（見新[illegible]於

初年為正二品，雍正時提升至正一品）故以正一品任大學士兼管一

品的尚書，自是正理，初不必覓德宗年制。又如明時的情形，且明時

大學士有首輔及次輔的區別（其間權力大小亦不同也），此種區別甚為明顯，及於清時

此種區別雖然存在，但已不如明時紀綱嚴格。正式的大學士外，又有協辦大學士的名稱。協辦大學士又以尚書兼攝，雖與大學士同稱爲閣務，然已是從一品的大員而非正一品的大員矣。其始設之時乃在雍正的九年，六年以禮部尚書陳元龍、左都御史尹泰特授額外大學士，置協辦自此始。此協辦大學士猶如宋時的參知政事，雖尚有不同之處。蓋參知政事乃是政府的正員，而協辦大學士不過與御史裏行、學士裏行之類，並非政府中的正式官員也。

清代的大學士固非正式的宰相，不過王室的顧問集團之官員而成其所以如此者，蓋仍沿明人之舊制，仍存君主的大權柄總攬

然為時稍久，此種內閣又經一度演變，而流成一種空虛之名，即此內
閣的性質亦因以減少，此蓋由軍機處的設立，奪其大部份的
權力也。軍機處的設立，為雍正八九年間事，其時用兵於西北兩路，
帝以內閣在太和門之外，慮事機萬一洩漏，因設軍機房於隆
宗門內，選內閣中書的謹密者入內承直，繕寫諭敕，其後改名
為軍機處，其地設在宮廷，故承直者自便於宣傳，而於欽
於軍機大臣（其次於軍機大臣者為軍機處大臣上行走）。此非軍
軍機大臣盡為親近重臣，於是本為繕寫敕諭的處所一變
而為承旨出政的要地。蓋昔之內閣中的職掌大半為軍機處所
侵奪，而內閣漸變為閒曹矣。然軍機處於內閣的關係，猶有

職務上則重複，仍不能直視之為毫不相關的兩個機關。因軍機大臣多由內閣大學士兼之，其於內閣固是故，即此軍機大臣數亦由內閣大臣兼攝。然並非每個內閣大學士皆可兼任軍機大臣，亦有非內閣大學士而兼為軍機大臣。此軍機大臣則為雍正而後的實際宰相。

然軍機處仍為王室的一部份，而非政府的宰相，自亦非政府中的最高機關。因軍機處並無特出的下屬，亦無權向各部及各省疆吏直接發佈命令，實與東漢時的尚書相似，亦猶明朝永樂以後內閣的情形。蓋僅供於內廷的謀議，然後再以君主的名義向外發佈命令。實際仍為君主一人的智囊團。其時更有所廷寄上諭者，則直接由軍機處辦理，不必再經往政府撥一道御手續，照章辦理，即直接寄往各機要上諭的人員，不再由內閣以後轉發，於是外廷不能參預謀議，且無由知其事，而內容方纔述出（大致亦係明代述諸論旨，指授兵略，查核政事，責問刑罰等之關於軍國大計者，皆用廷寄諭旨交出之，故內閣遂而為閑曹也。

於大學士最有關係者，爲翰林院。清代的翰林院承明代舊制，遠紹唐宋遺規。唐初翰林院不限於儒士，雜僧道雜流亦得其選。至高宗乾封之時，始有北門學士之稱，其初猶止於應和詩賦文章，而後乃至於專掌內命，禮遇隆重，由此而後，歷朝代降有更易，而此種制度不惟不能革除，且益見重要。侍從顧問為清華之任，故士人多以在館閣為榮，蓋此實政府一種儲材養望俾清職，而他途迥異。任此職者不責以吏事，而優其廪祿，進修讀書，砥礪名節，儲為公卿名臣。明清兩代大學士多由翰林院中選出，當可知其與皇室及政府中的關係。翰林院與內閣素為兩個機關，其院的關聯則至為密切。明英宗正統時，翰林院落成，學士錢習禮不設錢楊士奇楊榮之座，曰此非三公府也。二楊以聞，乃令工部具椅案，禮部定位次，以內閣固翰林職也。清初，文館及內三院，而翰林院數分數合，至康熙初始定設翰林院，然其掌院學士仍由大學士兼攝。（乾隆以後始有掌院侍郎，掌院學院学士者也。

最能表示翰林院為儲材養望之地者，厥為庶吉士之制度。庶吉士之制起於明，明時進士除一甲及第者得直入翰林院為編修等官外，其二甲三甲例必改而為庶吉士，始得銓注，俾使其優游学習、觀摩政事而後始授以職事。於是翰林院除奉君主顧問侍從之外，又兼為教育進士，使其再度深造的機關。然二甲三甲的進士未必全可入翰林為庶吉士。（清制）大致每科殿試傳臚之後，集新進士於保和殿試以論詔奏議詩賦，是為朝考。朝考後，由翰林院掌院学士第其佳者乃得改為庶吉士。庶吉士入館肄業，掌院学士或尚書侍郎為教習，侍讀侍講以下官学優資深者為小教習，以時督

使其得於今典章得失，制度沿革，探討以備一旦之大用

等。三年之後考試散館，其優者留院而編修檢討，其次者改給事

中、御史、主事、中書、推官、知縣、教職等，間有未散館而授職御

檢者，或供奉內廷，或宣諭外藩，或校書，講敘，或考試同科，皆以

先期考試，凡留館者，遷調異於他官。清代的宰輔，多由此出。清

制，宰輔和人有滿有漢。其滿人或由恩蔭出身，不必由於科

目；而漢人由科目出身者，多經翰林院一階段，尤其經歷者

十一階段。即以乾隆一朝而論，宰輔先後共六十人，其中滿人三十五，

漢人二十五。然皆歷此一階段。質言之，此非宰輔欲其進身之

先，不必皆與王室有關係，然必須經過其王室培植一段關係

以後，始得重用也。

清代承明之制，於内閣之下，設六部尚書侍郎。六部者吏、戶、禮、兵、刑、工是也。尚書一職，於漢時本亦主管内臣，參預謀議，出納詔命。自隋魏之際，由主室出居於政府，而中書侍中繼起，擬於其上，於是魏晉以後，僅爲執行全國庶政之長官，然其命令猶須經僕射，猶以並其他之前，共爲宰相職。宋、金末期，摹唐之政治制度，左右丞相，仍本於尚書都省（即左右僕射）。元設中書，尚書互改，然於其上之際，時期中書省，所謂中書省，實際爲尚書省的性質。此明清兩代，尚書之名得以猶存之故。惟其間亦屢經變遷，明初廢相，六部權力提高，實任天下的政事。自設大學士後，六部尚書侍郎（的權力）即以減損。錢氏要個推此言之甚詳，其言曰：清六部長官均無權對各省督撫發布直接命令，則不得謂是總轄全國之行政長官。又各部尚書侍郎均有單獨上奏之權，則各部尚書亦并不得謂是統率各該部之惟一長官。清制六部尚書左右侍郎俱滿漢各一人，則一部而長官共六人，此等各無專責，甚或朝推銓衡，名異之計，而主我政，復鎖容易，一職數官，一官數職，曲存高卿遺議。權。明廢宰相而提高六部實權，吏兵二部尚書，在明代多為群僚。清則既無宰相而六部亦下儕於具員矣。光緒三十二年，王大臣奏言，政治積弊，謂名為吏部，但司掣籤之事，並無銓衡之權。名為戶部，但司出納之事，並無統計之權。名為禮部，但司典禮之事，並無禮教之權。名為兵部，但司綠營兵籍武職升轉之臺，並無統御之權，此種情形蓋自清初即然，所言皆屬確實情形。

按清制六部部各設尚書二人，滿漢各一人，侍郎左右各二人，亦滿漢各半。如吏部，分設於清吏司，以贊理部務。考吏部尚書本以掌內外文職銓敘勳階黜陟之政，然其時君主政柄、用人大權，故清初年之時即已「有罷廷推之制，凡內外大員皆由特簡，即一命以上亦由部銓例注闕者，亦必經引見而後給憑赴就，乾綱獨攬不下移」，君主獨裁之權既伸，吏部遂等於閒曹矣。吏部設四清吏司，①文選清吏司，以掌班秩遷除均平銓法。②考功清吏司，掌論勳考察，稽覈功過。③稽勳清吏司，掌要名改籍，終養居喪制，其稽查京文武俸廉。㈣總封清吏司，掌封贈蔭襲土司嗣職之事。

户部尚書掌天下土田户口財穀之政，以平準出納，而均邦賦。其下置十四清吏司，以掌各省民賦收支奏册（直隸不設司，江南爲二司，湖廣爲一司，又甘肅事務並於陝西司中），故户部所掌，僅限於民賦一類，而大要僅限於其稽核出納之政，非前代度支之事。清代於户部尚書侍郎之外，別有管理三庫大臣及總督倉場侍郎，以分其權。而三庫尤爲重要。三庫者，銀庫、緞庫、顏料庫也。銀庫掌銀錢解納收支，凡直省田賦關市鹽茶諸稅，課歲入庫。緞庫掌幣物解納收支，凡歲用綢絹紗縠，咸入焉。顏料庫掌彩物解納收支，凡歲用所需百物之良，若銅鉛錫鐵丹砂青赭綠香橘茶蠟之屬，咸入焉，而管理三庫大臣則總稽財用出入之數，月有要，歲有會，而户部實不與焉。實則唐時納左藏大盈瓊林庫，乃帝王的私帑，非國家的公庫。然以其與新庫所分而言，則直省田賦皆解入於其中，是直化公庫為私財矣。清代既別建三庫，以分户部之政，故欲三部庫甚重，其中人員皆滿人之，漢人不得稍與其間。迨嘉慶以後，庫制之意義失矣。其總督倉場侍郎則專稽漕運之事。蓋自元明以來，以南方徵賦，而藉轉輸之軍糈民食，則多仰給於東南，完集漕輸之達，端賴一線運河，故特重其責，其侍郎職掌之徵實互其理部事。

清時設禮部，本以掌吉凶嘉軍賓五禮及學校貢舉之法。其下設有四司（清吏）：①儀制清吏司，掌軍禮、嘉禮以及學校貢舉之事、名籍。②祠祭清吏司，掌吉禮、凶禮。③主客清吏司，掌賓禮。④精膳清吏司，掌己禮與饗之儀。

其兵部本掌中職銓選、簡閱軍實。其下亦設四清吏司：①武選清吏司，掌武職陞選、封蔭及征伐、刑法、從事政令。②車駕清吏司，掌驛傳、郵符及中外牧馬之政令。③職方清吏司，掌天下輿圖以周知險要，叙功、覈過以待賞罰黜陟。④武庫清吏司，掌兵、籍、戎器、鄉會武科及編發戍軍之事。按清時兵部其職責，雖祖承於明時舊制，然其間因革實有大不同處。明初兵制，內統於五軍都督府，而外統於都司及行都司。一旦有事，則命侯伯為總兵之官，以司征討。自英宗以後，兵權歸於兵部，則由君主歸於政府，此固為極合理之事。然明制雖亦有未協之處，兵部既掌兵權，多遥控疆場。有警，則調兵撥餉以及戰守機宜，皆惟兵部是聽，武臣自專閫以下，均受節制，然以遥遠，固不中之。操兵之臣領敕至兵部堂，而弁帥奔走盡執櫜鞬，其權甚重，故當時稱為本兵。所不幸者，本兵受任者多非其人，其中葉以後邊境數多僨事之處，此僅應責其任人不當，不能從而兵部統兵之非計也。清代以外族入主中國，用兵大權自不敢專委之於政府，而操縱於王室或君主本人。其初年所置之議政大臣

其乃在大學士以上，總謀國事，集各小軍事籌畫，其制遠非
於其未入閣之時而未入閣之時，一切以軍事爲重，故然。及軍機
處設立之後，凡命令將出師征剿情形，皆令以專函直達
君主獨裁，軍機大臣承旨書宣，即臣子劍從秘機宜，故兵
部之職不過稽覈數籍，考案弁兵而已，無甚於偏管矣。
其刑部，掌核獄審刑，簡核法律，受天下奏讞，閱實其辭。其所
屬之清吏司計十八司（大省中分湖南湖北甘肅而有湖廣奉
天督捕）各（以省名）其所屬有匠役刑名。其督捕清吏司則專掌八旗
及各省駐防逃人之事。
其工部，尚書掌天下工虞器用，辨物庀材。其屬有營繕、虞衡

部、水、屯田四清吏司。營繕司掌繕治壇廟宮府城垣倉庫廨宇營房等事，虞衡司掌山澤採捕及陶冶器用修造權衡武備之事，都水司掌河防海塘及直省河湖淀泊川澤水陂水利之事，屯田司掌修陵寢大工及王公百官墳塋之事。

按尚書分司始於漢成，漢尚書成帝有常侍曹、二千石曹，即後世吏部事也；民曹，户部事也；客曹，吏部事也；三公曹，刑部事也。

又按歷代職官表，侍郎、郎中本出秦漢三署（秦漢時置）。郎中令其屬官有三署，三署者，五官中郎將、左中郎將、右中郎將，署中有郎中、常侍郎無員，尚書郎初從三署郎選，詣尚書台試，故郎中、侍郎之名，猶三署本稱也。

因以為尚書郎之通稱，原無差別，故杜佑《通典》云："秦漢以來，尚書
僚，或有侍郎、郎中（或稱），或曰尚書郎，或曰某曹郎，或則兼
置，或則互名，稱號不同，其職一也。自隋煬帝置六侍
郎，增為第四品，以副貳尚書之職，改諸司侍郎但曰郎。"於
是侍郎始為六部長官，唐初又於郎下復加中字，而郎中
之通稱乃變為專官之名，並則隋以前侍郎乃今各部郎中之
職，而今各部堂官之侍郎，則前代所無，隋以後始置，名號
實則異矣。
又按員外郎之置始於隋，《隋書·百官志》："尚書省有卅六司，高祖時
置員外郎一人，以司其曹之籍帳。"

又按历代职官表，主事之名，本起于汉之光禄勋（後汉书

光禄侍，汉选光禄勋主事，时郎署为光禄勋属，魏晋侍执、仪

省蕃，蕃不止之，隋改版属官者，自设于尚书诸司各置

主事令史，隋代又去令史字，遂为今各部主事之权舆。

六部以下其重要者为九卿，九卿之名，导源于两汉之时，其职掌

後世略有不同。西汉时之九卿为：掌宗庙礼仪之太常（秦奉常），掌宫殿

掖廷门户之光禄勋（秦郎中令），掌宫门屯卫兵之卫尉，掌舆马之太仆，

掌刑辟之廷尉，掌诸归化蛮夷之大鸿胪（秦典客），掌宗室属之宗正，

掌谷货之大司农，掌山海池泽之税之少府。此外九卿究其所执掌

皆为帝王私人的隶属，故其所辖之事不离于帝王之左右，

自秦時帝國建立，此九卿亦與三公等由帝室之私臣，出居於政府而為國家之政務官。及尚書由宮廷轉至政府，復由政府之政務官轉而為事務官，則此九卿者，以職責分於尚書諸部，多非帝室固有，遂漸成為閒曹。明清兩代亦喜九卿，然其名稱與秦時不同，蓋因其習俗而言也。明代九卿乃六部尚書加都察院都御史、大理寺卿及通政司使，清之九卿則為六部尚書、都察院左都御史、大理寺卿及理藩院之尚書。六部尚書見之前，以下就明其餘之者於後。

清時都察院設左右都御史及左右副都御史，蓋承明制，然清制僅以左都御史及左副都御史為都察院正式之官，因右都御史已為總督之坐銜，而右副都御史亦已為巡撫之坐銜，故都察院中僅以左右都御史為實際長官，總領個人。於而上之，乃秦漢時之御史中丞。秦漢時之御史中丞其初置之時，亦非完全為政府中的官吏，據漢書百官表，稱御史大夫有兩丞，一曰中丞，在殿中蘭台，掌圖籍秘書，外督部刺史。故職掌糾察，而所居在殿中蘭台，實為宮禁近臣。成帝以後，中丞出居外台，遂為政府中的要員。

都察院中統六科給事中，與十五道監察御史各若干人。給事中本為諫官，御史則掌糾察百官。清因諫官於君主獨裁多所不便，因並置於都察院中，並以糾察就其本

名而言，則六科官而稽核六部，而十五道則而以察各直省。然其
實際之分別乃不在是。本例言之，如吏科給事中分稽核
總注銷吏部、順天府文卷，京畿道監察御史則分理覆勘
及直隸、盛京刑名，稽察內閣、順天府、大興、宛平二縣書吏事，與
都察此二方亦互相參錯，不能分晰甚清也。蓋此種事本皆監
察御史所掌，於給事中無關。今既併給事中於都察院之
列，又不能不分以庶事，故因形成此種錯綜的情形也。（十五道
監察御史者，京畿、河南、江南、浙江、山西、山東、陝西、湖廣、江西、福
建、四川、廣東、廣西、雲南及貴州是也。）
清代之設通政使司，通政使上承明時之舊，即秦漢時之公車

司馬令也。通政使掌天下章奏，於閣送閣，稽其程限，而劾其違失，有不如式者劾論之。其職甚為重要，實等於帝王及內閣對外之耳目。四方章奏，必先由司啟視，而後奏聞。甚至事關機密重大，亦必用本司印記，乃得入奏，若徑自入奏，則參駁隨之。故明初列於九卿，而清人亦因其制。然清代因鑒於明代中葉以後積弊，於通政司頗猜忌，遂多縮小其職權之處。封事皆行宮門由奏事處遞進，其題本則由各部院經送內閣，通政使司僅負轉達在外督撫題本之責，實其實際等於帝王於內閣之外機構而已。

清代九卿之另一作員，為大理寺卿。大理院寺卿掌平反重辟，本面眉批原稿已殘。

外刑部、都察院合称为三法司。其重狱则由刑部、都察院、大理寺会鞫之，是为三法司会议；乃上奏，请示九卿、科道、大狱，时组织九卿会议，共同商讨以定其可否。

自秦汉九卿由王室而转入政府，遂为三公以下的要职。及尚书由王室至于政府，代三公而总国家大计，九卿仍管庶政。其后，中书、侍中相继由王室至于政府，尚书六部代管庶政，而九卿渐退为闲曹，因其所司之事，多为尚书六部相侵夺，以其名称沿自往古，故存其职而不废。南宋渡江，并官省制，遂裁併，于是太常、鸿胪併入礼部，卫尉、光禄并入工部，太仆併入工部，其他如宗正、太常、大理、司农、太府（即大府，隋改名）五按清時雖有光祿寺卿，然皆非僅掌大內膳羞，及祭祀朝會筵燕的酒醴、廩饌之事，乃秦漢時太官所屬之太官令，非光祿勳，故不列之寺於此也。

所，除宗正掌帝王親族以外，太常所司寔同於禮部，大理所司寔同於刑部，司農所司寔同於戶部，太府所司乃供帝王私用，而宗正亦性質相同，宜其大部份皆淪而消滅。清代所制，亦立九卿名目，然實際乃秦漢以來九卿所遺制者，僅大理（即廷尉）一寺而已。此或因刑法至重，爲一機關書案所不可或少，族人民的性命。惟清代於秦漢以來九卿中之其他八卿，皆所因而不廢，特不視之爲政府中的，而盡歸王室的私屬，而合乎其本來的面目。如清代的宗人府，即古之宗正；內務府即古之少府；前鋒（侍衛大臣）護軍統領即古之衛尉；其他則太常寺、光祿寺、太僕寺、鴻臚寺皆因古名。其宗人府設宗令及左右宗正、按職官表：前鋒統領，掌率八旗前鋒、護軍，警蹕宿衛，凡侍從止頓於御營，前後安設卡倫。其前鋒旗以為門戶，列帳以守衛。護軍統領掌董率護軍，守衛宮殿門戶及要地，以職稽察門禁，番上宿衛，並巡警之事。

内務府護衛總大臣、前鋒護軍統領，仍左右翼各領其旗，皆得侍衛。若大門警衛俱入八部，不為分守矣。

按歷代職官表云：秦漢凡府廷所在皆謂之寺。說文曰：寺，廷也，有法度者也。風俗通曰：寺者，嗣也，理事之吏，嗣續於其中也。唐書稱後漢制，總屬官而謂曰府，分務而專制曰寺。其稱不一，然要官舍之通稱。故漢時雖有九卿（寺）之目，而所稱寺者，實不止九卿，從官府皆得稱之。如後漢書安帝紀：皇太后幸雒陽寺。此雒陽縣治所也。漢書何并傳：并為長陵令，侍中王林卿令奴至寺門剝其建鼓。此長陵縣治所也。後漢書張湛傳：湛告歸平陵，望寺門而步。此平陵縣治

所也。又元帝紀，初元二年，詔罷黃門乘輿狗馬，城郭官吏馬，椽使歸

守舍，以其爲中盛狗馬之衛署耳。自此以官者

連稱，並與西以府衛等俱為加官之名，至於沿而未删。

歷代職官表十九給事中按：秦漢為加官，初無員數，漢書

所載曾膺此職者，有韋賢、匡衡、蕭望之、劉向、魏相、孔霸、平

當、孫寶、龔勝、右丞、金敞、金欽、梁丘賀、杜延年、任軍、東方

朔、蔡義、夏侯勝、丙吉、師丹、辛慶忌、睦植等十數人，甚衆。

考其本職，或以博士，或以謁者，或以諫大夫，或以前將軍，或以左

將軍，或以宗正，或以太中大夫，或以光祿大夫，或以御史大夫，或

以關內侯，蓋為加官，得內廷行走，而非其官稱，故自兩府九卿中二

二千石、二千石以至比六百石，皆得原之。北齊隋以降，設原缺額者不同。然所掌在平尚書奏事，則後來封駁之任，亦已權輿於此矣。

又云：宋初給事中皆以他官兼之，自元豐改制，始有專職。後復置門下外省，給事中為長官，然已別為一曹，故其官不隸省處。又唐時中書舍人分署尚書六曹，至宋則以給事中分治六房，明之分給事中為六科，其原蓋本於此也。

又云：唐宋皆諫官為兩官，台則侍御史、殿中侍御史、監察御史，諫則諫議大夫、左右拾遺補闕、左右司諫正言，給事侍從紙

諫。宋世亦存台諫院，而台官制有更作，初尚能分職，未合

真宗詔亦有上言諫官臺論事之文。洪邁《容齋隨筆》

謂台諫官御不往來相見，蓋職事各殊，故諫官御史所以互

有相糾劾也。至給事中，雖與諫議同屬門下，而其職但主

封駁書牘，與諫議不同。自後世不置三省，而諫官議列

諫正言之存門下者，隨之俱廢，諫院亦久無其官，明初之

制，遂以其職併入科道，故明清有給事中，實兼前代諫

議補闕拾遺之職，而猶存相沿，遂稱御史而非諫，給事中

亦給諫，亦殊未考設官之本制矣。

清時中央政府職官之主要者，除上所敘述之外，尚有理藩

太醫二院及國子監、欽天監。今併述之。

清代之理藩院，遠紹秦漢之典客、大鴻臚、典屬國諸職，而行

核其職掌，所以設此院者，乃以其權在之內，並合於同種各部，

而與各部設官置吏多同，其故緒、曲各部存置，而向地

位較高不同，雖隸於六部，故別設此機構，其目初時僅職蒙

古諸部，故設蒙古衙門，至太宗崇德三年，始定名理藩院，

掌內外藩蒙古、回部及俄羅斯部封授、朝覲、律令之獄，兼

時職務之政令。其下設旗籍、王會、典屬、柔遠、徠遠、理刑六

清吏司，其旗籍清吏司掌漢南內外藩科爾沁札薩特至郭爾

各旗歸化城土默特二十五部落五十一旗的旗籍封爵與會

盟之事。王会清吏司，分掌科尔沁等诸部落朝觐贡

献之事。其典属清吏司，掌蒙古外部及青海诸部游牧、旗籍、世

爵、会盟之事，以及喇嘛、番僧名籍、杜尔伯特、乌鲁木齐、伊犁

在里库伦、恰克图互市等事。其柔远清吏司，掌喀尔喀、甘

部落及喇嘛等俸、朝贡、禄饩之事。其徕远清吏司，掌嘉

峪关外诸回部及四川诸土司朝会。其理刑清吏司，掌蒙古及

番回刑罚之事。（理藩院设尚书，以满洲王公及大学士兼之。又左右侍

郎各一人，皆满洲、蒙古人为之，汉人无与焉。）

其太医院设院使及左右院判各一人（以掌医药之政令，率其

属以供医事。

國子監置祭酒、司業，掌國子教育之事。按其職蓋本於秦漢時之博士，晉之博士祭酒，所職尤重。改隸朝廷，參議侍從左右於……迨至隋時始有監名。

欽天監設監正（滿州、西洋各一人）、監副（滿、漢各一人）、左右監副（各西洋人一人），以掌測候推步之法。蓋本於秦官之太史，秦漢時太史令，隋稱司天臺，元明清時始設監。

清代地方政治制度

欲知清代的地方政治制度，必先知清代的地方區劃。清代的地方區域區劃，有內地與邊地之分。內地指舊日習俗所稱之十八省而言，亦即清人所得明人的故土。邊地指蒙古回疆及西藏各處，本為而滿州之奉天（盛京）吉林黑龍江，自清人視之，乃其祖宗創業之所基，吾人若自其制度方面視之，蓋亦同於邊地。清初設制，內地多因明人舊制，而稍有增損，邊地則本其各處的習俗，多因其舊軌。然此亦有在西南明者，內地行省之制，固因於明人之舊，然西南諸省中若湖廣、四川、雲南、貴州、廣西及甘肅之土司，亦仍明人舊制而不改。土司者，為各地土人之酋長，給以官稱，世代相傳，於各直省設官之制，迥異。

皆是也。滿洲創建國而初稱之為遼東，然以清祖龍興之地，故肇建在

蒙古，於北京相據，置部設府，一同明代。然滿、蒙之國不可同以遼瀋，皆

之也。清代末年，遼瀋改設省，蒙古、回部、滿洲同時代之儀亦遂建

行省。故內地之制，然此政制，於省之中仍保存若干舊有部落之舊

規，一若內地之土司制度，此皆是也。有此三區，故清代地方政治制度

似屬簡單，而實亦不甚簡單也。

吾人於此先言其內地組織區劃。清初沿明制，凡有十五行省。十

五行省者，直隸、江南、山東、山西、河南、陝西、四川、江西、湖廣、浙江、福建、

廣東、廣西、雲南、貴州是也。直隸為明代之北直隸，而江南則為明代之

南直隸。康熙初將十五行省，其間區域不無遷改之處，於是增

取其過大者析置之，於是江南分為江蘇、安徽，陝西分為陝西、甘肅，
湖廣分為湖南、湖北。合為十八行省，此十八行省即吾人所習稱之中國
內部。然此吾人所習用之行省之名，起於元時，而明人則
不稱行省而稱承宣布政使司，清初仍一度因明人舊制稱布政
使司，至康熙初始復改為行省。在名稱上同於元人，所以如此者，因明
稱承宣布政使司，以承宣布政使為此一區劃之長官，故明以後
稱此區劃。清初布政使已降為地方政府之次要長官，亦降為巡撫之
屬僚，而巡撫之上復有總督，而總督實與巡撫在初制意之本為監督
性質，而非承久職，為後軍職，而非後民職，不能以此名官稱此區劃，故於
有因明人之舊制，其行省之名又和元人相同，以清本無此書者，其無論

引申者亦未出此種行省的區劃。至清末又陸續增置，光緒九年乘回

疆亂事初定，即於其地建設行省，是為新疆省。十三年又改為台灣

省（光緒二十一年中日甲午之後割於日本）。庚子以後，以東北情形日

亟，復鑒於其地分設奉天、吉林、黑龍江三省，以邊地而建立新

省。邊地的政治制度多因部落舊俗，循形散漫，即或已非部落，

而無大員蒞駐其地，控制其推行政令，兩俱不便。簡言之，即增

加中央政府對於邊地的控制權，視之同於內地也。

吾人但究悉省內的區劃，再詳細推言之，每一省中又常設若干

府、廳、州、縣，而廳與州又有直隸廳、散廳與直隸州、散州之分。直

隸廳與直隸州者隸於省也，散廳與散州則隸屬於府。直

隸州（廳）皆有屬縣（直隸廳之屬縣如四川敘永廳所屬之永寧縣），而散州（廳）則無屬縣。直隸州之制度因於明舊，惟明制散州亦有屬縣，而清制稍有不同。廳則為清代所創，其初本設於邊疆，其後浸且徧及於內地。而屬於省之府而外，又有京府，京府者清為順天府。順天府直隸於中央，與省處於同級的地位，蓋所以重帝都也。以表表之如左：

- 皇帝
  - 京府（順天府）
    - 州
    - 縣
  - 省
    - 府
      - 廳
      - 州
      - 縣
    - 直隸廳——縣
    - 直隸州——縣

地行省中之土司區域，自甘肅青海以南至四川兩湖雲貴廣西地方莫不有之。此輩土司率爲西南地方各小民族所形成，唐宋時代的羈縻州制度，即為後來的土司制度。清代自元經明而至明代土司制度漸以形成。地土司或據一鄉一寨，或轄一州一縣，小者有地數里，大者及至數百千里。據西南地方土司每處數百，管轄其酋長，係以名號，而實因其所據有的區域以分設若干土府州縣。

清代西南各省土司之制度，多沿明人的舊制而稍加以增損。

明代土司長官有宣慰使、宣撫使、安撫使、招討使以及長官司的正長官，副長官，千戶，副千戶，百戶等。清則分文武各職，文有隸屬。其文職隸於吏部，武職則隸於兵部。武職有指揮使、指揮同知、宣慰使、指揮僉事、宣撫使、副宣撫使、安撫使、千戶長、副千戶、百戶、正長官司、副長官司、土游擊、土守備、土都司、土千總、土把總之類。文職則有土知府、土同知、土通判、土經歷、土知事、土知州、土判官、土吏目、土知縣、土縣丞、土縣主簿、土典史、土巡檢之名。各因族類大小強弱而分授，以相維繫之名秩，其間級無隸屬之關係，惟遇流官之時，則普通均低一級。

至於蒙古諸部，則有盟旗制度。於盟下有部，部下有旗，而旗則皆有土地與之區劃。旗設札薩克，以管理一旗之事。札薩克蓋猶言旗長之意。各旗按時會盟於一定之地址方，以決定之一盟之事務。盟設盟長、副盟長，由中央任命，於札薩克之世襲任職者不同。按清代內蒙計分東四盟、西二盟。東四盟為哲里木、卓索圖、昭烏達、錫林郭勒。西二盟者，烏蘭察布、伊克昭也。外蒙則有喀爾喀四部，外蒙四盟：土謝圖汗部（稱汗阿林盟）、賽音諾顏汗（稱齊齊爾里克盟）、車臣汗部（稱喀魯倫巴爾和屯盟）、札薩克圖汗部（札克必拉色欽畢都哩雅諾爾盟）。其在寧夏者則有阿拉善額魯特部及額濟納土爾扈特部各一旗。其在新疆者，則有阿爾泰烏梁海部七旗，阿爾泰諾爾烏梁海部、舊土爾扈特部（分屬於烏訥恩素珠克圖盟）、和碩特部、新和碩特部、科布多額魯特部，札哈心部、和土尔扈特部（属于青色特启勒图盟）及扈特乌梁海部。其在青海者則為額魯特蒙古五部。五部者，青海和碩特部、青海綽羅斯部、青海土尔扈特部、青海輝特部及青海喀尔喀部。

西藏則舊分為康、藏、衛、阿里四部。康即四川邊地，藏即前藏，衛即後藏，阿里則在其西陲。其政教則統由達賴、班禪二喇嘛掌之。達賴掌西藏政教，而班禪則僅司後藏。達賴之下設噶布倫四人，以掌行政；仔琫三人，以司財政。班禪之下設札薩喇嘛，羅則四人以掌行政，仔仲三人以司財政。各地則劃為若干宗，宗如內地州縣，宗設宗琫，亦等於內地縣長。

至於天山南北路的回部，則各因其城池設各級伯克以治理庶政。如阿奇木伯克總理回務，伊什罕伯克副之，噶匝納齊伯克掌理田賦，商伯克掌征賦，哈子伯克掌刑訟，都官伯克掌遞送兵馬糧餉文卷一切官物及各種差務，密喇布伯克掌水利，明伯克掌千戶之徵輸一切雜務，什和勒伯克掌肆廛貿易之稅務，帕察沙布伯克掌巡緝牢獄諸務，玉資伯克掌伯戶之徵輸一切雜務，此等名目之伯克僅就伊犁一區而言，其他各區大同小異，因其習俗宜之。

清代全國的地方體制，區劃雖有如此複雜之情形，但其重心之點，則在其行省的區域，此其因於明人之十五行省，康熙初年以後之十八行省，光緒以後，新設各行省，其制度皆因於內

地而無所差異。清代地方政治制度，雖因於其權域區劃，其隸

域區劃，吾人上文已說明其有府、廳州縣，依級而有直隸區

劃有府、直隸廳及廳州縣之級。若論其官制，則有知縣、知州、知府、直

隸廳長官，及督撫五等。今就其官制，論其職掌，詳述於後。

吾人由上章所言歷代地方政治制度變遷之情形，得知清代地方政

府之有此許等級，皆由於歷代演變堆積而成。尤其明代制度，更

為清制所因襲。明制於每省設左右承宣布政使司以理行政，提

刑按察使司以轄刑名，其後乃於要重之地區設置督撫以特別

權力俾易達於事。惟督撫既因時而設，事畢即撤，其數亦不停。

明季督撫雖多，究非定制。清代增加其權力，使成為駐於本省之

之上，卻大變，大抵總督所轄或一省或二三省，視其地之繁簡而定。順治初置天津、宣大（駐大同，兼轄宣化）、福建、浙江（轄江蘇、安徽、江西，初兩轄河南）、浙江、湖廣（初為川湖總督）、陝西（初兼轄四川，後改轄山西，後定之為陝甘總督）、四川、廣東、雲貴（初兼轄廣西）諸總督，歷經康熙、雍正兩朝，時有增損，至乾隆時定為八總督。八總督者，直隸、兩江、閩浙、兩湖、陝甘、兩廣、雲貴、四川是也。八總督之中，直隸、四川兩省之總督，各兼其省之巡撫，而陝甘總督亦兼甘肅巡撫。至光緒時，東三省建省，因增設東三省總督，合為九總督，以迄於清代終滅云。

清初巡撫，因於明制，設置甚多，計有順天、天津、保定、宣化、山東、登莱、山西、河南、江西、凤阳、安徽、陕西、延绥、甘肃、宁夏、浙江、江西、郧阳、南赣、湖广、偏沅、广东、广西、云南、贵州、福建等巡抚。乾隆时唯直隶、四川、甘肃三省不设巡抚，由总督兼辖外，其余省不设总督之巡抚。固定设为省一巡抚之制。光绪时，於先后建立之行省地则复设巡抚。然後罢奉天省之巡抚，由东三省总督兼理。

兼辖甘肃的制度。

总督巡抚至清代表面上已成为省级的大员，然其性质仍有中央特派驻外监察的性质，甚至可说为君主驻於地方的代表。清制总督例兼都察院右都御史职衔，或兼兵部尚书衔（兼否须由吏部请旨定夺）；其巡抚例兼都察院右副都御史衔，或兼兵部侍郎

織（其屬官除御史、部、清吏司之屬）明是為監察地方的機關，又總
督巡撫結銜的事，地位上應是中央六部院不能對於地方政府發令，
而總督巡撫上奏之時，亦可以（僅以）知會中央六部（而已），即督撫與六部權力
上有平等之時，必須君主勅令裁可，是督撫與部等於君主，對外則
代表君主，而總督巡撫亦直接對君主負責，不必對於政府負責，且督撫既
分駐各省，總督皆稱總督某某等處地方提督軍務糧餉兼
兼巡撫事云云，其巡撫則云巡撫某某等處地方提督軍務糧
餉，又有或兼兵部尚書兵部侍郎銜，是其明為軍職，不必過問地方
行政的事務，而其實際上督撫於地方行政權力乃無所不管，督撫
不僅有權監督各府州縣文武官吏，且有權遴選題補道府州縣

武官史布政使等其属下録其能否考其等第上於督撫以轉於吏部而吏部於督撫所轉來的公文書亦能加以修改故一省官吏的升降其權完全操於督撫所謂布政使者僅代之整齊之虛而已且清代知府以下實為真正親民之官按之通常程序，對於知府州縣判者黜陟應待布政使為之乃其時之督撫輒越布政使一級而親自之則布政使又同於閒員矣。

此種督撫制度如上所言則為地方最高的長官其實亦不盡然督撫既兼兵部尚書侍郎之銜而提督軍務則其為軍職有統所屬綠營的權力然每遇大征伐之時則國家又往往特設經略大臣參贊大臣大將軍將軍等以統率軍事，爰為平戎的統帥，

而此輩僅是大臣或大將軍，而皆爲王貝勒貝子公或都統，親信大臣

爲之。其地位又較高於前者，而前者但係受其節令，備其策應

降爲從屬的人矣。

谨以此书纪念史念海先生诞辰一百一十周年

史念海遺稿·講義

下册

史念海 著

王雙懷 編

陝西師範大學出版總社

陝西師範大學資助出版

《中國歷史地理》修改稿

史先生在1953至1964年間，曾對《中國歷史地理》講義進行過多次修訂，有的章節修改過三四次。本册收入先生《中國歷史地理》修改稿十三篇，由此可以窺見該講義修訂情况之一斑。

稿前有兩份陝西師範大學印廠打印《聯係單》。一份上標明送稿日期爲1962年6月19日，一份上僅標明送稿日期爲7月10日。

緒論

此篇主要論述歷史地理學的意義、歷史地理學的研究的對象和它的主要任務、歷史地理學和歷史學的關係、歷史地理學和地理學的關係、歷史地理學和沿革地理學、歷史地理學和其他科學的關係。稿件的前半部大體是在刻印稿的基礎上修改的，後半部分則完全爲重新撰寫，説明是修訂稿。

水文的變化

此篇爲“歷史的自然地理”的第一節内容，主要論述黄河下游的改道，九河和漯水、濟水的阻塞，古代中原地區的湖泊，淮水流域的湖泊和淮水下游的變化、雲夢澤和九江、三江，珠江三角洲上河道的變遷，内陸河流的變遷及重要運河的開鑿。

高原丘陵地區的變遷

此篇主要論述河流衝刷和土壤侵蝕、黄河流域黄土高原的變遷，原與隰的演變、太行山西的變遷、江淮流域丘陵山地的變遷、長江上游雲貴高原和長江流域以南地區的地形演變、遼河流域的變遷、土壤侵蝕的嚴重性和水土保持的必要性。文中有粘貼部分打印稿的現象，説明此稿也是在打印稿的基礎上修改的。

沿海陸地的成長和海岸的變遷

此篇主要論述渤海西部海岸的變遷、江蘇北部的海岸、長江三角洲向海中的伸張等問題。此篇也是在原刻印稿的基礎上修改的，但補充的内容較多。

古今氣候的同异

此篇采用頁下注。主要論述古今氣候寒燠的變遷、氣候的乾燥與濕潤、乾旱和水澇等問題，有相當的廣度與深度。史先生寫氣候乾濕問題時，曾引用肖廷奎等《河南省歷史時期乾旱規律的初步探討》，該文發表于《中國農報》1961 年第九期上。先生還引用涂長望《關于二十世紀氣候變暖的問題》，説“三、四年”氣候變暖。該文刊于 1961 年 1 月 26 日的《人民日報》。由此推測，此文當寫于 1965 年前後。此文與《中國歷史地理綱要》的相關部分頗不相同，學術性很强。

土壤與植被

此篇爲《中國歷史地理》第二章第三節的修改稿。封面爲 1961 年 7 月 25 日《人民日報》，有“中國歷史地理講義　第三次”字樣。稿件在《中國歷史地理》藍色刻印本的基礎上修改。内容包括古代關于土壤的記載、古代土壤記載的解釋、黄河流域土壤的變化、沙漠的影響及森林地區的改變等。有關森林的部分改動很大，補充了很多新的資料。文中編出了 100 個注號，但注釋未寫在當頁之下，可能另紙書寫，已佚。

中原人口稠密的地區和南方人口的增長

此篇爲《中國歷史地理》第三章第三節的修改稿。包括中原人口稠密地區的所在、中原居人對于南方居住條件的看法、南方人口的增長及北方人口的變化等子目。各子目均有較大改動。特别是有關人口遷徙的論述，較前更爲翔實。文中編有 66 個注號，但注釋未寫在當頁之下，可能另紙書寫，已佚。

古代的部落和王朝

此篇爲《中國歷史地理》第五章第一節的修改稿。封面上寫有“中國歷史地理，史四、史三，盼于三月三日打出印好，史念海”字樣。包括黄河中下游的平原與古代的部落、王朝版圖的擴大、封國的分布和兼并、由戰國至秦的統一的帝國等子目。此稿在《中國歷史地理》藍色刻印本上剪貼修改。注釋粘貼于當頁之下。全文改動不大。

封建王朝統一時期版圖的規模

此篇爲《中國歷史地理》第五章第二節的修改稿。在《中國歷史地理》

藍色刻印本基礎上剪貼修改。包括封建王朝統一時期國界的變遷、山脉與國界、河流與國界、長城的修築等子目。注釋粘貼于當頁之下，邊緣頗有殘損。各子目均有修訂，增添了一些新的内容。

分裂局面的演變

此篇爲《中國歷史地理》第五章第四節的修改稿。封面爲《中國歷史地理》藍色刻印本第63頁的背面，有“中國歷史地理稿，第四次交稿，史念海”字樣。全文在《中國歷史地理》藍色刻印本的基礎上剪貼修改，增補的内容寫在背面。有東西的對立、南北分裂時期南北的疆界、秦嶺與淮水、南北分裂時期南北内部行政區域的劃分等子目。各子目均有較大改動，注釋粘接于當頁之下。

統一時期内部行政區域的劃分

此篇爲《中國歷史地理》第四章第三節的修改稿，前缺4頁。在《中國歷史地理》藍色刻印本的基礎上剪貼修改，每頁均有粘接、修改，往往數頁粘爲一頁。注釋放在頁下，每頁單起注號。由于稿件粘接、批注很多，加之數十年來的擾動，某些頁碼已經殘損。所存部分内容主要爲漢代的州、唐代的道、宋代的路、元代的行省等，補充内容不少，論述較前有所深化。

先秦時期的農業區域

此篇爲《歷史經濟地理》的第一節，前缺27頁，所存内容爲先秦時期黄河中游農耕區域的擴大。

秦漢至南北朝黄河流域人口的變遷

此文也是1962年修改的，内容包括秦漢魏晋時期關中的人口、秦漢魏晋時期的關東人口、黄河上游人口的增减、西晋永嘉亂離後黄河流域人口的變遷等。文末有精辟的小結。原稿中標示有附圖十六種，已佚。

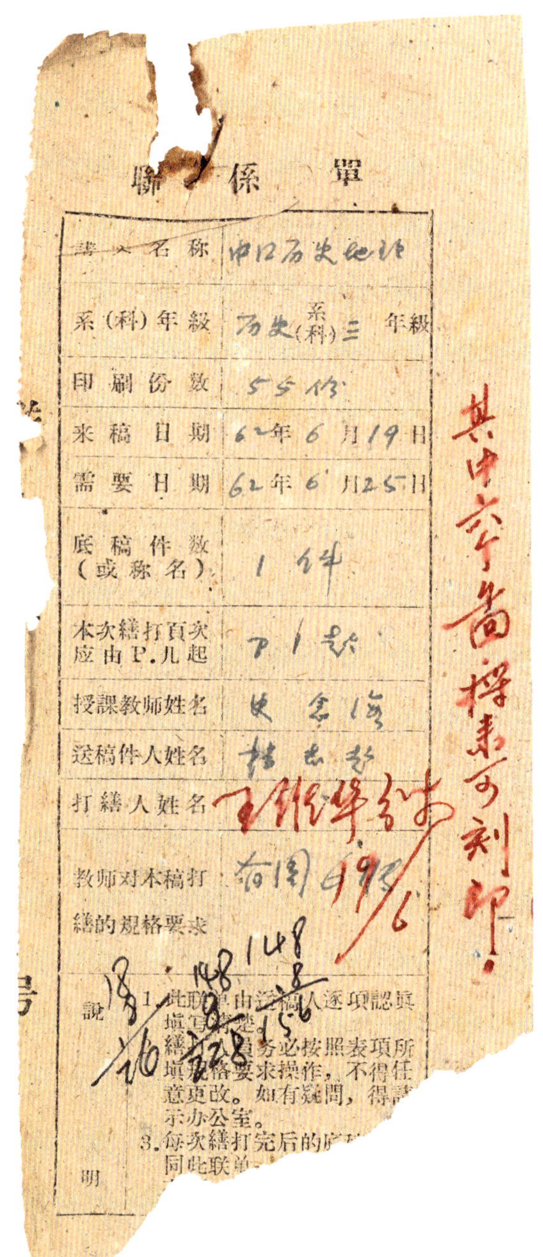

聯係單

講义名称	中国历史地理
系(科)年級	历史 系(科) 三 年級
印刷份数	55份
来稿日期	62年6月19日
需要日期	62年6月25日
底稿件数（或称名）	1件
本次繕打頁次应由P.几起	P1起
授課教师姓名	史念海
送稿件人姓名	[illegible]
打繕人姓名	[illegible]
教师对本稿打繕的規格要求	合同 1963/6
說明	1.此联单由送稿人逐項認真填写清楚。2.繕打人員务必按照表項所填規格要求操作，不得任意更改。如有疑問，得請示办公室。3.每次繕打完后的底稿……同此联单……

148 148 8 156 18 8 16 228

其中六本备[illegible]来可刻印！

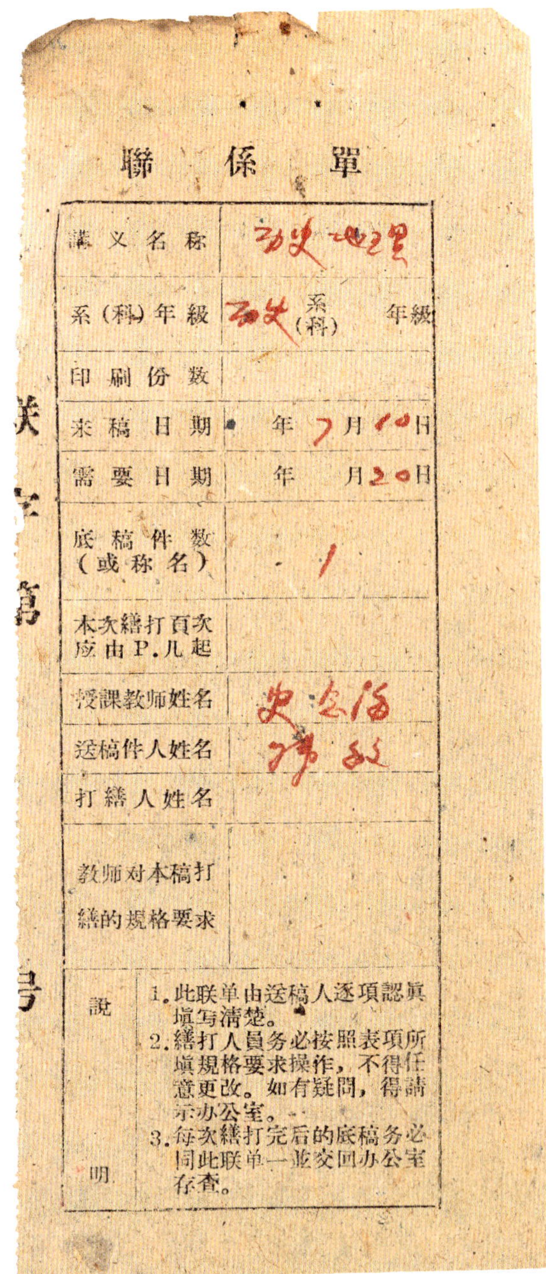

聯係單

講义名称	历史地理
系(科)年級	历史 系(科) 年級
印刷份数	
来稿日期	年7月10日
需要日期	年 月20日
底稿件数（或称名）	1
本次繕打頁次应由P.几起	
授課教师姓名	史念海
送稿件人姓名	[illegible]
打繕人姓名	
教师对本稿打繕的規格要求	
說明	1.此联单由送稿人逐項認真填写清楚。2.繕打人員务必按照表項所填規格要求操作，不得任意更改。如有疑問，得請示办公室。3.每次繕打完后的底稿务必同此联单一並交回办公室存查。

中國歷史地理

講義

第一份。

一冊

中国历史地理纲要

第一章　绪论

历史地理学的意义。历史地理学研究的对象和它的主要任务。

历史地理学和历史学的关系。历史地理学和地理学的关系。

历史地理学和沿革地理学。历史地理学和其他科学的关系。

历史地理这门学科，顾名思义，它是和历史学地理学都有密切关系的一种科学。它是用来说明历史发展过程中有关的各种自然现象和政治经济的地理现象的演变的科学。

就地理现象来说，它是不断有演变的情形的。人们常以沧海桑田来表示世事的变化。实际在悠久的岁月中海洋和陆地的变迁是习见不鲜的事情。海岸可以向海水中伸长，海也可以侵蚀海岸。而海岸的上升和下沉也会促使这样的现象有所发展。以前的湖泊後来乾枯了，以前的河流後来湮塞了，可是有一些低窪地区会形成新的湖泊，河流经过改道形成了新的流域。就是山崩地陷也不是完全没有的事情。过去的高原由于水土流失，变成了坡地，又由坡地变成了沟壑。地形既已的变演过程中，人们或许会感到这前后的气候也不尽相同了。这些变化说起来都是自然方面的事情，但是人们的社会不会完全远离这些自然的现象，也就是说不会丝毫不受到它的影响。

这些自然的变化，如果再加上人为的因素，情形也许就愈复杂起来。从远古以来，人们就不断克服自然环境的困难。人们是会选择他们的居住地方的。他们有的住在山地，有的住在水滨。有的地方居住变化，土壤也就难得和以前一样。而河水後

濫，衝堤決口，也同樣会使肥沃的田園化为磽薄的荒灘。短期中失去了耕種的價值。甚至在古往今来（接下不空格）

離开的原因各有不同，或者由于当地的生活条件有了改变，或者只由于外力的逼迫。但如何选擇新居，如何使新居，更能适应他们自己的生活，都是迁徙的人们所关心的事情。说不定由于他们的迁徙，又会影响到另外一些民族的生活。

人们长久在一个地方居住下去以后，必然设法利用自然环境更好地安置他们自己的生活。那一块地方应该牧畜？那一块地方应该耕种？

本頁續接上頁，原稿兩頁拼接。

哪一块地方适宜于开矿？哪一块地方适应于发展工业？什么地方可以建立乡村？什么地方可以兴筑城市？他们是会根据自己的情况加以适当安排的。也许因为各個地区的情况不同，实际的安排也就有了差异。而许多地区之间的配合，以及生产技术和生产关系的协调等问题更是要费一番周折的。

从整个国家来看，更可看出一些有关的地理现象。国家是有它自己的领土的。自古以来国家的领土并不是一成不变的。国力的强弱和国与国之间的关系，都会使领土发生变化。怎么样变化？什么地方发生变化？都是当时和后世的人们所应该注意的事情。如果就国家内部来说，问题也还不少。当时的都会在什么地方？为什么設在这些地方？全国都划分了些什么区划？为什么要这样的划分？当然这些问题对于人们不能说是毫无关系的。

如果單純地来看这些问题，自然难于发现其中的意義，甚而它会成為毫無意義的東西。因為这些问题本来並不是若干現象的偶然堆积，而是彼此互相有密切的关联，彼此互相受到制约的。如果把它们合攏起来，成為有内在联系的统一整体，就可以看出，一個地区是应该有它的特殊性的。当然这些特殊性不会是永久一直不变的，它是不断的革新和发展，到一定的時期甚或还会有质的变化。所以不同時代的特殊性是会有若干差别的。不过这些差别的变化对於每個时代的社会都会起着一定的影响。虽然这些在地理环境所起的影响不是决定社会发展的因素，毕竟它会对社会发展起着一定的作用。这些影响，有的在以前已经被人们看出，有的已经消失，有的还是不断起着作用，而作用的延续甚至还会到遥远的将来。这一些情形都应该包括在历史地理学（接下不空格）的范围之内。所以历史地理这一学科的研究，不仅是为了明了过去，而且还是为了了解现在；当然如果跟着它所显示的规律，也可以推知若干未来的情况。从这一点说来，这一学科对于我们国家当前的建设是能够有一定的作用的。

历史地理学是由历史学和地理学共同发展出来的学科，所以它和历史学地理学的关系都是十分明确的。正是由于它是历史学和地理学共同发展出来的学科，也就有人称它为介于历史学和地理学二者之间的边缘学科。循名求实，这样的称法应该是不错的。

历史地理学所应用的研究材料自然须假助于历史学和地理学，而历史地理学的研究对于历史学和地理学来说，也应该是有所裨益的。

就历史学来说，它所记载的历史事件，都应该有其发生的时间和空间，以它的发生的时间来说，和它的前后的事件有所不同，以它的

本頁續接上頁，原稿兩頁拼接。

空间来说，它的发生应该有它的地域的特性。历史地理学就是要明确历史事件发生过程中的具体的空间情形，推究其间的关係和影响，从而使历史事件的发生和发展过程更容易得到合理的说明。譬如观看扮演戏文，舞台的情况尚未从分晓，则戏文的曲折自不易得到深刻的瞭解。当然观看戏文的目的不是欣赏舞台的佈置，不过通过舞台的佈置，对於瞭解戏文的背景是会有所帮助的。历史事件的发生和发展，与此虽相彷佛，却还有一间之隔。因为note真历史事件，不是简单地瞭解它的背景就已认为满足，而是要明瞭其间的影响的。

就地理学来说，固然它所研究的对象主要是现代的地理现象。但现代的地理现象是怎样演变来的？还是值得注意的事情。历史地理学所需要说明的正是这样的一个问题。明了了过去演变的原因和演变的过程对于了解现代的现象是不无裨益的。特别对于经济地理的研究更是如此。因为经济地理不仅记载经济区域的情况，还应该说明经济区域形成的原因。就现代地理其他方面来说，推求自然的条件也许就可以说明自然地理的问题。要说明经济区域形成的原因，却不能不由社会生产发展的过程着手。何况自然条件也不是一成不变的。如前譬喻，舞台情况虽已明瞭，也已固定，但是戏文的扮演却不一定老是那么几折。就是舞台虽已固定，舞台本身的设备，也会经常改易，不明了其中的原委，自然也难于理解全面。

这样说来，历史地理学固然是由历史学和地理学发展而来的学科，而历史学和地理学也是离不开历史地理学的帮助的。

远在历史地理这一学科体系还没有确定的时候，古代的历史家们就已经注意到历史事件发生过程中的地理和历史事件的关系。当然这里所说的关系，还谈不到现代的历史地理学和历史学那样的关系。远在汉代时候，班固所作的汉书就已经注意到上面所说的关系。汉书地理志里面不仅有了对于尚书禹贡和周礼职方所载的地理情况的解释，而且对于古代诸侯都邑的所在地也都有了相当的记载。这一种开创的著述对于后世起了相当影响。宋以后的学者已经有许多人加以注意，到了清代，这方面的学者应用考据学的方法使以前的记载获得了普遍的整理。这样的古代地理是被称为沿革地理学。所谓沿革地理学乃是只在叙述一个地区、一个地名，对于以前时代的因袭和改变。沿革地理学在这样的情况下是作为历史学的辅助学科的地位而存在的。如果从我们历史发展情况来看，沿革地理学受到人们的注意是可以理解的。

我国历史的悠久、地名变革的频繁，如果不加以整理，必然会增加人们对历史事件发生和发展理解的困难。我国古代的学者，不仅以沿革地理学为历史学的辅助学科，就是整个的地理学也都被划在历史学的范围之内。旧日的图书是采用四部分类的，地理学的图书列于史部之中，就是具体的证明。当然以前的地理学未能普遍发展也是造成这种情形的一种原因。

必须指出，沿革地理学和历史地理学是有相当区别的。沿革地理学仅注意到地名区划的改变，所以不能不成为历史学的辅助学科；历史地理学注意到各种地理情况的演变，虽然它在一定程度上依然可以作为历史学的辅助学科，但它的本身应该有它自己的科学体系的。

但是这并不等于说沿革地理学和历史地理学完全没有关系。历史地理学的研究在很大程度上是得要依靠沿革地理学已经获得的成就。举个例子说，近来省区变化很多，知道这些变化，并不能说就已把现代地理学好，但学现代地理学至少要知道当前政治区域的变迁。在我国悠久的历史过程中，政治区域的改变是极为频繁的，有的时期的改变还是极尽错综复杂的能事。如果不把这些曲折整理清楚，在研究的工作中必然会遇到若干难以克服的困难。好在以前的学者们在这方面作的工作已经不少，后来的人们应该善于承继这一份遗产，在他们的基础上继续前进。

历史地理学除过和沿革地理学有很深的关系以外，还应该借助于考古学、语言学、人类学以及自然科学的材料。考古学者发掘的地址正可显示出远古人们对于自然环境的克服和利用。当然在远古时期人们也不是各自孤独的生活着，各个地区之间是有它的经济关系的。而远古人们的部落和族种的判明，也可以丰富了人口地理的材料。在这方面人类学的研究必然会给予历史地理学以若干方便的地方。至于古代人们的迁徙，以及因迁徙而引起的地名的变化，尤必须借助语言学来作出适当的解释。至于利用自然科学的材料更用不着多费唇舌说明的。因为现代地理学为自然科学的一部分，而历史地理学正是由地理学和历史学共同发展出来的一种学科。

第二章　历史的自然地理

第一节　水文的变化

黄河下游的改道。九河和漯水。济水的湮塞。古代中原地区的湖泊。淮水流域的湖泊和淮水下游的变化。云梦泽和九江、三江。重要运河的开凿。珠江三角洲水河道的变迁。内陆河流的变迁。

地理环境的变化虽然没有社会发展来得迅速，但在悠久的岁月中变化的痕迹一样可以显示出来。其中水文的变化比较更是明显。黄河水道的频繁改易就是一个具体的证明。关于黄河的最早的有系统的记载当然要数到尚书的禹贡篇。不过这篇尚书据近代学者们的研究，显然是出于战国时代人士的手笔，和夏禹并无若何关系。所谓禹治洪水的事情仅是神话的传说。黄河的改道最初见于记载的是在公元前602年，也就是周定王五年。这已是春秋时代。周朝有两个定王，有人说，黄河改道乃是在后定王五年，与前定王无关。后定王五年为公元前463年，也是在战国初年，禹贡既作于战国时代，又未提到改道，则所记载的应该就是战国初期或其以前黄河经流的情形。

在周定王五年以前，黄河是不是还有过改道的情形？史书上没有明显的记载。商朝虽有河患，甲骨文中却没有提黄河的改道。班固的汉书中还说过“商竭周移”的话，看来黄河在周定王五年以前好久没有改道了。但这并不等于说黄河在此以前就再没有改道事情发生了。因为黄河流至孟津以下，已经出峡谷而达到平原。孟津以东的平原，广漠无垠，北起渤海湾头，南迄淮水下游。仅泰山及其附近的山地，阻于东方。因为地势平坦，黄河一有冲决，任何处皆可作为河道。千万年以来黄河即已经往来漫流于这一平原。这种情形乃是按照自然规律而发展的必然趋势。更进一步来说，这一广漠的平原所以能够形成，黄河水流中所挟带的泥沙不断淤积，实为其主要的原因。

黄河所以容易决口，当然和这一地区的地形有关。河水流到这样的广漠无垠的平原中，流速自然缓慢。河水中所挟带的泥沙也自然容易沉积，增加河床的高度，因而就不免有泛滥的事情发生。根据史籍的记载黄河的决口和泛滥，前后一共有一千五百多次，其中大徙改道，就有六次。而周定王时候那一次的改道应该是有史以来的第一次。本来黄河东流，出孟津后，循太行山东麓东北流，入于渤海。周定王时候那一次改道是由宿胥口（在今河南浚县西）东行。这里本来有一条漯水，由黄河分出，至现在山东旧高苑县北入海。据说这条漯水是大禹治水时凿引的。这次河决，流入漯水后，并不是一直顺着漯水入海，而是在长寿津（在今河南滑县东北）从漯水分出，往东北流去，直到现在河北沧县南，和漳水合流，一同入海。（漳水本是流入黄河的。黄河决口后，漳水仍由它的故道流下。黄河在今沧县和漳水合流，也就是在这里又流入故道了。）公元11年（新莽始建国3年），黄河又在魏郡（汉魏郡治邺县，在今河北磁县西南）决口，泛滥清河（汉清河郡治清阳，在今河北南宫县东南）以东各郡。直至公元69年（东汉明帝永平12年），始在新河道两旁选筑河堤，固定了新的河道。这个新河道是由现在河南濮阳附近向东北流去。由于黄河改道，又截断了漯水，新河道入海的地方，就在原来漯水的附近。公元1048年（宋仁宗庆历8年）黄河又大徙改道。这一次改道是由澶州商胡（在今河南濮阳县东北）决口，河水泛滥后分为两派，一派北流合永济渠至乾宁军（在今河北静海县南）附近入海。另外一派在无棣（在今山东无棣县）入海。这两派河流迭为开闭，到公元1099年（宋哲宗元符2年），东流断绝，全河都向北边流去。黄河的第四次大徙改道是在公元1194年，这一年是金章宗明昌5年，也是宋高宗的绍熙5年。这一次在阳武（在今河南原阳县）决口，东流灌到梁山泊内。又由梁山泊分为两派流出：一派由北清河入海，一派由南清河入淮。从金到元，黄河的问题更是不断增多。元世祖至元年间（约为至元23年，即公元1286年），黄河又在阳武决口，东南至清河县南（在今江苏淮阴县）入淮。当黄河大溜南流时，原来由北清河入海一派的水流就逐渐微弱。到公元1494年（明孝宗弘治7年），因为保护运河，就在山东旧东阿县西南堵塞河水东流的道路，于是黄河全流都完全假道淮水入海了。公元1855年（清文宗咸丰5年），黄河又在河南铜瓦厢（在今兰考县）决口，东北流至山

7

东利津（今山东沾化县）入海，这就是现在的河道。

当然这里所说的只是重大的迁徙和改道。至于那些小一点的改道还是不少的，譬如公元893年（唐昭宗景福2年）黄河入海处就由渤海县（今山东惠民县）移至无棣县（今山东无棣县）。⑨公元1391年（明太祖洪武24年），黄河在原武（今河南原阳县）决口，大溜经开封东南行，直至安徽寿县入淮。⑩这一些决口和改道或者是小规模的改道，或者历时未久，决口就已经合龙。虽然如此，对于地形的影响依然是不小的。

由上面所说的黄河改道看来，宋代以后的变化最为频繁，大致不到四五百年就已经有改道的事情发生，决口更是很多的。这是值得注意的事情。黄河所以不能安流，基本的原因是由于河身的泥沙过多，逐渐沉积，河水容纳不下的原故。黄河流经黄土高原，泥沙随水而下，也是事理之常，并非宋代以后的特殊情形。宋代以后河患所以增多，泥沙沉积依然是一个重要因素，这是因为植被不断摧残破坏，使河水的侵蚀一再增强，挟带的泥沙自然更多。这

20×20=400

一点到後面當另作詳细解釋。黄河本来是有若干支津，黄河流域也有不少的湖泊，宣洩諸積，是可以减少黄河的洪峯的。正由於黄河挾帶的泥沙很多，這些支津和湖泊受到泥沙沉澱的影响，断续淤塞，失去其本来的作用，黄河本身也就成為独流，全力負荷所有水量。这一点在下面也就要另行说明。还應該指出，統治阶级漠視人民的疾苦，未能尽力治理也还是一個主要的原因。

就以宋代的治河为例，宋朝政府中的人们对于修治黄河提出了许多的主张，大要说起来有的是主张河水应该北流，有的却主张应该东流。结果东流北流就迭为开闭。如果只就治河的方案来说，就已显示出宋朝的人们对于治理黄河提不出一套良好的办法。但是问题还不在这里。宋朝至熙宁（公元1068年—1077年）时起，党争已经剧烈，一些人们就借着修治黄河作为攻击对方的口实，大家以黄河为儿戏。在这样的情况之下，治河的事情自然就难得有若何的成就。(11)

根據歷史的记載，黄河除本流而外，还是有若干支津的。本流不断的改道，支津也就逐渐壅塞。这些事情是值得人们注意的。尚書禹貢早已指出：黄河流到下游曾經分成九河。所谓九河都是些什么名稱？分佈在（接下不空格）什么地方？作禹贡的人都没有交代清楚，引起後来许多人的揣测。尔雅里面举出了九河的名称，说是徒骇、太史、马颊、覆釜、胡苏、简、絜、钩盘、鬲津。(12)后来其中八枝都已湮塞，(13)西汉中叶以后的人们就不大明了它的究竟，只有许光还勉强指出其中的徒骇胡苏和鬲津，并说由鬲津到徒駭相去有二百多里，分佈在當時的成平、東光、鬲三縣界中，(14)以現在地理來說，是由河北交河到山東德州。如果按照這樣的說法，則當時黃河下游的支津已經遍佈于現在山東北部和河北的東南部。禹貢所記載的黃河既然是是战国时代的情况，这样的说法就与战国时代的地理[illegible]相符合。战国时代的人们说到齐赵两国的疆界，輒提到黄河，(15)如果黄河所分的九河分布到这样广泛的地方，则齐赵两国交界的地方就很难确定了。可是以前研究禹贡的人们不管这些，总想替禹贡的说法找出根据，于是

本頁續接上頁，原稿兩頁拼接。

—8 9—　——中国历史地理（史四）——　陈

汉人所不能确指的，后来的人们却一一说出实地。穿凿傅会是难免的。(16) 其实这里所说的九河的"九"字，并不是恰正指的九条河水，而只是说河水分枝很多的意思。古时的人们常用"三""九"来表示多数。(17) 九河的说法就是其中的一端。河流到快入海的地方经常会有许多港汊，这是一种自然现象。渤海湾头，黄河入海之处，地势卑下，河水分流也是一种正常情形。黄河水流中含有大量泥沙，所以这种分枝也就容易湮塞。后来的人们要替它们具体找出名称地点，看来是徒劳无功的。

其实不仅黄河下游有分枝（支津），就是在中游也有这样的情况。上面所说的漯水就是一个具体的例证。这条漯水不仅见于禹贡，就是孟子书中也曾经提及，当然不是一条小的河流。根据汉时的记载，漯水始流的地方应该是在现在的山东（旧）朝城和（旧）禹城。一条河流不应有上下两个源头。其实这两个地方都不应算作漯水的源头，因为黄河改道的关系，漯水部分河道为黄河所占有，好像漯水是由这两个地方流出。如果说流出也是由黄河里面流出。漯水源头的旧地还应该由现在朝城上溯到河南浚县。就是由上文所说的宿胥口附近分河东行的地方。(20) 这条水流因为

（古時的東武和高唐兩縣 (19) 也……是分……）

經常和黄河糾纏在一起，有時候就沒有水流。酈道元注水經，就曾說它"河盛則通津委海，水耗則微涓絕流"。(21) 所以後來就終于湮塞无聞。

（此處空一行）

和漯水情况相同的要算济水。济水较漯水为大，也更易引起人们的注意。古代的人们以江、淮、河、济为全国四大川，可知济水的重要性。可是这样重要的水流也因黄河的泛滥和改道的关系，不仅断流，而且河道也被黄河所夺去。现在济水是没有了，仅仅留下和它有关的一些地名，如河南的济源县，山东的济宁市、（山东旧）济阳县都还显出一点济水的踪迹。这样说来，济水较之漯水是稍胜一筹的，因为漯水完全成了历史上的名称，没有一点遗址可寻了。

济水这条水道从名称上看来可说是一条奇怪的水道。据古代的传说，济水发源于今河南济源县。本来是应该称为沇水的。(22) 所以称为济水的缘故，是它流入了黄河以后，又从黄河里面分出，在黄河以南向

东流去。古代的一些地理学家对这样的解释说得十分奇离，甚而说济水是清的、河水是渾的，济水由黄河中越过，清者还是清的、渾者依然是渾的，不相混杂。这种出乎自然情形的说明，当然是不尽情理的。

(23)　(24)

本頁續接上頁，原稿兩頁拼接。

济水实际是由黄河中分流出来的。济水分河之处的黄河北岸正有一条水流入，所以古人就把它说成济水的水源。再说现在河南荥阳县附近在古代有一個荥澤，说不定它和也滌水的源頭有关。因為在尚書禹貢中就已经说过："道沇水，東流為済，入于河，溢為荥"。河水降落後，荥澤中的積之水是自会流出，入於滌水的。事实上滌水的源頭还是接受了嵩山東北的一些水流。(25)所以古代的人们称滌水為濟濟，而称黄河為北河。(26)

济水的河道，据古代的记载，自荥泽以东分为南济和北济两派：北济从现今河南封丘和山东菏泽县以北，流入当时的大野泽中；南济从封丘菏泽县以南流去，在现在山东旧定陶县附近，古代有一个菏泽，南济就流入菏泽，又由菏泽流出，也归到大野泽中。大野泽和菏泽到后面另外提及，这里暂不必细说。济水由大野泽中又向东北流去，绕现在济南之北，再东北入于海。(27)现在山东东平以东的黄河，就是古代济水的故道。也有人说，现在济南以东一段的黄河是古代漯水的故道，济水的故道却是现在的小清河。(28)

济水是怎样被阻塞的？自然还是和黄河脱离不开关系的。最严重的一次是西汉末年的河决。这次河决影响了济水，也影响到汴渠。汴渠为当时东西各地主要的运道。是由黄河里分出，最初一段就是利用济水的水道。这次决河之后又接着王莽时的河徙，到东汉初年才修理了汴渠、巩固河道。(29)经过这次变化，荥泽就被湮为平地。(30)在济水中所流的实际已经完全是黄河的水流。一直到南北朝末年，济渠才无有所受。

汴渠的原委，以後当另作说明，这裡暫且按下不表。

的实際已經完全是黄河的水流。由東漢至南北朝，滌水还不至於有什么变化。在酈道元注水經时还没有湮塞。酈道元在水經注中仍然称滌水而没有称作濟水故瀆，就可以作为证明。濟水绝流大概是在南北朝的末年，因为出於南北朝人之手的国都城记一書中，曾經有过"自復通汴渠，舊濟遂绝"的话。㉛ 有人说，唐朝天宝以後，濟水才会所变。㉜ 那是不妥當的。由於濟水

本頁續接上頁，原稿兩頁拼接。

11.

上游要所承受，所以在唐朝初年，菏澤以西已经没有水流，僅是在東平以下，还可以暢通。當时人们解释这样的道理，認為地面上的水流雖然断绝，地面下还有伏流相通。㉝这種伏流的说法自然是十分荒谬的。東平以下濟水故道里的水当然不是黄河的水流，而是汶水和菏水的合流。当时称这以下的濟水為清河（接下不空格）河，正指出不是来自黄河的水流。㉞后来汶水改流，清河的上源也就難有指望了。㉟好在清河左边还有若干泉水，使濟水下游不致乾枯。到清朝咸豐时，黄河改道，这一点遗跡也難以存在了。

九河、漯水和濟水的湮塞，自然是受了黄河的影响。它们由黄河分出，起了支津的作用，自然也難免泥沙的淤積。九河是在黄河的尾閭，尾閭是容易阻塞的。漯水曾為黄河所切断，而且河身还曾為黄河所攘夺，也就難於永久暢通。濟水在这些水流中湮塞独晚，應该说是和它的上源接受一些較清的水流有关。它被称為清河，正是说明其中泥沙較少。不过也是經久不

12

能避免厄运。濟水左边从先秦起就陆续开凿过若干人工水道，它们也起了黄河支津的作用，这些到後面再说。这些人工水道的深广程度有限，不能和濟水相提並论，因而它们不断被开凿，也不断受湮塞。由它们的湮塞也可以说明濟水不通的道理。人工水道固然是要平时开凿，也要不时的疏浚。远处的且不要说起，即以唐宋时代的汴河来说，就是如此。唐朝對於汴河曾经有过这样规定：每年正月发丁夫疏濬。清明桃花已後，远水就可安流。(36)後来到宋初，也规定要三五年一浚。(37)这样的规定可以约略看出泥沙沉积的速度。北宋亡後，汴河就失於疏浚。公元1169年(宋孝宗乾道五年)，楼钥使金，北征途中，曾循汴而行，看到河身湮塞，几与岸平，车马皆由其中，亦有作屋其上的，也有种麦於河底的。(38)楼钥北行之时，上距北宋灭亡还不到五十年，变化就已如此之大。由汴河情况推论濟水，则濟水的湮塞也並非偶然。不过在封建王朝统治时期，他们不会注意到这些地方，甚而还有意的摧毁，这样也就

20×20=400

13

加速湮塞的过程。黄河支津都湮塞了，自然也就促使黄河有了更多的危机。

黄河的改道和泛滥不仅促使濮水和济水两条水道湮塞，就是附近其余的河流也受到影响。黄河若是向北流徙，则由太行山流下的河流都会受到波及，尤其是漳水和卫水更是经常会和黄河纠缠在一起。有一段时期黄河下游所行的就是漳水的河道。如果黄河南流，就要灌注到淮水。南流的黄水或者直接入淮，或者夺泗入淮，也或者是由颍水入淮。于是淮水以北，泗水以西，颍水以东的诸河道都会受到黄水的侵扰。所以古代在这一地区中的水流有的已经无从知道它的流经的地方，甚而若干河道的名称早已为人们所忘却，而无闻于世了。

黄河中游以下南北各处河流的改道，黄河的骚扰固然是主要的原因。不过太行山以东地区的河流却还有其他的原因。周定王以前的黄河是傍太行山下向东北流去，(22)横截了由太行山而流来的诸水流，对它们是有直接的影响。周定王以后直至西汉末年的黄河虽仍至渤海湾头入海，然已远离太行

14

山麓，而偏於河北平原的東部。与附近各水流相糾纏處較好。如果說當時黃河的決口泛濫仍難免影響各水的安流，則金元以後，明清的黃河却是遠離河北平原，可說是与太行山東各水流毫無关係，然而它們却也不時有改道的情事。譬如漳水在明朝中葉就曾由北徙合於滏陽河，而原來在館陶（今山東冠縣）入衛之流遂絕。㊵到清朝末年，漳水还是在廣平（今河北曲周）分爲二道，其一由館陶入衛，其一又分爲二支，一北入寧晋泊，一至青縣（今河北靜海）合於運河。㊶而現在的漳水則是在大名以南入於衛河。这樣的頻繁变化应該是不下於黃河的。漳水如此，由太行山西流至河北平原諸水流殆皆不能例外。这就不能說是完全受了黃河的影响。雖然与黃河無关，但形成这樣的現象可以說是和黃河完全相似。太行山西的黃土高原正是各水流所挾帶的泥沙的主要来源。再以漳水来說，它的上源就有清漳和浊漳兩水。濁漳水所以得名，分明是由於所含的泥沙过多，水流渾浊的缘故。流出河北平原北部的永定河，

20×20=400

在元朝不是也曾称为浑河么？这个浑河的浑字含义和浊漳水的浊字应该是相仿佛的。

其实这也不是太行山东诸河流的特色。从黄土高原流至平原地区的河流都是相同的。黄河的若干支流也正是这样的。在现在陕西境内的洛水在快要流入渭水的时候就曾有过若干的变迁。洛水的名称始见于周礼职方，但记载它的源委的则始于汉书地理志。汉志记洛水既说它是入渭，又说它是入河。一些考据学者还为它发生争执。㊷按照现在情形，洛水是流入渭水的。可是以前也确有入河的情形。明朝中叶和清朝时期，洛水都是流入黄河的。㊸现在大荔之南，渭水和洛水之间有一块称为沙苑的地区，还可以看到以前洛渭两水改道的痕迹。㊹而沙苑所以得名，就是由于当地积沙很多的缘故。显然可见，沙苑的形成就是因为洛水的改道，淤沙堆积的结果。

按下黄河支流不说，再回到黄河干流的主题。黄河的决口改道，不仅淤塞了它的附近若干

较小的河流，而且还淤塞了它们中下游及其附近地区的许多湖泊，使古今的地理有了显著的改变。（接下，不空行，不空格）

这在古代这一地区的湖泊是很多的，那种星罗棋布的情况显然不是现在中原地方孤零零几条河流所可比拟。这些湖泊在古代的记载里一般是被称为泽薮的。泽是众流所归的大湖泊，薮是卑垫的地方。薮虽和泽不同，但在每年水长的时候，也盛满了水，和泽没有分别。其实这样的说法到了具体的名称，却也有变通的地方。现在的洞庭湖和太湖是全国有数的大湖泊了。可是在古代的记载中竟有把他们算做薮的。(45) 而一些比较小的湖泊却有被称为泽的。如在现在的河南中牟县附近，以前就曾有过一个萑苻之泽，(46) 现在河南商丘县附近，古代也曾经有过一个逢泽，(47) 当时的情况远比不上现在的洞庭湖和太湖，却都以泽来称呼了。

说起黄河中下游及其附近的湖泊，这里难于备举，仅就大的来说，已经是可观了。在现在山东省境内，古代就有貕养、大野、雷夏、菏泽等四个。貕养泽在东部，其余三个偏在西南部。在现在河南省境内，古代也有荥泽、圃田、孟诸等三个，大致是在荥阳和商丘之间。太行山东河北南部，古代还有一个大陆泽。另外在今山西中部，古代有一个昭余祁薮。陕西中部又有弦蒲、扬纡、焦获等泽薮。(48) 貕养泽所在地据说是在现在山东莱阳县东，这里本是一个丘陵地带，情形另当别论。昭余祁在汾水流域，弦蒲、扬纡和焦获在泾渭流域，已经是平原地区。当然这些地方除过这几个大的湖泊以外，其余小的就已不少。至于泰山以西，嵩山太行以东广漠无垠的大平原，湖泊更多，当然不限于大野大陆等较大的几个了。

这些湖泊在悠长的岁月是不断有所变化的。不过在郦道元作水经注的时候，黄河附近的湖泊还是有相当数目的。汾水流域就有五六個，涑水很短，匯流也有四個，渭水和涇水兩岸流域各有十餘個，太行山東不下四五十個，黃河以南，嵩山汝潁以東，泗水以西，直至古淮以北，較大的湖泊就有一百四十個。像古代那些大澤這些還都是存在的。

根据流传到现在的记载，可以知道这些大的湖泊确实是相当的巨大的。这里仅就大野和圃田大陆三泽加以说明，就可见到一斑。大野泽在古代的情况已经不能详知，不过直到唐朝，它的湖面南北还有三百里，东西也有百余里，古人以大野和洞庭并称，不是没有原因的。

44

本頁續接上頁，原稿兩頁拼接。

说起大野泽，人们或者还感到生疏。如果说成梁山泊，也许会更熟悉一些。梁山泊是水浒传中主要的地方，宋江就凭藉着它的浩森的水面和宋朝统治阶级相斗争。当然梁山泊的名称这比大野泽为后起了。在黄河以南的圃田泽也是不小的。据说在北魏的时候，南北还有二百多里，东西短一点，也有四十里。至于太行山东的大陆泽，应该也是不小的。秦汉时代在这里附近设了一个钜鹿郡。钜鹿应该就是大陆了。秦汉时代设郡很多。有的郡因山为名，有的因水为名。因湖泊为名的郡只有这一个钜鹿郡，可见大陆泽在当时是一个钜大的湖泊了。现在中原别的湖泊都湮塞了，只有大陆泊依稀犹存，按这些情形说来，大陆泽可能比大野泽还要大了。

为什么这些湖泊都相继干枯了？应该和黄河有关系。黄河里面挟杂着大量的泥沙，又经常决口和改道，每次决口和改道，它所挟杂的泥沙自必随泛滥的洪水漫流各地。中原各地主要的湖泊，如前所说，是群集在泰山以西和嵩山太行以东的地区，而这个地区正是黄河容易决口和改道的地区。泛滥的洪水挟杂着泥沙冲入湖泊之中，自然会使湖泊逐渐湮塞。由这些湖泊湮塞的过程，可以知道这些变化还是相当快的。春秋战国时代好一些小的湖泊，秦汉时代就不再看到，想来是已经湮塞了。再以几个大的湖泊来看，更是显然。在北魏时还是相当广大，以后就逐渐缩小，不过在明清之际，圃田泽中还可以行船，再以后就不大听说。大野泽在小说中还被写成险要之区，到元朝末年已经成为陆地了。主要的湖泊都湮塞了，那些不在黄水泛滥地区的湖泊，没有充足的水流来源，由于气候逐渐干燥，在悠久的年代中也会干枯下去。

其实不要说是湖泊，就是平原旷野在黄水泛滥的时候也会改变其原来的形状的。公元1919年，河北钜鹿县曾发现一座古城。它的遗址在现在县城地下二丈多的地方。这本是宋代的钜鹿县城，在公元1108（宋徽宗大观二年）为黄河泛滥所湮没的。平地尚且如此，无怪乎这冲侵的泽薮先后都湮塞无闻了。

此處空一行

黄河的决口和改道所影响的范围是相当广大的，在它的南边的淮水也难免受到它的干扰。好在淮水到现在依然畅流，不似济水的完全陷塞。河水对于淮水的干扰应该是很久以来的事情了。就自然地理的情况说，淮水和黄河的关系是相当的密切的。前面已经说过，由渤海湾头以迄淮水下游的平原本为黄河冲积而成，自然也是黄河泛滥漫流的地方。这种情形千万年来已经是如此，有文字记载以后，更是明显。汉武帝时候的一次黄河决口所造成的灾患就是一个例证。当时黄河在瓠子（在今河南濮阳）决口，就向东南流注于大野泽中，又由大野泽溢出，流到泗水和淮水里面。不过最严重的还是黄河的改道。黄河南流，由淮水入海，淮水河床骤然增加这样大的水流，必然要发生变化。淮水流域洪泽湖的扩大，就是这样变化的结果。洪泽湖本来是一个普通的水塘，以前还曾利用它来灌田。洪泽湖的得名是在隋炀帝的时候，因为炀帝过此，适逢久旱遇雨，遂改称洪泽。北宋神宗以前曾经一再在这里修理过运道，可见当时的湖水还不是十分广大。黄河南徙后，淮水不能畅流，这里的低凹地方自然就积起水来。按说现在江苏高邮宝应一带，地势更为低下，淮水为什么不流积在那里？这是由于高家堰起了堵塞的作用。高家堰据说是东汉末年陈登所筑的，是在洪泽湖东、高邮宝应以西。当时修筑的目的仅是为了防御洪水。明清时代为了利用淮水冲刷黄河里的淤沙，更增筑高家堰，也就是更使洪泽湖扩大起来。洪泽湖不断扩大的结果，使湖滨的泗州也受到湮没的惨祸。

可是淮水流域有些湖泊反来湮塞不存了。在现在河南汝南正阳以东本来有一个鸿郤陂，在现在安徽寿县以南也有一个芍陂。鸿郤陂旁的塘堤长四百余里，芍陂周围一百余里，面积都不算小。鸿郤陂于汉以后即已不存在，芍陂直到元时还被利用灌田，后来也就逐渐缩小。为什么会缩小消失？这却不是由于黄水的干扰，而是淮水本身的问题。淮水虽位于黄河之南，却也含有泥沙，堆积既久，自然会促使湖泊的消失。而水旁农田不断侵占湖地，大量排水的结果，也会使湖水干枯下去。淮水下游还有一个射阳湖，在现在江苏盐城、阜宁、宝应等县之间，春秋末年吴王夫差所开凿的邗沟，就曾经由这个湖中通过。这自然不是一个小湖泊了，现在这个湖已经湮塞了。据说是因为海潮冲沙的淤積的緣故。

淮水所受的災難还不僅如此而已。由金到元，下迄明清，黄河南流時期都是經过徐州附近，再东南夺淮入海。淮水下游自然会受到影响。有時黄河决口處積上一些，淮水中游也就難免泛濫。譬如元至元年间河决陽武（在今河南原陽縣），就南夺渦水河道，由怀遠（今安徽怀遠）入淮；(67)又如明洪武年间河决原武（亦在今河南原陽），又夺潁水河道，由壽州（今安徽壽縣）入淮。(68)另外还有夺睢水河道入淮的時候。由於泥沙的沉澱堆積，也使淮水的河床有所昇高，水流有時也改变了常態。

清朝咸豐时，河决銅瓦　由利津入海，似可以減少它和淮水间的纠缠情形。不过黄河北徙之後，在淮水故道中留下的泥沙，早已堆成了一条高岡，也就是一般所说的廢黄河。淮水也難於通流。淮水失去自己的入海口，就由洪澤湖溢出，向南由三河，流入寶应湖、高郵湖，再横过運河，由揚州以南的三江营入江。这样的改流固然可以使淮水暂时有了歸宿，但这

20

解决的并不彻底。因为这样的河道是不如原来淮水下游的宽阔，不易容纳淮水的全流，洪水暴发时水流的承受依然是有问题的。

淮水所经历的严重灾难，实当要数到1938年蒋匪帮在花园口掘毁黄河堤所造成的黄水大泛滥。黄河全河水流由此流出，经豫东十几个县，循着贾鲁河、颍水等河道汇入淮水。三江营的淮水入江口本不甚宽广，加上大量黄水，宣泄更成问题。汗漫的黄水使淮水及其支流都受到严重的破坏。首先是泥沙的沉淀堆积，它们的河底都显然是淤高了。若干小的支流显然已近於淤平。就是淮水下游的洪泽湖和淮水入江所经过的宝应湖和高邮湖也都无例外地淤高起来。洪泽湖中部甚至形成了一个新洲，把它分成东西两部分，水小时竟然会完全隔断。洪泽湖底的淤高，正说明淮水中游的水位也必然趋向於高涨。淮水水位高涨，不免形成对各支流的倒灌情形。黄水流倒灌所及，泥沙随之沉积，使各支流发生了淤塞的现象。前面说过，在以前由於泥沙的堆积使若干湖泊淤塞，经过了黄

21

地：淮水支流的淤塞，却形成了若干新的湖泊。東淝河的瓦埠湖就是具体的例证。正陽关和颍上霍邱之间也因此而成為一個湖泊地区。霍邱城的東西瀦滙了城東湖和城西湖，另外还有邱家湖、姜家湖、唐垛湖、童家湖等湖泊。这些湖泊的形成，河流的变化，都是蒋匪帮罪恶的见证。

解放後，党和政府决定根治淮水，毛主席发出宏偉的號召："一定要把淮河修好"！治理淮水不僅要治好淮水幹流，而且要治好淮水支流，不僅要注意宣泄，而且要注意蓄洪，不僅要疏浚堤堰，而且要興修水庫。淮水固然还通过三河入江，但也可以由蘇北灌溉總渠直接入海。沿淮的若干湖泊窪地也正好利用蓄洪灌溉。而山谷水庫的興修使安徽河南两省淮水主流和支流都可以适当地控制水位，使它们可以永庆安澜，不再泛濫。而皖北各處利用淮水及其支流，形成了河網化，不僅使河流就範，而且使河流更多的為人民造福支配。这樣变水害為水利，真是亘古以来所没有的事情。

20×20=400

22.

在淮水以南的长江当然是受不到黄河的干扰了。不过古代长江流域的情况也和现在不大一样。最显着的是在长江的中游。从现在地图上看来，湖北的中部和湖南的北部是一個湖泊区域。在古代也应该是如此。江以北的湖泊现在是分成许多小湖，古代可能是連在一起。古时的人们通称这个湖泊区域为云夢澤。也有人把江以北的称为云，江以南的称为夢。(69)根据古代的記載，这個湖泊地区显然比现在为廣闊。漢朝時候曾有人说过：雲夢方八九百里。(70)看来是一個概括的说法。如果要得到比較確實的輪廓，还应该找出當時的范围。漢書地理志提到雲夢的地方有華容、编縣和西陵。这是现在的監利、荆门和黄岡。水經注提到雲夢的有雲杜、州陵、監利、沌陽、枝江和安陸，以及江南的巴丘湖。(71)这是现在的沔陽、監利、漢陽、旧枝江和安陸。班固和酈道元雖不是同時人物，由他们的記載还是可以看出一個大概。这樣说来，雲夢澤的范围是東起现在的黄岡以西，西至荆门和旧枝江，

23

北起安陸，東南至漢陽以西，並且兼有湖南的洞庭湖，因為洞庭湖正是上面所說的巴丘湖。

這個湖泊區域的古今情形不同，證明其間的變化是相當巨大的。主要的原因也是由於泥沙的沉澱和堆積。長江和黃河不同，所挾帶的泥沙顯然比較少些，可是也有一定的數量。根據南北朝的記載，江陵附近的江中一共有九十九洲渚，後來還淤出一個，滿了整百的數目。(73)一直到清朝，枝江縣還是設在江中的一個大洲上。(74)現在枝江縣早已省併，沙洲南面的江流也有了顯著的變化，失去原來的情況。江南洞庭湖的水患本來還不算很多，但自1852年(清咸豐二年)和1870年(同治九年)長江先後在藕池和松滋兩口潰決後，南流入於洞庭湖，百餘年來，由於江水挾帶的泥沙不斷沉積，湖床日高，湖面亦日蹙，甚至分裂為若干零碎的湖泊。往日由岳陽至華容非船舶不行，現在也可以穿湖陸行了。(45)據長江水利委員會報告，經過松滋、太平、藕池、調弦等四口的長江水流挾帶入湖的泥沙即有139,251,800公方。確實是一個很大的数目。长江出峡，入洞庭湖的沅、资、湘、澧四水也带来不少的泥沙。据长江水利委员会的调查，随四水输入来的泥沙也有16,122,900公方。但随湖水流出的却只有26,570,300公方。就是说每年要有128,804,400公方沉入湖底，平均算起来湖底每年要增高五公分。⑯

和这個地区有关的河流还有漢水。漢水主流既已挟有泥沙，其支流唐河白河所含的泥沙尤多。因為泥沙沉積，漢水中游的老河口、襄陽、樊城、宜城等城市的位置都曾因河流的改道而退後过数次。⑰下游一段在明代中葉还曾有过改道的情形。在那时以前，漢水主流是从牛蹄支河經汈汊湖、東西湖、谌家矶入江，现在的主流在那时只是一個支流。那时以後，漢江才从现在河道流入长江。⑱河流改道只是漢江本身的事情，而潰决泛滥，更促使附近湖泊的湮塞。这裡不妨举漢川縣西北赤壁街南的旧黄金湖為例，以為说明。在百年以前黄金湖还相当深廣，渔艇賈舶經常在湖中往来。但自清朝咸豐初年漢水潰决後，湖泊乃為泥沙所淤，

2-5

到现在已经看不出原湖的轮廓了。(79)當然也还有湖水因为部分淤塞，而分裂個小湖的。(80)也有一些小的水流由於壅塞而成为新的湖泊的。(81)这樣就使古代的一個較大的湖泊分裂成若干互不連接的小湖泊。

隨着湖泊的淤塞，湖濱新淤的土地是可以用来开墾種植。尚書禹貢就已经说过："雲土夢作乂"。既然说到作乂，當是指这裡有了可以耕作的地方。这種情形应该不断有所发展，以前的湖面後来成为農田。这些新墾的農田都建築堤垸。这個地区有许多以垸为名的地方，正说明以前是湖泊的所在。據说在天门縣的一個三角洲上，从1375年起，到距今三十多年前，一共建立了十一個垸，由近及遠共長九公里，(82)说明湖泊淤塞的速度。这雖是一種自然的发展，但以前若干官僚地主都承认这是權利的標徵，因而競相圍墾，造成未来的水患。洞庭湖濱的情形尤其嚴重。解放以後，黨和政府大力進行治湖疏浚後，使洞庭湖脫離了險境。湖周圍的居民才不致感受水災的威脅。在漢水和入洞庭湖各水上都進行水庫的兴修。漢水中游丹江口的水利枢纽工程就是一個雄偉的建設。水庫的兴修是有很多的利益的。它們对於湖泊水面的控制也是有所裨益的。这些湖泊的变化已可由自然的发展改成随人們的意志為轉移了。

由云梦泽再往东，长江就流到九江地区。关于九江的说法很多，所指的也并不限一个地区。[83]两汉时代都有九江郡，郡治乃在现在的安徽寿县，所辖的县邑也都是在淮水以南，和长江没有什么关系。[84]汉朝的九江郡实际是沿袭秦时的旧名称，秦时的九江郡，北边到淮水，南边到现在的江西。汉时九江郡缩小，因为原来郡治在淮水沿岸，所以那里就保持九江郡的名称。推本溯源还是和长江有关系的。现在江西九江的名称起来很晚，是隋时的事情，[85]名称虽晚，却正在古代九江区域的附近。九江的含義和九河一樣，自来也有若干不同的说法。有人認為大江於此分為九道，[86]有的却认為是入江的九條水道。[87]因此有許多人都在替九江找出確实的名称。这顯然都是徒劳的。甚而还有人以洞庭為九江，[88]更是与实際的地理不相符合的。前面说过，古人使用“三”、“九”等字本来含有“多”的意義（接下不空格）

在内，不一定就是九条江水。九江名称的使用，正说明长江流到这里，分支很多，江水显出吞吐壮盛，浩无津涯的形势。如果以春秋时代来说，这九江流域正在吴楚两国之间。用现在地理来说，应该是江西和安徽间的一段。春秋时代吴楚两国都在长江流域，一个在长江中游，一个在下游。两国来往，按照情理来说，应该尽量利用长江的交通。其实当时情形并非如此。吴楚两国经常进行战争，而战争的地区却都是淮水流域，即令战争深入，而行軍的道路也还是假道于淮水的。为什么如此？正是由于九江地区江水浩渺，当时交通的技术和工具尚难以加以利用的缘故。现在江水在湖北江西之间和江西和安徽之间，两岸湖泊分布很多，显示出是古代江流浩渺的遗迹。

本頁續接上頁，原稿兩頁拼接。

这個地区的長江両岸是不如古代雲夢澤地的廣大，就現在說来，也比較湖北中部湖泊地区為狭小。这是由於自然條件的限制。大别山向東南伸延，使江水在此也不能不形成大的彎曲，因而附近湖泊区域不能有过大的发展。雖然如此，江水到此还是有许多的分歧的，但是这種分歧逐渐在消失。这固然与江水挟带的泥沙有关，也和江南的鄱陽湖以及江北大别山下流下的諸小水有关。鄱陽湖也承受了若干水流，和洞庭湖相似，但其所含的泥沙却較洞庭湖為少。⑨不过仍有若干泥沙隨湖水流入江中。江以北的大别山麓也仍泥沙隨水冲下。⑩共同增加長江水道淤積的程度。現在安徽西南部有太湖縣，始建於南北朝劉宋時期。縣名太湖是因為縣西南有一個太湖的原故。可是現在这個縣中已經沒有这樣的湖水，原来早已湮塞了。⑪湖北黄梅縣臨江處有地名太子洑，顯然是江水衝出来的土地，它在南北朝劉宋時已經有了。⑫这些雖是個别的例证，已經可以看到浔陽的九江是如何逐漸縮小它的范圍的。

20×20=400

28

和九江名称相似的，还有一个三江。三江指的是什么？自来说法有许多不同。有的人从长江方面来解释，有的人从太湖方面来解释。太湖是长江下游一个大的湖泊，它汇纳了一些小的水流，当然要有入海的道路。太湖距海本来不远，又都是平原地带，湖海之间渠道交错，以这些小水来解释三江，也是有道理的。从长江下游的水道来解释三江，不是不可以的，不过一定要确定"三"的数字，未免胶柱鼓瑟了。

漢書地理志曾记載了一條中江水，说是由蕪湖流至陽羡入海。人们就说这是三江中的中江。这裡有兩個问题。漢時的蕪湖固然也就是现在的蕪湖，瀕於長江南岸。由長江分出一股水来，是有可能的。但是陽羡只是现在江苏的宜興，它是在太湖的西岸。如果真的有中江水，那只是流入太湖，不能入海。自来没有人以太湖为海的。楊守敬画前漢地理圖，自是根據班固的成说。大概也認為这樣難於解釋，所以就把中江引伸長些，經吴縣、婁縣入至海。吴縣即今苏州，婁縣為苏州以東的昆山。这是达到海了，可是和班固的说法不相符合的。其实这还不算这個问题的核心。关係最大的是由蕪湖到宜興这一段。这段地区湖泊很多，西有固城、石臼、丹陽、南漪等湖，東有三塔、長蕩、荆溪和太湖。其中间在现在高淳縣境有地名東壩，地勢较高，由東壩東边的鄧步到東壩（東西諸湖分别各自相連。）

29

西边的銀林，相隔十有八里，商旅往来，势须舍舟登陆。(94)这裡雖是高阜，但水盛時却还可以流过。这样的水流其实是人工开凿过的。傳说伍子胥為吳伐楚，在此穿渠运糧，所以至今这里还称為胥江。吳國曾经凿渠於三江五湖之间。这样的傳说还是可以相信的。(95)有人说，長江在現在安徽贵池縣也还分出一派水流，向東流到太湖，再由流入浙江。據说这是称為分江水的。(96)这样的说法在以前看来，彷彿还可以说通。如果用現在地形图来看，則不攻自破，因為皖南各地山嶺重叠，从山间流下的河水都是向北流入長江的。長江中的水流怎么还能分出一部分来，再翻山越岭，横过其他河流而向東流去？

这種河流改道的情形，在五嶺以南的諸水，也一樣有所发现。嶺南河流以北江、東江和西江為最大，它们现有的河床古今之间就有過差異。飛来峡以下的北江，羚羊峡以下的西江以及惠陽以下的東江，都已流至珠江三角洲

20×20=400

30

。三角洲地平原曠野，一望無垠，水經至此已無山谷的束縛，容易形成分叉，主流同樣有所改易。就北江來說，它的主要的河道现在是由清遠西南流，繞三水縣西南，由順德向下。但是在明清時代，北江在繞經三水縣後，再經佛山鎮而到廣州。當時佛山鎮的工商業相当发達，就是由於这條水道的通过，交通便利的緣故。再往上推，从晉朝一直到唐宋，佛山鎮並沒有这樣良好的形勢，因為当时北江的主流是由三水以北的蘆苞就折向東南流，經官窯流到廣州城下。如果再往上推究，北江主流还不是由蘆苞經过的。北江在清遠以下的石角就已經折向南流，直达廣州城下。现在这條主流早已堙塞，僅有石角以下的白泥河和廣州西郊的小北江还可彷彿見其遺跡。小北江河牀相当寬廣，若非昔日北江曾由此流过，似不能有这樣的情况。至於西江的主流，现在是由三水西南偏向東南方向流去，但以前西江的主流卻是由三水北面流入现在北江河道，經廣州城下入海。现在的東江在石龍以下是以新塘南面的河道

20×20=400

31.

為主流，但是以前的東江河道却是在它的東岸寶漢水佳地。(97)今日珠江三角洲的形成自然是和這些河流的改道有密切的关係的。

至于内陆的河流有的也是经过若干的变化的。最显明的例子要算甘肃西部的疏勒河和党河以及新疆塔里木河的下游了。根据古代文献的记载，疏勒河本来称为籍端水，党河称为氐置水。据说籍端水向西流入于一个湖泊里面，氐置水却是向东北流入同一湖泊之中。(98)如果以现在的舆图看来，这个湖泊就是哈拉湖了。可是现在的党河乃是向北流入哈拉湖中，不是向东北流的。有的人用后代的情况指出以前的文献是错误的。(99)不过这个地方和别的地方不同。这个地方是古代中外交通的孔道，来往的人们很多，在许多人关注之下，记载错误的可能是不会很大的。不僅當地的河流是此，就是這個湖泊也是相當大的。據說到唐朝時還是東西二百六十里南北六十里的大澤。(100)經过現代的考察和研究，古代的記載实在是正確的。所以和現在的情況有了不同，乃是後世水文变化的結果。現在的哈拉湖在甘肃敦煌北部偏西，古代的哈拉湖如果以現在的敦煌位置来看，應該在東北方面。古代的哈拉湖在現在湖的東方按經度来說，其间相差在一度以上。(101)為什么能有這樣的差别？應該和當地的地勢以及風沙有关。不过後来人工的疏導也應是一個重要原因。(102)

在新疆的塔里木河也有這樣的情形。塔里木河不僅河道本身曾經有過变化，就是塔里木河的流入的羅布泊也曾經有过移动。现在塔里木河在葉尔羌河、喀什噶尔河和和闐河会流之後，河身雖間有分汊，彼此相距並不甚遠，實際只有一条乾流。但在以前却並不完全如此。酈道元撰水經注，於河水注中就曾記载有南北二河，皆注入蒲（按下不要括），

本頁續接上頁，原稿兩頁拼接。

昌海中。北河大致就是现在的塔里木河。南河早已湮失，有人说它是由且末现在的分出，約由北緯40°南北向東流去。(103) 也有人以为还要在更南一些，近於现在的和阗及克里雅等地。(104) 不論是稍南稍北，都是在塔里木盆地沙漠之中，遺跡已無从考察，聊备一说而已。

至於羅布泊也是很早就见於文献的记載。它有许多異名，如鹽澤、(105) 蒲昌海、(106) 坳澤、牢蘭海、(107) 等。它的方位应该在古代樓兰國之東。到了清朝末年，羅布泊的所在地却引起了一些争论。因为俄国的普尔热瓦尔斯基曾经前去勘查，發现羅布泊並不在傳说的地方，而是在现在的婼羌附近。德国的李希霍芬對此提出異議，说是还应该以大清一统图为正，也就是说羅布泊仍应在古樓兰以東。这個问题經過多年以後若干次的調查，才证明两種说法都对。普尔热瓦尔斯基所看到的事实是正確的，但只限於他親自前去那個时期。李希霍芬所根据的大清一统图也是不錯的，但也有时间的限制。这是说由於~~羅布泊水流的~~塔里木河下游的水流的改

33

變，因而使羅布泊的方位也有了差異。(108)這雖是清朝的事情，但也可説明在以前羅布泊的方位也不是就一直是一定的。不過由於没有注意，記載缺落，難於詳究了。就以近年來說，羅布泊的變化還是不斷的發生。1921年，塔里木河下游又改道向東，流到樓蘭廢城以東原來的羅布泊所在地。(109)到了1942年，這裏卻又變了樣子。因為塔里木河和孔雀河在鐵干里克城附近的河床有了變動，水流都消失在沙漠之中，因而羅布泊成了一個無水之湖。1952年，羅布泊中才又有了水流，不過還未恢復舊觀。(110)也就在這個時期，黨和政府在尉犁縣開墾田畝，興修水利，在附近的塔里木河中建築大壩，引水灌田，餘水流入台特馬湖中。也就是後來在若羌縣北的羅布泊，原來的羅布泊自然跟着乾枯了。(111)

像羅布泊這樣奇特的遊移湖，確實是自然界極其罕有的現象。(112)它的位置的改易是與塔里木河下游的改道是有密切關係的。不論是塔里木河或者羅布泊都是離開沙漠不遠，泥沙的

34

夾杂就使河道受到影响。特别是在夏天裡，崑崙山上積雪融消，河水容量增大，自易冲毁河岸，漫流各地。原来的湖水一旦失去源頭，必会迅速乾枯，而河水所瀦積的另一窪地，也就形成另一湖泊。由於河道不時改变，湖泊的移徙也就顯得頻繁了。

水道的变遷正如上面所举的事實，是有各種不同的原因的。那些变遷雖不乏人為的因素，但究以自然的方面為多。但人们對於水道的利用固可以泝流上下，随着它本来的形势，发展舟楫之利，而是也經常以人力改变水道的方向，满足人们的需要。这样的努力在古代已經有了若干成就。古代的人们以江、淮、河、濟為四瀆。这四条大川構成了不同的水系。其中黃河和濟水应该合為一個，因為濟水是從黃河裡面分出来的水流。舟楫的往来本来是可以互通的。如果由泰山之南和嵩山之南各取一点，作一直線，則这條線之北為河濟流域，其南為淮水流域，再南則為長江流域。古代的人们

35

曾经为了沟通这几个不同的流域，费了很多心思和努力。春秋末年吴王夫差时候吴国的人民在这方面开始有了建树。他们首先沟通了江淮两个流域，接着又沟通淮水和河济流域，这一下江淮河济都能够联络起来。对于前者，他们开凿了邗沟，用现在的地理说来，邗沟南起江苏的扬州，北至淮安。对于后者，他们曾经开沟于商鲁之间，这个沟就是所谓菏水，它连接了泗水和济水。泗水下游入淮水，济水上游承黄河，所以黄河和淮水也就沟通起来。再后到了战国时代，人们在这方面更是注意。有名的鸿沟的开凿使河济淮泗更紧切地连系在一起。鸿沟是一些水道的总名，这里面包括着汳水、狼汤渠、睢水、涣水、鲁沟水、涡水几条水道，汳水在下游又改称获水。这几条水道的上源和济水一样也由黄河里分出，逐渐分流，就成为几个不同的水道。鸿沟固然是这些水道的总名，如果具体地说来，应该指狼汤渠而言。狼汤渠一直向南在今河南淮阳县南流入颍水。汳水是在现在河南开封县北分狼汤渠东流，中间改称获水后，在现在江苏徐州流入泗水。睢水由狼汤渠分出的地方是在现在河南旧陈留县西北，向东南流到今江苏宿迁，也入于泗水。涣水是在今陈留县北由狼汤渠分出，流到现在安徽五河县入于淮水。鲁沟水是在旧陈留县南由狼汤渠中分出，流到现在河南太康县入于涡水。至于涡水由狼汤渠分出的地方就在太康县的西面。它向東南流到今安徽懷遠縣入于淮水。菏水和鴻溝系統諸水都在濟水以南。濟水以北在當時還有一條濮渠水，顧名思義，當也是一條人工開鑿的水道。濮渠水是在現在河南封丘縣西北由濟水分出，東北流在現在山東菏澤縣北流入於瓠子河。瓠子河是在現在河南濮陽縣南由黃河分出，流入到濟水中的。

由於鴻溝的開鑿，幾條水道和濟、汝、淮

泗諸水都連貫起来。據說在當時憑着這樣的水道使宋鄭、陳蔡、曹、衛各地都能有了联系，以現在地理說来，則河南東半部、安徽北部、江蘇北部和山東西部都網羅在內，也可以說是"河網化"了。

在战国時代像这樣的开鑿河道，可說是我

20×20=400

本頁續接上頁，原稿兩頁拼接。

26

已為各國人民所普遍重視。當時不僅开鑿了鴻溝系統的水道，就在漢水下游雲夢地区，三江五湖之间也都有所施工。齊國以臨淄為都城，也就是現在山东的益都，那裡以臨淄為名，自是濒於淄水。淄水下游離濟水不遠，人们就在淄濟之间开鑿了新的水道。就是岷江流域的成都平原，人们也还开鑿了離碓，分引成兩股江流，經过了成都附近。

這些新的水道的开鑿，地区雖有所不同，但都有共同的特点。这正說明了當時人们地理知識的丰富和水利技术的進步。當时施工的所在都在平原的地区，这與當時生產工具有关。當时的生產工具雖已有顯著的改進，如鉄器的使用的逐渐增多，究竟也有一定的限度，所以在平原地区的施工自較山區為易於致力。从當時的工程看来，人们不僅是善於利用較大的河流，而且更善於利用大河之间的小河及湖泊。漢水下游雲夢地区和三江五湖之间湖泊众多，堪作新的運河的水道。就是江淮之间的邗沟，也是绕道往東，係途於射陽湖中的。鴻溝系統

20×20=400

37

此水道虽皆引自黄河，然就其分佈的局势观察，似其時當地本有若干小河，因势人们利导，施工疏鑿，故能為時不久，即已成功。如鸿溝系统中的睢水早在春秋时代即已見於記載，（114）即其一例。現在鸿溝早已湮塞，而黄河与睢水之间尚有若干小水，作西北至东南的流向，直注睢水。就是睢水、涡水也都还有一些踪跡。根据地形探索，古代的情况或多也可以彷彿想到一些。

由於人们的地理知識逐渐擴大，生產工具也逐渐改进，新的河道的开鑿已不限於平原的地区，而注意到較高的山地。秦時所开鑿的靈渠就是人们智慧的又一次表现。靈渠施工地段的范围並不是十分廣大，但却是一條重要的运河。因為它溝通了長江和珠江兩大流域。長江支流的湘水和珠江上游西江支（接下不空格不空行）流的漓水本是同由广西兴安县海阳山发源。这里是两大流域水流最近的地方。远在秦始皇的时候人们就已在湘漓二水的源头开凿了一条灵渠，使湘漓二水能够连接起来，并且使它在交通上发挥了作用。灵渠虽然很短，它的意义却很重大。长江和珠江两大流域就是凭借这条短促的水道沟通起来的。从那时起一直到现在，人们不断地修浚，使它畅流无阻。实际上已经和一条自然水道差不多了。

秦时开凿灵渠是怎样施工的？由于记载的简略已经无从知晓。到东汉初年马援又在这里重新开凿过一次，详细的施工情形，也未见于记载。不过灵渠的开凿应该和鸿沟等渠是不相同的。鸿沟等渠在平原施工，渠道开凿成功，水流自然无阻。湘漓二水的源头，不仅流经山

20×20＝400

本頁續接上頁，原稿兩頁拼接。原稿內容有缺。

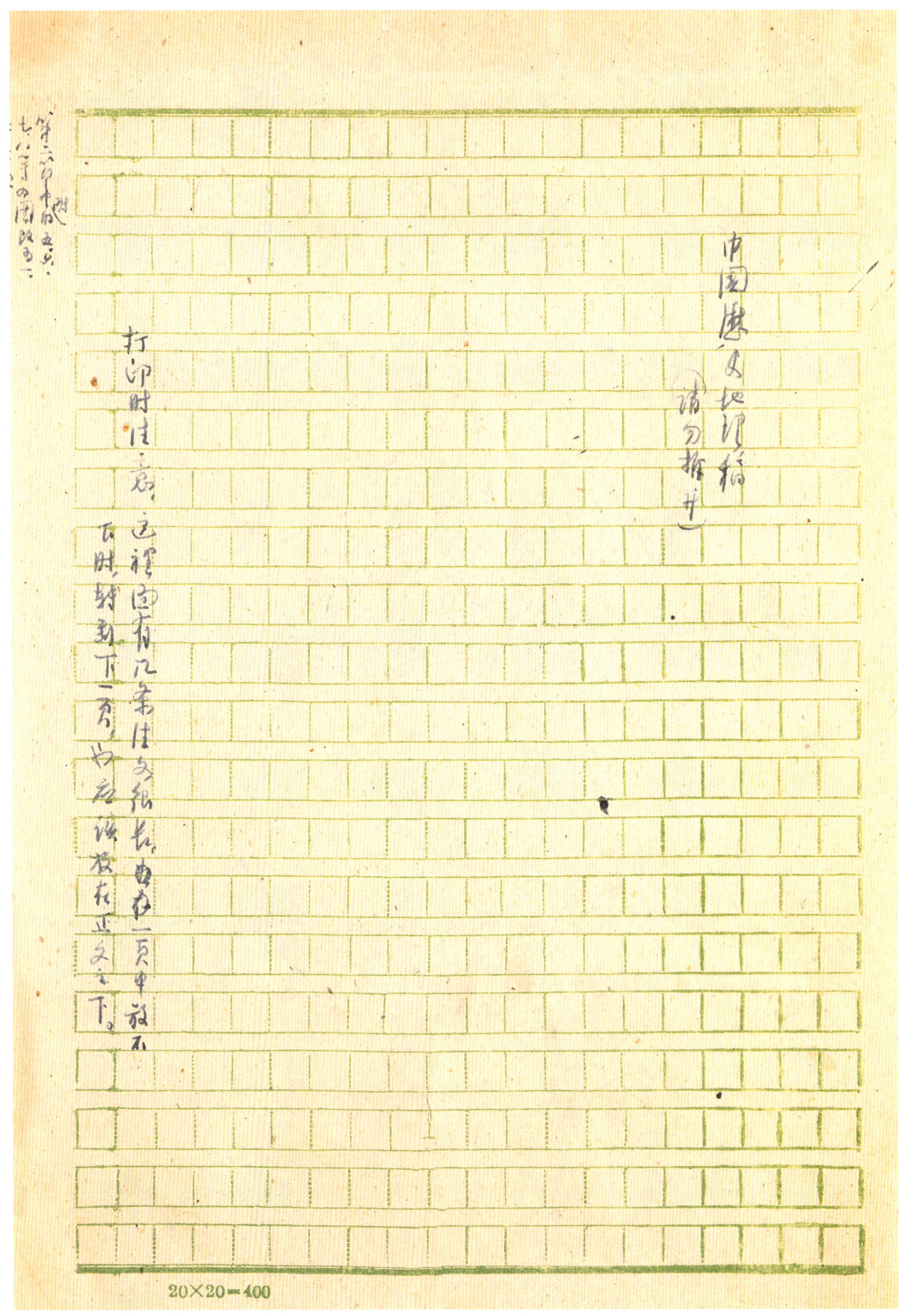
中国历史地理稿

（请勿折开）

打印时注意，这裡应有几条注文很长，由於一页中放不下时，转到下一页，也应该放在正文之下。

第二页中附的五、六、七、八等四图改为一

20×20=400

①

第三節 高原丘陵地区的变迁

一、河流的冲刷和土壤的侵蚀。黄河流域黄土高原的变遷。原与隰的演变。太行山西的变迁。

前面两節的叙述說明了这样的一個問題：由於若干河流的下游甚至还有中游經过改變路道，它们所流經的平原地區的面貌因之也就有了很大的变迁，而这些平原又往往為古代的人们經常活动的處所，自然环境既然前後有了差異，所以很難用當前所顯示的情况来解釋前人的經歷。但这並不是說，在此以外的山岳、高原、丘陵的地区就没有任何的变迁，相反，那裡的自然环境还也是有許多的改变的。同样也需要探究它们的本来面貌，才能談論那些地区的古代人们的活动情况。

从歷史的記載看来，这些非平原的地区是和現在不盡相同的。这裡姑举一例以見一斑。東漢時虞诩曾称北地、安定、上郡的山川險隘，沃野千里，是一片穀稼殷積，水草豐美的好地方。① 东汉时北地郡治富平縣，在今甘肅慶陽縣境。

20×20=400

① 後漢書卷一一七西羌傳。

2

安定郡治高平縣，今甘肅鎮原縣境。上郡治膚施縣，今陝西綏德縣境。就是說當時這三個郡的轄境包括現在隴東和陝北廣大的地區。漢朝的說法顯示出這一地區富庶的面貌。多年以來，隴東的父老這當地人物世代相傳，說是："八百里秦川，不及董志原一邊"。秦川本來富饒，人們曾經以之比之為陸海。而這陸海的所在竟不如董志原的一邊，則董志原在為宜農宜牧平曠沃野的地方，是不言可喻的事情了。董志原漢時在今甘肅慶陽縣附近，於漢時正是在北地、安定二郡之間。由累世當地父老的傳言，當可証明漢朝所說的並非虛妄。但如果有人親臨其境實地視察，也許要驚歎今古的差異，甚或致疑於前人所說的不實。因為現在的董志原的東西兩面已經形成很多的大溝，分別通到馬蓮河和蒲河。這馬蓮河和蒲河也就是涇河的支流。現在整個董志原的形狀已經象蠶食剩餘的桑葉，殘缺不全，只有中心的葉脈還勉強地的聯系着。其中西峰鎮附近的南小河溝更是顯著，那裡已經成為万壑林立的狀態，據說要填平這個溝，就需要十億立方公尺的土壤。①如果就董志原的整個面積

①見張含英《对於西北水土保持工作的認識》（刊1953年《科学通报》3月號）。

③

来说，沟壑已达~~总面積~~的百分之五十了。①这样的情形如何还能与八百里秦川相比拟？（附图一）至于漢時上郡治所所在地的现在绥德縣，更是千沟万壑，纵横排列，不只無平地，却也无山梁，只是有若干沟与沟间的丘陵。这样的地方怎能够说它是沃野千里呢？（附圖二）

為什么会如此？这是悠长時期~~的流水冲~~土壤侵蚀的结果。土壤侵蚀有水蚀、风蚀等类型，而水蚀尤为普遍。河流的冲刷往往使地形都为之改变。河流所经行的地方，上游率高于下游，这是自然的形势。源远流长的河流，上游和下游之间的地势的差异，自然更大，坡度也就更陡。河流由高處流往低處，随着地势高低的差异，流速就有了不同。水流湍急的地方对于河床及两岸的冲刷力也就强大起来。这种情形就黄河上游看来更是明显。黄河发源处的高度暂且不說，就以現在沿河的城市来說，青海貴德高出于海面已达2，400公尺，皋兰仍有1，550公尺，銀川逐漸降低，可是还高出于海面达1，115公尺，潼关更低一些，依然有358公尺。在这样高低差異很大的情况下，黄河所造成的侵蝕实为不可避免的事情。當然这样的现象不只限于黄河的幹流，它的各支流以及有关的沟壑细流，大小不等地都在起着同样的作用。也就是说整個黄河流域

① 见竺可桢《晋西北地区水土保持工作视察報告》（刊1955年《科学通報》12月號）。

20×20=400

④

都没有例外。年復一年，自然和早先的地面有所不同。黄河如此，其他各河流也应该是一样的。

黄河和其他河流不同的地方乃是河水中所含的泥沙量过大。据近年统計，每年平均經过三門峽市随黄河输送到下游去的土壤为12.6亿吨。数目之大实堪惊人。古代黄河的含沙量当不至如現在这样多，不过也应該有相当数量。因为黄河的水流所以成为黄色，主要是由于河流流逕黄土地带的缘故。黄土的形成为时甚早，远在有史以前即已堆积于黄河中上游各地。是黄河对于黄土地带的冲刷現象早已存在。人們习用的黄河这个名称虽不是自往古以来就是如此①，但是古时的人們却称黄河为"浊河"②，就已經說明了这样的道理。古时和浊河相提并論的是清济。清济就是济水。济水而称为清济，显然是因它里面含沙量少，和黄河不同。济水虽由黄河中分出，但黄水流出之後，經过荥泽的沉淀作用，还容纳了嵩山东北一些小水。这些水流流經的地方都是在平原的地区，即令也有侵蚀的现象，自然不会太大，流沙泥土也就不会很多，因而比较清彻一些。另外还

---

① 见張含英《黄河释名》（刊1937年2月《禹贡半月刊》第六卷第十一期），及鄭鶴声《黄河释名補》（刊1937年4月《禹贡半月刊》第七卷第一——三期）。

② 见《战国策·燕策》一。

20×20=400

得多一些。另外还有一条的清水也可以作为証明。清水是一条古代的水道，至迟在战国时期已經有了这个河道的名称。清水位于齐赵两国之間，所以当时的策士都經常提到它①。現在不仅河道湮塞，就是清水这个名称也早已沒有人再提起了。不过現在河北省东南有个清河县，追溯它原来建置的来由，还是和清水有关。远在汉时，現在清河县及其附近的地方，是称为清河郡的②。清河郡当然是因清水而得名的。这个名称一直沿用了很久，可見清水在当时人們眼中看来是相当重要了。古代清水的发源地是在現在河南获嘉县③。在这里还可以看到原来的水源，不过已成为現在卫河的一个源头。清河虽已湮塞，它的故道还是可追寻出来的。大致是經过今河北省的东南部至渤海湾头入海④。清水所以清徹应該和它流經的地区有关。太行山东虽也有黄土地带，但水流平緩，自然不会象黄河那样渾浊。这样說来，黄河中的泥沙显然大部分是由上游各地挟带下来的。

黄河上中游就是著名的黄土地带，而这个黄土地带又是十分的广大。不仅黄河主流要受到它的影响，就是各支流也都沒有脱离这样的范围。黄河主流已經渾浊，各支流也一样挟带着相当数量的泥沙。其中泾水尤为著名。《诗三百篇·邶风·谷风》说，"泾以渭浊"。《毛傳》解释这句诗，说是："泾渭相入而清浊異"。这是说，泾水本来虽然是浊的，因为渭水较清，所以二水合流日後，更显得它的渾浊。後来到了西漢，就有"泾水一石，

①见《战国策·齐策》一，《赵策》二。

②见《汉书》二十八《地理志》。

③见《水经注·清水注》。

④见《水经注·淇水注》。

20×20=400

陕西师大稿紙　　（第　　頁）

，其泥数斗"的说法。① 其实泾浊渭清也不过是比较的说法，泾水固然不清，渭水也是相当浑浊的。正因为这些支流都因侵蝕地面而挾带了许多泥沙，所以黄河主流中的泥沙众多也是必然的事情。王莽时就有人說过"河水重浊，号为一石水而泥六斗。"②所說不无过实之处，但也可以具体显示出河流对于地形的侵蝕自来就是显著的。

由于黄土組織疏松，粘性不强，容易为水冲失。而这种冲失的情形又是斜坡地方远較平坦地区为严重。在黄土地带中有许多地方形成许多沟壑，沟壑下端即通于附近的河道。这种沟壑的形成，就是雨后土壤冲失的結果。所以河流的冲刷不仅限于它的河床及两岸，而是普遍涉及它的各个支流，以及支流有关的各个沟壑，沟壑两旁的坡地平地。換句話說，黄河流域中上游各处都是水力冲刷剧烈的地方。

土壤組織疏松和地貌陡峭，自是促使侵蝕严重的因素。而植被破坏和集中的暴雨以及耕作方法的不合理也都有一定的影响。它们不仅可以單独发生作用，并且也还能互相影响。就以上面所提到的绥德地区作为例子来说，据当地的农民说："三年或五年就把一犁土冲去了。"这自然是經驗之談。就当地的地理条件看来

①见《漢书》二十九《沟洫志》。

②同上。

20×19＝380

⑰

，这也几乎是必然的。尤富地土质疏松，自不必说起，在坡度稍大的地方种植，上面没有植被覆盖，而又未能采用梯田办法耕种，又怎能不使侵蚀的现象日趋于显著呢。像德地区为此．黄河的上游和中游在各种不同程度上也有这些不利的条件，所以地面的侵蚀情况是相当严重的。这种水力冲刷的速度在古代的文献中很难有确切的記載。根据近年的估计，在黄土高原中每平方公里平均每年要流失土壤3,700万吨。① 这自然难以完全以今例古，但这样的侵蚀作用并不是近年才有的，所以由古迄今的变迁自是难于避免的。

黄河上游有许多“原”。这里所說的董志原就是其中的一个。“原”是黄土高原被侵蝕切割而还在幼年的地形。一般說来，原的表面是有广大面积的平坦地方，形成平台的規模。在它的周圍或者某几方面都为深沟所围绕。② 这些“原”的形成和变迁就可以说明一部分问题。黄河上游和中游有些“原”是

---

① 见竺可桢《晋西北地区水土保持工作视察报告》（刊1955年《科学通报》12月號）。

② 见冯景兰《黄河流域地形分区的特点》（刊1955年8月1日《光明日报·科学双周刊》）。

的时候。黄河上有些“原”是在很早以前就已存在的。周人兴起时的周原，由来就已很久①。西安南边的少陵原在汉时就已称为鸿固原②。周原和鸿固原都在关中，关中的原当然不止这两个，据説这个地区涇渭流域及洛水下游的原就不下五十个③。这些原和那些沟壑正是地形被侵蝕的結果。当然这样的原也不仅限於关中地区，自孟津、垣曲而上，黄河附近的原就是連綿不断的。就是再远的其他地区也是一样有的。根据《禹贡》所记，远在長江的下游还有一個敷淺原，就是明顯的例証。

《禹贡》論雍州，曾说过："原隰底績，至於豬野"。鄭玄解释原隰，说是豳地。豳在今陕西邠縣。说豳地有原有隰，这是不錯的，但以原隰是豳的地名，却未免有些膠柱鼓瑟了。鄭玄所以作这样的解释，是因为《诗三百篇》中说过"度其隰原"。原隰可以说成隰原，顯然不是固定的地名。其实原隰本是两種不同的地形。原为高平的地方，隰则为低下的地方。④这樣不

① 见《诗·大雅·文王之什·緜》。

② 见《元和郡縣图志》一。

③ 见《禹贡錐指》十。

④ 见《史記·夏本紀·正義》。

⑨

同的地形在黄河的中上游流域是很多的。《禹贡》所说的猪野，释者多以为是在现在甘肃民勤县北。①《禹贡》所说的雍州西界，是否就已经达到甘肃和内蒙古的西北部，尚未敢必。猪野的猪是水所聚集的意义。今宁夏自治区黄河以西犹有若干湖泊，为一些内陆河流汇潴的所在，论其位置是可以当猪野的名称的。②由以《禹贡》所说，可以知道原和隰的地形[illegible]是相当广远的，由黄河流域更远而到了以西的内陆河流的附近。

原地是高平的地方，隰地是低下的地方，但并不是说所有河流两旁的地形都是限于高低两层而无所变化。现在关中渭北各处有头、二、三道原，甘肃境内渭水两岸（附图三），限于山势，河谷本较窄狭，原的面积往往不如关中的广大，只是成为较小的台地，然台地最多者竟有五层。这里面当然有为《诗三百篇》和《禹

① 《汉书·地理志》说："武威郡武威，休屠泽在东北，古文以为猪野泽。"汉武威县在今甘肃民勤县境。

20×20=400

② 见顾颉刚先生《禹贡注释》（刊《中国古代地理名著选读》第一辑中）。

10

贡》的作者所不及见的情况，而为以後演变形成的结果。

原与隰的演变情况是不尽相同的。随着时间的发展，原来的隰逐渐失去了低下地方的位置，而另有更低下的隰出现。至于原来的原，也有的已经失去了原的形状，而变成了"梁"了。原虽为高平的地方，它的本身并不是完全没有倾斜面的，即令平整如砥，它的边缘处也是会有一些坡度的。一般说来，任何斜坡的冲刷都是用溯源侵蚀的方式来实现的。原边的沟壑都是逐渐向原的内部伸长它的起点的。久而久之，高平的原就会为这样的侵蚀而逐渐狭小，沟壑与沟壑之间的原自然难以保持原来的原的面目，而成为狭长的梁了。"梁"和"原"相較，它已經没有广大的平坦的面积，看起来好象是一条山岭。但究竟和山岭不同，因为它的上部大致保持同一的高度，或者保有一些狭小的平地。"梁"既是由"原"变成的，所以它两旁被侵蚀而形成的沟，也就愈显得深起来了。①前面所提到的虞诩所说安

①见冯景兰《黄河流域地形分区的特点》

~~（刊1955年8月1日《光明日报·科学双周刊》）~~

20×20=400

⑪

定襄郡的沃野千里，就是這樣演變成為現在董志原和綏德附近的情況。

隰為低下的地方，自距河流較近，或者就在河流的旁邊。由於河流不斷下蝕和旁蝕，河床日形加深，河谷也愈益寬廣。在遠古的石器時代中，這河谷既深且廣，新沖積的地區就代替原來的隰地，而原來的隰地則相對昇高，而被稱為原了。在遠古的石器時代裡雖還沒有原和隰的名稱，當時的人們卻已經作出這樣的分辨，而且對於它作了適當的選擇。新石器時代人們選擇居地的規律，是喜歡居住在近河之處的，這樣是為了取水的方便。但防止洪水的泛濫也要加以顧，所以他們居住的地方雖近於河流，卻還是選擇在原的邊緣。這自然是一般的情況，不過也有一些變化。西安附近若干新石器時代遺址的分佈，就可以作為說明。西安附近的遺址隨著人們居住時期的先後，而有三種不同的類型。三種類型的居住遺址分別在沿河流的高下不同的三種台地之上。最早時期的居住遺址是在中間的一層台地，稍後，就移到最下的一層。

20×20＝400

再後才是移到上層。② 这最下一層所以能够成為居住的地址，可能是由於河床冲深，那裡已不至於有洪水淹没的危險。再如甘肃天水的三陽川也是一個可以作為例证的地方。那裡的台地共有五層，新石器时代的遗址发現於第二台地与第三台地之上。第二台地之下都有了秦漢时代的遗址。② 这显然是因為新石器时代时第一台地还不适於人们的居住，过了若干年月，水位已深，原来不能住人的地方也有了遗址可寻了。（附图四）

當然这样的情况还会继續的发展。战国末年的鄭国渠是一條巨大的水利工程，它引用涇水，灌溉渭北的廣大舄鹵的地区。後来鄭國渠不通了，又在那裡开鑿了白渠。但是白渠的引水口就已經和鄭国渠有所不同，就顯然是由於涇水河床的加深，原来渠口不能再進水了。就在與修白渠之前，人们还在洛水的下游开鑿過一條龍首渠。龍首渠要經过商顏山，人们穿鑿了山洞，渠水才得流过。③ 前幾年，又在龍首渠

---

① 见蘇秉琦、吴汝祚《西安附近古文化遗存的類型和分佈》（刊1956年《考古通讯》第二期）。

② 见裴文中《史前时期之西北》。

③ 见《漢書》二十九《沟洫志》。

⑰

龍首渠的故道附近興修洛惠渠。說也奇怪，新的渠道仍然要从以前那座山下鑿豁山洞。人們在鑿洞之时，发現新洞恰正就在以前旧洞低下，而且在底下深十一公尺处。通过这个山洞的开凿，可以具体看出两千年来洛水河床冲刷的深度了。就是西安城东的浐水也是如此。在西安城东浐水两岸人們也曾修过一条龙首渠。~~这条龙首渠口的变迁就是証明。~~浐水西岸龙首渠的始凿是在隋朝时代。当时由浐水岸上的马头埪引浐水入城。到明再度修復时，渠首已由马头埪上移至鲍公（或一）堰在马头埪（馬登空）岸上与水面的距离已有数丈之高，这就説明明朝恢復这条龙首渠时，不能不将渠口南移至浐水上游的原故。

不过自来的侵蚀情形並不都是完全一律的。影响侵蚀的因素既並不是一端，所以就有了不同的情形。黄河中上游的降水就是促使侵蚀的一個因素，但因古今的气候有所変化，各個时期的降水量就难得一致。此外，植被的覆蓋和生产方式也不尽相同，同樣会有不同的影响。就在陕西北部的黄河支流以無定河為大。河以無定為名，則它的河床容易左右擺動是可以想見的。無定河中含沙量是相當多的，可見在它的流域之中侵蝕是十分嚴重的。上面所說的統萬城就在它的岸旁。但是這條河流在秦漢以迄魏晋南北朝時並不是稱為無定河，而是稱為奢延水或朔方水的。到唐朝李吉甫撰《元和郡縣图志》才說夏州城南無奢延水，只有無定河。

20×20=400

⑭

是無定河就是奢延水。名稱已經改易，前後情形也不相同。唐夏州故城在今陝西橫山縣北古城外無定河畔。那裡本是十六國時期夏赫連勃勃的統万城舊地。赫連勃勃既以那裡來都城，附近的水草自然豐富。據說勃勃曾北遊契吳山，對於山下的大澤和清流甚為欣賞。①契吳山在統万城北，所謂清流當指奢延水支流的黑水而言。②重要支流是清水，則幹流雖有泥沙，當也不會过於渾濁。唐朝的無定河有多少泥沙，未能具知。北宋时，沈括曾經說过这样一段事情：他走过無定河时，河沙皆動，有时下陷，人馬車駝往往不能復出。③為什么前後竟如此不同。當於中唐以後，那裡為遊牧部落遊動地區，牧草茂盛，侵蝕現象能够得到防止，所以水流也較清澈。唐宋时期農墾漸盛，植被破坏，所以泥沙充塞，行人也都感到困难。像这样情况當不仅是無定河一條水流，其他相似的地区也还应该是不少的。（附圖六）

① 見《元和郡縣圖志》四《契吳山条》引《十六國春秋》。

② 參見楊守敬《夏綏城圖》。

③ 見沈括《夢溪筆談》

河流对于地形的侵蚀就黄河上游看来自然是一个最典型的区域了。发源于太行山西的漳水、滹沱河和桑乾河（永定河的上游）虽不在黄河流域以内，它們的侵蚀作用也是很剧烈的。太行山西也属于黄土地带，它的情形也和黄河上游相仿佛。漳水有两个上源，出于今山西旧长子县的一源，就是称为浊漳水。这和黄河称为浊河应該具有相同的意义。滹沱河的水力本是可以胜舟楫的，东汉初年还曾一度利用它来转运太行山东的粮食，至汾水上游的羊肠仓。由于水流湍急，后来还是改用驴辇转运。①桑乾河下游称为永定河，这是清康熙时候所改的新名。②这段以前称为浑河，或者干脆称为小黄河。③这样的称呼就是因为它的流浊易淤的缘故。以桑乾河来說，它的上游横貫山西北部雁北地区的全境。由于侵蚀的剧烈，全区每年输往下游的泥沙就达6,000万公方之多。洪水时期这条河的含沙量高达36%左右。在祖国諸河流中，它的含沙量仅次于黄河。④就以它的支流洋河所經过的万全县来說，那个县里馬道營村的馬道營沟，在四十年前还是人們随意可以跨过去的一条小沟，現在沟的宽度已經达到二十公尺。而且沟头每年还向前推进半公尺到一公尺的样子。⑤这就无怪乎它的下游常常泛濫決口了。滹沱河和漳水下游的改道更是频繁。这里不必詳細列举它們改道的情形，仅就汉代的記載和現在

① 见《后汉书》四十六《鄧禹傳附鄧訓傳》。

② 见《皇朝經世文编》一百八王善楠《畿輔水利策》及陈黄中《京東水利議》。

③ 见《元史》六十四《河渠志》。

④ 见水利部编《水利是农业的命脉》第一集頁314。

⑤ 同上頁95。

20×20=400

16

比較，已可以看出其中变化之大了。汉代的滹沱河是在现在河北沧县附近和黄河汇合，漳水是在现在河北交河县附近也和黄河汇合。可是现在的滹沱河却是在河北献县和滏阳河合，漳水则在大名以南流入卫河了。当然造成这样的原因是不少的，但是河流中泥沙淤塞也是促成这种现象的一个因素。它正說明了太行山西麓土壤侵蝕的剧烈。

二、江淮流域丘陵山地的变迁。长江上游云贵高原和长江流域以南地区的地形演变。淮河流域的变迁。土壤侵蚀的严重性和水土保持的必要。

至于江淮流域及其以南的地区，却和黄河中上游以及太行山以西各地不尽相同。江淮流域的平原也是相当广大的。平原之外，丘陵的地区较多，虽也有崇山峻岭，较之黄河中上游的山地，却是显得平易。这样就会使水流的冲刷不至于像黄河中上游那样的剧烈。江淮流域及其以南各地自来就是富于森林，这一点到后面再为详说。森林遍地，高山丘陵往往受着覆被，即令是容易受到侵蚀的地方，也会因植被而减低它的速度。况且那些地区暴雨集中的情况也不如黄河流域的严重，损害的程度也自然会较轻些。江淮以南，自来是水乡泽国，种稻佳地。平原各处自不必说起，就是丘陵山

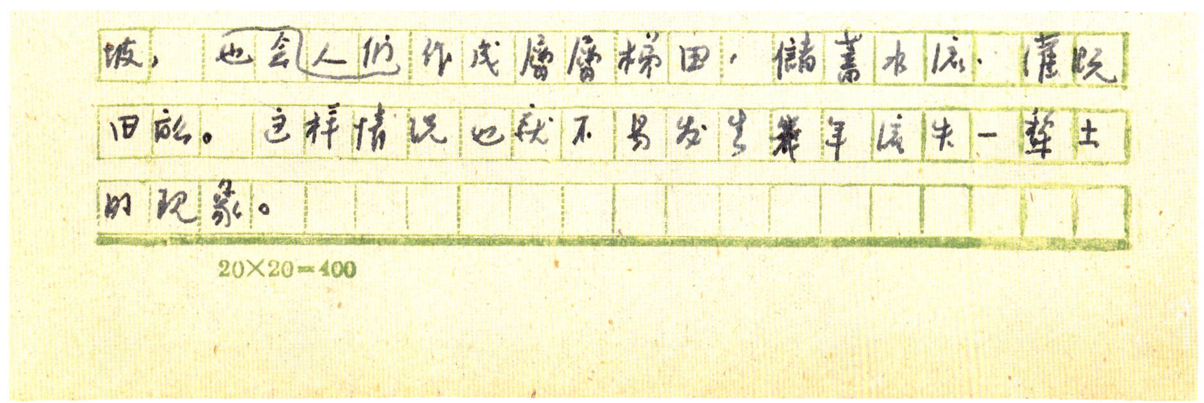

坡，也会人们作成層層梯田，储蓄水源，灌溉田畝。这样情况也就不易发生兼年流失一整土的现象。

20×20=400

17

话虽如此，但这并不等于说那些地区就没有侵蚀的现象了。因为就一般情况来说，河床对于土壤的侵蚀总会有一定的作用的。就以长来得显著。就以長江来說，也是不能例外。長江水流中所含的泥沙和黄河比較起来，自然显得稍少，不过也是十分可观的。据近年的統計，長江由上中游每年所携带的泥沙量竟达六万万吨之多[22]。長江各支流的情形也是相当严重的。据湖南水文站的統計，湘、資、沅、澧四水仅1954年的总输沙量即达5，700多万公方[23]。这些泥沙有一部分冲入到沿江各湖泊之中，据历年含沙量的測驗，長江由松滋、太平、藕池、調弦四口进入洞庭湖的泥沙，平均每年約1亿4千万公方。洞庭湖中的淤灘由北逐渐向东南湖中发展，就是因为这样的缘故[24]。当然还有一部分泥沙是隨着中下游水流的平緩而沈积到江流的灣曲地方，而成为冲积地及沙洲。長江中下游的沙洲是很多的，它們的形成有的已經有悠久的岁月，湖北枝江到江陵一段的江水中，远在南北朝时代就已有了九十九个沙洲，其中一个沙洲名为百里洲，顧名思义，想见这个沙洲面积的广大了。就是这个百里洲，当时还是枝江县的治所。不仅如此，这些沙洲的数目有时也还有所变化[25]。这一个地区是在西陵峡东，長江流出山区到了平地，所

①见李承三、崔可石、陈四桥合著《扬子江水系发展史》（刊《地理》第四卷第三、四合期）。

②见尤崇洲所報導的《全国水土保持工作会议》（刊1955年《科学通报》12月號）。

③同上

④见《水经注·江水注》。

20×20=400

18

挟带的泥沙自然会沉积下来，由沙洲的众多，就可以證明江水里面所含的泥沙是不少的，而且随时有沉积成为沙洲的可能。前面說的九江是古代江流的重要成分。九江的名称无疑引起了人們的重視，而江水能够有这么多的分支，应該和泥沙的沉积有关。而云梦澤的变化也就是长江中泥沙沉淀的具体說明。

长江中的泥沙自然是有许多是从西陵峡以西流下的，这说明三峡上流的侵蚀也还是并不轻微的。其他的地方三峡以上暂时不必说起，就以巴蜀而论，就可看出一斑。巴蜀自古称为富饶之区，然除去成都平原而外，其他各处，丘陵实居多数。这就难免有了侵蚀的现象发生。就在距成都平原不远的简阳、乐至、安岳一带地方，就是如此①。遂宁、资阳的丘陵地区也是同样的严重。②那里正是古代的巴蜀接壤的所在，应该不至於过於荒芜，然水流冲刷并未能防止。迄至现在，当地红色土层瘠薄，不能保持水土，而影响了农业的生产。②

长江支流湘、资、沅、澧所含泥沙之多，已为上述。长江以外的汉水也是长江一条重要支流，其所含的泥沙也不见得就比湖南四水为

① 见安国《川中丘陵地区的水土保持方法》（刊1960年《土壤》第七期）。

20×20=400

② 见刘瑞龙《进一步开展水土保持工作，保证山区、丘陵区农牧业的发展》（刊1958年《黄河建设》一月号）。

17

少。说起漢水流域，尤其是漢水的上游，在古代也是一個較為富庶的地區。西漢中葉，為了轉致漢中之穀以接濟關中，還曾經开鑿褒斜道。①漢魏之際，法正也曾说到備取漢中，廣農積穀以觀時變。②就在南北分裂的時代，漢水上游仍不时成為争奪的所在，固然秦嶺的險阻，增加了漢水上游的防守價值，漢水兩岸的農田收益，使軍糧民食不致告竭，也是其中一個原因。現在的漢水上游还有它的富庶因素，不过不断的土壤侵蝕，使當前的情况不能不有些遜色。據1957年的调查，單是安康一個专区，每年輸入汉江的泥沙數据就有3,040万噸。而紫陽縣的洪前果，在1957年，三次暴雨就把表土刮走了五六寸，耕作層被冲了个净光。③嚴重的程度可以想見。自明朝中葉以後，一些人們每常慨歎商、洛、均、鄧、汉、唐、襄、南的山

① 見《史記》二十九《河渠書》。

② 見《三國志·蜀志》七《法正傳》。

③ 見張相麟、趙庚中《陕西安康专区的土壤侵蝕及其防治》(4) 1960年《土壤通报》第五期。

深谷邃，绵巍叠嶂。①这里所说的地方，主要是在汉水流域。汉水两岸自秦岭巴山以东，迄於桐柏荆山，高山峻岭，连绵不断，山深谷邃是有由来的。不过像这样的土壤侵蚀，也会促进它的深邃的现象的。

就是长江中下游之间，淮水以南地也一样有相似的情况。江淮之间的东部，湖泊地势平衍，湖泊繁衍，自不必再追究其间的侵蚀变迁。西部却不尽然。西部於西汉时为九江、庐江、六安诸郡国地。曹操打算经营江东，曾在庐江大开稻田。②九江郡濒淮水南岸，~~其郡治所在的寿春（今安徽寿县）附近有陂泽~~而长淮南北土广田良，久已殷实人口。③至於六安，则更以後野千里见称，诸郡都通，正是一片好地方。不过这些地方也由於土壤侵蚀，而蒙受了若干破坏。因为这些地区杂着不少丘陵地形，河流切割得以发展，土壤的侵蚀也就加剧

① 见陈组绶《皇明职方两京十三省地图表》上。

② 见《三国志·吴志》九《吕蒙传》。

③ 见《读史方舆纪要》二十六《六安州》：寿州（六安）《旧志》。

20×20=400

起来。① 淮南的凤阳为朱元璋的故里，明朝曾建为中都，但自明初就不断向那里徙民，而被徙的人们甚至视为畏途。据《凤阳府志》所载，则当地山冈硗确，土石盘错，既无终岁流水，也无山林翳蔽，高原瘠坂。② 已和往昔的情况不同。而大别山下的舒城、六安、霍山、岳西、太湖、潜山诸县，这些就为土壤侵蚀严重的地区，有的县境侵蚀面积竟达到十分之四，有的县境竟爆空储了三四百条大小的壑。③

至于长江上游的云贵等省以及长江流域以南的地区，植被是较江淮以北各处畅盛茂繁多，可是一些地区的土壤侵蚀却也相当严重，甚至在广东、云南等省境内某些地区，竟也和陕西、甘肃的情况相仿佛，在那里每平方公里

---

① 见陈清硕《江淮丘陵地区土壤利用改良的途径》（刊1961年《土壤》第二期）。

② 见《天下郡国利病书》三十三引《凤阳府志》。

③ 见陈清硕《大别山区土壤的利用和改良》（刊1960年《土壤》第六期）。

20×20=400

22

面積上，支、幹溝的數目也往往达到三五十条或者更多。①而云南省遭受水土流失的面積也竟达到145,300平方公里。②不可說是不嚴重了。再就一些具体地区来說，更是明顯。廣東德慶縣的数万畝稻田每年受到从附近坡地冲来的泥沙，經常有很厚的堆積，需要清除。而泥沙的来源，自然是坡地受到土壤侵蝕的結果。云南玉溪縣的情况也不見得就比德慶縣為優越。③其他如廣東的五華縣，④福建的長安縣也都是大致仿佛。⑤這些雖是现代的現象，應該不是在現在才開始的。由就以德慶縣一地的演變就是

① 見札斯拉夫斯基《中國的土壤侵蝕及其防治》(刊1955年《黄河建設》一月號)。

② 見刘瑞龍《進一步开展水土保持工作，保证山区、丘陵区農牧業的发展》(刊1955年《黄河建設》一月號)。

③ 見札斯拉夫斯基《中國的土壤侵蝕及其防治》。

④ 見陳正人《大規模地开展水土保持运动為发展山区生產建設而奋斗》(刊1955年《黄河建設》一月號)。

⑤ 見連横《叫荒山化綠，要黄水变清》(刊1957年12月14日《福建日报》)。

20×20=400

23.

明显的证据。廣東德慶縣位於西江北岸，原来也是林木苍翠、细水长流的地方。可是当地一些鄉村为因乱伐森林，乱垦土地，不到一百年的工夫，土壤侵蚀達到了十分嚴重的程度。①其他土壤侵蚀嚴重的地区所经歷的过程也都是差不多的。

由於祖國幅员的廣大，各地区的情况難得彼此相同。東北遼河和松花江流域就和黄河和长江流域有所差異。東北各處窩集众多，往往漫無垠，竟不見人。此種景况不僅黄河流域所未有，~~即在~~长江流域也是不易看到的。衡諸情理，在这样的自然环境之中，土壤侵蚀应該不是太顯著的。可是实際情况却也并不是無所变化的。因為東北窩集雖多，究非遍地都是，而且人的林伐开垦，也改变了一些植被的面貌。東北地区西部蒙古草原，接近沙漠，也就難免不受到影响。遼河二源，東遼河较短，而西遼河却懸遠綿长，直达克什克騰旗西南，和灤

①见侯棣《密切結合生產，开展水土保持工作》（见《水利是農業的命脉》第二集）。

20×20=400

24

河上源各水。西遼河在古代異名很多，有一些時期曾經稱為潢水。①潢水的命名的含義不可而知。不過有些記載却直稱為黄水。②可見西遼河在以前就是含有大量泥沙，和黄河一样的渾濁。現在西遼河的蒙古名字还是西喇木倫，依然是黄河的意思。由这些情形看来，这支遼河的上源及其附近地区，土壤侵蝕也是由来已久了。东遼河是比較短些，雖然含沙量也比較遠些。可是河床的变化也一样显出侵蝕的嚴重。远的不必说起，近一二十年来，它的上中游河段的河床已經抬高三、五公尺，河面也由八至十公尺，擴展成为八十到一五〇公尺。③前後相差很大。遼河的两源如此，也就不能不影响到它的中下游的河道。遼河的中下游在古代是西通

①潢水的名稱散见於《新唐書》中，如四十三下《地理志》及二一九《契丹傳》皆有提及。後来有关这方面的記載也都沿用这个名称。

②见《旧唐書》一九九《契丹传》及二〇〇《安禄山传》。

20×20=400

③札斯拉夫斯基《中國的土壤侵蝕及其防治》。

25

代是否通行舟楫，在文献上已不易得到确証。宋时女真族人崛起于松花江上，他们和宋人的交往相当频繁，宋朝的人们衔命使金，往往記载其沿途经历，当时驿路経过辽河沿岸各地时，似皆取陆道，并非乘船沿流上下。似当时尚不知利用这一段的水道交通。①然而明朝初年，海运船只却还可上溯到开原铁岭附近。这宗事情見于明人的奏疏，当非虚語。清朝初年，与沙俄訂立尼布楚条約以前，备战的军需尚由辽河运输，也还可以上溯到开原铁岭之間，②和明朝初年的情形大致仿佛。不过以后，河床淤沙漸多，航程也就逐漸縮短。到了清朝末年，距辽河入海处不远的牛庄，行船也已感到困难。③~~辽河本有东西两源，西辽河在古代是曾经有~~

① 见《三朝北盟会编》二十引许亢宗《行程录》，又同书二四〇引张棣《金虏图经》和洪皓《松漠纪闻》，《说郛》四十二引赵彦卫《御寨行程》。

② 见杨宾《柳边纪略》二。

③ ~~注三十九~~ 鸦片战争後，英国对中国的侵略得寸进尺。公元1858年（清文宗咸丰八年）英国又利用中英天津条约强迫清朝政府開放牛庄为商埠。牛庄固處於遼東腹地，却在遼河入海之處，英國的目的並不是祗以這一個海濱的城市為限，實欲溯遼河而上，伸其支配之力於整個遼河流域。不過當英國人初至牛莊開埠的時候，就已經發現了牛莊的河身淤塞，不適於行船，所以後來這裡的商埠就改設在牛莊附近的营口。

26

当然畜牧地区是要比农耕地区要好得多了。那裡草原遍地，保护着地面，就可以减少土壤侵蚀的可能。畜牧地区在我国占也有广大的面積。那裡古今的变迁应该不是很大的。不过这也並不是说那裡就一些也没有土壤侵蚀的现象了。就像黄河的上源也不是完全清澈的。

上面的叙述，自然不能说是全面。当前研究土壤的学者们所举出的結論说明，是值得我们触目惊心的。他们说："根据现有资料，在不同水土流失地区，由于侵蚀的发生，每年流失土层的厚度常达0.5—2.0公分，而个别地方也可能达到5—7公分。如果假定流失土层的平均厚度仅为0.5—1.0公分，那么每平方公里面積上每年土壤流失量即为6,000至12,000公吨。这也就是说，在一百万平方公里水土流失面積上每年土壤流失量将为60亿至120亿公吨。因此，在发生过于看来不太显眼的，每年流失土层厚度仅为0.5—1.0公分的侵蚀时，在全国山区和丘陵区每年将失去数十亿吨最肥沃的表层土壤。如果按照这样的强度发展下去，那么再过二三十年，目

20×20=400

本頁之後原稿内容有缺。

前所有土地的耕作層可能全被冲走了”。①各個時期的自然條件和人為的作用是不同的，我们論歷史時期的變迁，當然不可能用同樣的數字作機械的推算。但當前這樣的變迁是不能不引起人们的注意的。也就是說，在論述歷史時期各個階段和各個地区的生產情况时应該把這樣變迁的條件估計在内。

三、小结

在祖国的土地上有廣袤的平原，也有遼闊的高原，还有無盡的丘陵和不少的崇山峻嶺。在地久天長的歲月中，同樣顯出了若干程度不等的变迁。土壤的侵蝕在它们的变迁过程中起了一定的作用，而水蝕正是這樣侵蝕的一個重要方式。各地的情况不盡一律，土壤的侵蝕自然也就随之有了差異。其中要以太行山西和黄河中上游的黄土高原地区特為顯著。黄土的組織疏松，容易為水流冲失，自是导致发生這樣現象的重要因素。其他如地貌、气候等的变迁

①見札斯拉夫斯基《中國的土壤侵蝕及其防治》。

20×20=400

也有一定的影响。尤其植被的破坏更会引起明显的后果。

黄河以外，其他流经高原、丘陵、山间的河流也都有程度不等的侵蚀作用。也由于有关的自然条件的差异，一般说来都比较黄河中上游为轻微，但这并不是说就倖免了这样的现象。长江为国内大川，它所含的泥沙也不能算是很少。就是云贵两广等省树木遍野的所在，一旦滥伐滥垦，也难免有水土流失现象的发生。

这样现象不断发生，年复一年，使一些地区的地形有了不同的变迁，对于各个时期的人们的经济活动也就有了不同的影响。太行山西和黄河中上游的黄土高原地区既然是土壤侵蚀的严重地方，这样的变迁也就更为明显，对于人们的影响也就更为深刻。如果再加上一些人为的因素，情况就更加严重。有些本来是肥沃的地区也因此而逐渐贫瘠，引起了人们的注意。现在陕北和陇东一带的原壑遍地，原面蹙缩的现象，正是具体的证明。就是那些土壤侵蚀较

20×20=400

本頁之後原稿內容有缺。

第四節 沿海陸地的成长和海岸的变迁

一、渤海西部海岸的变迁

河流上游地形被侵蝕后，隨水冲下的泥沙除过一部分沈积到中下游的河床外，其他一部分却一直被挾帶到海口，年复一年，由于河水冲刷、海潮起伏的緣故，这些泥沙就在河流入海处附近沈积下去，变成新的陆地，海岸也因之向前伸长。就以黄河来說，这是含泥沙量最大的一条河流。前面曾根据現代的計算，指出平均每年經过三門峽隨黄河輸送到下游去的土壤为12.6亿吨。当然这样多的泥沙不是都被冲刷到海中。可是根据1949年以后五年的統計，黄河入海口每年向海里推进2.5公里。黄河在古代所挾帶的泥沙量虽小于現代，也不能說对于海口沒有影响，在黄河以外流入渤海的还有其他河流，所含的泥沙虽然多寡不同，但如永定河滹沱河和滦水等的含泥沙量也不在少数。它們所挾帶的

（接下页，不空行）

---

①见張含英《对于西北水土保持工作的认識》。

泥沙也自必堆积在入海的地方。因而协同黄河[illegible]起了促进海岸向外推移的作用。黄河在历史上还曾經南夺淮河，东入黄海，因之它不仅在渤海沿岸发生过影响，这种影响同样也見之于淮河入海处的附近。至于长江中所含的泥沙比起黄河来自然是很少了。但它的入海口附近也不是完全没有淤积的現象的。

这样的情形当然会引起海岸的变化。不过海岸的变化原因也很复杂，江河泥沙在入海口的淤积只是其中一部分的原因。就整个問題来說，学者中間也有若干不同的意見。最早对这一問題提出具体說明的当推德人李希霍芬（F. v. Richthofen）[6]。他認为我国海岸自浙江宁波以南的一段是属于下沉的，以北的一段則属于上升的。宁波以南的海岸属于岩岸，和以北的海岸的多数沙岸情形不同，因而李氏就有南降北升的說法。但是宁波以北的海岸并非象李氏所指的尽属于上升的海岸。如山东半島和辽东半島也是岩岸，和閩浙諸省沿海的情形相仿佛。于是也有若干学者又認为不論南北海岸皆在沉降之中。不过經近年的研究，我国海岸的变化实际是在大体沉降之中各处又有較小的隆起的情况。而这种隆起的現象在南北各处皆有发現①。当然这种現象并非短期所形成，实各有其悠久的过程。如山东半島上的烟台与之罘間的情况即系如此。烟台与之罘之間，借一連島沙洲相連結，并且构成了之罘灣。而此連島沙洲就是由于海岸隆起所形成的②。由文献中考察，之罘的名称始見于史記秦始皇帝本紀。秦始皇曾經三至之罘，皆未見乘船的記載。后来汉武帝也尝登过之罘，汉书武帝本紀及郊祀志中皆有記載。汉武帝一行当时虽曾經乘船，但乘船实在既至之罘之后，是之罘和烟台陆地相連接，当远在地質时代，已非史文記載所可及。話雖如此，海岸隆起的情形直至

① 见陈国达《中国海岸线问题》(刊《中国科学》第一卷第二期至第四期)。

② 同上。

近代尚可发現若干跡象。河北旧滦县乐亭两县本濒于渤海之濱。当地父老根据他們自己的經驗，感到海水已渐远去。而当地距海数十里处，农民掘地还曾发現过一只沉船，沉船之中彷彿可見有米的痕跡。是这一沉船原为运米之船。运米的沉船发現于距海数十里的地下，则沉船之处必为原来海中，至少也是近岸之处。当地既无河流入海，则海岸的变化自然不是由于河流挟带的泥沙的淤积，若非受地層变化影响而形成隆起的現象，殆无由加以适当的解釋。①

这样看来，海岸的变化是有若干不同的原因的。当然前面所說的河流所挟带的泥沙发生的沉积作用也可促使海岸向前推进。不过如果能综合起来各种作用所引起的现象，當可補得全貌。这样问题的解决似还有待於各方的研讨。但目前已有的成就还是值得人们的参考。就黄河与长江两大河流来说，黄河所挟带的泥沙远較长江为多，黄河入海口附近海岸的变化也应该比长江入海口更为显著。前面曾經举出，黄河入海口每年向外推进2.5公里。不过这是近年的情形，自古以来的情形，不一定就是如此。說来，古代黄河入海口附近海岸的情形如何，是應該研究的。近来有人指出，由秦代到現在渤海灣的海岸总共延伸的面积达三万多方公里，延伸最远的达150公里。②照这样說来，那时的渤海海灣最西边几乎达到現在河北文安窪以东的地方。就以河北省境来說，北戴河以及唐山旧宁河各地都还应該在海中。可是据近年考古发掘結果的証明，这样的說法和实际、

①关於河北省乐亭县和旧滦县附近海岸变迁的情形是听侯仁之教授说的。他曾親自到那裡调查过。

②见丁骕《華北平原的生成》（刊1947年《水利》第十五卷第一期）。

30

情况是有很大出入的。因为近年在北戴河、滦县、唐山、旧宁河、天津各地都先后发现了先秦时代的遺址和遗物，具体显示出这些地方当时不仅不在海中，而且是人們活动的所在。这几个遺址中北戴河、滦县的遺址和遗物还早于战国时代，可見当时那里的海岸是和现在相彷彿的。至于唐山，由当地所发现的战国时代墓葬来説，应該是当时一个人口稠密地区，更显明的是旧宁河和天津的遺址。在这两个遺址中都发现了貝丘，可見原来距海岸不会过远。旧宁河遺址发现的地方是在宁河镇东北二里，当地现在距海岸約五十余里。天津遗址发现的地方是在东郊張貴庄，距大沽海口約四十公里。就这一点説来，这一带的海岸从先秦以来变化是不很大的。①

应該注意的是黄河入海口附近的情形。黄河河道經过多次的改变，当然入海口也就有了不同的所在。最初对于黄河作有系统的記載要数到《禹貢》，但禹貢在导河一段的后尾却只説了一句"同为逆河入于海"。这就不得明确的説法。后来一些人們对这一点作了若干説明，大致都同意

① 见安志敏《河北宁河县先秦遗址调查记》(刊1954年《文物参考资料》第四期)，又见云希正《天津东郊发现战国墓简讯》(刊1957年《文物参考资料》第三期)，及1956年《文物参考资料》第八期文物工作报导《滦县发现新石器时代石斧等》。近年在張貴莊南北又陆續发现了几處先秦的遗址，见李世瑜《天津一带古代海岸线遗迹的调查》(刊1962年3月31日《河北日報》)。

31

在碣石入海。碣石在海边应該是沒有問題的。究竟在海边什么地方却有了很多的爭論。有的說在現在朝鮮北部。有的說在現在山东北部。朝鮮

---

① 《史记》二十九《河渠书》及《汉书》二十九《沟洫志》皆引《禹贡》，於河入海處皆说渤海，同样不算具体。《汉书·注》，臣瓒以为《禹贡》"夹右碣石入於河"，则河入海乃在碣石。《水经注·河水注》也说："河入海处旧在碣石。今川流所導，非禹瀆也"。

② 《禹贡》裡面有两处提到碣石，一在叙冀州一段，即臣瓒所引的一句。另外，在导山一段还提到"太行恒山至于碣石，入于海"。看来碣石在海边是無疑義的。《尚书正義》引鄭玄说，《战国策》碣石山在九门縣。九门縣在今河北藁城縣境。《史记》七十四《孟子荀卿列傳·正義》说，幽州蓟縣有碣石。藁城、蓟縣距海皆遠，不合《禹贡》的意思。

③ 見《史记·夏本纪·索隐》引《太康地理志》。

④ 《山海經·海内东經》郭注："今濟水

自滎陽卷縣東經陳留，至濟陰北，東北至高平，东北經濟南，至乐安博昌縣入海。今碣石也”。郝懿行《笺疏》说：“《水經注》引此經郭璞注云，濟自滎陽至乐安博昌入海，今河竭。蒙卿氏以濟水仍流不絶，故以郭說為非。然则此注文‘今碣石也’，当从《水經注》作‘今河竭也’。蓋傳說之譌耳”。然《水經注》仅言濟水，不言黄河，何以见並有河竭的記載？郭注原文似不应輕改為是。

32,

北部臨海，黄河如何能流到那里，山东北部也非古河經流之处，当然都难当負責的意思了。一般的說法是在河北省东北部海边。可是問題还是

---

①关于碣石山在现在河北省东北部海边的说法有不同的记载。《漢书》二十八《地理志》，"右北平郡驪成：大揭石山在县西南"。（大揭石山當从王先謙《漢書補注》說改為碣石山。）又《地理志》"遼西郡絫县：有揭石水"。驪成，依胡渭《禹貢錐指》說，當在今河北乐亭县境，絫县在今河北昌黎县境。按《地理志》仅说絫县有揭石水，並没有说有碣石山。《漢書・武帝紀・注》引文穎说，"碣石在遼西絫县。絫县今罷屬臨渝"。《水經注》四十《禹貢山水澤地所在》也说，"碣石在遼西臨渝县南水中"。楊守敬《前漢地理圖》繪臨渝於今遼寧義县。義县距昌黎过遠，如果臨渝在義县，則絫县廢省之後，如何能以其旧地併入臨渝。《水經・濡水注》引文穎的話，並说，"今枕海有石如甬道數十里，當山頂有大石如柱形，往往而見。

立於巨海之中，潮水大至，則隱，及潮波退，不动不没，不知深浅，世名之天柱橋也。状若人造，要亦非人力所就。韦昭亦指此为碣石也"。濡水即今滦河，则所谓碣石，和辽宁义县是无关的。在此以外，还有说碣石山在今河北省旧卢龍县的。《魏書》一〇六《地形志》、《隋書》三十《地理志》、《括地志》、《通典》一七八《州郡》、《通志》四十《地理略》皆从此说。然旧卢龍县实无此山，難成定論。《水經注》雖引文颖的说法，定碣石山在昌黎南，不过却把碣石山说在海中。碣石山怎样又到了海中，郦道元在《水經注》中还曾一再作了说明。他在《禹貢山水澤地所在篇》说，"海水西侵，歲月逾甚，而苞其山，故言水中"。在《濡水注》中他又说，"昔在漢世，海水襄陂，吞食地廣，當同碣石，苞淪洪波"。在《河水注》中他更说："漢司空掾王璜言曰，往者天嘗連雨，東北風，海水溢，西南出，浸數百里。故張君云，碣石在海中，盖淪於海水也。昔燕齊遼曠，分置營州。

本頁續接上頁。

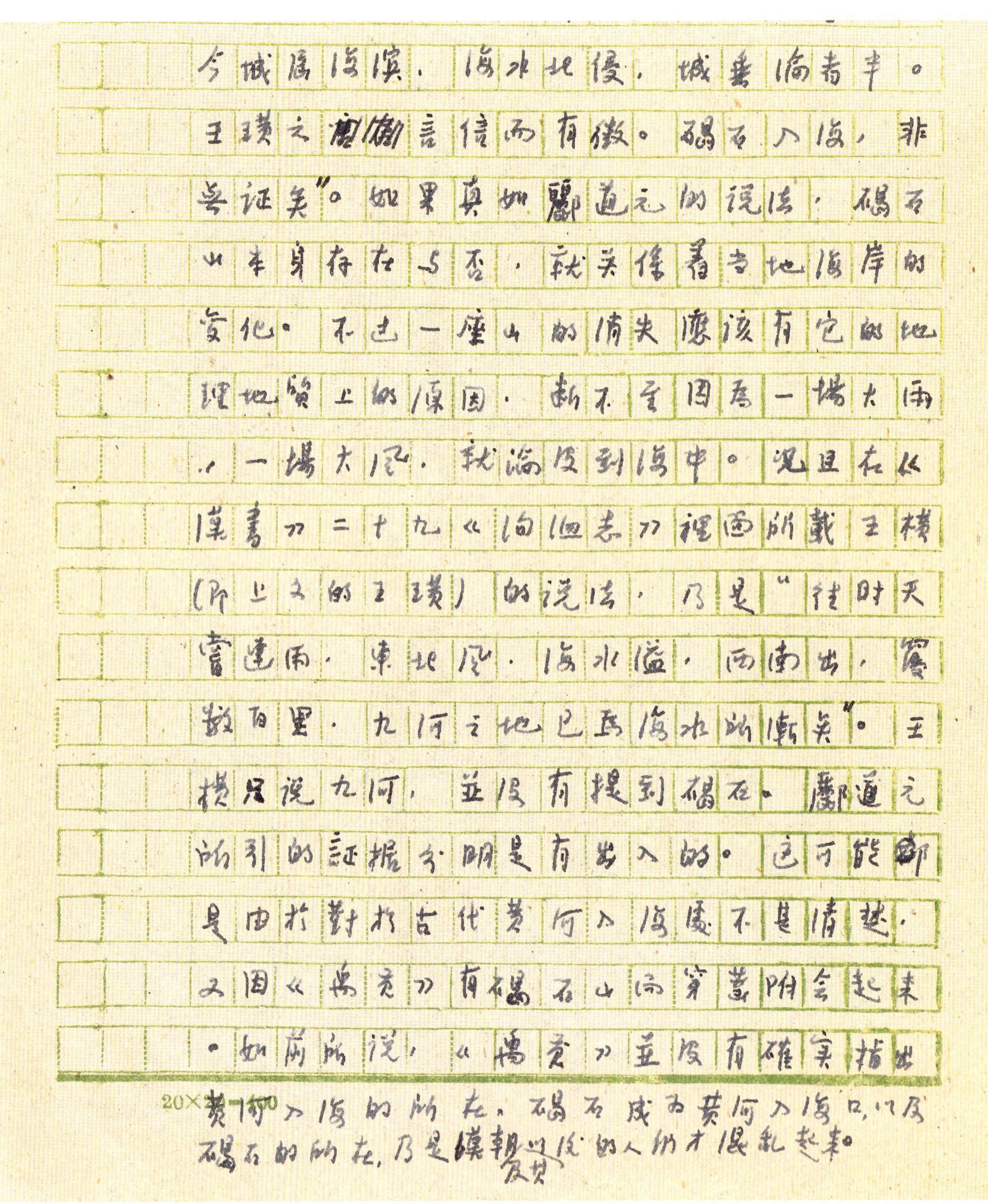
今城屬海濱，海水北侵，城垂淪者半。王璜之言信而有徵。碣石入海，非無証矣"。如果真如酈道元的說法，碣石山本身存在與否，就關係着當地海岸的變化。不過一座山的消失應該有它的地理地質上的原因，斷不至因為一場大雨、一場大風，就淪沒到海中。況且在《漢書》二十九《溝洫志》裡面所載王橫（即上文的王璜）的說法，乃是"往时天嘗連雨，東北風，海水溢，西南出，寖數百里，九河之地已為海水所漸矣"。王橫只說九河，並沒有提到碣石。酈道元所引的証據分明是有出入的。這可能即是由於對於古代黃河入海處不甚清楚，又因《禹貢》有碣石山而穿鑿附會起來。如前所說，《禹貢》並沒有確實指出黃河入海的所在。碣石成為黃河入海口，以及碣石的所在，乃是漢朝以後的人們才混亂起來。

20×20=400

本頁續接上頁，原稿三頁拼接。

35

没有澄清。河北省东北部以南就是渤海。黄河当何能够流到那里？有人说，原来渤海没有那样广阔，只缘西汉末年有一次大风雨，渤海水溢，海岸因而有了崩溃，河道也就沦陷。①这个传说不必问它的真实与否，如果真的把黄河水道大段沦陷，在地文上没有得到证明，看来那是渺茫难稽了。有人说，可能是由渤海北岸流过去的。②但是渤海北岸象滦河、辽河、海河各水都是由北向南流的，黄河怎样会越过这些河流而由西向东流去？如果不是那一带的地形有所改变，和现在有很大的不同，则这样的说法就是由于对当地的情况模糊不清才和事实不相符合。

其实根据西汉时期的记载，也还可以推知《禹贡》中所说的黄河入海的处所。西汉时期黄河始是在当时的章武县入海的。③西汉

① 见《汉书》二十九《沟洫志》，即上面注文中所引的王横的说法。

② 见《尚书正义》。

③ 见《汉书》二十八《地理志》金城郡河关县条。

20×20=400

34

的章武故城在现在河北省沧县东北。中段在沧县东北章武故城起直至海河南北。在宋时曾未再设县治。原来章武县的辖境北边究竟至于什么地方，也还有待于稽考。不过当时黄河入海之处总是在这一区域之内。汉以前的黄河的下游虽和汉时不同，但它所经行的路线到汉时却仍为其他河流所资用，因此还可以推知。据说那时的黄河入海处应该是在现在河北静海县境。①

① 《禹贡》之导河记古代黄河的下游说："播为九河，同为逆河，入于海"。胡渭《禹贡锥指》之解释这段话说，"所谓海乃东海，在碣石之东。而说者以为渤海，由不知渤海故逆河，皆为海所渐耳"。胡渭虽如此说，但他解释流入渤海的那一段河道，仍说是在现在天津附近流入渤海的。谭其骧先生在《海河水系的形成与发展》一文中附考一《古大河》与汉大河入海处不在今天津之考中说："汉以前古大河入海之道可知者二：其一，循

加印加注意：這裡似十六行，行首也應該空三格，和上邊一律。

漢世滱河入海。漢滱河入海处在文安縣境，約當在今靜海北境之楊柳青附近。古大河入海处當在鎮西不遠。其二，循漢世虖池河入海。《禹貢》又北播為九河。《爾雅》釋九河，首曰徒駭。《錐指》據《漢書·溝洫志》許商之言考定徒駭為九河最北一支。亦即古大河主流，其言可信。許商言徒駭見在成平（《清統志》故城今交河縣東）界中。《漢志》成平縣下亦云，虖池河，民曰徒駭河。周初古大河當由漢虖池河入海。《漢志》虖池河東至參戶，（《清統志》故城今青縣西南三十里木門鎮）入虖池別河，別河又至東平舒入海。其地約當在今靜海南境唐官屯一帶。古大河入海处亦當距此不遠。介乎此二者，則漢虖池河之北，滱河之南，又有泒河，其水亦稱河，疑古代亦當為河水所經行。其入海处亦在漢文安縣東北境，約當今靜海北境獨流鎮附近”。

20×20=400

本頁續接上頁，原稿兩頁拼接。

35

这样说来，古代的黄河入海的处所虽和西汉时有所不同，但都是在渤海湾的西部入海，和河北省东北部所谓的碣石山是没有关系的。黄河在两汉之际改道後，有一段较长时期再没有流经此间。不过到了宋朝，它还曾在这一带入海过。除过黄河以外，在这一带入海的还有组成现在海河的各条河流。

黄河和组成海河的各条河流都夹带着很多的泥沙，这对当地海岸的变迁是会起一定的作用的。当然海中的风浪和潮流所带来的沉积物，以及其他的作用，都会促使沿海的陆地有所扩张。曾近来李世瑜先生对于天津一带古海岸线的遗迹曾经作过实地调查，而且提出一些新的说法。根据调查，他发现了在距离现在海岸的一些地方有远近不同的三道蛤蜊堤。距离现在海岸最近的一道蛤蜊堤南北起宁河县芦台镇北的闸口，中经天津东部的泥沽，南迄天津南郊的上古林。上林古以南的蛤蜊堤还一直延伸到黄骅县的歧口，和现在海岸上的蛤蜊堤相连接。第二道蛤蜊堤，北起宁河县的赵学庄，中经天津东部的张贵庄，

20×20=400

36

南迄于黄骅县的苗庄子。第三道蛤蜊堤，北起天津市的育婴堂，南迄于静海县的团泊洼。他认为第一道蛤蜊堤是宋代以前的渤海湾西部的海岸线，第二道蛤蜊堤是战国以前的渤海湾西部的海岸线，第三道蛤蜊堤是夏代以前的渤海湾西部海岸线。① 见附图

蛤蜊堤不论它的成因如何，它的堆积有相当的长度和高度，是可以认作某些时期的海岸线的。李世瑜先生曾经征引了若干史料，以证明他的说法。如第一道堤所经过的芦台和军粮城都是在唐朝末年始见于记载，而宋人也曾以泥沽海口为天险的地方。这样的说法是可以相信的。侯仁之教授也曾根据《太平寰宇记》所载御河在独流口入海的记载，指出这个独流口就在现在军粮城的西南沿河一带。又根据同书所载沧州至海口东北的距离为二百五十里，沧州东至海一百八十里的记载，推出宋朝海岸这一带的——

① 见李世瑜《天津一带古代海岸线遗迹的调查》(刊1962年3月31日和4月3日《河北日报》)。

20×20=400

37

線的輪廓。①這個輪廓和這海河以南的第一道蛤蜊堤相仿佛的。(附圖六)

李世瑜先生在論述第二道蛤蜊堤時還特別指出在這道堤的近傍曾經發現過古代人們居住的遺址和墓葬。除前面曾提過的宁河縣和張貴庄外，還有巨葛庄、商岑子等十三處。和張貴庄一樣，其中大部分是屬於戰國時代，也還有下及秦漢時代的。遺址和墓葬的繁多，說明這道堤上當時人們活動的頻繁。尤其是張貴庄和巨葛庄分處海河兩岸，顯然可以証明已經有了海河的形成。但是根據文獻的記載却不是如此。現在的海河本是匯集河北平原若干河道而成的，其中有滹沱河、漳河、唐河、永定河及白河等。這些河流在漢時還是各自入海。②大致到了三國之前

---

① 見侯仁之《歷史時期渤海灣西部海岸線的變遷》(刊1957年《地理学資料》第一期)。

② 見《漢書》二十八《地理志》。

38

才汇合在一起，成为海河。这说明当地已经成陆，所以会流聚为一个河道。④以文献的记载和当前实地的情况看来，海河的起点应在以张贵庄为中心向南北伸展的贝壳堤以西。这就有了问题了。如果张贵庄南北的贝壳堤为战国以前的海岸线，则汇成海河的河水也应该在战国以前合流，才合乎事理。如果汇成海河的河水合流的地方在三国以前才成为陆地，为什么张贵庄附近在战国以前就已经形成了一道贝壳堤？这还是值到思索的事情。这里尚且如此，再往西去也就更难说了。

天津附近的成陆虽不算很晚，但附近城市的設置却不算很早。秦汉以后很长时期这一带的县治没有大的变迁。直至唐朝末年始于今滄县东北八十里处設置乾符县。②北宋又于今旧青县設置乾宁军。③金时又于今静海县地設置靖海县。④元人始于現在天津地方置海滨镇，明朝在这里設卫。⑤

① 见侯仁之《历史时期渤海湾西部海岸线的变迁》。

② 见《新唐书》三十九《地理志》。

③ 见《宋史》八十六《地理志》。

④ 见《金史》二十五《地理志》。

⑤ 见《读史方舆纪要》十三《天津卫》条。

清朝又在这里設州置府①。自此以后，天津日渐重要，和北宋以前一片荒凉的景况迥异。天津的发展自有它的客观原因和本身的地理条件，不过这一带設置县邑一再增多，也显示出当地的海岸有向外伸张的情形。

黄河入海处在两汉之际由現在的河北东部移至山东东北部。后来虽还不断还有改变的情况，但总起来說在現在山东东北部入海的岁月还是比較多的。当然这里的海岸綫也就不可能没有变化。从这一带城市設置的时代看来，显然可以看出宋朝以后的情况和以前有了不同。現在山东东北部的县邑有许多都是在秦汉时代設立起来的。从秦汉到隋唐很少有新建置的情形。可是由宋时起就有了改变，宋时始于今沾化县置招安县②。至金时又設置利津县③。招安利津两县的設置显示出这一带的海岸已向外伸出。至于利津以东旧垦利县的設置则是近代的事情。据清初的記载，利津县至海，相距仅三十里④。現在旧垦利县离海大約已在百里上下。就这一带黄河处来說，現在显然是作扇形突入海中的。

二．江苏北部的海岸．长江三角洲向海中的伸张。

还应该注意到的是淮水入海处附近。这里虽没有渤海西部海岸那样变迁的明显。但是海岸向外伸出却也事实。和河北省东部和山东省东北部一样，这里也曾经为黄河作为入海的地方，当然也受到它的影响。不过这也不能一概而

① 见《清世宗实録》三十六及一〇三。

② 见《宋史》八十六《地理志》。

③ 见《金史》二十五《地理志》。

④ 见《读史方舆纪要》三十一《利津县·海》条。

40

論。由現在江蘇省北部沿海向南，連雲港在新海連市東面的連雲港躍然得向海中突出。隴海鐵路自西而來，直達於海濱。這本來並沒有引人注意的地方。不過如果追顧這裡的歷史，就可知道當地的變遷還是不小的。現在的連云港和它西面的云台山周圍的地方，在從前就是孤懸海中一個大洲，稱為鬱洲，也有称為郁州的。南北朝時还曾經作為南朝的青冀二州僑治的所在。①這個靠近海岸的孤島在清朝後期所繪制的地图中和大陸还不相連接，②可是近年的地圖中却已看不見島嶼的痕跡了。這裡和黃河以南有一段距離，大致不会受到它的影響。這裡自來是沭河入海的地方。沭河源流雖不很遠，但也在距今不遠的旧社会裡也成了土壤侵蝕的嚴重地区，③也許是上游的水土流失，促成了海口的變化。

① 見《宋書》三十六《州郡志》及《南齊書》十四《州郡志》上。

② 見《大清一統輿圖》。

③ 見《水利是農業的命脈》第一集。

41.

當然，再往南由连云港去，到昔黄河口时的附近，发生的情况也较比较显著了。更远的时期暂不必说起，据北宋时的记载，由漣水县城东至海岸大約有一百四里。現在的海岸显然比那时为远。漣水县东南的盐城县原来是汉朝的盐瀆县。就县名来看，分明是一个晒盐的地方。直到北宋时代，这里还有九所盐场分布在海边。为了防止海水冲刷农田，远在唐代中叶，李承为淮南节制判官，就在这里修筑捍海堰。北起現在的淮阴，南达南通泰州县。到宋时范仲淹又加修葺，所以也称范公堤。盐城县东門外二里多地就是范公堤经过的处所。現在看来这条隄道离海已相当的辽远。这样的变化情形如果用較近的事实証明，当更为明显。現在淮安县东北二百多里处的云梯关本在旧黄河的北岸。以前原无这个关名。清初靳辅治河时，才有关内和关外的分别。当时筑隄也只是到十套而止。后来到道光时，前后相去仅一百四十多年，可是十套以下，新灘新社的名称就接踵起来，淤出来的新地大約已有二百多里。这一带的城市两汉以后很久都没有新置，可是在清朝就在漣水县东盐城县界增設了一个阜宁县。近来在阜宁县东北又增設了一个濱海县。另外在盐城县东北还新設了一个射阳县，盐城县东南設立了一个大丰县。（附图三）

不为人们所重视

①见《太平寰宇记》十七《漣水军》。

②同上一二四《盐城監》。

③见《讀史方輿紀要》二十二《盐城縣》条。

④见武同舉趙世暹《再續行水金鑑》一五一。

20×20=400

42

至於更南的长江入海的地方却也有相似的情况。如前所述，长江所挟带的泥沙虽較少于黄河，但长江入海口的泥沙沉积的现象却也十分显著的。崇明島的形成就是一个例証。唐初这一带江中才涌出两个沙洲，称为东西二沙。当然面積不会很大。到五代吴时，楊溥始在西沙設崇明鎮。北宋时又两次漲出两个沙洲，和以前合計，共总是三次漲出，所以称为三沙。到元时就在这里設置崇明州①。这样看来，长江入海处的海岸向外伸長是很显然的。

就以长江入海处附近县邑的建置也可以看出这样的情形。远在周时，吴国建国于东南海隅，其都城先設于梅里，后移于闔閭城②。梅里在今江苏无锡。闔閭城即現在的苏州。汉朝又在东部設置婁县③，就是現在的昆山。現在的松江以前是华亭县。华亭这个名称在三国吴时已經有了④。晉时又在今常熟县設海虞县，在今江阴設暨阳县⑤。上海設县虽迟至元时，然东晉虞潭、袁山松等人已先后在今上海市区以西青浦县附近建筑过沪瀆垒⑥。至

① 见《讀史方舆纪要》二十四《崇明旧城》条。

② 见《史记》三十一《吴太伯世家·正義》。

③ 见《漢书》二十八《地理志》。

④ 见《三国志·吴志》十三《陸遜傳》，《晋書》五十四《陸機傳》。

⑤ 见《晋書》十五《地理志》。

⑥ 见《晋書》七十六《虞潭傳》，又八十三《袁瓌傳》附《袁山松傳》。並见譚其驤先生《关於上海地区的成陸年代》（刊1960年11月15日上海《文滙報》），又《再論关于上海地区的成陸年代》（刊1961年3月10日上海《文滙報》）。

43.

于長江入海口以北的地方，汉时仅于現在泰州县設一海陵县①。东晋时始設如皋县于今如皋县境，設临江县于靖江县境②。南通和海門两县都是到五代后周时才設立的。南通县在初設立时还称为静海县③。直到1928年，还在海門县东增設了一个启东县。

正因为有这样的情形，所以就有人因此立說，来說明長江入海处的变迁。以前丁文江曾經就沿海城市建置先后的年代推算，得出一个結論，說是長江三角洲每六十九年向海方伸長一哩。接着海定斯坦因（V. Heiden-stam）就長江所挟带的泥沙量加以計算，也說長江入海处的海岸每六十年伸長一哩。泥沙沉積誠然可引起海岸的变化，但若委之为惟一原因，却也未尽。他們更說，如果由江苏北部东台县向南画一南北綫，东南延長經太仓、嘉善，再南到海边。并且指出在这条綫以东的所有城市，都建立在九世紀以后，因而說，城市設立的年分是跟着它的去海远近而异的。海濱城市的建置可說明当地陆地已經十分巩固。但并不一定即可肯定海岸綫的所在。据近年考古发掘，则上海市属的青浦县淀山湖里曾經发現过新石器时代遗址④，上海县馬桥鎮的俞塘村也发現了青銅器时代遺址⑤。除此以外，还有青浦县的崧泽村、松江县的广富林村、机山、戚家墩、钟贾山、山阳港、北干山等处⑥。这些遗址虽间有晚至春秋战国时代的，

---

① 见《漢书》二十八《地理志》。

② 见《晋书》十五《地理志》。

③ 见《宋史》八十八《地理志》。

④ 见《考古》1959年10月号。

康捷《上海淀山湖发现新石器时代遗物》（刊

⑤ 见1960年《考古》3月号。

上海市文物保管委员会《江苏上海县马桥俞塘新石器时代遗址调查》（刊

⑥ 见《上海郊区发现九处远古时代文化遗址》（刊1962年1月29日《人民日报》），及黄宣佩《考古发现与上海成陆年代》（刊1962年2月18日上海《文汇报》）。

20×20=400

244

但大部份却都是新石器時代的遺物。這都説明這些地方在設县以前早已經成为陆地，而且很早已經有人們在这里居住了。尤其值得注意的是上海市南边海濱的金山卫也曾經发現过新石器时代的遺址，說明在数千年前，这里的海岸已大致和現在相仿佛了。（附图8）

就以長江入海处来說，泥沙沉积固可使海岸向前伸張，江水或海潮的冲击却又可使沿岸陆地形成崩塌的現象。海門县境沿江地方的变化就是一个例証。海門县的建設远在五代时，但元朝末年沿江地方就有了崩塌的情形，由明时起直至清康熙中叶还不断发生这种現象，不仅县境全部淪陷，就是县西的通州境内也塌下了几十里。后来逐渐伸張，才又恢复县境。崇明島的形成跟陆地是由于泥沙的堆积，但江水的侵蝕却也曾使崇明县城一再的迁徙。这样的崩塌現象在江浙两省間的海岸也是不少有的。唐宋以来累次在这一带兴建海塘，工程相当艰巨，海塘的所在由江苏常熟循海濱向东南行一直达到浙江的紹兴和上虞。工程虽然浩大，只是减低了崩塌的速度，某段的海岸却并未因此而完全永久巩固下来。

長江入海处的海岸虽由于海潮的侵蝕而有崩塌的情形，一般說来，海岸究竟是向前伸長了，不过伸長的情形却并不能完全一样。即以長江入海口以南各地而說，就是如此。不論这一地区的县城建設次第如何，

但由上述的淀山湖、金山卫及其他古新石器时代的遗址看来，當地的成陸實為時甚早。不過這並不等於說在這些地方以來，一直到現在的

① 見《文物参考资料》1954年1月號《文物工作動态》。

② 見《讀史方輿紀要》二十四《崇明舊城》条。

③ 見鄭肇經《中國水利史》第七章《海塘》。

20×20=400

海边都是一样的。由这些虑为现在代远地的地方到现在上海以东的海岸，相距并非甚远，就是这一隅之地，也有若干差别。据谭其骧先生的研究，现在上海市全境各地区的成陆年代，由西到东，先后相差至少在三千年以上。在三十年多前就已出现的第一条海岸线，是冈身中的最西一条，亦即太倉漕泾一线。所谓冈身乃是当地人们对于绵亘的沙岡的称呼。由这第一条海岸线直到公元第四纪，二三千年中，上海地区的海岸线伸展甚缓，一直还停留在宽度不超过二十里的岡身地带。直至四世纪以后，海岸线才迅速伸展，七八世纪之间市区西边一部份开始成陆，到十一世纪中叶即全部成陆，七百年间就涨出了五十多里。① 上海市区的西部在新石器时代已经成陆，则在更西的地区当然也不会太更遲的。由于長江入海口不断向外伸長，陆地固然发生变化，就是交通港灣也因之而有盛衰。唐时揚州为中外通商口岸，諸國海船可以随潮水的涨落而至于揚州城下，曾几何时，上海就代替了揚州的地位，而成为沿海有数的商埠。

① 见譚其驤先生《关于上海地区的成陆年代》及《再論关于上海地区的成陆年代》。

不过还应该指出，河流所含的泥沙固可使海岸向前伸张，河流或海潮的冲积却又可使沿岸的陆地形成崩塌的现象。海门县境内沿江地方的变迁就是一个例证。海门县的建立还在五代之时，但元朝末年沿江地方就有了崩塌的情形，由那时起，直至清康熙中叶还不断发生这种现象，不仅县境全部沦陷，就是县的附近州境内也塌下了几十里。后来逐渐伸张，才又恢复县境。崇明岛的形成显明地是由于泥沙的堆积，但江水的冲击却也曾使崇明县城一再的迁徙。①这样的崩塌现象在江浙两省间的海岸也是不少有的。远在汉世，钱塘江海口就有过防海大塘的修筑。②唐宋以来，累次在两省之间兴建海塘。工程相当艰巨。③虽然如此，但在宋时，还发生了海盐官县境（今浙江海宁县）

---

①见《读史方舆纪要》二十四《崇明旧县城》条。

②见《水经·浙江水注》。

③见《新唐书》四十一《地理志》杭州盐官县下及《宋史》九十七《河渠志·东南诸水》。

陸沉的情事。元末鹽官縣南距海岸還有四十多里，當地本有一條捍海古塘，防禦海水的冲击，由於潮水的衝擊，遂使縣南四十餘里盡淪於海。①這固然由於人謀的不臧，對於海塘未能隨時檢修，致肇此奇禍，海潮冲击力的巨大也可以看到一斑。

不過就整個江浙兩省間的沿海各地看來，雖偶有崩塌情事，但海岸的向前伸漲還是顯然可見的。

三、小結

由於土壤的侵蝕，泥沙是會隨河流冲下的。除過在中游地区沿流沉澱而外，往往會被冲到海口，受到海潮的反冲，逐漸堆積，遂使河流入海附近的岸也向前伸漲。正因為如此，黃河及其他一些含沙較多的河流的入海處，海岸就難免有所變遷。就是長江口外也有同樣的情況。

海岸的變遷本來是一個複雜的問題。沿海陸地的伸漲和河流挾帶的泥沙不無關係，但

① 見《宋史》九十七《河渠志·東南諸水》。

20×20=400

中国历史地理

第二章　第六节

古今氣候的同異

20×20=400

第六節　古今气候的同異

一、古今气候寒燠的变迁

古代气候的情形怎样？在悠久的岁月中有没有显著的变迁？古今的气候是不是互相仿佛的？这些现象对于往昔人们的生活和经济文化的发展都有密切的关係，是值得注意的问题。

探求这些演变的情况在目前还是比较困难的课题。气候的变迁既是一種自然的现象，则对于有关的自然环境会发生一定的影响，也许还留下若干的痕迹。不过時易世遷，历年久远，这样的痕迹不是早已泯灭湮没，就是難于蒐罗稽考。固然历代的传说和文字的记载还不乏有关的材料，然詳略不同，繁简各異。况且我国幅员广大，南极和极北迥然不同，而历代记载又往往限于某些地区，即令完备无缺，也是有一定的局限性的。当代学者们的撰著虽不時有所发表，其間也不無同異之處。这裡所論述的，也只是前哲時賢的看法，略事鉤玄提要而已。

20×20＝400

2

由於古代的黄河流域曾經成為經濟和文化发展的地区，也是若干王朝政治中心的所在，有关气候的记载較為豐富，可資稽考。长江流域继起，也逐渐成為人口較為稠密的地区。若干大氣的变易同样能引起人们的注意，而其經過也常見之於文籍的记录。論述往昔的气候也多偏重於这样些區域，也是合于常理的。其他各地材料較少，就難免有些遗憾。

据當代学者的研究，殷周時期的气候容或和现在有所不同。甲骨文為我國最古的文字，其中有求雨祈晴的卜辞，關當時農業的发展和若干獸類骨骼的发现，也皆与现在的情况不盡相同，有的学者就此证明在三千年前河南北部安阳附近的气候較现在為和暖。① 也有人认為春秋战国时期黄河流域種稻很多，植竹也不少，现在竹林破坏，稻田减少，因而得出了古代黄河流域的温暖程度与现在长江流

① 見胡厚宣《甲骨学商史論丛》二集《卜辞中所見之殷代農業》

20×20=400

3.

域差相仿佛的结论。①再往后来就是秦汉王朝。这一时期的记载较之前代已稍为丰富。有的学者就根据这样的记载，指出"秦汉时代黄河流域中下游大区域的常年气候和汉代中下游大区域的气候，无论是常态或变态，虽然与现在有一定的差异，但这种差异并不很显著"。②而竺可桢先生则根据历史上有关风雪大寒或陨霜杀稼等记载，指出自唐代以后各世纪的奇冷年份的多寡，并依此而断定当时气候寒暖的变迁。据竺氏的研究，则自第九世纪至于十一世纪，虽不乏冬季奇冷的年数，其间差异还不显得钜大。十二世纪冬天奇冷的年数达到了二十四次，十三世纪多了一半，达到了二十五次，到十

①见蒙文通《中国古代北方气候考略》（刊1920年《史学杂志》第二卷第三、四期合刊），又见《由禹贡至职方时代之地理知识所见古今之变》（刊1937年《图书集刊》第四期），又见《古代河域气候有如今江域说》（刊1934年《禹贡半月刊》第一卷第三期）。

②见文焕然《秦汉时代黄河中下游气候研究》。

4

四世纪达到了更高的纪録，竟有三十五年之多，足证當時十分寒冷。到了十五世纪，冬天奇冷的年数却只有十次，为自第九世纪以来所少见的一個世纪。显然可见，當時的气候已是趋於相當温暖。不过十六世纪奇冷的年数却又达到了十四年，雖仍较十四世纪为温暖，较之十五世纪却总显得寒冷。①而十七世纪，尤其是十七世纪的後半期，还是一個寒冷的時期。②十九世纪中叶，寓居於北京的俄国人曾對於北京的气候温度湿度雨量且有记録，雖所记只有二十多年，却也彌足珍贵。如以之与二十世纪初年相比较，两期间的年平均温度，有所差别，而相差实极为有限。不过根据这样差别所显示的情况，则二十世纪初期实较十九世纪中叶的一段时期稍为温暖。③在此以後，记録的

① 见竺可桢《中国歷史上气候之变迁》(刊1925年《东方杂志》第二十二卷第三號)。

② 见竺可桢《歷史時代世界气候的波动》(刊《光明日報》1961年4月27、28日)。

③ 见竺可桢《中国歷史時代的气候变迁》~~(已收在《中国近代科学论著丛刊》《气象学》中)~~(刊1933年《國风半月刊》第二卷第四期)。

5.

材料自然完備翔實，根據這些記録，可以看到二十世紀的最初四十年代中，氣候是在逐漸變暖的，而且是在上世紀的末葉已有變暖的現象。四十年代以後，又在逐漸的變冷，最近三、四年卻又有了變暖的現象。① 當然這個範圍幅員的廣大，各地並未能完全一樣，但黄河長江流域及其附近的情況大體可以看得出來。

諸家立論的根據不盡一致，有的是由文字記載從事探討，有的還兼採對於自然現象觀察的結果，時至較近，更徵據於儀器的記録。如果各家所論皆能翔實可靠，則有史以來各時期的氣候顯然是不完全一樣的。有的時期較為溫暖，有的時期卻又是較為寒冷。這裡應該就這些論点再作些必要的探究，而對有關較早時期的一些說法更應該如此。如上所述，根據儀器所得的記録自易接近於客觀的標準，在這樣標準的基礎上立論也較易獲得實況，而歷史上有關（接下不空格）

① 見徐長望《關於二十世紀氣候變暖的問題》（刊1961年1月26日《人民日報》）。

20×20=400

6

對於這些有異於常態的現象的注意，自亦有它的一定的確實的程度。竺可楨先生應用了這樣的材料，並以之與歐洲同時期的相似現象互相比照，其間的變遷如出一轍，這是值得深思的問題。竺氏又以日中黑子出現的多寡和這些現象參對，更顯示這樣記載的不盡虛妄。自第九世紀起，正是唐宋元明諸王朝，公私記載皆極豐富。其中即令偶有訛誤，也可互相參証，不至差錯過甚。再往以前，像商周春秋戰國時期雖然也有一些資料，還有待多方考較，始可得其結果。

關於商朝都城及其附近的氣候的問題，如前所說，一些學者認為是較現在為和暖，其和暖的程度甚至有如現在的長江流域或更南的地區。不過也還有人抱有不同的意見，認為當時黃河流域的氣候和現在並沒有什麼差異的地方。①持前一種意見的根據，是由於甲骨文中有不少關於下雨的記載，認為當時一年之中總

① 見董作賓《再談殷代氣候》（刊1946年《華西協合大學中國文化研究所集刊》第五卷）。

20×20=400

7

月不可以降雨，所以气候顯得温暖。再证以當時的農業的栽培和收获，森林和草原的分布，以及在安陽殷墟所发现的一些為现在當地所無的哺乳類動物的化石，皆可確定當時的气候和现在不盡相同。持後一種意见的則认為卜辞之中雖有不少的卜雨求雨的记錄，並不能认為就可以証明當時確是陰雨不少；因為如果當時真的就是無月不可以降雨，則人們將不会再乞求龟甲预示降雨的日期，而是将盼望雨止天晴的時间。據甲骨文的记錄，卜雨求雨的條文確是不少，而卜延雨和卜啟的却不是太多。延雨就是指的連陰雨，而卜啟則是希望得到晴天的朕兆。这样的卜记錄並非全年皆有，祇是限於四月至九月的夏秋季中。这也证明了春冬雨季和夏秋雨季是不完全一样的。以前後兩種不同的說法相比較，後一種意见是容易取得人們的同意的。

　　不過气候的变迁不僅从雨暘方面可以顯示出来，其他一些有关现象也会受到影响，而顯出不同的面貌。動植物的生存和发展就是和气

8

候的变迁有极密切的关系。殷墟的发掘曾发现不少的哺乳类动物的骨骼，值得注意。这些动物有的还可以在现在安阳附近看到，它们原来就是当地的产物，这是没有问题的。有的现在在安阳附近却已无踪迹可寻，如竹鼠、象、貘、犀牛等现在只见于南方热带地方，如熊等又只见于北方寒带地方。这样寒热不同产地的动物同见于殷墟，似难于解释当地的气候。有些学者认为它们能够在安阳同时出现，可能是人力从外处搬运来的。① 殷代的统治阶级喜好田猎，如果这些动物皆为殷墟附近的产物，它们当有被猎获的可能。而卜辞中除象以外，皆未见猎获这些动物的记载。可见外来的说法是有可能的。

这就应该稍稍探究象的问题。殷墟中发见象骨，自然也有外来的可能。但外来的动物绝不能纵之田野，再设法猎获。卜辞田猎既有获象的记载，似为当地所自有。不仅殷人田猎获

① 见杨锺健、德日进《安阳殷墟之哺乳动物群》（刊1936年《中国古生物志丙种》第十二号第一册）。

20×20=400

9

象，殷人还曾服过象。①在文字的構造中也有这样的迹象，"為"字的最早的形式就是从手牽象。可見象為當時尋常服御的動物。②这样說来，殷代都城附近曾經有过象的踪跡也是可能的。如果真的如此，这大致可以反映出當時的气候是較現在為温暖的。

适於動物生存的條件，相應的温度只是其中重要的一端，别的因素也是應該有的。殷代黄河中下游各地森林遍地，湖泊羅列，比較潮濕。森林之中，湖泊旁边，潮濕當更顯著。象在这样环境裡，生殖繁衍，也許是有可能的。後来森林逐漸砍伐罄盡，湖泊也逐漸乾涸，气温也有所变迁，再加上人為的迫害，可能逐漸向南遷徙，遂使黄河两岸竟尔絶跡。據說北宋時期，在现在河南西南部的山地还曾經發現过象的踪跡。③如前所說，北宋時黄河流域的气温並不較現在為温暖，可是現在河南西部山地在

①见《呂氏春秋·古樂篇》。

②见羅振玉《殷虚書契考釋》中。

③见《宋史》六十六《五行志》。

20×20=400

10

當時都是山林斲伐，使殘存的竹林只能散佈在其間。

春秋戰國時期上距殷商還不算是過遠，氣溫變遷也許還不致過於懸殊。說當時黃河流域的氣候較為溫暖不是沒有可能的。說是溫暖的程度有如現在的長江流域，而且以當時黃河流域栽竹種稻為証，則是還可以商榷的事情。黃河流域在春秋戰國時期有些地方固然曾經有過猗猗的綠竹，也曾經有到處的稻田。但並還不能說自那時以後，黃河流域就沒有了竹林和稻畦。

其实北方栽培的竹后世也并不是十分稀見之物。就以淇水流域来說，产竹一直都是有名的。汉武帝堵塞黄河的瓠子决口，堵口的材料就是用的是淇园之竹。[1]东汉初年，寇恂为河内太守，也曾伐淇园之竹，制成百余万支箭，抵御自南而来的攻击。[2]光武帝能够在河北立住脚，和这宗事情很有关系。晋代优游清谈的竹林七賢，据說他们的游踪，就在现在河南辉县。[3]辉县正在淇水的附近。現在河南的沁阳，在清代是怀庆府治，也就是以前的河内郡治。直至清朝末年怀庆府的竹林还是到处丛生，与其他灌木和树林相交错，风景优美，为过往者所称道。产竹既多，竹器的制造自然也发达起来。近来报载，政府对于这一区域人民制作竹器的副业还曾經加以提倡。

---

① 見《漢書》二十九《河渠书》。

② 見《後漢书》四十六《寇恂傳》。

③ 見《明一統志》二十八河南衛輝府《七賢堂條》

11.

前若干年，有人曾經說过竹不过秦岭。这种說法显然是不合乎实际情形的。司馬迁在史記貨殖傳中已經提过渭川的竹林，并且說如果人家在这里能够有千亩的竹园，他的收入可以和千户侯等。班固在汉书地理志中也提过鄠杜两县的竹林，并且說它和終南山的林木相媲美。这一带的竹林从汉代起就已經由政府派人管理。那时的竹林相当广大，若干次人民起义的力量还曾一再以之作为根据地和封建統治者进行英勇的斗爭。据宋朝人的記載，这一带周围有百余里，西起鄠县，东到鄠杜，北至武功，都有竹林。甚至凤翔也都有竹的生長。金时規定司竹监每年采竹五十万竿作为修河的材料。元时又規定河南怀、孟，陕西京兆（今西安）、凤翔所产的竹可以发卖。当时給引竟至一万道之多。就是到現在，西安城中作竹器的手工业至今仍然聚在一条街道，这条街道就称为竹笆市。竹器的材料乃是产自盩厔鄠县和华阴华县。

终南山下的竹林还是很多，甚至渭北的

当然，黄河流域产竹的地方并不限于这几处。就以陕西来說，泾水流域的邠县根据明朝的記載，就曾有过茂林修竹的胜跡。陇山以西比渭水下游自然要旱些日子，可是陇山以西的竹树并没有因此而绝跡。唐时杜甫曾旅居天水附近，他所作的秦州雜詩，就曾三次提到竹树。唐朝末年有一次荒，陇西的人民靠着竹实果腹，救活了若干性命。甚至在洮

次

① 见《太平寰宇记》三十《司竹监条》。

② 见苏轼《苏文忠公诗集》四《李氏园》。[illegible]

③ 见《元史》四十九《食货志》。

④ 见《明一统志》三十二陕西西安府《山川条》。

⑤ 见杜甫《杜工部诗集》十。

⑥ 见《太平广记》四一二引范资《玉堂闲话·竹实条》。

水潦岸人們对于竹树也不認为是什么生疏的东西。①直到現在，宁夏回族自治区固原专区境內六盘山中还有竹林三十五万亩。不过再北到現在陕西延安附近，在古时就不是产竹的地区了。②

《后汉书》中曾記載有这么一宗事情：說是并州牧郭伋行部到西河美稷，有儿童数百，各騎竹馬于道次迎拜。③汉时并州治今太原西南，西河治今山西离石。这是說現在山西在古时是产竹的地方。这宗記載，到唐朝初年(?)很受到刘知几的譏評，說是太原无竹，儿童怎能有竹馬可騎？因为当时太原居民办丧事时所制的方相，就用荆条，而不用竹材。这样作法就是当地无竹的缘故。④其实太原并不是无竹，不过所产的不多而已。以前有些人喜用典故，称家书为竹报。这个典故出于唐末段成式所著的《酉阳杂俎》。据說太原童子寺中有竹一窠，寺里綱維每日报竹平安。⑤可見太原是有竹的。太原所产的竹有时多有时少，这可能是人們种植的数量有所变

① 见《太平廣記》四三四引《玉堂閒話·仲小小条》。

② 沈括《夢溪筆談》二一《異事》："近歲延州永寧关大河岸崩，入地数尺，土下得竹筍一林，凡数百莖，根幹相連，悉化為石。……延郡素無竹，此入在数十尺土下，不知何代物。無乃曠古以前，地卑氣濕宜竹耶？"又邵博《河南邵氏聞見後録》四也說："章子厚在丞相府，顧坐客曰，延安帥章質夫因校塹发地，得大竹根，半已变石，西边自昔無竹，亦一異也。"

③ 见《後汉书》六十一《郭伋傳》。

④ 见《史通》二十《暗惑》。

⑤ 见《太平廣記》三七一引牛肅《紀聞·竇不疑條》。

⑥ 见《酉陽杂俎》續集十《支植下》。

20×20=400

13.

史。元朝初年太原附近所产的竹还受政府的控制，作为一种税源。如果当时那里所产的竹没有一定的数量，如何会引起统治阶级的注目。

这样说来，用竹的种植地区的变化和稻的情况相仿佛，同样不能说明古今气候的变化。即古今气候有所变化，也是对于竹的种植没有很大影响的。

稻和竹黄河流域种植的情形也是相仿佛的。稻在春秋战国时期的种植是不少的，它成为北方一种重要农作物。后来农家学派对于它的种植也就不厌其详的加以纪载。西汉的氾胜之，东汉的崔寔和后魏的贾思勰，在他们的著作中，都予稻以适当的篇幅。贾思勰的齐民要术所说的尤为详尽。氾胜之所说的是关中情况。可知渭水流域在西汉末年稻的种植还是相当普遍。甚至在氾胜之之后的东汉初年，高允如陇上各地也是可以种稻的，马援曾在迷水附近种稻，并且获得丰收。崔寔虽然几代都住在洛阳，但他的祖籍却是涿郡安平，也就是现在河北旧安平县。他本人又先后在五原、辽东做过太守，这些都是黄河流域以北的地区。他的著作当然反映了这些地区的情况。贾思勰所记载的应该是后魏末年黄河流域的事实。

① 《元史》九十四《食货志》："至元二十三年，又用郭畯言，於衛州復立竹課提舉司，凡輝、懷、嵩、洛、荊、襄、益都、宿、蘄等處竹貨皆隸焉。在官者辦課，在民者輸稅。"

② 《氾胜之書》及崔寔《四民月令》皆见贾思勰《齐民要术》中引。

③ 见《漢書》三十《藝文志·注》。並参见石聲漢《氾胜之書今译初稿》。

④ 见《水经注·河水注》。

⑤ 见《後漢書》八十二《崔駰傳》附《崔寔傳》。

黄河流域中原地区只要有水灌溉的处所，都是能够種稻的。隋唐时期泾渭二水下游的关中就是一个種稻最盛的地区。西起陇山以东的汧阳（今陕西汧阳县），①东至洛水下游的黄河西岸，②北达到泾水以北的郑白二渠③和渭水以北的栎阳附近（今陕西临潼县北东），④都应该包括在这个地区之内。而都城长安的周围⑤及其附近的鄠、杜渼陂更是产米的中心。⑥直到北宋时，鄠县终南山北村落还是一片肥饶的稻田。⑦甚至远在祁连山下的河西也有稻米的出产。⑧至於北

① 见韦庄《浣花集》八《题汧阳驿县馆寄李学士别业》。

② 见《旧唐书》一八五下《姜师度传》。

③ 见《唐会要》八十九《疏凿利人》条。

④ 见《唐大诏令》七十三《开元二十六年正月亲祀东郊德音》。

⑤ 见《旧唐书》九《玄宗纪》及《唐会要》八十九《疏凿利人条》。

⑥ 见韦庄《浣花集》八《鄠杜旧居二首》。

⑦ 见苏轼《苏文忠公诗集》四《是日自磻溪将往阳平憩于麻田青峰寺之下院翠麓亭》。

⑧ 见《旧唐书》九十七《郭元振传》及《新唐书》一二二《郭震传》。

20×20=400

15

宋代何承矩在雄（今河北雄县）、莫（今河北任邱县）、霸（今河北霸县）三州及平戎（今河北旧新镇县）、顺安（今河北高阳县）诸军推广稻的种植，史为史册所称美。① 就在这太行山东和渤海之滨，元代的郭守敬、② 虞集以及，③ 明代的徐贞明，④ 汪应蛟、⑤ 左光斗、⑥ 和董应举⑦ 诸人都曾经为推广种稻而作过努力，徐贞明自己还著过一部《潞水客谈》阐明在北方兴修水利，种植水稻的道理。这些热心的人士虽未能都完全满足他们自己的心愿，但现在北京东面的玉田、丰润诸县从那时起就一直是以产稻见称，现在唐山市南面陡河沿岸有数万亩稻地、

① 见《宋史》一七六《食货志》及二七三《何承矩传》。

② 见《元史》一六四《郭守敬传》。

③ 见《元史》一八一《虞集传》。

④ 见《明史》二二三《徐贞明传》。

⑤ 见《明史》二四一《汪应蛟传》。

⑥ 见《明史》二四四《左光斗传》。

⑦ 见《明史》二四二《董应举传》

20×20=400

下稻地的村庄，就都是原来种稻的所在。① 其他如卢沟河、易水、唐河、滏阳河沿水沿岸平旷的处所，稻就已成为主要的农作物了。②

不仅黄河流域如此，再往北去，像黑龙江有牡丹江流域，③ 辽宁的沈阳，④ 新疆的焉耆、⑤ 库车、⑥ 疏勒、⑦ 于阗、⑧ 库尔勒和叶城⑨ 等处在北魏、隋唐以及清代都有不同范围的种稻地区。近年来由于劳动人民的不断努力，稻的种植区域不仅在黄河流域有了更多的种植，而且不断向北扩大。东北的国营江北、拉丹

① 见《皇朝（清）经世文编》一〇八朱轼《京东水利情形疏》。

② 同上朱轼《京西水利情形疏》。

③ 见《新唐书》二一九《北狄渤海传》。

④ 见方式济《龙沙纪略》。

⑤ 见《魏书》一〇二《西域焉耆传》。

⑥ 见《魏书》一〇二《西域龟兹传》，《隋书》八十三《西域龟兹传》及《新唐书》二二一上《西域龟兹传》。

⑦ 见《隋书》八十三《西域疏勒、于阗传》。

⑧ 见鄭光祖《西域见闻》。

14

江西岸①和新疆天山南路各處②有了更多的種植，就是更北的黑龍江南岸③和瑪納斯河流域④也都有了油綠的稻田了。

這樣看來，稻的種植不仅是黄河流域自来都有的事情，而且远远及於天山北麓和黑龍江畔。如果说，春秋战国時期黄河流域種了稻，就可以証明那时當地的气候的温暖程度有如现在的长江流域，那末现在的天山以北和黑龍江南的气候是否也会和长江流域相似？这自然是不符实際情形的推测了。其实黄河流域的種稻自春秋战国以後也时有盛衰，前後也不尽是一樣的，那是水利兴废的结果，和气候的变化关

① 见延边水稻丰産經驗考察组，《延边朝鲜族自治州水稻丰産經驗》（刊1956年《中国農报》第十四期）。

② 见智維庸《从歷史上看我国北方水稻的发展》（刊1956年《中国農报》第十八期）。

③ 见席偉中《我国最北方的水稻》（刊1957年12月9日《人民日報》）。

④ 见智維庸《从历史上看我国北方水稻的发展》。

20×20=400

18

係是不大的。

话又要说回来了。稻和竹的种植既不能证明黄河流域当春秋战国时期的气候温暖程度，那末，当时黄河流域的气候究竟是怎样的情形还值得注意。竺可桢先生以物候学的观点，对《逸周书》所记七十二候有关的鸟兽虫鱼的（来去）迁动以及草木花卉的萌芽开放作了研究。《逸周书》所根据的时令日期，表以阳历为准，与现在相对照。在此七十二候有关的事物中，竺氏择其可资~~列比较~~方证者三种以之和现在相比较，就是桃花初放，杜鹃初鸣和家燕初到的日期。据竺氏的考察，《逸周书》所记载的日期比诸现代记录，约有一星期至一月的提早。《逸周书》自是反映中原的情况，故知黄河流域当时的气候较现在为温暖。这样的对比自较以稻竹的种植作为立论的根据为合乎事理，也可以用以看出来当时气候的变迁①~~不过竺氏以《逸周书》为秦汉之间的作品，却又树失之稍晚。①~~

这种寒燠气候的变迁，各时期不尽相同。

① 见竺可桢《中国历史时代的气候变迁》。

20×20=400

也每是偶性，盖自然的环境变迁也会有其规律，不可以人力强制的。这样变迁也不仅我国为然，徵之于欧洲各地，也有相似的情况。根据竺可桢先生的说法，比较斯堪的那维亚半岛的气候在过去两千五百年中有三个轮廻，即相当于我国的春秋战国时期、六朝至唐中叶、清初至道光年间这三个时期，气候要比现在冷，而两汉、中唐到北宋、明代三个时期的气候，则和现在相仿，而在春秋以前，则较现在更热。①就温度来说，在相当于我国的战国时期、六朝、南宋、元及清初时期温度均较现时为低，西汉、唐宋与现时相仿，而在春秋以前则温度较现时为高。①欧洲距我国遥远，而气候的变迁竟然如此相似，是值得注意的事情。

二　气候的乾燥和湿润

近若干年来，一些学者多倡言我国北方的气候有日渐转变乾燥的说法，而主要的注意点是集中在新疆沙漠的变迁。新疆沙漠西距中亚

①见竺可桢《历史时代世界气候的波动》。

20×20=400

20

细亚的荒漠地区不远，其間有关气候的变迁也可能更有影响。就新疆来说，作此種主張的学者指出了在沙漠邊緣若干古代城邑曾經為黄沙所掩埋覆蓋，而終歸於荒蕪，樓兰古城和尼雅废墟都是顯明的例証。而若干河流的流量也有減少的趨勢，甚至河道也在縮短之中。昆侖山北麓的克里雅河、尼雅河以及安碟列河，以前曾經流到沙漠内部，而現在却在距山麓不遠的地方逐漸消失。相應而起的还有森林枯萎和田園废棄等現象。至於沙漠范圍的擴大則是随之而来的事情。这些学者更进而推論出：这样的变迁往往促成民族的遷徙和對外的侵略。①

这種气候变乾的現象，據説是在整個第四

①持这種意見的曾經有不少的学者。近来Б. М. 西尼村曾歸納了其中一部分学者的意見，撰写《亚洲中部气候变迁中的大地構造因素》一文，刊於《莫斯科自然科学研究者协会会报・地質学部分》1949年第24卷第五期。此文經楊郁華译出，刊於1956年《地理译报》第四期）。

20×20=400

21.

纪期间发展着的，直到现在还在继续着"。形成这种现象的原因，是"由于近期造山运动的发生，造成了昆仑山，喜马拉雅山，秦岭，吕梁山和大兴安岭等山脉。这些山脉成了阻止湿润季风进入亚洲中部的障碍，同时又是阻止干燥气团的反气旋气流向南移动的屏障，迫使反气旋气流流入塔里木，阿拉善和鄂尔多斯等盆地，以致在那些地方产生了荒漠"。①

这个问题追究得很远了，造山运动时期若干山脉的隆起阻碍湿润季风的吹入，使塔里木盆地等处形成变乾的情况，这是可以理解的。若干山地还在不断地隆起，使当地的气候依然受到影响，这也许是有可能的。不过这样的变迁是极为缓慢的，在千百年甚至数十年中是不易看出它有极为显著的差异。但从有史以来的情形观察，这些沙漠附近一些有关的变迁，还可能有其他的原因，未可一概而论。沙漠附近一些城市曾经是遭受到黄沙的掩没，但究竟是先有沙漠的侵袭使当地居人不能继续生活下去因而他徙的？还是有人为的因素掺杂在内，使地居

① 见B. M. 西尼村《亚洲中部气候变迁中的大地构造因素》。

20×20=400

民众迁徙，风沙才掩没了当地的田园？据考古学者的实地考察，后者应是主要的原因。譬如战争、流行病，以及经商路线的改易，都会促成某些城市的荒芜，人烟稀少，或者竟至无人时，自然不能阻止风沙的侵袭。楼兰和尼雅的没落，就是具体的例证。① 在楼兰古城和尼雅废墟之中皆有若干镌刻或书写在纸上的文件为考古学者所发现。这些东西皆赖干燥的气候才得保存至今。若在当时气候比较湿润，这些遗存物品可能早已腐朽，何待现在人们的发现。楼兰古城的废弃为第一世纪时事，尼雅废墟的荒芜为第三世纪时事。由此可见，这些地方在那时就已经相当干燥。这样的结论不仅为考古学者所提出，②而且为一些地理学家所承认。③根据具体的历史事实④看来，也应该是这样的。

① 见向达译《斯坦因西域考古记》

② 同上

③ 见吕炯《华北变旱说》（刊1941年《地理》第一卷第二期）及J. C. 贝尔格《论草原和荒漠的干旱问题》（刊1956年《地理译报》第一期）。

23

不过像天山南路大戈壁的周围一些河流比较以前已经有所缩短，确也是事实。如果不是当地的气候干燥，怎能发生这样的现象？不过河流流量的变迁，原因也是多方面的。新疆各處固然乾燥，长年雨量也不会很多。沙漠周围的河流多半源於附近山上冰川融解後的流水。冰川的规模也是有所变迁的。据说西藏高原上的冰川有逐年萎缩的现象，尤其接近新疆方面更显得突出，所以由昆仑山和阿尔金山北麓流下的河流逐年缩短，也就影响了沙漠的扩张和当地居民的生活。好在和阗河和叶尔羌河的上源由於雨量较丰，河水畅流无阻，河旁居民较为稠密，不至像楼兰和尼雅等處容易沦为废墟。①

塔里木盆地的沙漠是否有所扩大，一些学者尚有不同的意见。不论扩大与缩小，也都可能对当地的气候起着一定的影响。即令是扩大或者缩小，原因都应该是不只一端的。天山南路虽處在群山环抱之中，然东北方面实较为开

① 见吕炯《华北变旱说》。

24

敞，东北風經常吹来，使沙漠向西南移动。这也是一種自然的現象，亘古如是。尼雅廢墟雖受黄沙的掩覆，顯示出沙漠移动的力量。然葉尔羌河上游接近沙漠的地区却因人力的灌溉和开墾，后来全改易原来荒漠的面目。①葉尔羌河上游和尼雅河下游相距並不甚遠，其間乾濕的变迁可能不是过分的迥異。

这样的变迁如果由阿拉善和鄂尔多斯的沙漠看来也许更易曉然。阿拉善和鄂尔多斯諸地区和塔里木盆地東西適遥相對，塔里木盆地沙漠經常受东北風的侵襲，阿拉善和鄂尔多斯的沙漠也經常受到西北风的侵襲。所以一些学者認為这裡和塔里木盆地相似，皆像亚洲中部其他地区一样，氣候有了变乾的現象，从而使當地產生了荒漠，甚至使粉砂黄土經过这些地区再向东南迁移播。正如塔里木盆地的沙漠一样，这些学者仍然认為像这样的变迁在地質時期已經有所发展，直至

① 見向達譯《斯坦因西域考古記》

20×20=400

现在还在继续着。① 其实不仅阿拉善和鄂尔多斯的沙漠如此，内蒙古的沙漠，从额济纳迄阿拉善和鄂尔多斯，一直到内蒙古的东部，都有分布，东西蜿蜒成带，而且都有扩大的情形。这样的地区和塔里木盆地不尽相同，塔里木盆地南阻於昆仑山脉和阿尔金山脉，这些山脉固然阻碍东南湿润季风的吹来，当地乾燥的气候也不易越过崇山峻岭而影响到以南的地区。内蒙古的沙漠的南部虽然也有一些山脉，如合黎山、贺兰山、狼山、阴山等起着一定的阻隔作用，但这些山脉并非都连接在一起，其间宽旷平坦之处还是不少。鄂尔多斯沙漠就已在贺兰山之东和阴山之南。像这样的沙漠分布和扩大的情况是否对於当地及其东南的地区的气候有所影响？有些学者和上述的若干看法相类似，对这样的问题的答复是肯定的。他们认为沙漠的不断扩大，会促使气候日趋於乾燥，至少黄河流域各省就已经有了明显的变化。②

① 见Б.М.西尼村《亚洲中部气候变迁中的大地构造因素》。

② 见钱伯群《中国北方沙漠的扩张》（1934年《科学》第十八卷第六期）。

26

內蒙古各地的沙漠誠然有擴大的現象，而且有些地區擴大的現象還是相當顯著的。這些情况前文已經論述，這裡不必再重敷陳。不过這裡还应該約畧提及，北方的沙漠的擴大在若干地区並不都是一律的，就是在一個地区之内，前後也不都是一律的。就以鄂尔多斯来说，現在當地的廣大沙漠使農牧生産都受到影响。可是在歷史的記載中，當地的農牧生産却是曾經有过一定程度的發展繁榮的。遊牧生涯还須逐水草而迁徙，農業耕種就不能不有定居的处所。秦漢隋唐諸王朝在河套从事農耕的人仍不仅有住所，而且當地縣邑星羅棋布，和内地也相彷彿。非如現在一片黄沙，満目蕭條的情况所可以拟。由此可見，當地黄沙的陵漫，应该在那些時期以後，甚至在更後的時期。鄂尔多斯的沙漠如此，其他各地也就难免參差不齊。只是愈到後来也就愈為顯著而已。如果說北方沙漠這样的擴大，影响到气候日趋於乾燥，那只是較後来的事情，並不是自古以来就是如此。

那末離沙漠較遠的以南地区气候的乾燥和

20×20=400

27

濕潤就沒有顯著的變化，遷邑也未必。就古代黄河中下游來說，過去是一個湖泊繁多的地區，而且也是一個水災頻仍的地區。為了避免水患，早期的人們是喜歡住在較高的地方的。古代一些地方往往用丘、京、陵等作為名稱，就是具体的例証。遠在商朝的卜辭中，也有以山、麓、京、自、阜、丘等字作為地名，其道理也是一樣的。①可見這種習俗的久遠。甲骨文中的地名相當於現在的地方，有的還不能肯定，但其他一些記載有關這方面的地名却還是可以覆按的。春秋時代各國地名稱丘者都凡數十，具見《春秋經》及《左氏傳》，魯、齊、晋、鄭、卫、楚、宋、陈、曹、邾、莒諸國皆有分佈，其中以齊國為最多，計有十二處，魯國次之，也有十一處，其他各國多少不等，最小的邾国也有三处，遠居於東海之濱的莒國也有一处。當時以稱陵的地名也不少，分佈在齊、鄭、卫、楚、宋、陈諸國，其中鄭国有六處，為諸國中的最多者。《春秋經》和《左氏傳》中還有

① 見胡厚宣《甲骨学商史論丛》初集。

20×20=400

28

些地方是以阜、墟、州、台、陵、阪等為名的，也是绝大部分在上述这些封國之内，一样可以作為丘和陵的含義的佐証。丘不仅較高，而且近水。《說文》以四方高中央下為丘，正是指出丘陵雖高於平地，但仍須在四边加築隄防，以防水患。水患減少或者消弭之後，人們是会从丘上下來，擴大他們活动的范围的。《禹贡》記兗州，就有这这样的话语，說是："九河既道，雷夏既澤，……桑土既蠶，是降丘宅土"。雖然有不少的人住到平地上，但丘陵上面还是為人們所重視。就以春秋时代來說，人們的活动范围是比較以前更為廣大了，陸陸續續興建了不少的城市，許多城市仍都建在丘陵之上，並且用原來的丘的名称作為城名，像魯國的中丘、祝丘都是这样的建築。根據當时情况，以丘陵等字為名的地方雖散布於各湖泊的地区，但已並非就在水边，或是臨水的近的地方。為其中一些什么还继續成為城市的所在地？當然成為居民点或者城市是有若干条件的，防禦外來的攻击和适於生產和环境的都应該在考慮之

20×20=400

29.

列。不过它们既然位于水滨或者距水滨不远，是否因为地势那里高敞，干燥，更适于人们的居住？如果是这样的，那就可以反映出当时这一些地区的气候是较为湿润的。一般说来，湖泊众多的地方是比较潮湿的。那时期黄河中下游既是到处是湖泊沼泽，水面广阔了，气候显得湿润也是可能的。

近年学人们论证到这样的问题，通常都总是徵引《左传》所载的两个例证，而这两个例证也正可以说明当时黄河流域的潮湿程度。其一是成公六年晋国对于迁都问题的讨论。晋国本来是都于绛的（绛在今山西侯马市东北），他们打算迁都，有人就主张迁到郇瑕氏的故地（在今山西解虞县东北），因为那里肥饶而近盬（盬），但是韩献子提出了不同的意见，说是那里土薄水浅，容易使人有沉溺重膇的毛病。另一个例证是昭公三年齐景公替晏子建筑住宅的经过。据说齐景公因为晏子的住宅湫隘，想在爽垲的地方另造新宅。这两个例证一在晋国，一在齐国，都是黄河流域。这两处地方显得潮湿，也许与局部地势有关，也许就表现出黄河流域一般情况。

20×20

30

~~的，春秋時代的人們對越封開遲，显然和現在不同，~~但是一些学者們却由此而得出了推論，說是古代黄河流域的气候和現在差別很大，甚至說那时的黄河流域温暖湿润和現在的长江流域差不多。①這也是一個引人注意的問題。

春秋時代长江流域气候的湿润程度如何，不可具知。不过不妨稍稍往後推論一些，看一看戰國秦漢時代的情形。經过春秋戰國时代的发展，长江流域的經濟文化都已有长足的进步，可是黄河流域的人們對那裡却另有一種看法。這裡姑且舉出兩個有关西漢王室的例子作為說明。現在安徽中部江淮之間，漢初稱為淮南國，為高帝兒子劉长的封國。劉长死後，漢朝把他的國土分成三國，分封給他的三個兒子。其中劉勃被封為衡山王。衡山國治六縣，就是現在的六安縣。吳楚七國之亂，衡山王未曾參預，漢朝就对他特加慰劳，就說是南方卑濕，把他迁到北方去。②這在當时是特殊的待遇了。

① 見蒙文通《中國古代北方气候考略》及《中國古代河域气候有如今江域說》。

② 見《史記》一一八《衡山王傳》。

20×20=400

31

可是衡山国的本土还在长江以北，不能说是太南的。现在湖南湘水上游在漢朝是称为长沙国的。景帝時候刘发始被封到那裡，这宗事情使这位长沙王大为不满。后来有一次诸王会朝京師，在景帝面前歌舞，他只举起手来，略事周轉，大家都笑他笨拙，他却说国小难以伸出手来。① 他的一個後人刘仁被徙封在今湖南南部宁远县，称為舂陵侯。元帝時候，刘仁上書说舂陵地势下濕，山林毒气，难以居住，請求减邑内徙。② 这些事情倒都出于统治階级，不能以通常的情况来看。不过总还可以表作黄河流域的人们对於长江流域的一種看法。这種看法不僅是统治階级一些人们有的，也不僅是遲至西漢时才有的。《史记・货殖列傳》记战国秦漢的经济的发展，就曾经特别指出："江南卑濕，丈夫早夭"。看起来长江流域气候的濕润是由来已久了，而且自来就比黄河流域為潮濕的。

秦漢時代黄河流域濕润气候的程度如何，

① 见《史记》五十九《五宗世家》。

② 见《後漢书》四十四《城陽恭王祉傳》。

20×20=400

32

也未见确实记载。不过它没有长江流域那样湿润是可以肯定的。如果说，黄河流域的气候在春秋时代比较湿润是受了当地湖泊繁多，水面广阔的影响，那么，秦汉时代这样的因素还是存在的。因为春秋时代黄河流域中下游的湖泊除过一些较小的以外，一般说来都还没有乾涸。可见其间的变化不是很大的。

黄河中下游的湖泊为什么后来都乾涸了？这在前面已经提到过。黄河经常泛滥，洪水横流，泥沙随水俱下，泛滥所及的湖泊自然难免湮塞而逐渐成为平地。可是还有些湖泊不在泛滥所及的地区之中，也先后乾涸。这和气候的转变乾燥就不能没有关係了。

北魏郦道元所撰的《水经注》为记述前代和当世水道的重要著作，其中所载黄河流域的湖泊也还有相当的数目。若以郦氏的时代与春秋战国时代相比较，其间差别是显然可见的。有些湖泊的水面已经有所缩小，甚至还有湮塞乾涸的。这样的变迁若非受黄河泛滥的影响，当是在较为乾旱的年月里逐渐消失的。后来到

37.

了唐代中叶，李吉甫撰《元和郡县图志》，其中所记的黄河流域的湖泊已经寥寥可数。其间变迁的痕迹更是显明。两汉之间黄河不时泛滥，若干湖泊的淤塞还可诿之于受了黄水的淤塞。自王景治河以后，迄於唐代末叶，河患长期不再见於记载。黄河既未泛滥，湖泊却继续在乾涸之中。这其中的缘故是可以想见的。当然，某些湖泊的乾涸也不能完全都追溯到这样一个原因。因为即令在最乾旱的岁月中，也不能就说是没有任何降水的可能的。不过由於雨水稀少，难以填补因为蒸发而失去的水分，积之日久，乾涸也还是免不了的。

应该指出，古代黄河流域湖泊的众多和它们水面的广大，是会影响到当地气候乾湿的变迁的。但这不是绝对的原因。後来湖泊逐渐乾涸自是乾燥气候的显著象徵，但也不过是一種象徵。影响黄河流域气候的乾燥与湿润的变迁应该是有各種原因的。东南风和西北风的交互吹来，雨期的多寡久暂，都有它的一定的作用。黄河流域固然乾旱的年份偏多，但雨涝的年份也不是完全没有的。正是因为有这些缘故，所以黄

34

河流域的气候有湿润的时期，也有乾燥的时期，其间的变迁是随着影响气候变迁的因素的不同而有所转化的。

黄河流域如此，其他地区也可能是有相似的情形的。

三、乾旱和水涝

气候的湿润与乾燥的变迁是和当地地形的高低和雨量的多寡有密切的关系的。雨量的多寡经常会影响牧草滋生的荣枯和作物收获的丰歉，自来为人们所注意，尤其从事农业操作的人们更加重视，甚至以前的史籍和各地的方志也都随时采录，用备稽考。~~这些记载固然会因某些原因而稍减低其準确的程度，然重大的变迁当不致完全泯灭。遇霖雨过多，易成水涝，降雨奇缺，便遭旱灾。较为巨大的灾情实表示着有关地区的人们若干惨痛的经历，纵使历年久远，也会时有传闻，史家记载当不能尽数抹杀，~~根据这样的记载是~~尚~~可以追踪前代雨量变迁的痕迹的。

近数十年来这样的问题早已引起学人的注

20×20＝400

31

害，尤其近几年中国於今已成常，旱害频仍，更引起学人们对於这方面的探讨。他们不仅分析当前气候的变迁，而且还追溯到历史时期的演变。据竺可桢先生的研究，在关内十八省中，从三国到唐初，也就是由第四世纪到第七世纪，是比较旱乾的；其後由南宋到元朝，也就是十二世纪和十四世纪，则是比较潮湿的；等到了十五世纪的明代，却又显得乾旱。① 这样的论证是根据历史的记载进行统计的结论，应该是可信的。前面曾经提到郦道元的《水经注》和李吉甫的《元和郡县图志》关於黄河流域湖泊的记载，还可以作为这样论证的史例。因为若干湖泊已经湮竭，或者已不见於记载，所以如此者，除去受到其他原因的影响之外，当与这样长时期的乾旱有关。根据这样的论证，可以看出，随着旱涝的变迁，气候的湿润和乾燥也不是一成不变的，而是时有波动的。

历史时期有关雨泽的记载是有其重要的价

① 见竺可桢《历史时代世界气候的波动》。

20×20=400

36

值的。可是却也有一些学人所指出的，它们本身是还有若干局限性的，不可一例对待。因为时易岁迁，往事易湮，雨晴更替的材料，自会渐就消失。若遇气候反常，旱涝灾甚，故老相傳，易世難忘的情况，自然是有的。那些灾害不甚严重的旱涝，時间稍久，就難免为人们所忽略。还有一些地区，因为位置偏僻，虽遇灾異，消息無由外傳，不为人们所省及，也就难以见诸史册。當然也不免有过份夸张，动辄失实的地方。至於旱涝地区的大小，灾害严重的程度，皆难得有一律的记載。不过以前王朝建都的所在，众目睽睽，也许不会有所遗漏。况且那时的一些统治者为了迷惑人们，每遇灾異，还要减膳撤朝，统治者如此，史官秉笔，當不至过於失实。这里不妨列举几处以前王朝都城的情况，以作先後比較的根据。

古代建都較早而又歷世最久的當数到关中的长安。长安成为都城虽始於漢代，然周都丰镐，秦都咸阳，固仍在长安的左近。漢代以后

20×20=400

37

而魏、北周以及隋唐也依然以此为都城。合计起来，已千有余年。歷时既久，正好作为前後对比的地方。西周初年，豐鎬附近是否一直風調雨顺，不可具知，然及其末造，自厲王起歷幽宣而至平王，前後一百五十余年，旱灾频仍，不仅见於史书的记载，而且也为《诗三百篇》所提及。①自平王东迁，豐鎬故地才渐不为人们所注意。秦虽远在孝公的时候新都咸阳，然水旱灾情，直至始皇十二年（公元前235年）始见於记载，或者秦史疏略，致无遗文可稽。自那时以後，至於王莽崩溃，长安内外，乾旱常多於水涝。以乾旱来说，在这一个時期内，共发生了二十九次。②其中大旱二十四次。最旱的一次12月水少，谿谷也为之绝流。此外至少还有三次，旱灾地区相当廣大，有的竟达到东西数千里的地方。也

①见蒙文通《周秦少数民族研究》。

②见《史记》和《漢書》秦漢各帝纪及《漢書·五行志》。

20×20＝400

38

果从秦孝公始遷於咸陽時算起，則已二十九次旱災，平均几乎每十三年就发生一次。如果从秦始皇初年算起，亦平均九年一次旱灾。在这二十九次旱災之中，灾害连年相继的一次，相隔二年和三年的各為三次，相隔四年的五次，五年的二次，七年的一次，九年的二次，十年及十二年的各為三次，十四年的二次，相隔年代最長的為秦始皇十二年到漢惠帝二年（公元前193年）那一次，达到了四十一年之久。

长安在東漢末年和西晋末年也还作过都城，都是属於暫时的性質，只有幾年的光景，不值得一提。就是十六国时期几個霸主建立的政权，也都是十分短促，無多少水旱災害可資记述。值得称道的當然是西魏遷都以後，歷周隋以至於唐末的一個較長時期了。在这段時期中，一共发生了旱災一百二十三次。① 其中大旱十六次。像隋煬帝八年（公元612年）那一次灾情還

① 见《周書》及《隋書》帝紀和《五行志》，又见《舊唐書》及《新唐書》的帝紀和《天文志》《五行志》，《資治通鑑·隋紀》《唐紀》，《冊府元龜·帝王部·感应》。

39

及全國和唐德宗貞元元年（公元785年）那一次灞滻將竭，井皆無水的情況也確是少見。唐代末年國都嘗遷往洛陽。如果除去這幾年，則這一百二十三次旱災，恰正平均每三年一次。嚴實來說，在這段較長時期中，災害連年相繼者竟達五十五次之多，相隔一年的也有十三次，二年的還有二十二次，其餘三年的十二次，四年的九次，五年的四次，六年和七年的各二次，九年和十年的各一次。災情相隔時期最長的為十二年，在這一階段中也只有唐玄宗開元七年至十九年（公元719—731年）那一次。

至於關中的霖雨成災，不論是秦漢時期，或者是西魏北周和隋唐時期，都遠比旱災為稀少。秦漢時期只有七次，西魏至唐代，時間稍為長些，所發生的水災，也只有四十八次。秦漢時期的七次水災中，相隔時間短的固然有一年的，但是相距最遠的還有四十六年或五十八年以上的；（前者為由漢景帝中元年至昭帝始元元年，後者為由秦二世二年至漢文帝後三年）。

20×20=400

40

由西周到唐代的四十八次水灾之中，連續兩年成灾的有九次，相距最遠的有三十年和四十八年的記録（前者為由唐高宗永徽元年至唐玄宗先天元年，後者為由北周武帝建德三年至唐高祖武德六年）。

以西周、秦漢和魏晉北周隋唐三個階段比較起来，長安地區所发生的水旱灾情是不一致的。當然顯示出當地的气候在前後不同時期的差異。西周末年連續发生的大旱促使豐鎬附近人口遷徙，自是十分嚴重的问题。秦漢和魏周隋唐時，長安附近雖然兩個時期都是偏旱，却也不盡相同。正如前面所举的數字所顯示的，秦漢時期平均十年上下发生一次旱灾，而魏至隋唐，平均三年就发生一次。秦漢時期兩次旱灾相隔最久的達到四十一年，而魏至隋唐的不过是十二年。这说明了同是長安地區，而魏至唐代這一階段，遠比秦漢時期為亢旱。

20×20=400

41.

就秦漢時期來說，以兩漢中葉的旱災最為頻繁。而就隋唐時期旱災的週期，一般說是比秦漢時期為短促。其中隋朝的初期和唐朝的中葉以後都是比較頻繁的階段，尤其是第八世紀的開頭幾十年中，旱災的發生可以說是相繼不斷的。不過還應該指出，這些旱災和水災的發生都不一定在每年的固定季節，它們的成災程度也就難以一概而論。甚至還有開元（唐玄宗）十四年（公元726年）那一年，水旱相繼，同一年發生了兩種不同的災難的。

長安以外，建都歷史較為長久的要數到洛陽。東周之後，東漢、魏、晉和拓跋魏以及五代中的後唐都是以洛陽為都的。五代之中除後唐外，其他諸朝皆都於開封，北宋繼之，也有一百多年的歷史。開封和洛陽歷來降雨的情形，雖不盡相同。①

① 見薛建奎等《河南省歷史時期干旱規律的初步探討》（刊1961年《中國農報》第九期）。

42

究竟都还是在中原地带，所差或者不算很多。以之相提并论，也未尝不可。東周以洛阳为都，历年数百。在这数百载之中，自不能没有水旱天灾发生，然书阙有间，已经难知备细。《春秋》虽注意灾異，有闻必书，可是主要记鲁国之事，与洛阳無與。所以速宛洛阳水旱灾荒，气候变迁，只可从東漢开始。東漢魏晋本是上下相承，不过东漢季年，献帝居许，洛阳已沦为草莱廢墟。所以论東漢洛阳故事，献帝在位的三十一年，是应该删除的。如这样从東漢加魏晋到永嘉乱離，一共是二百五十八年。西晋以後，还应有元魏的三十九年。最後一段则应从唐的帝京说起，到北宋靖康二年（公元1127年）金人入汴，共二百二十四年。

東漢魏晋时期，洛阳共发生了旱灾六十七次，① 平均几乎每四年发生一次。其中大旱五次。像晋怀帝永嘉三年（公元309年）那一次

① 见《後漢書》及《三國志·魏志》、《晋書》各帝纪，又《續漢書·五行志》及《晋書·五行志》。

20×20=400

43.

，江、漢、河、洛皆竭，可以徒涉，簡直是未有的鉅變。在這些旱災中，災害連年相继的共二十五次，相隔一年的十次，二年的八次，三年的九次，四年的二次，五年的一次，六年的二次，七年的三次，八年、九年和十二年的各一次，最长的是一次相隔了十四年，那是由晋惠帝元康四年（公元294年）到怀帝永嘉三年之间的事情。

元魏在洛陽建都的時期雖短，所遇到的旱災却不算很少，三十九年中共有十四次，①平均只有二年多一次。災害連年相继的共有七次，相隔時間最长的也只是八年。

至於由唐末歷五代直至北宋末年，在洛陽或者开封，一共发生了旱災一百零八次，平均还不到二年就遇见一次。②其中大旱三次，災害

①見《魏書》孝文、宣武、孝明三帝紀。

②見《舊唐書》及《新唐書》各帝紀及《五行志》，《舊五代史》及《新五代史》各帝紀，又《冊府元龜·帝王部·感應》，《宋史》各帝紀及《五行志》和《禮志》。

44

連年相繼的七十一次，相隔一年的十四次，二年的十一次，三年的五次，四年的三次，六年和十年的各一次，而相隔十年的算是最長久了。

這兩個地區霖雨成災的記錄比起旱災來，都顯得少些。東漢魏晉這個階段雨水成災的只有二十三次，元魏那幾年也只有三次，唐末到北宋季年更顯得少了，不過是二十八次。這些水災固然也有連年相繼的，不過還不算頻繁。相隔最久長的，在東漢是三十七年，魏晉是三十九年，唐末至北宋季年稍短些，也還有三十年的記錄。看起來在這幾個階段中，洛陽或者開封地方還是偏旱的年份多些。

和長安相彷彿。洛陽或開封的前後階段也有所不同。前一階段幾乎隔到四年才遇旱災一次，後一階段二年多些就已遇到一次。顯然後一階段更爲亢旱。這樣說來，是不是就可以得出好像自秦漢以迄唐宋，以長安洛陽和開封東西一線

20×20=400

45

為主的黄河流域一直是連續着乾旱下去的。因為按平均各时期遇旱的年代计算，东漢是要比秦和西漢頻繁些，而隋唐又較东漢為頻繁，北宋和前幾個時期相較，自然是更頻繁了。其实问题还不在此。北魏在洛陽建都雖只有短促的三十多年的歷史，所遇到的旱灾次数確是不少。它雖沒有北宋那樣頻繁，卻是遠超於隋唐之上。僅這一点已可以说明旱灾的遭遇也是起伏变化的，並非一直乾旱下去的。再就另個階段說来，也是如此。東漢魏晋時洛陽的旱灾，雖平均不到四年就发生一次，但在東漢後期安、順、桓帝时，旱灾幾乎是連年不斷的。北宋初年，情况比這还要嚴重。因為在北宋建國後的四十年中，除过不相連貫的六年無灾外，其他各年都未能免过。那四十年以後，雖得稍好一些，但也好不了很多。因為整個北宋一代，旱灾之間相隔最長的年代只有四年和六年的記錄，

20×20=400

46

合起来也不过是三十六年的两次。

在开封以北的北京，也长期作过都城。契丹始以此地为其五京之一，不过不曾（仅是偶尔来往）。（最初也只是陪都）金承辽制，五都之中，也有此地。然正式迁都於此（只作为首都）的，只有海陵王至宣宗时的六十二年。其後元明清各代亦皆以此为都。自元世祖至元四年（公元1267年）算起，除去明初建都金陵的一段时期，止於清代末年，前後共得六百一十年。在金国建都的六十二年中共遭遇旱灾十八次；①元、明、清三代则为一百零六次。②至於霖雨成灾，金国时只有六次，③元、明、清三代则有七十次。④水旱灾情比较，不论金国或

①见《金史》世宗、章宗、卫绍王诸纪及《五行志》

②见《元史》诸帝纪及《五行志》，《明史》诸帝本纪及《五行志》，《皇明大政纪》、《明会典》，《清史稿》诸帝纪志及《灾异志》，《清史纪事本末》。《清朝通典》、~~《清朝文献通考》~~

③同上注一。

④同上注二。

注：在打印此二注时，请按照附注文稍作改正。

20×20=400

元、明、清三代，北京附近也都和长安、洛阳、开封一样，是偏于干旱的。

在金国六十二年所遭遇的十八次旱灾中，史书虽没记载清楚受旱的程度，但灾害还是相当频繁的。连年遭到旱灾的竟有十一次之多。灾害相隔最远的也只是五年或六年。根据记载，相隔五年的一次，相隔六年的二次。金国的中都（即今北京）距北宋的开封还有较长的路程，金国都于中都，上距北宋在开封覆亡也已经过了一段时期，可是金国遭灾之多，竟和北宋相仿佛，也是值得注意的事情。

元、明、清三代都略有不同。如果总的计算，则所遭到的一百零六次旱灾，平均几乎将近六年才有一次。如果分别计算，却又是一种情况。元代的八十九年中只遭到七次。这七次相隔的年代都不一样。有连年遇到的，也有隔一年的，二年的，五年的和六年的。最远的到十五年。这和金国那时就迥不相同。固然在《元史》的《本纪》和《五行志》中还有许多关于饥馑的记载。饥馑的发生虽可能旱灾

20×20=400

48.

的结果，也可能与水潦有关。元代统治阶级惨重剥削，就是不遇水旱天灾，也一样会遭到饥馑的，所以不能把它作为旱灾的记录。

到明代，问题又显得突出。明代在北京建都只有二百四十二年，竟遭遇到八十三次旱灾，平均不到三年会一次。这使人想到唐代的长安和宋代的开封，就是这样也还遇到十二次大旱，不能说不严重了。在这八十三次旱灾中，灾害连年相继和相隔一年的合有二十六次，其他隔二年的六次，三年的十一次，四年的六次，五年的二次，六年的一次，七年的二次，十年的一次。十年是相隔较久的记载，还有更久的五十八年一次的。那是从明太祖洪武七年到宣宗宣德八年（公元1373年至1433年）之间的事情。虽然在洪武四年也还发生过一次旱灾，但五十八年的记载，不能说是不相当悠久的。在元代，北京本是旱灾较少的地方。明初距元代不算很远，应该还是相仿佛的。

20×20=400

49

清代又和明代不同。清代的二百六十七年中，北京仅遇到旱灾十六次，可是霖雨甚达的记录也有十六次，两者是相当的。[平均是十八年一次。]以旱灾来说，灾害连年相继的情况是没有的，相隔一年的也仅一次，相隔二年和四、八年的各两次，其他五年、六年、十一年、十四年、十八年、廿三年、廿六年、四十二年的各一次，最长的达有六十三年的一次。可以看到，由金到清，北京[前后]的旱灾也是很不一致的。

关于北京地区的水旱灾害的问题，近来很受学术界注意。根据近百年来材料的统计的结果，自公元1841年（清宣宗道光二十一年）至1958年，旱灾的年数有十三次，水灾的年数也有十三次。① 论起水旱年成灾的年份的比例，是和清代上述的一代相当的。就是说，不是偏旱，也不是偏涝。不过就这一时期平均成灾的年份来说，则显然是稍频繁

① 见徐寿荫《河北的降水特点与旱涝问题》（刊1958年《地理学资料》第三期）。

20×20=400

些。因爲在上述的清代一代的平均成災年份是十八年一次，而這一時期則是不到八年就要遇到一次。

在這幾個都城以外，長江流域的南京也曾作過都城，同樣應該注意。以南京爲都的要數到東晉南朝一段時期最爲久長，三國時的吳國和明朝初年雖也以南京爲都，時間短促，可以不必計及。東晉南朝二百七十三年間，南京共遭遇旱災六十四次，同一時期，還有四十七次霖雨過多因而成災的記錄。①比較起來，仍是旱災超過了水災。在這六十四次旱災之中，災害連年相繼的有二十六次，相隔一年的十二次，二年和三年的各爲七次，五年和七年的各爲二次，六年、八年、九年、十年、十一年的各爲一次。較長的爲廿年一次和三十七年一次。前者爲由陳武帝永定三年到陳宣帝太建十二年（公元559年至580年），後者爲由梁武帝天監十一年到梁簡

① 見《晉書》、《宋書》及《南齊書》的各帝紀及五行志，《梁書》和《陳書》的帝紀、《隋書·五行志》。

20×20=400

51

文帝大宝元年（公元512年至550年），都已在南朝的後期。长江流域的情况不可能和黄河流域相比较。第一，东晋南朝偏安时，北方黄河流域迭相兮混乱，割据政權起伏不一，难得有确切的记録；第二，南京距离长安和洛阳较远，各地的气候的影响也未尽能一致。虽然如此，大体上还可略见一斑。南京距东海较近，易受海洋影响，雨水可能稍多，就上列数字看来，则仍然旱多涝少。而其初年的旱灾频繁的程度，几与西晋相仿佛。西晋中叶後，黄河流域旱灾时起，下至十六国时期，这样现象仍时见於记载。东晋南北朝初期南京的不断发生旱灾，当不是一個地區的偶然现象。南北朝後期黄河流域的旱灾较前稍有减少，南京周围却是大量减少，显出两者之间的差異。

南京东南的杭州，南宋时也曾作过一百五十三年的国都。在那时，当地曾经遭遇旱灾五十四次，平均三年一次，这仿佛和北方全国的中部相似了。不过还应该注意，

20×20=400

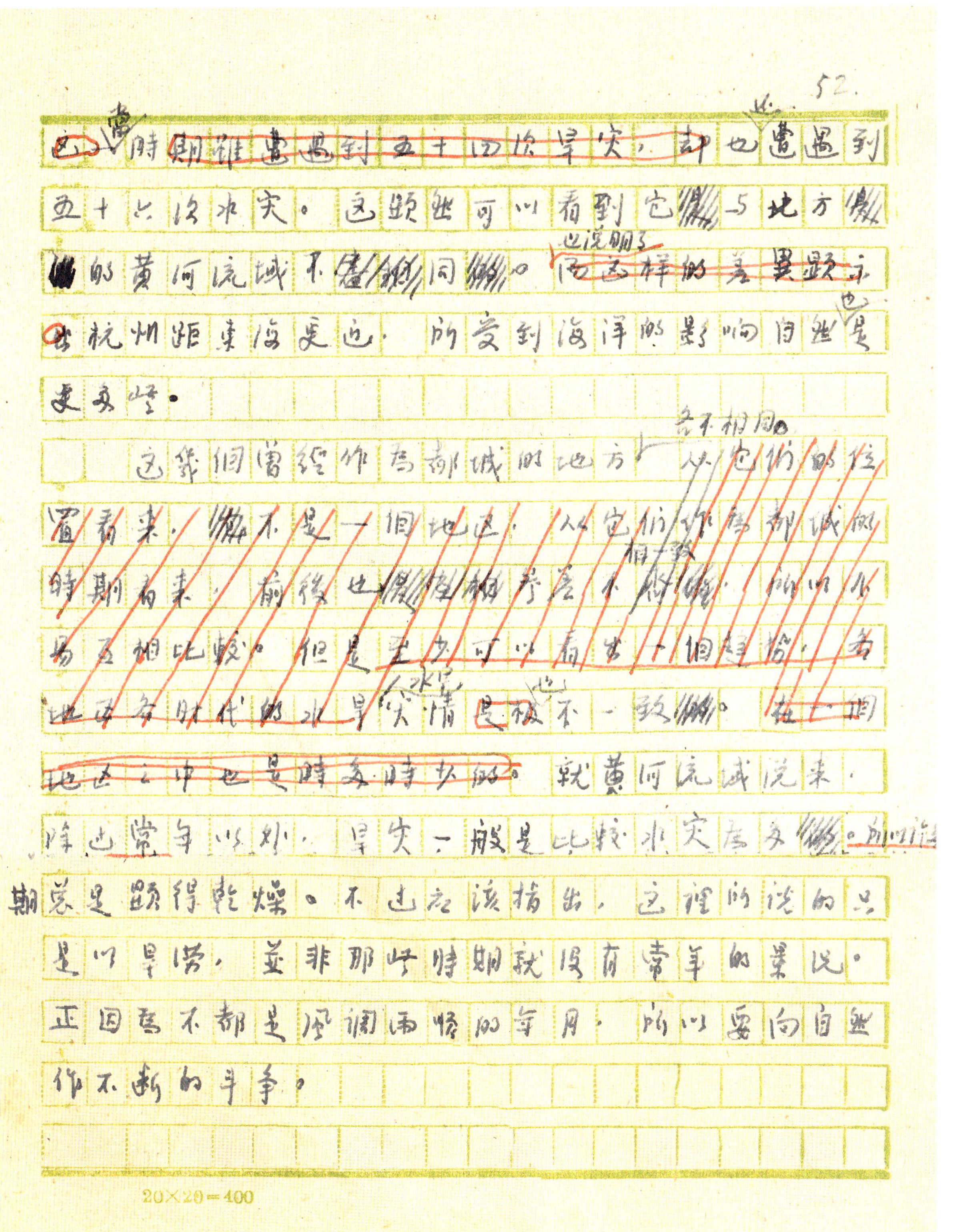
52

这一时期虽遭遇到五十四次旱灾，却也遭遇到五十六次水灾。这显然可以看到它与北方的黄河流域不尽相同。这样的差异显示出杭州距东海更近，所受到海洋的影响自然也是更多些。

这几个曾经作为都城的地方，从它们的位置看来，都不是一个地区，从它们作为都城的时期看来，前後也各不相同，所以不易互相比较。但是至少可以看出一个趋势，各地区各时代的水旱灾情况极不一致。在一个地区之中也是时多时少的。就黄河流域说来，除正常年以外，旱灾一般是比较水灾为多，所以说期总是显得乾燥。不过应该指出，这里所说的只是以旱涝，并非那些时期就没有常年的景况。正因为不都是风调雨顺的年月，所以要向自然作不断的斗争。

20×20=400

四 小结

在悠久的岁月中，气候是不可能没有若何的变迁的。有些时期它显得相当温暖，有些时期却不免比较寒冷。古代的气候究竟怎样？其间变迁的幅度大小如何？在当前学者们的论述中还难得有一致的结论。不同的意见反映在对于商代和春秋战国时期黄河流域气候的变迁方面。那些时期的黄河流域，特别是黄河流域的中下游及其附近的地区，由于森林畅茂，湖泊繁多，也许还有其他原因，气候是要比较现在稍为温暖一些。若干动植物的生存变化，是可能说明其中的问题的。但若认为和现在长江以南的情况一样，似乎是过了一些。那些时期以后，气候还不断有所变迁，秦汉时期黄河流域就和现在相仿佛。再后由唐代中叶到北宋时期，气温的变迁还不算很大。可是到了南宋，冬季就显得比以前寒冷，一直到元代，寒冷的程度还不断在加剧。明代前期稍为和暖些，但明代的后期和清代的前期仍不免再显得冷些。清代中叶以后，又有转暖的迹象，一直到二十世

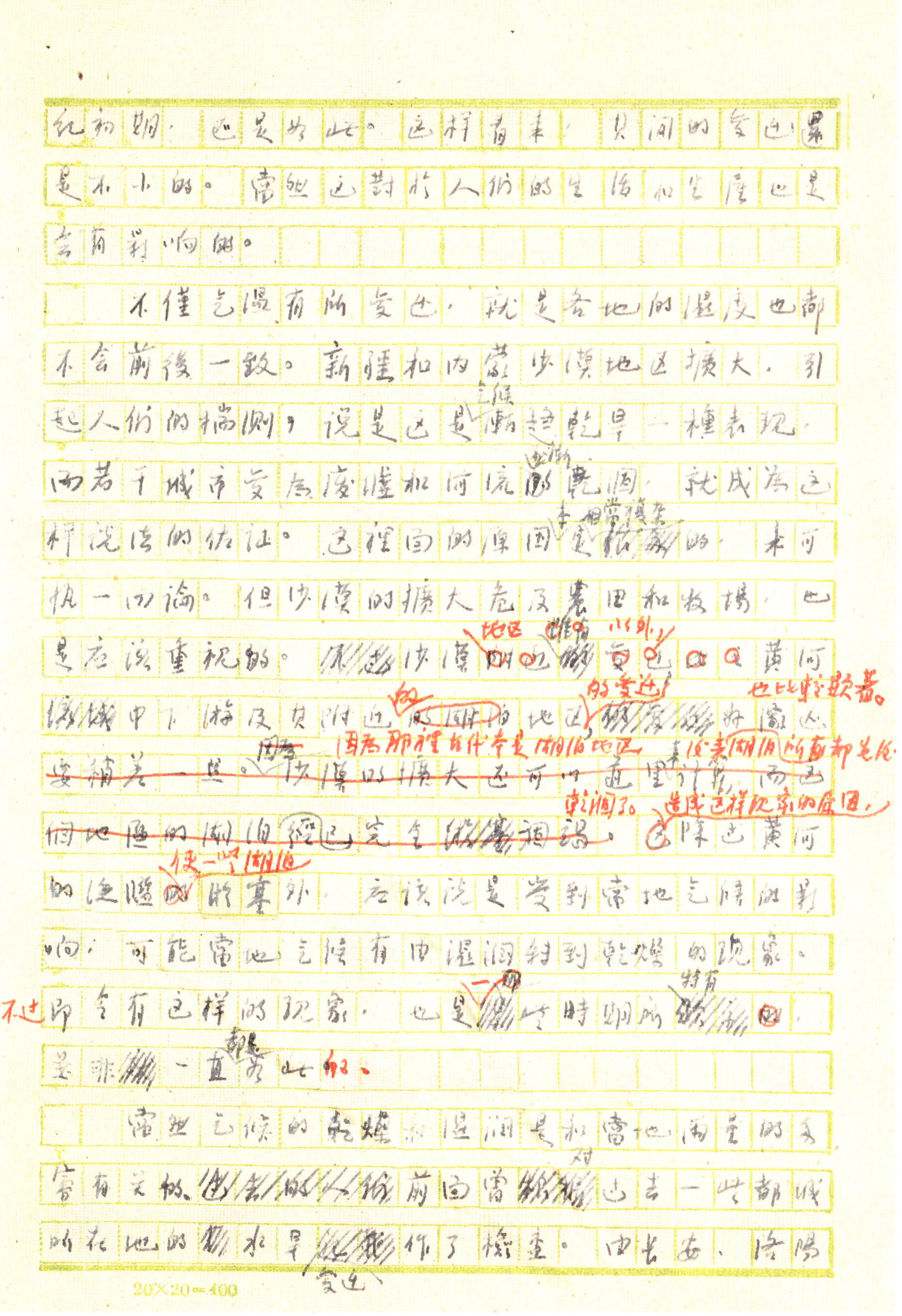

紀初期，也是如此。這樣看來，其間的變遷還是不小的。當然這對於人們的生活和生產也是會有影響的。

不僅氣溫有所變遷，就是各地的濕度也都不會前後一致。新疆和內蒙沙漠地區擴大，引起人們的揣測，說是這是逐漸趨於乾旱一種表現，而若干城市變為廢墟和河流的乾涸，就成為這樣說法的佐證。這裏面的原因本相當複雜的，不可執一而論。但沙漠的擴大危及農田和牧場，也是應該重視的。沙漠地區以外，黃河流域中下游及其附近的湖泊地區的變遷也比較顯著。因為那裡古代本是湖泊地區，後來湖泊所在都已乾涸了。造成這樣現象的原因，除去黃河的淤塞以外，應該說是受到當地氣候的影響，可能當地氣候有由濕潤轉到乾燥的現象。不過即令有這樣的現象，也是一時期所特有的，並非一直如此的。

當然氣候的乾燥和濕潤是和當地雨量的多寡有關的。前面曾對過去一些都城所在地的水旱變遷作了檢查。由長安、洛陽

20×20=400

、开封、北京几個城市看来，黄河流域较长时期是顯出了偏旱的情况。黄河流域许多湖泊的消退可能从这一点找到一些线索。但黄河流域也是偏旱一些，也并非一直乾旱下去。不仅不是一直乾旱下去，水涝的記載也还是有的。而且常年的岁月还是旱的。在长江流域也许会受到黄河流域若干影响，但长江流域的乾旱岁月是不会有黄河流域那样多的。當地的自然条件也不是和黄河流域完全一样的。

四、小结

在悠久的岁月中，气候不可能没有若何变迁的。有些历史时期的

[illegible]

[illegible]記

[illegible]记

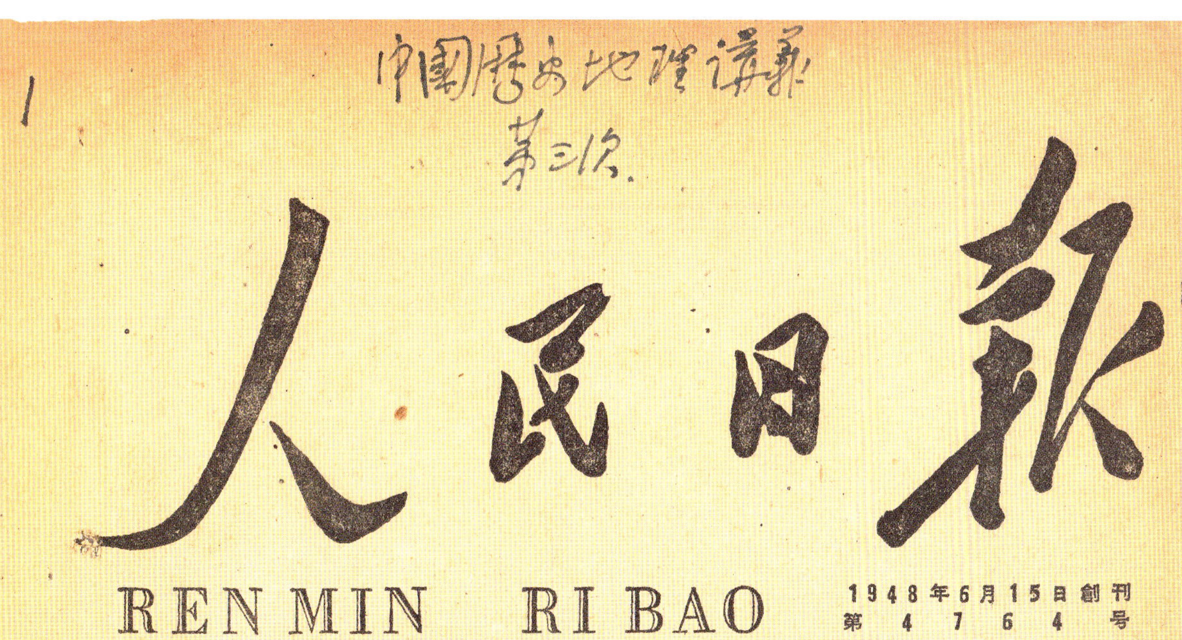
1

中國歷史地理講義

第三次

人民日報

RENMIN RIBAO

1948年6月15日創刊

第4764号

加强田間管理　力争秋粮增

四川許多生产队薅秧追肥促大春早熟作

內蒙古集中力量加紧夏鋤大秋作物基本

玉林专区除治晚稻秧苗虫害，苏州专区多方

据新华社成都电　四川省許多公社的生产队，抓紧大春早熟作物后期管理，促其早熟早收，以便适时騰地栽种晚秋作物。

西昌、宜宾、南充等专区，有不少生产大队、生产队，通过总結小春生产經驗和小春分配政策的兌現，促进了早熟作物的田間管理，有的地方早稻已經薅完二道秧，早玉米也进行了两次中耕、追肥，早高粱、早紅苕也及时进行了管理。洪雅县止戈公社五星大队，不久前总結了小春管理經驗以后，各生产队紛紛組織老农到田間察看苗情，根据最近相继出現的旱、涝情况，因地制宜地分别議定管理措施，全大队三百多亩早稻結合薅秧追了一次肥以后，已普遍开始抽穗，九十多亩早玉米进行中耕、追肥后，也相继挂了紅鬚即将成熟。

武胜、万县、隆昌、仁寿等县，有的生产队还在原来推行“小包工”的基础上，根据当前实际情况，进一步健全了早熟作物后期管理責任制。

本报呼和浩特24日电　內蒙古各地集中主要力量加紧进行夏鋤。目前，全区投入夏鋤的劳力，占农村总劳力的70%以上；机关、工厂、部队支援夏鋤的劳动大軍也增加到二十七万人；許多中、小学也都放了农忙假。到7月16日，全区大秋作物已基本鋤完头遍，其中有三分之一鋤了二遍。

內蒙古今年大秋作物播种面积占总播面积的80%以上。最近，大部分地区都降了雨，正是高粱、谷子拔节，玉米抽穗，馬鈴薯开花結块的生长旺季，因此各地都千方百計挖掘劳动潜力，加强田間管理。昭烏达盟宁城、翁牛特、克什克騰等旗县，最近就抽調了一万三千多人加强了田間管理。

在夏鋤中，各地都注意发揮妇女和輔助劳力的作用。昭烏达盟赤峰市三眼井公社三眼井大队，实事求是地解决影响妇女劳力参加生产的問題，办起农忙托儿所二十七处，照顾她們在近地干活，认真执行男女同工同酬，使90%的妇女都积极参加了夏鋤。

本报南宁24日电　广西玉林专区积极采取措施，加强田間管理，除治晚稻秧苗虫害。6月下旬以来，玉林专区由于天旱，气候炎热，各县先后出現稻薊馬，浮尘子，螟虫等危害晚稻秧苗。受虫害面积約占秧田面积的30%左右。

虫害发生之后，各地立即采取紧急措施，組織群众开展除虫护秧工作。专区商业部門和农业部門及时給受害較重的平南县增調了六六六及滴滴涕等农药五万斤。这个县的城厢、大安等区的各公社党委书記、社长、大队干部和农业推广站技术人員，都深入田間，檢查虫害情况，研究防治办法，組織群众治虫。桂平、貴县、玉林等县受虫害的生产大队，普遍組織了专业防虫治虫队，严密注視虫害的蔓延，并結合

日內瓦会議举

討論并

五四年日

普希

新华社日內瓦24日电　扩大的日內瓦会議今天上午举行第三次限制性会議，继续討論关于老撾中立的宣言的序言，并且开始討論宣言中有关普遍保証承认和尊重老撾的統一、主权、独立和中立的部分。

苏联建議在序言中重申“有关尊重老撾主权、独立、統一和領土完整和不干涉其內政的保証的原則，同意这些原則是和平解决老撾問題的基础”。会議原則上接受了苏联的建議。这項建議的措辞将由一个为起草建議而成立的起草委員会拟定。

苏联代表普希金在提出这項建議时指出，这个原則是1954年日內瓦协議中最重要的一点，必須重申这个基本原

第三节　土壤与~~森林~~植被

古代关于土壤的记载。　古代土壤记载的解释。　黄河流域土壤的变化。　沙漠的影响。　森林地区的改变。

在古代，人们对于土壤的优劣和气候的变化最为关心，因为这些对于农作物的生長有很密切的关系。先秦诸子书中曾记载有许多关于土壤的事情。这些记载可以说以前若干代的人们在农业方面经验的汇集。比较详细的要算管子一书了。管子书中所记载的事物相当复杂，其中农业方面却还佔有相当篇幅。它说人君有五务，这五务都是关于农业的事情。其中一种就是要桑麻植于野，五谷宜其地。这也就是说辨别土性是农业技术上一个重要问题。（註一）

管子对于土壤的种类曾经有过详细的分别，而且有许多复杂的名称。它认为就平原的土壤来说，就有息土、赤垆、黄唐、斥埴、黑埴等种。息土是一种疏松肥美的冲积土。赤垆是带有微赤色的黑刚土。息土和赤垆是两种最好的土壤，种植五谷都是适宜的。黄唐是一种软湿的泥土，不能够胜任版筑，其中可能含有砂质，这种土地只能种植黍秫。斥埴是一种有硷质的黏土，可以种豆和麦。黑埴也是黏土，适于种植稻麦。（注二）

管子书中对于分别土质是很注意的，在这五种土壤以外，还有一套不同的类别，这套分类是把土壤分为上中下三级。每级之中又详细分为三十种。有所谓五粟、五沃、五位、五蘟、五壤、五浮、五忞、五纑、五壏、五剽、五沙、五塥、五犹、五弞、五殖、五觳、五凫、五桀等名目。由这些名称看来，分明是受了五行学说的很大影响。因为都要分为五种，所以不免有牵强附会难以解释之处。但它对于土壤重视和研究的精神是可以理解的。在这些土壤之中，当然是五粟和五沃的土质算最好了，这是适合于各种农作物的土壤。所谓五粟之土乃是有水时不胶黏，干燥时不坚硬，不沾車輪，不污手足的土壤。所谓五沃之土乃是坚柔细密、经常湿润的土壤。至于硷质过重，含有砂砾的觉土、剽土，只能算是瘠薄的土壤了。

吕氏春秋也有关于土壤的记载。对于土地的利用，它特别提出要注意丘陵阪险原隰的地方，辨别土壤的情况，再决定种植五谷的种类。④吕氏春秋所举出的土壤的名称，不似管子那样的繁琐。它仅仅举出厚土、薄土、垆土和埴土等名目。在它的作者的眼光中，厚土和薄土都有不到的地方。只有垆土最好。因为垆土在通常的情况下不至过于潮湿、而且也不至过于干燥。⑤吕氏春秋的作者不仅举出土壤的名目，而且更进一步设法利用土壤和改良土壤。黏土在土壤中是比较坚实的。当时称这种坚实的土壤为刚土。对于刚土必须细耕，使它不至有了块粒⑥后来到西汉时的氾胜之更发展成"强土弱之"和"弱土强之"两条利用土壤的原则。对于坚实的黏土只采用细耕的办法，至于对那些松散的土壤则用牛羊踏践，使它坚实起来。⑦

对于土地的利用在古代是相当普遍的受到注意。周礼草人的职掌就是偏重在这方面。对于不同的土壤是要施以不同的肥料，因之它列出了九种不同的土壤。具体的名称是騂刚、赤缇、墳壤、渴澤、硷潟、勃壤、埴垆、彊檃、輕爂。騂刚是一种红黄色的硬土。赤缇是一种淡红色的土壤。墳壤是一沾就散开的土壤。渴澤是干沽的沼泽土。硷潟是含盐的土壤。勃壤是干时象粉末一样散开的土壤。埴垆自然是黏土了。彊檃是坚硬的土壤。輕爂则为轻松的土壤。⑧

象这样的一些记载还是不少，甚至在纬书孝经援神契中也记载着：黄白的土壤宜于种禾，黑坟的土壤宜于种黍麦，赤色的土壤宜于种豆，污泉的地方宜于种稻。⑨这许多的记载显示出一个道理：古代的人们对于土壤是如何的注意。在这些记载里对于土壤的名称是各有不同的说法，显示出其间的参差。这是不足为奇的。因为那些时候的人们对于土壤虽是相当的重视，但各家只记各家的经验，自然难得一致。可惜先秦农家的著作都已遗失，不然，当会有更丰富的经验流传下来。

上面所说的这些记载都没有具体指出某一个地区的土壤情形。管子里面曾经说过，九州的土壤有九十种，每个州中各种土壤都有一些。⑩管子对于土壤的分别是分为上中下三类，每类之中又分为三十种。这里所说的九十种，自然是无所不包了。其实这还是一个笼统的说法，莫不得具体。出于先秦的禹贡也着重叙述了土壤。它的叙述方法却和上面几家不同。它并不是一般的记载，而且按照不同的地区记载出不同的土壤。禹贡所载的土壤具体的名称是白壤、黑坟、白坟、斥卤、赤埴坟、涂泥、垆青黎、黄壤。如果除去了土壤的颜色，也只有壤、坟、斥卤、埴、涂泥、垆和黎几种。禹贡在以前是被列在尚书之中，而尚书一直被视为儒家的经典，所以过去的学者对它的内容曾作过很多的解释。大体说来，壤是一种无块的柔土，坟是膏肥的土，斥卤是土内含有盐质，埴是粘土，涂泥是湿润的土，垆是黑刚土，黎是疏土。

禹贡里面是把当时全国分为九个州。这九个州是冀、兖、青、徐、扬、荆、豫、梁、雍。按照现在省区来解释，冀州当于河北山西两省及河南省的河北部；兖州在河北山东之间；青州为山东泰山以东一直到海边的地方；徐州为山东江苏两省间地，北至于泰山，南至于淮水；扬州为淮水以南，兼及浙江江西两省的地方；荆州为湖南和湖北；豫州为河南；梁州为陕南四川；雍州则为陕西和甘肃。禹贡把所记载的八种土壤分列于九州，显示出九州的土壤各有它的特点。根据禹贡的排列，冀州是白壤，兖州是黑坟，青州是白坟，沿海之地还有点斥卤，徐州是赤埴坟，扬荆两州都是涂泥，梁州是青黎，雍州是黄壤，豫州是壤下土坟垆。

禹贡更进一步列出各州土壤生产能力的等第。根据禹贡作者的意思，雍州的黄壤应该列为上上等，徐州的赤埴坟差一点可以列为上中，青州的土壤又差一点，就列为上下。其他各州按着次序，应该是豫州、冀州、兖州、梁州。扬荆两州虽然都是涂泥，荆州要比扬州好一点。

禹贡的说法和管子有根本区别的地方。管子书中认为九州中每州的土壤应该是多样的，禹贡认为每州只有一种或几种土壤。在古代不会有详尽的调查，当然用现在眼光看起来不一定都是完全正确的。不过两者都有相当的意义，禹贡所列的自然是举其特点的。这种说法原和一般的泛论是不同的。

如果要和现在比较起来，禹贡的记载有的地方还是有正确性的。雍州指的是陕西和甘肃，这里到现在主要还是黄土地带。山东沿海一带是含有盐卤的土地。長江中下游到现在仍然是遍地水田，禹贡涂泥的说法不是没有来历的。禹贡作者把涂泥的土壤认为是最下的土壤，也是有原因的，这当是由于耕作技术还不能使它发挥出作用的缘故。

不过有的地方禹贡的记载就不尽和现代相同。四川的情况就是一个例子。现在四川丘陵地带的土壤多为红色页岩腐蚀而成，所以呈现红色，和禹贡所说的青黎迥异。这种差异倒不是禹贡作者记载的错误，而是土壤变化的结果。梁州土壤在古代呈现青色是有它的原因的。在古代这里的冲积土层可能浅露地面，当地又多树木，腐植质增加，会使土壤发青。现在成都平原，仍为深灰色无石灰性冲积土，和古代的情形还相符合。⑰⑱至于丘陵地带的红色土壤，乃是由于河流的侵蚀，青黎土流失而显露出来的。⑲

古今土壤的变化还不仅梁州一处。现在陕西秦岭以北及甘肃虽然仍然是黄土地带，古今也有差异。禹贡列雍州的黄壤为上上等，可是现在陕甘两省的黄土已经不如从前。黄土本身有它的优良条件，可是也有它的缺点。黄土土质疏松，容易耕种，且毛细管普遍存在，容易吸收水分，经过灌溉，就会成为沃土。黄土里面虽缺乏氮和有效磷，但其他可溶性的矿物质还是不少的。古代黄河上游各处的草原和森林使黄土更能够发挥它的作用，增加土壤里的有机质。这不仅可以促成土壤的团粒结构，增加土壤的涵水能力，而且有机质还能增加植物的养分。由于菌类的繁殖，更能使矿质变为酸类，易为植物所吸收。后来森林和草地滥被破坏，水利又不讲求，黄土不能发挥它的优点，逐渐不如以前。这种情形并不是不可挽回的。只要讲求水利，恢复森林和草地，依然可以使黄土发挥它的作用。至于说黄土里面缺少氮肥，那是经过种植豆科植物就可以弥补的。

应该指出，禹贡中以壤称的土壤，不只限于雍州一州。雍州是黄壤，而冀州却是白壤。豫州也称壤，禹贡里面并未明确指出是白壤，抑系黄壤。既然有黄白的分别，当然不是一种性质了。所以称为白壤，当是土中含有盐渍，因而呈现白色的缘故。⑳根据后来的一些记载，这种情形也是有的。战国时代太行山东的漳水流域就曾有过斥卤土地区。这魏国的史起和西门豹先后在漳水旁的邺县引水灌田，使当地的舄卤的土地得到改良，能够种植稻粱。㉑ 这里的斥卤土地区相当广大，史起等人所致力的，只是其中一部分而已。（接下不空行）

就是（再）後来到明清時期，滑黄以北还是土硝多卤碱而成为发展农业的阻碍。

后来到宋时，大名、澶渊、安陽、临洺、汲郡之地还是杂有斥卤，不甚适于农业。用现在地理来说，就是河北大名永年和河南汲县濮陽一带，还是漳水附近及其以南的地区。至于现在河南平原多为石灰性冲积土，也许就是禹貢里面所说的豫州的壤土。固然盐渍土和石灰性冲积土都屬于黄河冲积的次生黄土，但就现在情形看来，黄土的面积显然是扩大了。现在太行山西汾水流域和黄河中游伊洛附近都有大量黄土堆积，就是太行山东，东部長城内外，以及黄河下游也都有了黄土的堆积。其中自然有本来就是黄土的地带，不过一般说来，这种扩大应该是長期变化的結果。

如果以徐州的情形和现在来比較，上面所说的原因是有可能的。禹貢记載徐州的土壤是赤埴墳，列为上中级，仅次于雍州的黄壤。然而现在徐州的土壤却与此不同。现在徐州的土壤，表面呈黑色或棕色。有些地区还有许多的黄沙。就以现在说来也不能算作好的土壤的。据说现在徐州表土之下的心土还是红色的。这种情形应该和禹貢所记載的相符合了。如果现在的红色心土就是古代的赤埴墳，那么上面这层表土是从什么地方来的？不用说也是黄河的决口和氾滥的洪水在那里作怪的結果。

现在黄河下游附近各地的土壤分明是和以前不同了。黄河一再的决口和氾滥也不可能使它保持原状。不过就历史演变的过程来看，这种变化还是渐进的。兖徐两州的情形可以作为证明。禹貢兖州南界济水，汉朝的济阴郡就在济水中游的两岸。汉朝初年济阴郡屬于梁国，而梁国的土地据说是天下的膏腴地。可是徐州的情况就和兖州不同。徐州在汉时已经一再为黄河所冲淹，所以就被称为地瘠民贫的地区。

上面已经指出：现在的黄土地带显然比較古代是扩大了。扩大的原因各个地区虽不一定相同，黄河下游附近自然是和黄河脱离不了关系。当然这里的黄土地带也不能和古代雍州的黄土相比拟，不过也可以用人为的方法提高它的肥力。如果能够如此，它对于农作物的作用当可超过古代相同的地区。

此处空一行

应该指出，随着黄河氾滥淤积的不仅是黄土，而且还有沙。黄河

论起来，沙土在古代的

—36—　——中国历史地理(史·四)——　陈

中下游~~在古代是曾经有过沙地的~~也不是根本没有的。现在河北平乡东北在古代曾经有称为沙丘的地方。[28]现在河北大名城东也曾有称为沙麓的地方。[29]在现在河南原阳县境的博浪沙远在秦时，就曾因张良在此地伏击过始皇帝而为人们所注意。[30]现在陕西大荔县南的沙苑，至迟在南北朝也已见于记载。[31]这些沙地都不十分广大。沙丘等处已经难知究竟。沙苑据唐宋人的说法是东西八十里，南北三十里。这样大的规模不可能对黄河中的泥沙会起决定的作用。黄河中的泥沙可能是受了北方的大沙漠的影响。流沙随风扬播，对于附近河流城市以及农田等影响最大。新疆塔里木河因穿流于沙漠之中，河道受流沙淤积，竟有改道情事。前面所说的罗布泊的变迁，就是由沙漠的影响。而罗布泊旁的古代楼兰国城的湮没也是受了流沙的复盖。现在沙漠为风吹散，它的遗址乃得重现。[32]黄河流域沙漠的扩张，在内蒙伊克昭盟就可显然看出。远在秦时，始皇帝曾在这里设置了四十四个县。[33]这四十四县的名称和地址目前都难以知道。可是西汉时代也还在这里设了很多县。其中朔方郡郡治所在的朔方县就在现在杭锦旗盐海子以北的地方。西河郡治所在的平定县就在现在准格尔旗王府乌兰克伦河源头以北的地方。[34]这些地方当时能够作为郡治，自然是它有相当可取的地理条件。现在这些地方都为黄沙复盖，一片荒凉。如果西汉时代就是这样的偏地黄沙，人们在这里都很难站得住，那能还作为郡治的所在地？这些地方的沙漠从什么时候起堆积这样厚？自然难于稽考。至早应该在隋唐以后。因为隋五原郡治所在的九原县和唐丰州所在的九原县都和汉朔方县相距不远。唐初唐休璟还说过这里土田良美宜于耕牧的话。[35]现在陕西横山县西约百里〔伊克昭盟境内〕无定河之北在以前有一座统万城，[36]这是十六国时期夏国赫连勃勃所筑，就作为他的都城。后来隋朝在这里设了朔方郡，唐朝接着改为夏州，为北边的重镇。唐末拓拔思恭在这里作定难军节度使，他的子孙后来建立了西夏国，和宋朝对峙。这个地方现在也为沙漠所复盖了。[37]这样说来，这里的沙漠分明（不是本地旧有的，而是）由其他地方吹来的。贺兰山的北端和狼山的西端不相连接，形成一个天然的缺口，阿拉善沙漠可以随着西北风向东南吹去，尤其是当黄河冻冰之后，黄沙即可由冰上吹过。现在陕西北部的榆林县城由于流沙的堆积，就曾经迁了三次。(38)现在榆林城北的了望堆台，始筑于明正统年间，筑台的时候已经需要排除工地的黄沙。(39)榆林城南约百里地方有一小城名鱼河堡，在榆林河和无定河会合之处，为明朝成化年间所建筑，稍迟于榆林城北的了望堆台。(40)根据建筑情况推断，建成的时候，这里还没有黄沙，即会有黄沙也不十分严重。因为城基建在土地上。现在南门依旧，可是北门已为黄沙所掩没，行人只好从沙堆顶上越过。由这些情形看来，沙漠是逐渐向南扩张的。不要说得太远，就以近一百五十年来说，单是陕西北部长城沿线的沙漠就已经向南流动了一百四十里。榆林城鱼河堡的变化已经值得人们注意，实际严重的情形还不至此。仅以榆林专区所辖各县而论，沙漠已占土地总面积的73.1%。(41)榆林专区主要河流为无定河，它斜贯於专区之中，这条河流每年给黄河输送的泥沙达两亿吨之多。(42)前面已经指出过，近年统计，而黄河每年通过三门峡市附近输送到下游的泥沙为12.6亿吨，无定河的两亿吨确实是一个不小的数目。

沙漠地区的扩大还可由河西走廊看到。河西走廊的北面是有名的腾格里的大沙漠。这里的沙漠在很早的时期已经有了。禹贡里面已曾记载着導弱水入於流沙。从来人们以发源於祁连山中而北向流入居延海的河流称为弱水。有的人说流沙就是居延海，看起来有点勉强。既称为流沙，当与沙漠有关。那时虽有沙漠，它的南边应该不像现在那样宽阔。现在的民勤县，以前曾发现若干新石器时代遗址，是早期人们的活动地区，后来到西汉时期还是武威郡所治的武威县的所在地。(43)但是现在民勤县变为一个楔子，插进黄色的沙洋里，它的三面都为黄沙所包围，很像一个孤岛。当年西汉武威郡在此的时候，应该不是这个样子，不然怎会把一个郡治设在这里？由西汉设郡情形看来，这里流沙向南移动已经不是一个很短的距离了。

在东北方面也有相似的情况。辽宁、吉林、黑龙江三省西部的风沙侵袭也很剧烈。單以吉林省的白城专区来说，大片的沙荒使当地蒙受了一個"八百里旱海"的称号。(44)白城专区最东边的扶余县，受风沙的侵扰程度也没有减低。解放前当地的流动沙丘每年往前移动，[illegible]二十年间仅扶余镇范围内就被沙埋没了七千多亩良田。附近的长岭县也是如此，在当地居住的人们怎能不受威胁？[illegible]问题的严重並不仅是这几个地区。（[illegible]）

~~其实沙漠的扩张并不都需要由山脉缺口吹过。~~北方各地每当西风起时就漫天黄沙，窒入耳目，这些黄沙降落在地上，自然会影响土壤的质量。黄沙的弥漫一般是由于风力的吹动，而森林的破坏和水利的不讲求也都助长风沙的侵袭。现在银川附近和阿拉善沙漠只一山之隔，因为河水灌田，渠道纵横，称为沃壤。内蒙西部的五原临河和银川情况也相彷彿，风沙的损害都不甚显著。目前沿长城南边正大力栽培防沙林，沙漠南侵的趋势是可以防止的。

此处空一行

为了防止风沙侵袭、水土流失，植被的保护确实是一桩重要的工作。古往今来，这方面的经验也是不少的。据古代传说，在尧的时候，草木畅茂，禽兽繁殖，因此曾经引起当时的人的忧虑。(41) 传说是的居住一带在现在山西的西南部汾、浍、涑、河诸水流域之间，至少在这一带是有森林的。传说容有不尽确实之处，但见于文字记载当更较可靠。诗经中记周人的兴起，所歌咏的，由诗人歌颂所及，则岐山之下，渭水之滨就显现出与后世有所差异。那时的山麓植被茂密，有榛楛，有柞棫，郁郁葱葱，都是十分茂盛。(42) 那里的原上也都是灌木、树、櫰、椐、檿、柘丛生地方。(43) 甚至周人经常徘徊居住的~~周原~~周原"堇荼如饴"。(44) 不仅周人最初居地如此，就是越黄河而东，在现在山西的西南部，到春秋时代不论山上和隰地也还是有很多的林木的。(45)（接下不宜删）

~~的居地是在现在山西西南部汾、浍、涑、河诸水流域之间，至少在这一带是有很多的森林的。其实黄河流域，在古代森林是相当普遍的。~~

古代传流下来的山海经内记载了许多山，有许多山经过以前的学者考证，是在现在的西北。据山海经的记载这些山上是有树木的（丛生的）。甚至山阳是些什么树木，山阴是些什么树木，也都记载下来。就是黄河下游的兖州，在禹贡里面也特别提到那里的森林是十分茂盛的。黄河流域如此，淮河和长江流域那是不必说了。禹贡里面对于徐扬两州的森林也曾加以称道。长江中游和汉水流域当楚人最初在这里立国的时候，不是遍地森林，难以立足。(46) 正因为如此，所以春秋战国时代的人在规划土地利用的时候，还特别注意留下山林土地以作为木材的来源。楚国蒍掩庀赋在谈到土地时先要度山林。(47) 在商鞅书中具体规定保持山林的比例要占所有土地的十分之一。(48)

就是到秦汉时代情形还是不错。当时的关中被称为陆海，为九州膏腴的地方。除过农业和水利之外，鄠杜的竹林和南山的檀柘同是陆海中的产物。甚至天水陇西的林木也受到人民的称道，当地的居民通常就是利用木板作房屋的。(49) 以前的人们对于栽植树木也相当注意。这

本頁續接上頁，原稿兩頁拼接。

那裡直南正对着漢朝的張掖郡，用現在的地理来说，當是甘肅省張掖縣以北内蒙自治區轄境内。西漢末年，有人建議，那裡出產材木可作箭桿，可以乘着匈奴和漢朝和好的時機求得這塊地方。漢朝雖提出了要求，却為匈奴所拒絕。因為匈奴貴族作穹廬和車輛都是靠着那裡的木材為材料的。54

——中国历史地理（史、四）—— 陈

在河套东北的榆林塞就是以榆柳众多而得名。50 由榆林塞渡河往北，就是阴山山脉。这条山脉东西千有余里，早就以草木茂盛而为匈奴人所重视。就是後来到唐代那裡的林木还是不少的。53 其实不仅阴山山脉如此，就是阴山山脉以西和以东，也都有茂盛的森林。河西走廊南北的祁连山和焉支山都以产松柏五木著名。而焉支山以北还有盛产林木的地方。这块地方在西汉末年曾经引起汉朝与匈奴之间的交涉。至于阴山以东西辽河上源的平地松林，直到后来尚为契丹族人恃为险要的去处。55 这些森林所在的地方虽然没有连贯在一起，但于风沙的阻隔应该会起一定的作用。

應該指出，秦嶺太行山及其附近地區所產的森林在黄河流域是值得稱道的。秦嶺的森林在秦漢時代已為人們所重視是不必說起的。長安當時為國都所在，木材消費為数鉅大，主要的来源自然就是附近的秦嶺山中了。到了唐時，為了採伐秦嶺及其附近各山中的木材，還曾經在那裡設了許多監司。秦嶺之外，并及嵩山王屋等山。56 當然這情形也不是从唐時才開始的，远在以前人們已經為了轉運當地的木材而開闢山道了。57 秦嶺深奥，少有人跡所至之處，林木之多常是意中事。當陳山道兩旁也是如此。譬如大散关一途乃關中赴蜀的要道，越嶺过关南行，深林密竹，五四十里中不見[illegible]，即大散关附近如此的，其他各處亦可以知道。直至清朝乾隆以前，秦嶺山中的林木依然很盛，山中[illegible]也[illegible]之[illegible]。58 乾隆稍後不久，秦嶺南北依靠採伐山林為生的猶有数千人之多。60

太行山脉延亘于山西和河北河南之间，千数百里，林木素称密茂。(61) 不仅主脉如此，就是若干支峰也是相仿佛的。北边的石经山，(62) 南边的苏门山，(63) 以及恒山五台，都是遍地林木。今河北省易县于宋时为易州，易州产墨，当时颇有声名。(64) 这就可附见太行山中的松林有名。

也就是因为这样，所以汉代河北省中部有郡名鉅鹿，所以称为鉅鹿，也就是因为这些地方是广大的森林的缘故。(65)

林木之多，黄河流域自不仅限于这些地方，河北平原、山东江苏沿海各处的情况也都是一样的没有问题的。唐时日本僧人来中土求法，据其所述，自海州至登州一路，树林茂深，微径难寻，甚至看见草动，方知有人。而且当时密州所烧的木炭，也运至楚州出售。运炭之外，并使新罗船只也到海边揽货。(66) 登州为今蓬莱县，密州为今山东诸城，皆在山东海滨。

至于长江流域及其以南的地方，森林的普遍乃是意中的事情。就以现在的四川来说，早在秦汉时代，当地人民就因为有山林竹木之利，而更为富饶起来。再往南去，森林自然更是茂盛了。汉武帝时候曾经用兵征讨闽越。(67) 闽越的故地就是现在福建地方。那里原不算很远。可是当时就已经感到行军的困难。淮南王刘安因此还向武帝上书谏诤，说是闽越的道路十分难走，不要提起山高水急，难以行船，就是沿途森林的阻碍，也是难以克服的困难。他指出要去闽越，必须经过数百千里的森林，林中既多蝮蛇猛兽，夏天更容易得到呕吐霍乱的病症。在这样情况中行军，简直是难以想像的事情。(68) 可是汉武帝并没有接受他的劝告，仍然出兵。在出兵的路程中可能也遇到一些困难，像刘安所说的那样。好在用兵的目的已经达到了。汉朝取得闽越地后，就把它划到会稽郡的区划中。汉时会稽郡面积相当广大，包括现在江苏南部镇江以东还有浙江和福建。这个郡共辖二十六个县。其中在福建的仅有一个县，就是在现在福州的冶县。(69) 为什么现在偌大一个省在当时只设了一个县？可能就是因为这里山岭重迭，森林密布，交通不便，难以控制的缘故。冶县设在闽江口岸，它和内地的交通，另就不是借着穿过森林的陆路，而是依靠着海路的。

本頁續接上頁。

其实不仅闽越的地方的道路难于行走，就是接近于闽越的地方林木的稠密也同样的情形。汉朝接近闽越的一個郡名为豫章郡，也就是现在的江西省。为什么称为豫章？据说是当时置郡时，郡治的庭中有樟树，极为巨大，因以为名。（70）这样说法显然是傅会的。豫章的地名在左传中先后凡六见，不必待西汉时建立郡名时才因郡治庭中的樟树而得名。虽然如此，但豫章之名也并非与当地樟林没有关系。说者把它当作某一巨大樟树来解释，似乎偏了一些。这一带都是出产木材的，直到唐朝宋之间，这一带的木材还是经常由赣江出运，沿江而下，运输到当时东南繁盛的扬州出售的。（71）由于获利甚丰，若干军吏也夹杂在商贾队中往来贸易。（72）林木的茂盛若此，甚至使一些城池的建立，还得芟薙附近的草木，（73）这使人联想到周朝时楚国人的以筚路蓝缕以启山林的事情。

古代的森林是这样的普遍，可是近代一些学人却不是这样的看法。（楼下不空格）

他们认为秦岭和淮水以南在古代诚然是森林茂盛的地区，可是秦岭和淮水以北就不是如此。他们认为秦岭和淮水以北就是有森林，地区也不会过大，只限于淮水以北运河以东的沿海地区，燕山山脉渤海湾头，

本頁續接上頁，原稿三頁拼接。

以及辽东半島，再还有黄河上游的湟水洮水大夏河流域，桑乾河支流洋河附近，另外还有王屋山、霍山、贺兰山、五台山和恒山。根据他们的研究，古代北方的黄土地区是不适于森林的发育的。⑦⑥这种说法自然是錯误的，因为上面所举的一些历史事实就是有力的证明。

如果由晚近的情形看来，黄土地区的某些地方诚然是林木是稀少的，但不能以此推论到古代也是如此的。黄土地区不僅森林曾遭到破坏，就是一般植被也是曾經受到人为的影响的。这裡就黄土地区的草原加以说明。草原在古代的西北原不是稀罕的。漢時"涼州之畜为天下饒"，當然是因为牧草的豐富，才獲得这樣的结果。⑦⑦唐初，國家养馬的地区，跨有隴右（今甘肃隴西）、金城（今甘肃兰州）、平涼（今甘肃平涼）、天水（今甘肃天水）四郡，西边一直到青海现在省東南部黄河的河曲處，那裡是当时称为河曲的地方。后来牧区向東发展，又包括岐（今陕西鳳翔）、豳（今陕西邠县）、泾（今甘肃泾川）、宁（今甘肃宁县）诸州，东边一直达到銀（今陕西米脂）、夏（今内蒙伊克昭盟南部）二州，更越过黄河，伸延到嵐（现在山西静乐县南）的樓煩監。⑦⑧是今甘肃大部、陕西中部、北部以至山西西北部在当时皆是养馬地区。养馬地区既然廣大，对於牧草也就不能不给予相当的重视的。當时养馬地区的擴大，固然是由於政府对於馬匹需要的增加，但是在这些地区从事发展，也正说明了當地水草的豐富。远在漢世，这些地区已經有土宜畜牧的说法。⑦⑨就是在唐代，人们对此也有相似的看法。⑧⓪而且由於畜牧发达，人们靈武（今宁夏回族自治区）靈武故人[illegible]部、宁朔處的人们也要耕而就牧了。⑧①

不僅文献上有如此的记载，现代学者根据自然情况推测，也认为西北地区在古代是草原和森林草原地。这样的推测是正確的。现在有些地方曾經发现古代土壤的残余，并且证明是这是经过草的生长而改良过的土壤。(62) 以这种情形和文献记载相比照，确实是若合符节的。

但是这样多的森林却在长久的岁月中大部分逐渐破坏了，就是一般的植被也受到相似的影响，它的分布地区因之有了不同的变化。就以黄河流域说来，除过一些山地还有若干残留的森林外，其他地方或者是童山，或者是农田，已经少有森林的踪跡。就以黄河上游来说，仅有若干少数较高的山岭如黄陵、黄龙山、子午岭、平凉附近的崆峒山、兰州附近的兴隆山，以及甘泉附近的劳山还有残余的森林或梢林存在。

~~黄河流域的是森林破坏比较严重的~~。其他各地的情形比较良好。江淮流域及其以南若干地区的丘陵和山地中也还有很多的森林，或者还存在着原始林。至於西北的天山和祁连山，东北的长白山和兴安岭，直至现在都还是森林茂密的地区，为国家重要的资源。不过在过去的年月中，一些林区也有若干变化。(63) 而华南的

森林情形与东北和新疆等处比较起来也许还要更大些。(63b)

破坏情形与东北和新疆比较还要更严重

森林分布的地区为什么有这样大的变化？对于森林的滥伐是促进这样的变化加速发展。其实从古以来，人们就曾一再为了达到某种目的，摧残森林甚或消灭森林。传说尧时因为森林密布，令舜想办法，舜就派益用火烧掉森林。这虽是传说，正可说明古代的人们为了扩展耕地而消灭森林的情形。(64) 这种办法自然不限於尧舜的时候，可能是很久时期中都曾经採用过。後来到春秋周朝，楚人初居到江汉流域时，也曾致力於破伐森林~~扩充耕地~~的工作。(65) 这些办法一再被人们採用，耕地增加，林地也就相对减少。森林广泛分布的时候，固然影响到农业的发展，但是到森林过分减少之后，农业的发展也必然会遇到新的困难。

直到较近时期，广东的黎族人民还是这样从事耕种，林木焚毁之後，不仅耕地面积还可以增加土地肥力

从前所说，秦岭山中的林木以前曾经长期为人们所称道的。但现在秦岭北坡的林木却少得可怜。就是秦岭南坡，也有些地方以前很多

本頁續接上頁，原稿兩頁拼接。

(41)

繁茂的情况，现在也成为童山荒坡了。为什么那里的林木这样的稀少了？其中一个原因应该是由于秦岭山下的人们以木材作燃料所促成的。以前煤炭还没有普遍使用的时期，以木材作燃料成为一般人们日常生活所不可缺少部分。秦岭山中的伐木烧炭成为山中居民的一种职业，而且所烧的炭在以前就是长安城中不可或缺的日用品。唐朝诗人白居易所写的《卖炭翁》诗就可以作为说明。(64)在其他一些地方，由于冶炼钢铁的缘故，也使森林受到损失。据说以前的炼铁用炭，煤炭居十七，而木炭居十三。这因为木炭的火力比煤炭还要炽烈。要煤之山虽然更是要用木炭了。(65)这种比例是会随着炼铁技术的发展而有所改变，不过在这以前的时候，对于森林面积的缩小是曾经起着一定的作用的。以木材作炭还犹可说，若干地方在森林消费完了，就消灭灌木，甚至把灌木的根也掘出来作为燃料。若干没有林木或林木已被消灭的地区，则用草作燃料。甚至有些地区连这样条件都没有了，只好用牛马粪和草根作燃料。(88)人们常说，十年树木，这就是说森林被消灭之后，至少要得十年以上才得恢复。至于一般植被，像草地的草皮经过挖掘，若要恢复据说也至少要用十年的光景。(89)像黄河上游这样破坏的过程现在已难知究竟，但久之以后，黄河的泛滥和改道频繁的情况正是这种过程的具体说明。

在前面也曾说过，河湟之间的森林在古代也早(接下不空格)

(42)

已为人们所称道而且见于记载。可是到了汉武帝时候，黄河在瓠子（今河南濮阳县南）决口，灾区广大。武帝为了堵塞决口，亲自前往督工。堵口是要用很多薪柴的，由于附近人民以薪柴作燃料，使堵口材料受到影响。这一带正是古代盛产林木的地区，竟然有了这种现象，可见这里的森林在那时早已消灭了。情况已经如此，并没有引起人们的重视，破坏森林的事情依然不断发生。下至北宋时，就有人指出齐鲁间的松林都已砍伐罄尽，甚而太行、和京西（今河南西部）、江南等处原来有森林的地方都变成童山了。⑨②

然而情况还有更严重的。以前的人们对于森林的滥伐，林地的滥垦，更使森林的面貌迅速变化，甚而消失罄尽。这种情形内蒙西南鄂尔多斯附近的可以说明。鄂尔多斯附近的大青山、乌拉山和狼山大约在二百多年以前还是森林茂盛的地区。据说在清朝乾隆年间，封建统治者们在那里滥事砍伐，使当地受到很大的灾难。近百年来，又经过各色各样的反动统治者的破坏，再加上几次的大烧山，使这些地方和以前完全不同。⑨③ 尤其是解放以前反动派的摧残，使恢复工作增加了很多的困难。⑨④

一些地区，全国各地实际都是如此，当然像这样的破坏情形不只鄂尔多斯附近

对于森林的破坏虽然严重，但是培育和恢复也并不是不可能的。据说在公元1866年（清穆宗同治五年）以前，陕西的子午岭、黄龙山、劳山等处也和现在陕北陇东其他地区一样。后来由于人民迁徙，垦地弃置，梢林就都发展起来。这还是自然发展的结果，如果得到人为的努力，当可获得很快成就。⑨⑤ 建国以来在党和政府的领导下大力造林，仅第一个五年计划期间，已经造林一千多万公顷。⑨⑥ 很快地转换了以前破败的面貌。上面说过，陕西北部由于靠近鄂尔多斯，风沙南移，使当地人们受到很严重的威胁。但是建国以来仅在榆林专区就已造林五百万亩，占

43

当地沙漠总面积的四分之一。西至定边郑大墩东到神木耳林兔六百里的一条防风固沙护田林带已经基本形成，制止了沙漠的南移。(97) 又如甘肃民勤县为了防沙，建国七年中，全县已造林十四万多亩，加上封滩育草，不仅防止风沙侵袭，而且扩大耕地近乎三十五万亩。(98) 再如东北辽宁、吉林、黑龙江三省西部防护林带经过十年来的努力，已经初步形成。这条林带南起辽东半岛，北至大兴安岭南麓，绵延一千二百多公里，东西宽约三百公里，对于抗御风沙干旱起了显著的作用。(99)

由于绿化造林工作的普遍发展，可以称道的地方实不胜枚举。即以甘肃宁夏境内的六盘山来说，远在建国以前，林木破坏已成荒芜。十多年来人们在这里努力，仅宁夏境内已造林十多万亩，占山区面积的五分之一。山区附近的泾源县已因此而成为一个山青水秀林木丰茂的地区。(100) 由于人们的努力，十多年来，沿海、沿江、沿铁路、沿沙漠都已出现林带，新造的林区不断的增加，而带的建设或者已经完成。党和政府对于绿化的重视是无微不至的。

在40条农业发展纲要里，还特别提到有关林业的建设，并且要求从1956年起，在十二年内，在自然条件许可和人力可能经营的范围内，绿化一切荒山荒地。这一指示不仅能够完成，而且还可以提前完成。这说明绿化祖国不仅不是一件可望而不可即的事情，而且很快可以看到郁郁苍苍的景象遍布在祖国的各处。

使若干非华族的部落逐渐被消灭。其中晋国先后灭掉太行山东西的赤狄部落，白狄的肥与鼓也为晋国所灭。晋国甚至越过黄河，取得了陆浑之戎的土地。不仅如此，晋国还向汾水上游扩土，迫使那里若干部落向北迁徙。东方一些非华族的国家也先后为齐鲁所并吞，而以齐国所灭掉的为多。齐国的土地因此达到了东海之滨。在泾渭流域的非华族部落，自周室东迁后，就和秦国发生了斗争。秦国不仅消灭了泾渭下游的若干部落，并且还向西发展，使它的土地达到了渭水的上游。

至于南方的楚国，在这方面也没有放松。楚国的发展主要是北方，它在春秋时代消灭了许多华族的诸侯国家，使它的国境越过了现在河南的淮阳杞县和临汝，几乎迫近黄河的附近。它也向长江上下游发展。群舒和百濮大部分就是被它消灭了。

在长期斗争过程中，显而易见的一宗事情，乃是由于文化的传播和沟通，使华族和非华族进一步互相融合起来。过这的时候不必说起，就以春秋时来说，华族和非华族之间是有若干显著不同的地方。若干非华族的语言和华族不同，甚至需要舌人来番译，衣服差异也是其中的一点。由于华族的文化高，使若干非华族逐渐接受了高的文化。在华族的人们看来，只要能够接受华族文化，就不再把他们视作非华族，大家成为一体了。若干非华族的统治者虽然被华族的统治者消灭了，但人们却进一步混合起来。就以楚国来说，前面说过，他们在春秋初年还以蛮夷自居，经过长时期文化的沟通，楚人再不以蛮夷自居，华族的诸侯也没有人再称楚国为蛮夷了。

第三节 中原人口稠密的地区和南方人口的增長

中原人口稠密地区的所在。中原居人对於南方居住条件的看法。 南方人口的增長。 北方人口的变化。

古代部落与部落之间的斗争虽甚頻繁，人口的数目一般說起来不是很多的。非华族居住的地区已经难以知道詳細情况，华族居住的地区却还可寻見若干綫索，畧知一点的梗概。

远的不必說起，就以商朝来說，由卜辞的記载可以看到当时的农业已有很大的发展。不过河济流域富庶的地区商人却未能充分开发，

虢　鄶　陈

這可能和当时的人口不多有关。后来周人灭商，还曾致力於驱逐中原各处野兽的工作。①其实在周人的統治下，人口的增加也并不是十分迅速的。郑國始封本在今陕西华县。西周末年，涇渭流域非华族势力增涨，引起郑国的忧虑。为了逃避禍难，就向东迁徙，移居到虢鄶之间，也就是現在河南的新郑。当郑國迁到新地的时候，还是遍地荒草，需要清除。②現在新郑靠近京广鐵路，交通便利，怎能想到古代它竟是一个荒涼区域。春秋初年，有些地方的情形似仍未有若何好轉。現在陕西韩城县南，为春秋时梁国的故土。据說梁伯好土功，扩大他的城池，却没有許多人居住，后来就为秦國人所攻破。③固然在农业社会里，許多劳动人民不可能都住到城内，但城内仍是应該有相当的人口數目的。

春秋和战國时代人口是显然有了增加。許多诸侯国家都建立了新的城市。魯國是一个弱国，可是也修筑了二十四个城。其中修理旧城仅一处，余下的都是新筑。魯国如此，其它国家的情况是可以想見的。这些城池的修筑虽各有其目的，可以看出有些城池所在地正是以前人口不多的地方。鲁國修筑的一些新城就是在它的东南沂水和泗水的流域，就是具体的证明。不过春秋时代城市的規模还不是很大的，人口还是有限的。战國时（接下不宝[illegible]），赵国的赵奢曾說过：古时，城虽大无过三百丈者，人虽众，无过三千家者。④這所謂古时，可能就指的春秋时代。~~因为春秋时代諸侯的城不过九百尺，卿大夫的都邑最大也只是三百丈~~。到战國时代，情形就有了改变。許多普通城市都达到万户人家的規模，特殊的当然更大。⑤齐国的孟嘗君是喜欢招致食客的。他的食邑在薛，为現在山东滕县地，当时曾达到六万家的數目。⑥現在河南宜阳，战國时为韓國西陲的重鎮，单是驻兵就是十万人。当然這样的城内不仅是驻兵的。⑦齐國的都城臨淄人口众多，竟有七万户。就在現在說来，也不算小城市了。⑧就是城市以外的居民点也相当稠密。老子生於战國时代，主張小国寡民，要人们虽然邻里相望，鸡犬之聲相闻，彼此老死不相往来。

这正反映了當時的实際情况，因為有些地方确实是鄰邑相望，鷄鳴狗吠之聲相聞於四境的。⑨魏國是處在黄河南北，正當中原之地，一望無垠，是适於人们居住的好地方，所以人口稠密，廬田廡舍之多，竟使畜牧牛馬都沒有空隙的地方。⑩魏國的情况是十分明顯的。離中原遠些地方，也还有突出的表现。現在河北省的完縣是秦時的曲逆縣。那裡僻處北陲，就在戰國末年也是燕趙边境的地方，可是这樣一個小城，在秦時也还有三万多戶的人家。⑪比起齊國的臨淄城来，只差一半的樣子。

本頁續接上頁，原稿兩頁拼接。

口的曲逆好，经过这次战争仅剩下五千多户。漢高祖有一次走过这个县城，很欣赏它的富实。依高祖自己所说，是他所经过的地方，只有洛陽和曲逆算是最好的。⑫按说漢高祖也不是行遍全國，所说的话自然不是概括所有的情形。不过他所到的总是些重要地区，所以也可以作为比较的标准。就曲逆的形势说，在当时不能算是主要的战争区域，人口的减少就已经如此的严重。其他地方恐怕还不如曲逆的。以江淮下游来说，就是如此。江淮下游于漢初为吴國。吴國为刘濞封國。刘濞后来反抗漢朝，曾经征发全国人丁为兵，仅得二十余万人。吴國统有五十三县，每县平均约四千人。如果加上老弱妇孺，看起来每县也不会超过万人。⑬自然不能和曲逆相比拟了。漢朝以长安为都，都城地方按说是最繁盛的地方的。漢初长安虽是新建，却在咸阳的附近。咸阳为秦时旧都，总是一個人口集中的地区。秦未统一以前咸陽究竟有多少人口，已经没有记载足资稽考。秦既灭六國，曾徙天下豪富十二万户于咸陽。此事见于史记秦始皇本纪，谅非虚妄。经过这样多的人口在秦漢之際战争的年代，已经大为减少。当惠帝在附近六百里内征发人民築城时，前後两次，每次都只有十四万多人，还是包括妇女在内，当然不能算是很多的。⑭司馬遷曾经指出漢朝初年的情形，是户口可得而数的才十二三。⑮看来所说的也是确实的事情。战争促使人口减少，承平时代自然会逐渐增加。漢朝初年，封建王朝封了许多列侯。由于人口不多，大侯所食不过万家，小者只有五六百户。後来人口增加，大侯的封地多到四万户，就是小侯也增了一倍。⑯前面说过臨淄在战國时有户（接下打字稿）

七万，到汉武帝时，已經增加到十万户。不过臨淄城在秦末汉初时确实有多少人口已經难以知道，所以不易⑰指出它的增加的速率。汉时的山阳郡在現在山东西南部，汉宣帝时有户九万三千，有口五十多万。⑱經过五十多年的光景，到汉平帝时，户增加到十七万两千八百，口增加到八十万一千二百，⑲将近一倍了。

汉朝以前，全国的人口数目沒有一个确实的数目，每一个地区的人口更是难以备知。汉朝才开始有了全國人口的數目，也有了各郡国的人口數目，甚而个别的县也有了記載。据公元2年（平帝元始2年）的记載，全國共有12，233，062户，59，594，978口。②西汉时代的疆土比現在为狭小，北边只起於阴山山脉，而南至於現在的越南中部。这里所說的户口數字，当然是仅指这个范围里面来說的。不过還应該説明一点，这些人口數字显然是政府户口册籍中的记載，不見得就是实际的情况，古代人口有税，許多人因为不堪統治阶級的剥削，往々不登记户口；有些王朝甚至把招徠“逃户”看作他们統治方法中一种重要的措施，所以这样的數字不能説是确实的。可是像這样的不登記户口的情形在全國来説应該是普遍的。因此，作为全国总的户口来説，可能不是确实的，但各地互相比较，其间还是有一定的比例的。当然這种比例也只能説是一种大概的情形，不能就认为是完全确切无誤的。

就西汉全國的情形看来，北方的人口數目显然是比較南方为多。如果以秦岺和淮水作为南北的自然地理区分的界線，則北方各地的户數共有9，663，413，而南方各地才有2，569，649。南方約当北方的四分之一。北方各地的口數共有46，870，563，而南方各地才有12，724，415。南北的比例也只是一比四的样子。不过有一点是应該说明的。这些户口数目是根据班固漢書地理志所列的各郡中的户口数字算出来的。西汉的地方行政区划是採取州郡的制度，其傍的划分和自然地理情况并不完全相同。它不是恰正在秦岭和淮水的南北截然划分一條線的。當时淮水下游是徐州的辖地。而徐州的范围却是兼包有淮水下游的南北。它北起现在山东即墨和南皋（接下不空格）以北，而南於長江下游的北岸，是兼有南和北的地区。不过大部分还是在淮水以北，所以这里就（把它）計算在北方地区的數内。当时的荆州，南起现在广东的北部，北至于河南西部汝水的上流。虽然它的轄境的一部分伸入到北方的地区，因为它主要部分却是在南方，所以都归入南方地区的数内。这样说来，上面所算出的北方的户口数目内是包含有一部分南方的户口的。同样，南方的数字中也有北方的户口。

似乎与实际南北情况不相符合。不过徐州的淮南郡分大致相当于荆州的最北部分，彼此互相抵销，还可以用这样的数字来说明南北的差别的。

如果仅就北方地区来说，各地人口的数目也极不一致。河西初连山下，汉朝在那里设置了武威（郡治在今甘肃民勤）、张掖（郡治在今甘肃张掖）、酒泉（郡治在今甘肃酒泉）、敦煌（郡治在今甘肃敦煌）四个郡。四郡中，张掖的人口数目算是最多了，还不到二万五千户，九万口的人家，是北方户口最少的所在。汉朝置的新郡还有朔方（郡治在今内蒙古伊克昭盟西北）和五原（郡治在今内蒙古包头附近）两郡。这两郡在北边，虽是秦时九原郡的旧底子，但秦末汉初这里曾经为匈奴所占领，汉朝实际从新设立，和以前关系不大。这两郡人口数目都比较多些，论户数都超过了三万，口数朔方郡已经达到十三万，五原郡更多达到二十三万。不过在西汉北方各郡中依然是人口稀少的地方。应该指出，就是这样稀少的人口还是由内地迁去的。这种办法在秦时已经开始，秦於九原郡置了三四十个县，安排新迁徙的居民，合起来数目是不少的。汉朝（移徙往北边多少人咱不大知道，不过它在）推行这种政策，迁徙的次数也是相当频繁的。仅以汉书武帝纪中所载的就不是一两次。如元狩五年（公元前118年）的徙天下奸猾吏民於边。元鼎六年（公元前111年）的徙民实张掖敦煌郡。天汉元年（公元前100年）的发谪戍屯五原都是。最重要的为元朔二年（公元前127年）的徙朔方十万口。边地的人口就是这样靠内地支持的。边地一般说来是比较荒凉的，也经常有战事发生。迁徙到边地的人们有的会乘机逃回到内地的。汉武帝时一次迁往朔方的就有十万口，其他次数当然还不少，但到西汉末年那里才有十三万口，可知边地人口是时有流动的。

边地如此，接近边地的地方人口也是不很多的。河西四郡的东南是金城（郡治在今青海民和）、陇西（郡治约在今甘肃临洮）、北地（郡治约在今宁夏回族自治区灵武）诸郡。五原朔方以南是西河（郡治在今内蒙古准格尔旗）、上郡（郡治在今陕西绥德）。这些地方人口也不算是很多。汉书武帝纪曾有过这么一条记载，说是关东贫民徙陇西、北地、西河、上郡、会稽（郡治在今江苏苏州）凡七十二万五千口。除会稽而外，其他四郡所得当不会很少。（接下不空）

不过人人僅

汉书地理志所载的户口数字看来似乎有点疑问。据说西河郡有136,390户，698,836口；上郡有103,683户，606,658口。和内地某些郡国比较起来，仿佛还不算很大。从表面上看好像边郡的户口并不少于内地，实际的情况却不是如此的。因为分析户口的稠密，是不能离开具体的幅员的广狭的。（接下不空格）实际户口的疏密是与幅員的广狭成比例的。如果忽略了地区的大小，就难得确实情况，要追求当时的疆域区划的确实面积实为不易的事情。可是由当时各郡辖县的数目总还可以看出一个大致的輪廓。

这西河郡有县三十六，上郡有县二十三，论起来不能不算是小郡了。因为当时内地的一些小郡，辖县一般不很多，少的只有几个，多的也不过十多個。这样当然不能以西河上郡这样幅員广大的郡和内地那样小郡相比较了。如果以西河上郡和内地辖县二三十個的大郡相比较，边郡的人口依然不能算是稠密的。

西汉时人口比较稠密的地区是泾渭两水和汾河的下游，是黄河的中游和济水的两岸，是太行山东的平原，是当于今山东半島的各处。現在河南的中部和东南部即汝颍两水流域，河南西南部白河湍河流域，以及淮水的下游也都是当时的人口比较稠密的地区。应该指出，颍水上游于汉时为颍川郡（郡治在今河南禹县），济水中游，大野泽西南的地方于汉时为济阴郡（郡治在今山东旧定陶），这两郡实为当时人口最稠密的地区。如果以人口数目说来，在汝水下游的汝南郡（郡治在今河南上蔡）当时有461,587户，2,596,148口。在汉朝的诸郡国中算是最多一郡了。汉汝南郡辖了三十七个县，論面积是要比颍川郡为大，因为颍川郡只有二十个县，却有432,491

（郡治在今安徽宿县）

——1——22中國历史地理——　　　　—75—

户，2，210，973口。两者相较，应該推颍川郡为最多了。在現在安徽北部的沛郡，虽然有409，079户，2，030，480口。却也有三十七个县，当然更不能和颍川郡相比了。济阴郡有290，025户，1，386，278口。論數目不能和颍川郡相比，就是其它一些郡國也有比它多的，但济阴郡的幅員是比较狹小的，它只辖有九個县，实际还是最多的。

从西漢这几個人口比較稠密的地区看来，所以能有这樣的情况，也並非偶然。这几個地区大都是平原地帶，土壤有一定程度的肥沃，而且有河流灌注，都是适于農業經營的地方，人口自然集中。其中山东半島雖稍有不同，也是肥沃的農業地区，人口數目也不会很少。总起来说，人口稠密和當地的富庶是有关係的。不过各個地区也有它們個别的原因的。就以當时人口最為稠密的濟陰郡来说，顯然和其他各地不同。它当济菏两水相接之处，郡治所在的定陶为当时全国有名的經济都会，人口的稠密是可以理解的。颍水上游的颍川郡论起土地来不能算是最肥沃的，但颍川郡的颍水却也是东南各地和洛阳及其以西地区交通的要道，是有經济意义的地区，人口是会自然稠密起来的。西汉时各大都会的人口數目保存下来的很少。颍川郡所辖的二十个县中，却有两个城市可以确知。其中之一为阳翟，另一为鄢陵。阳翟为今河南禹县，有41，650户，109，000口。傿陵为今鄢陵，有49，101户，261，418口。两县户數相合，比较当时国都長安还要多些，因为長安城郊只有八百八百户。所应該注意的，阳翟有户四万余，而人口只有十万九千，平均每户只有两个人多。如果不是误记，也許是这个商业城市中从事行商的人居多數了。（21）

涇渭下游的关中，秦汉时都是畿辅的地方，也是人口比较稠密的地区。关中的人口稠密和它的自然環境有关，人为的作用也佔有相当大的成分。从秦统一以后起，为了强幹弱枝，曾不断由全國各地遷徙人口来充实关中的地区。前面曾經举出秦始皇既平六國，徙各地豪傑十二万户於咸陽。秦漢之際，关中人口又减少下去。漢初，由於婁敬的建議又徙来十余万口。接着又世世徙吏二千石高訾富人及豪傑兼併之家於諸陵，成了故事。雖然如此，关中却还不是人口最多的地区，它不仅不能和颍川。（接下不空格）

颍川济阴等郡相比拟，并且较颍川济阴之间的陈留郡还要差一点。当然這种差异的原因可能很多，至少説明关中富庶的条件是不如东方的地区。

应该指出，在岷江流域的蜀郡也是一个人口比较稠密的地区。蜀郡当於现在四川成都附近。在汉时，它的人口稠密的程度当然不能与颍川、济阴相比拟，也不能和整個关中相比拟。西汉关中是分成京兆尹、左冯翊、右扶风三個区域的，就每個区域来说，都要比蜀郡为少。也许蜀郡的辖地比較大一些，人口数目也比較多些。即令如此，實際的数目也应该是差不多的。还是值得注意的事情。蜀郡的成都（今成都市）為当时有名的城市，論起人口来也还不少，它共有七万六千多户，和长安相差無幾。像蜀郡和成都這样的情况，（接下不空格）为長江流域其它各地所未有。当然岷江沿岸的富庶远在秦末統一全國时已經有名于世，它的人口众多和这种富庶情况分不开的。

長江中下游地方的人口在當时是不多的。汉时的会稽郡有今江苏長江以南地及浙江、福建兩省，面积十分廣大。但只有二十二万多户，一百零三万口，远不能和颍川、济阴相比。会稽如此，其他各郡也就都是等而下之了。長江流域以南是更不如長江的附近，像豫章各郡，每郡只有一万多户了。南方人口既然这样少稀，当时北方的人们都不大听说有向南方迁徙的事情，甚至有些人把向南迁徙视为畏途。秦始皇經營南越，曾經由中原迁徙一批人到那裡去，当时就被人认为是一大虐政。為什么如此？就当时北方情形说，人口並没有达到飽和程度，还不到非迁不可的地步。而且北方社会相定，也没有非迁不可的原因。就南方情形说，自然环境也还没有使人响往的條件，至少是当时北方的人们还不大習惯。長江中下游的（接下不空格）土壤，很早就已被人认为是下下等的涂泥土壤，是不大适於农业經營的土壤。而当時那一帶居人的火耕水耨粗放經營方法，也還不可能发挥土壤的力量。直至秦汉时代，北方一些人们对於那一帶的看法，還没有完全转变过来。就以江淮之间来說，当时北方的一些人们认为那里生活条件虽然比较容易，不至于会把人凍死餓死，却也难于使人发家致富。62 当时有些人们还认为南方过于潮湿，不适于北方人们的习惯。他们认为这种潮湿地方常住下去，可能使人们的寿命縮短。今安徽中部江淮之间，汉初称为淮南国，为汉高祖儿子刘長的封国。刘長死后，汉朝把它的國土分为三國，分封給他的三个儿子。其中刘勃被封为衡山王。吳楚七國之乱，衡山王未曾参預，汉朝就对他特加慰劳，説是南方卑湿，把他迁徙到北方去。这在当时实为特殊的待遇了。㉓可是衡山國的本土還在長江以北，不能説是太南的。現在湖南在汉朝是被封为長沙国的。景帝时刘发始被封到那里。这塊封地使这位長沙王不满。后来有一次诸王朝会京师，在景帝面前歌舞，他只举起手来，略事周转，大家都笑他笨拙，他却说國小难以伸出手来㉔。像現在湖南省这样大的一塊地方，这位長沙王还說是個小國，当然不是他的自謙之辭，实際是對於这個地方的不满。為什么不满？他沒有具体说明。後来他的後裔刘仁的一段經历，才可以作为他的注腳。刘仁是以王子的后裔被封在今湖南南部宁远縣的，称为舂陵侯。元帝时候㉕刘仁上書说，舂陵地势下湿，山林毒气，又难以居住，请求减邑内徙。㉕这些事例，都出於虚伪階级，不能以通常的情形來看。不过总还可以作为北方一些人們对於南方的一种看法。

其实南方还是有一定的人口的。除了漢族以外，也有若干少数民族。秦时於今福建建立闽中郡。闽中郡正是越人活动的地区。漢朝初年，曾經在闽中郡的故地建立闽越国，而在闽越之北今浙江南部建立东瓯国。後来闽越国曾經反抗漢朝，而为漢朝所破灭。这些情形都可说明那裡的人口并不在少数。漢朝既滅闽越，先後徙东瓯和闽越的人民於江淮之间。據说經過这兩次迁徙，"遂空其地"。實際上并不是这樣情况。後来到漢献帝之间和吴國作对的山越，雖不是在現在的福建，但山越数目之多，说明漢朝並沒有把越人都徙到江淮之间。

上面说到南方的潮湿，曾使黄河流域的一些人們視為畏途，不过这种自然情形也並没有不能（接下不全稿）

的一些人們对於南方的一种看法。（經过两漢之间的长期战争

这种自然情况并不能够阻止人们克服困难的勇气。加之黄河流域常有战争发生，也促使北方的人们向南方迁徙。到东汉中叶后，已經可以看出其间的变化。东汉的版図并没有比西汉縮小，可是人口却是經大量的减少。到公元140年（东汉順帝永和5年），上距东汉建国，已經一百余年，仍然不見得有什么起色。当时全国共有9，336，036户，47，901，382口。比起公元2年来，已經减少了2，897，026户，11，693，556口。也就是說减少了五分之一。但并不能說全國的人口都在减少，如果還根据前面对於西汉南北的人口的算法，就可知道这时期南北两方人口的增减的情况并不是完全一致的。西汉时北方各地的户數有9，663，413，到东汉时才有5，120，520。两相比较，分明是减少了。西汉时北方各地的口數是46，870，563，到东汉时才有23，941，420，也一样是减少了。西汉时南方各地的户數仅有2，569，649，东汉时却成为4，216，516。西汉时南方各地的口數仅有12，724，415，东汉时却有了18，959，962。不仅增加，而且增加很多。南方人口的增加，分明是由於北方人口的向南迁徙。这自然是两汉之际，中原乱离的結果。但是，这样的數字仍然显示出一个道理：西汉时代北方有些人们认为南方的气候不适於居住，到这时这种看法分明已經变了。这不是自然的变化，而是人们更会利用自然，克服自然了。

未計算

東漢时期南北人口差别的情形有了变化，南北两方人口稠密地区也和以前有了不同。在这时期北方的人口是减少了，但也不是各地一例地都在减少，有的地区也有增加的情形。今河南商丘附近在東汉时为梁国，今山東半島東部当时為東萊郡（郡治在今山東旧黄縣）、東萊郡西也是北海国（治所在今山東壽光縣），今山東北部平原附近当时為平原郡，今河北中部獻縣附近当时河间国，旧冀縣附近为安平国。这些地区的人口比較以前都有增加，不过增加的还是有限，最多也只是一倍而已。

西漢时期黄河流域人口稠密地区还數到关中。東漢时期关中三輔合起来只有107，651户，523，860口，已经算不得人口稠密的地区。人口稠密的地区已經是在关東各地了。具体說起来，是西起伊洛两水的下游，东向直到勃海湾头。汝潁二水流域，泗水的上游，以及

漳水的中下游是都包括在内的。这一点大致说来还是和西汉相彷彿的。东汉中叶，位于今河南西南部和湖北之间的南阳郡，人口數目算是最多了，它有528，551户，2，439，618口。汝水流域的汝南郡和颍水上游的颍川郡也不少，汝南郡有404，448户，2，100，788口。颍川郡有263，440户，1，436，513口。作为都城所在地的河南郡，人口也不算少，它有208，486户，1，010，827口。这些地区固然算是人口稠密的地区，但是这几个郡辖地都相当广大，平均起来是有一定限度的。現在河北旧清河往南毗邻山东省境，东汉时为清河國，現在山东济宁附近当时为任城國。这两国人口都不算少。如果平均起来，要比汝南、颍川还要稠密些，~~这是可以理解的，因为除了农业之外，这里离丝的紡織业地区不远的。应该指出西汉时人口稠密的济阴郡到这时已經不如以前了，~~为什么会减少？自然是和定陶的肖条有关的。

黄河中下游人口稠密的情形一直延續到西晋时，能夠有这样的情形，正显示出这一帶地区是有足夠的富实經济基础。

北方各地户口减少最多的当然数到沿边各郡了。上面曾举出西漢的武威、张掖、酒泉、敦煌、五原、朔方以及陇西、北地、西河、上郡诸郡作过说明。不妨再以这几郡作为比较。西漢时这几郡户口虽然稀少，一般说来都还有上万户。东漢时仅武威、酒泉二郡超过了万户，其他都只有几千户，敦煌郡更少，仅七百四十八户。边地人口的减少从東漢初年即已开始。東漢政府为了限制，还特别定下很嚴格的法律。到了它的後期，敦煌张奂名重西州，而讨羌有功，及功成之後，宁愿辞谢任何赏赐，只求允许内徙，因此得为弘农（郡治在今河南灵宝）人。(26c) 可见当时限制的嚴格。虽然嚴格，边地人民不断向内地迁徙去也是事实。而且到了末年，这种嚴格（接下页原稿）

法令已經成为具文，所以人口很迅速減少下去。公元215年（汉献帝建安20年），就併省阴山山脈以南的云中（郡治在今内蒙古托克托）、定襄（郡治在今山西旧右玉）、五原、朔方等郡，每郡改成一县，合起来成为一个新兴郡。(26e) 曹魏初年，又徙新兴郡於句注山南。(26d) 西晋时，今陕西洛川以北的洛水流域和甘肃宁县以北的马莲河流域都已不再列入版图之内。~~这些地区人口稀少的情形是可以~~

至於南方各地，则不是如此。東漢时期南方各地的人口一般说来，不仅比以前有所增加，而且有些地方比以前增加的数目还是相当多的，不是一两倍所可限制的。（接下页原稿）

其中如在今湖南广西之间湘漓二水上流的零陵郡，在今江西的豫章郡，在今湖北湘水中下游的長沙郡，在今湘南粤北的桂阳郡，在今两广之间的苍梧郡，在今广东省的南海郡，在今云南中部的益州郡，云南西部的永昌郡，以及四川西南部毗邻云南的越嶲郡所增加的尤多。零陵郡在公元2年时仅有户21，092，有口139，378。至公元140年时有户212，284，有口1，001，578。户增加了9倍，口增加了7倍。豫章郡在公元2年时有户67，470，有口351，965。至公元140年时有户406，496，有口1，668，006。户增加了五倍，口增加了四倍。其它長沙郡户增五倍，口增四倍。桂阳郡户增四倍，口增二倍。苍梧郡户增四倍，口增二倍。南海郡户增三倍，口增一倍。益州和永昌郡两郡合計，户增两倍，口增一倍。越嶲郡户增一倍，口增二分之一倍。在南方各地人口普遍增加的情形中，这几郡显然有突出的增加不是没有原因的。現在的广州，西汉时为番禺，乃南海郡的郡治。由於海外贸易的关係，南海已成为当时沿海有数的商埠，人口的增加自为意中的事情。長沙、桂阳、零陵、苍梧、以及豫章皆在内地通往南海道路的近旁，由于交通的便利，人口自然也是会增加的。尤其是零陵郡，这是湘漓两水南北分流的地方，也是灵渠的所在，为長江珠江两大流域沟通的处所，所以在這一百多年中间，人口的数目显出突飞猛進的发展。

就当时西南地区而论，以成都为中心的蜀郡，人口一貫是比较稠密的，而成都西南的越嶲、益州以及东汉新置的永昌郡人口也有突出的增加。为什么会如此？它的道理和長沙零陵等郡应该是相彷彿的。当时由南海郡泛舟固可远达于印度洋上，然由印度洋东来，除过沿马来半島西南海岸转折北上，也可由伊洛瓦底江上溯。和汉朝有往来的夫甘都卢國，据説就是現在緬甸的蒲甘古城。其遺址就在伊洛瓦底江的左岸。㉗再往东北就到了現在云南的保山，汉时的永昌郡治都在保山附近。"永昌多异物"，在当时已引起一般人的注意。㉘由成都至永昌，应由越嶲的灵关道越孙水經益州郡的西北而后到达。㉙灵关道在今四川西昌县境，孙水也就是安宁河。这样説来，越嶲、益州、永昌三郡人口的增多，也是必然的事情。

南方人口的增加这还不过是一个开端。以后当然还是很多。汉魏之间的情况也值得加以注意。东汉末年，北方各地乱离日甚，邑里丘墟，人民蕩析。向来人口最多的地区，差不多都发生逃亡現象。比較説来，荆州、徐州、江東、巴蜀以及辽東各地兵爭較少，遂為流人所归趋。尤其是避乱到江東、巴蜀的更多。大概是关中、宛、豫等处的人民众流向荆州，僅由关中移往的就不下十万家。㉚ 移民隊中在社会上較有聲名的人物也有数十人之多。㉛ 而洛陽以東的人们还有多遷到淮泗之間的徐州的。㉜ 後来荆州、徐州的情形也有变化，當地的人口也就不免継續有所移動。由於曹操对於徐州用兵，徐州的人士因而多渡江趋於揚州。㉝ 而荆州的人口除為孫权㉞和曹操所虜略迁徙外㉟，刘備西入巴蜀时带去的也不在少数。三国志蜀志自諸葛亮以下至楊戲止有專傳的計五十六人，有附傳計十六人，共计七十二人，其中僅二人失載籍貫者外，尚余七十人。这七十人中間，益州本土的人不过二十三人。可知蜀漢政府中大都是从北方迁来的。这些統治階級人物自表面看来，（人数似乎不多，）关系似不甚大。其实当时人口的迁徙常是成群同行。同行人中或者是宗族、亲党，或者是地主階級的户曲，前

（接下不空格）

本頁續接上頁，原稿兩頁拼接。

行者已得一相当安逸的處所，后也就络绎相随。麋竺的宗本在東海，原有僮客万人。他追随刘備，曾以奴客二千人佐备軍。(36)他本人後来也一同入蜀，这万名僮客当然都被携带前去。就实际来说，随刘备西迁的也不过是遷到巴蜀的流民中的一部分。远在刘備入蜀以前，南陽和关中的人们就已经向益州遷徙，竟有数万户之多。这批移民都被那时在巴蜀割据的刘焉録为東州兵，作为鎮壓当地人民的隊伍。(37)蜀汉政权建立後，由於兵源缺乏，也还不断用強迫的方式遷徙人口以補充这方面的不足。诸葛亮初出祁山，就拔现在甘肃天水西南的人民千余家於汉中，(38)后来姜维又徙当於武都氐和涼州胡于蜀郡，(39)又徙当於现在甘肃臨洮附近的狄道等三縣人於成都附近的緜竹和繁县。(40)

前面已说过，東漢末年中原的人们是曾经一度遷往徐州的，但是没有多久，徐州也遭到兵灾，那裡的人们只好又遷往江東。江東在当时确实是比較安定的地区，由北方遷去的人们是不会很少的。三国志吴志所列諸傳，除孫氏子弟宗族外，有專傳的計五十九人，有附傳的計三十一人，共計九十人。其中籍隸北方的为三十八人，已佔总人数的三分之一强。孫吴政权中，外来流寓的人物按比例说，似不如蜀汉之多，然實際却也不算很少。这些避難人们的渡江，自然也不是個別的行动。譬如魯肅南来，就曾引来輕侠少年百余人。(41)呂范也率領了私客百人依附於孫策。(42)孫吴同时也还以强力徙江北的人口於江東，孫策曾破廬江太守刘勋於皖城（今安徽潛山縣），虏其所得袁术的百工及部曲三万人，皆徙到吴地。(43)孫权又攻廬江太守李术于皖城，徙其部曲三万余於江東(44)。然而最大一次的遷徙，还应该数到公元213年（漢献帝建安十八年）。这一年曹操想把淮南的人口徙於淮北，為的是要防止被孫吳所利用。不過出於他的意料之外，引起了當地人們的驚擾，於是自廬江（治所在今安徽廬江）、九江（治所在今安徽定遠）、蘄春（今湖北蘄春）、廣陵（治所在今江蘇揚州）等郡十餘万戶皆流徙到江東，形成了江西空虚的情形，使曹操在淮南的地方除去合肥之外，僅剩下皖城还比較充实一些。第二年，孫權又向那裡進攻，將皖城附近人口數万戶遷走。㊺像这样不断的遷徙，江淮之間，大約自肥水以東以南的廣大地區人口稀少，無由治理，直至沿海，成了荒土。㊻这样遷徙直至三國晚期（後期）还沒有停止。公元255年（魏高貴鄉公正元二年，吳会稽王孫亮五鳳二年），由於魏將毋丘儉反抗司馬氏，曹魏淮南余众數万口都奔向江東。㊼當然，魏國也不会在这方面放松的。不过所得要比較孫吳为少些。至於遷到江東去的人们也不完全都是定居在那裡的，有些人甚至浮海向南，遠到交趾㊽（交趾为今越南），離中原遠矣，在那时是沒有兵荒馬乱的情形的。

當然，黄河流域及其附近的人们不僅遷向長江流域，也还遷向其他的地区。東北的幽州就是流民麕集的重要所在。那时的幽州約當现在的河北省北部迤東直至遼寧及朝鮮北部。東漢末年中原乱離初起时，黄河下游青徐等地流民遷往今河北省北部者約百余万口。㊾後来这一地区也不安宁了，人们也有流徙的现象，像田疇等就在附近的徐无山中（在今河北遵化縣境）那裡的避難，陸續隨往的竟有五千余家，㊿有的竟越塞遠徙，一直遷到鮮卑轄境。(51)幽州西部紛乱之後，青徐等處的人们只好越海向遼東等處求安身了。(52)

就洛邺间整来说，自然不限于邺洛二处。如当时还曾徙冀州农丁五千户当于现在天水的上邽，(61) 徙扶风、天水郡人于幽州。(62) 这种局部的迁徙，不致使黄河流域总的户口有所损益。

汉魏之间，中原各地最初乱离时，已经形成"名城空而不居"(53)和"墟里无复行人"(54)的现象。人口不断移徙，对于中原的政权确有相当的威胁。如何充实当地的人力实属重要的问题。建安以后，曹操控制东汉政府，灭袁绍后，即以邺为根据地。邺为冀州首府（在今河北磁县）。冀州于北方各地中，人口还算较多。一般说来，当时中原人户减耗，大约十存其一。(55) 而曹氏初得冀州，尚有人户三十万众。(56) 与东汉中叶相较，依然保持三分之一。虽然如此，曹氏对于新都的充实仍费了很大的努力。他的边将士的宗族部曲率多聚集邺下，如李典的宗族部曲三千余口自乘氏（今山东钜野）迁来，(57) 田畴的家属宗人三百余家自徐无移至，(58) 其他一些强宗豪右也未能免除此例。甚而由边地用强迫方式移来的人户，邺也有直接徙到邺的。曹氏初得汉中，曾徙当地人口八万于洛阳和邺，即其一例。(59) 曹魏政权建立之后，洛阳成了首都。汉末洛阳残破最甚，需要充实，当更迫切。魏初黄初中到西边这样自的，甚至还由邺徙来了五万家。(60)

充实邺洛，只是黄河流域西局部人口的调整。曹魏对于其统治区域内人口的增加，主要是依赖于和孙吴、蜀汉的争夺。前面说过，曹氏曾向淮南强徙人口，然所得实不如孙吴的众多。和蜀汉的争夺，主要是在汉中和巴西、巴东等地。巴西郡治所在今四川阆中，巴东郡治所在今四川奉节，皆在今四川（蜀）的东北。曹氏争夺的地区不仅在汉水上游，而且越过大巴山脉而其南麓。其实汉中的人户中有一部分就是由关中南迁的，(63) 他们虽受曹氏强制再移到关中，也只是复归于故乡而已。(64) 曹氏既徙汉中的人口于中原和关中，又令巴西、巴东等地人口北移至汉中，(65) 以填补其地的空隙。后来蜀汉取去汉中，曹氏在这方面的努力就明显徒劳了。至于东方各地，由辽东渡海归来的青徐流民也不在少数。(66)

并州亦右数万口也是这样迁到邺的附近的。(59)

黄河流域自来是人口稠密的地区，但也并不是所有的地方都是如此。如上所述，像泾渭两水和汾水下游，漳水的两岸，太行山东的平原以及山东半岛各处，显得更为突出。这显示出人口所以稠密与当地的自然条件是有密切的关系的。这些地方或者是富庶区域，或者是交通要道。人们集中到这些地区正是人们对于自然环境的善于利用的表现。当然完全归之于自然环境，也不能完全说明其中的道理，因为人们社会上各种原因，也会促成了这种现象的形成。秦汉时代关中为人口集中地区之一，关中诚然有其富庶的条件，然秦汉都城建于咸阳和长安，也吸引了各地的人口。尤其是当时政府推行强干弱枝的政策，使各地人口不能不向这里集中。

在人口稀少的时期，人们对于自然环境的利用还显得不是那样的迫切。甚而若干自然环境所造成的困难，也阻碍了人们向那些地方的发展。长江流域古代人口的稀少正说明这样的事实。等到人们予以注意的时候，自然环境的潜在力量也就随着发挥起来。原来人口稀少的地区也就变成稠密的地区了。尤其是在中原乱离之后，人们为了安身立业，迁徙到了新的地方，更不能不注意开发新的居地。

黄河流域的暂时乱离虽然是人口减少的一个原因，跟人口减少对于自然环境的利用是会放松一些，但富庶的潜力并不是就此消失，而有待于人们的继续开发。汉魏之际，黄河流域是显得萧条，经过数十年的恢复，一样是可以再度发展起来的。

汉魏之间人口的迁徙自是以汉族为主动的。但也影响到少数民族，使他们的居地有所转换。有些地方人口虽然表面上是稀少了，那只是汉族人们居住的减少，那里的空隙是会由少数民族填补起来的。当然民族不同，生活情形也有所差异，如何利用新的自然环境正是一个需要注意的问题。当时的人们是会以其智力来解决这样的问题的。

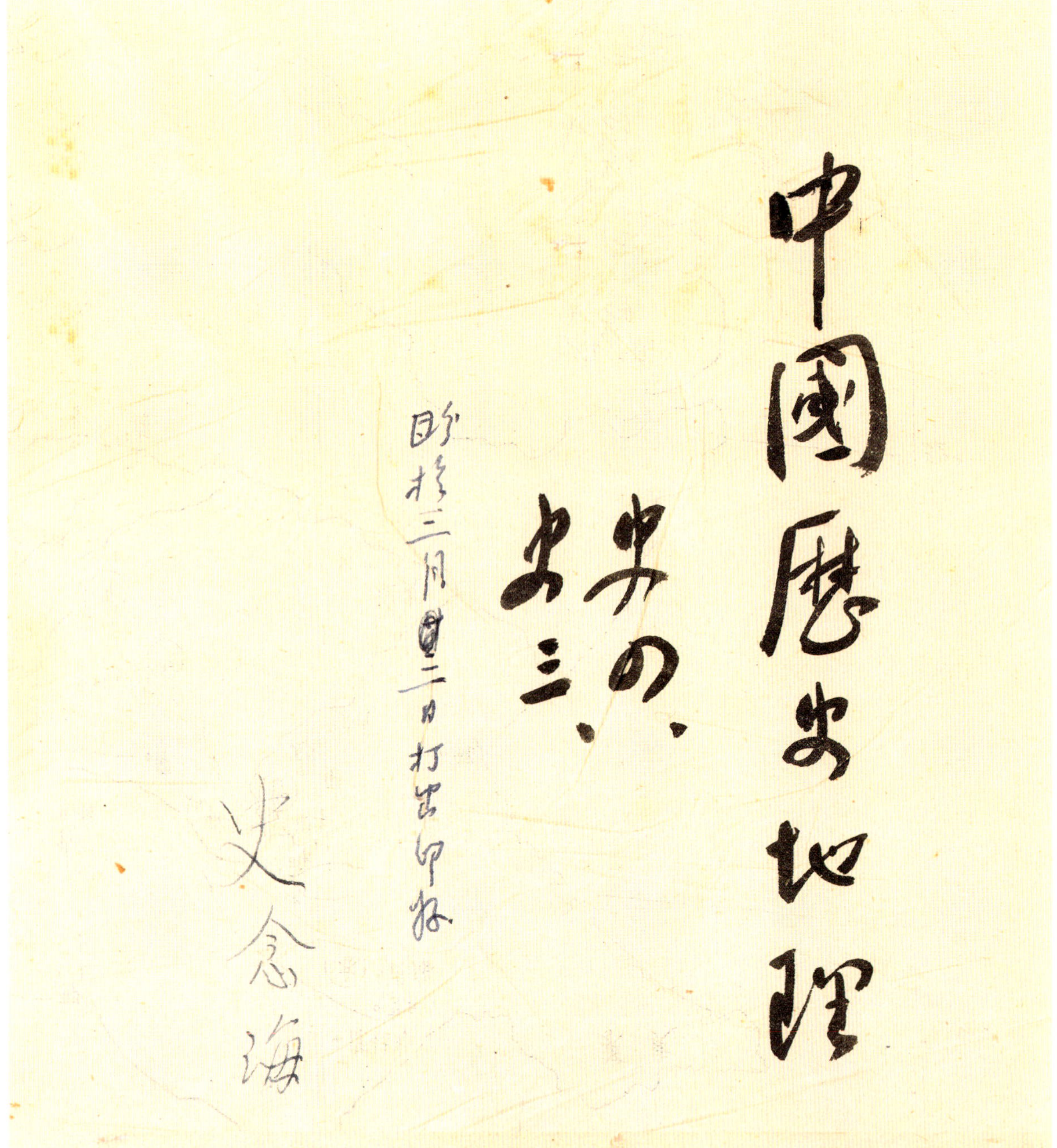

中國歷史地理

史念海

打印時請注意几点。

1. 页数从第一页开始，不必和上学期的讲義连在一起。

2. 所有的注文都加在每页的下面，如果本页不够，可以移至下页的下面。標明注文的数字每页都从①开始（重新编码），因此，根据打印的情形，注文的號碼也須適當的改正。

第五章　历史的政治地理

第一节　古代的部落和王朝

黄河中下游的平原与古代的部落。王朝版图的擴大。封国的分布和兼併。由战国至統一的帝国。

战国　秦的

早在远古的时期就已經有許多部落活动于祖国的疆土之上。它们的名称有的虽已难稽考，他们所居住的地方有的也不易推求。不過由古代的記載和傳說里面还可以看到一些大概情况。根据春秋時代人们的說法，陈国为太皞之虚，曲阜为少皞之虚。[1]这些話是可以相信的。因为春秋时代在現在山東境内的一些小国还自認是太皞或少皞的后裔。可是这些小国在当時一直被看作夷族。和諸夏之間是有区别的。

华夏諸国的远祖通常都溯源到黄帝。关于黄帝的傳說很多，黄帝活动的地区好像也十分廣远。据說他曾經登過泰山，到過东海岸边和長江附近，他也曾經游过空桐，后来就住在涿鹿。[2]傳說的空桐山是在今甘肃东部、涿鹿的地方一般人都說在桑乾河上。到現在那里还有一个涿鹿县。这样的傳說如果不是有意的夸大，也难免参杂有后世傳会的言辞。因为直到春秋时代这些地方还不是华夏族活动的范围，远在古代的黄帝怎样能达到那样远的地方？有人說黄帝和他的部落活动的地区大致是在黄河中游的两岸，因为在現在河南临汝县境也有一座空同山。[3]如果是黄帝曾經游过空同山，那不必远求于甘肃的东部。在傳說中，黄帝曾和蚩尤战于阪泉之野。在山西南部盐池附近正有一个阪泉，[4]那里到現在还有一个蚩尤村。由此可見，华夏在很古的時候就已經和黄河发生了关係。

实际上由古代傳說和記載中所可考見的部落，大部分都是活动在……域的平原附近。这种情形是可以理解的，因为这里乃是一个肥……的人们利……的经济基础从事文化的发展，所……黄帝之后列有縣

本頁原稿殘缺。

·170·

—— 中国历史地理 ——

〈中〉

西周初年在汾浍二水附近还有一个唐国，①如果这个唐国正像古代所傳說的和堯有关係，则堯的居地可能就在这里。舜的居地当距堯不远，也应該在它的附近。

在堯舜以后的夏朝也是居于黄河中游。西周初年的人們曾經一再提到夏虚，這是指現在山西夏县和平陸而言。②傳說禹建都于安邑。古時的安邑就是現在的夏县。关于禹都的傳說，安邑之外在黄河以北的还有平陽和晋阳。③平阳在今临汾县境。晋阳，以前的人们都說是在現在太原。然春秋初年晋国疆土尚未越过霍山，夏时的都邑如何能夠在霍山之北？这個晋阳可能在現在的翼城县境。④話虽如此，不过夏朝历年綿长，都城數迁，他们的居地並不仅限于一个地区。禹之先为鯀，鯀为有崇之伯。崇就是嵩山，在今河南。傳說禹还曾都于阳城和阳翟。⑤阳城在现在登封县，阳翟就是禹县，皆在嵩山之下。禹以后，启居于黄台之丘，⑥在現在河南新郑密县之间。⑦太康和最后的桀都曾居于斟寻，⑧在今河南巩县附近。相居帝丘，⑨又居斟灌。⑩帝丘在现在河南濮阳县。斟灌在现在山东观城县。⑪帝宁居原，又自原迁于老丘。⑫原在现在河南济源县，老丘在现在河南开封县。⑬胤甲居西河，⑭当在现在山陕两省之间。据說崤山附近有帝皋的陵墓。⑮古代陵墓与所居或不能相去过远，这样说来，帝皋所居的地方又自为一处。由这些都城所在看来，夏国的土地当然不能仅限于山西西南部，而是达到现在河南中部和山东西部。如果以經緯度来说，它的国土北边达到北纬三十六度以北，南边达到北纬三十四度。西边超过了东經一百一十度，东边到了东经一百一十六度。后来到夏桀的时候，他的疆土据說是西边到了华山之下，东边到了河济之间，北边达到太行山上的羊腸坂，南边达到了伊洛流域。⑯他的版圖应該算是最大了。这里面没有提到黄河以北的汾涑流域。当然在这样的轮里面，不可能那末周到。可是显而易見的是太行山以北和伊洛上游的山地没有包括在内。古時的人们喜居于河谷和平原，山地是不能引起他们的爱好的。就是在夏人版圖之内也並不是完全都是夏人所有。反对太康的有穷氏后羿原来就是居在鉏，而后来又迁到穷谷的。鉏在今河南滑县，⑰离太康所居的斟寻不远，穷谷近于现在的洛阳境内，⑱已在斟寻西南，無怪乎他要和太康發生冲突。不过在这个范围内也还有些夏的与国。夏末，韦、顾、昆吾和夏桀同为商汤所伐，韦在今河南滑县东南，顾在今山东范县。昆吾有的說是在許昌，⑲有的說是在濮阳。⑳它和韦、顾相近，则以在濮阳的說法比較合适，但然

---

① 見史记三九晋世家。

② 見史记三十一吴太伯世家，左傳定四年，史记周本纪。

③ 見通鑑地理通釋四。

1 ④ 见史记四十四魏世家正义。

2 ⑤ 见朱右曾王国维校辑古本竹书纪年，汉书二十八地理志。

3 ⑥ 见穆天子传。

4 ⑦ 见丁山由三代都邑论其民族文化（刊历史语言研究所集刊第五本第一分）。

5 ⑧ 见朱右曾王国维校辑古本竹书纪年。

6 ⑨ 见左传僖三十一年。

7 ⑩ 见同人校辑古本竹书纪年。

8 ⑪ 见上引丁山文。

9 ⑫ 见校辑古本竹书纪年。

10 ⑬ 见上引丁山文。

11 ⑭ 见校辑古本竹书纪年。

12 ⑮ 见左传僖三十二年。

13 ⑯ 见战国策魏策一，（周书度邑篇，史记四周本纪，）史记六十五吴起传。

⑰ 见史记二夏本纪正义引括地志。

⑱ 见史记二夏本纪正义引晋地记。

⑲ 见左传昭十二年。

⑳ 见水经瓠子河注。

本頁續接上頁，原稿兩頁拼接。

都是河濟之間的部落了

就是商朝初年所居的地方也是离这里不远。据說湯始居亳，从先王居。所謂先王，乃是指帝嚳而言。商朝和夏朝相仿佛，他们的都城同样經过好多次的迁徙。由契至湯已經有过八次，从湯到盘庚又有五次。这些迁徙引起了后来人们的爭論。大体說起来，在湯以前的都城有商、蕃、砥石、商丘、相土的东都和亳。商和商丘可能是一個地方，它在現在河南商丘境内。也有人说它在現在河南的濮阳。濮阳曾作过夏后相的都城，商朝的先世相土居于商丘，或者就是由于相和相土的近似而發生了訛誤。蕃在現在山东滕县境。砥石据說是在現在河北宁晋隆尧二县之間。相土的东都据说是在泰山之下。亳则在現在河南的湯阴縣。商湯以后至于盘庚，嚣、相、耿、庇、奄五地先后都作过都城，嚣、相、耿皆在今河南境，庇、奄则在今山东境。嚣也有写作隞的，在滎阳东北。相在今内黄东南。耿也有写作邢的，在今清化鎮附近。庇在今鱼台境。奄在今曲阜。盘庚则居于殷，就是現在安阳的殷墟。盘庚以后，也仍有迁都的傳說，实际并未迁徙。这样說来，商朝的活动范围，南起于北纬三十四度，北至于北纬三十八度；西起于东经一百一十二度，东至于东經一百一十八度。正是河濟流域及其附近的地方。①

其实远在商朝初年，對於北边的經营已經不出……此段經和竹书纪年所載王亥僕牛有易和上甲微假河伯之君緜臣事，就可作為证明，因為有易是在易水流域，而易水又在恒山的东北。

商朝为周朝所灭，商朝的情形应该为周朝的人们所熟悉。不过商朝具体的活动范围，周朝人们說的并不算多。战国时吴起曾經說过殷纣的国土是："左孟门，右漳滏，前带河，后被山。"② 漳水由太行山西发源，穿山东流。滏水源出太行山东麓，流入漳水。吴起所說的虽是漳滏二水，实际是指太行山而言。因为太行山西的若干部落，并不属于商朝统治的范围。孟门为太行山的隘道，③和吴起所說的不同。或者另外还有一个孟门，確地难已稽考。在詩商颂中曾提到相土的武功，說是"海外有截"。商朝起于河濟的下游，它的土地东边达到海边是有可能的。至于吴起所说的"后被山"，司馬迁写吴起傳時，改成"常山在其北"。常山就是現在的恒山，殷纣時北边已經越过了北纬三十九度了，的规模也可以大致看出来了。

夏商两朝的国都显出了不同的情况。夏朝虽以汾、涑、伊、洛諸流域为其主要的地区，却也曾經沿河、濟而下，向东方发展。夏朝和東方的部落曾經發生了若干次的战爭，它的都城在东方一再迁徙也表現出时些時很的模样。夏人对于东方的注意是和东方的富庶分不开的

① 参见王国维观堂集林十二说自契至于成湯八迁，说亳，说耿，諸篇，及丁山由三代都邑論其民族文化。

② 见战国策魏策一。

③ 见左傳襄二十三年。

。但是商朝都城的迁徙最西只达到太行山的东南。汾涑流域夏人的故土，却分佈了若干的部落，它们有的固然是商朝的与国，有的却还是和商朝处于对立的状态。商人在这里似乎未能取得绝对的统治地位。在伊洛流域显然是要比较好些。据近年考古发掘，那里也有商朝的遗址文化发现，可以看到商朝人们对于当地经营的情况。商朝后期也曾对于西方的边远用过兵。看来他们向西边的发展是不会以伊洛流域为限的。但由全面来说来，这对于西方的发展是不很重要的。他们没有能从更大地区向西发展，外力的阻碍可能是的因素，不过河济流域的富庶使他们满足于现状，也应该是一种原因。

向东的发展不仅见之于夏朝，就是周朝也是如此。夏朝失败了，周朝却获得成功。周朝起于泾渭流域。它也曾经迁过几次都城。它最初是在邰，后来经过一些周折，定居于豳。接着又相继迁于周原、程和丰镐。中叶时候，还曾以西郑和犬丘为都。这些地方都是在今陕西的中部。其中豳即今邠县，濒于泾水，其余皆在渭水附近。邰在武功县西南，周原在岐山县，程在咸阳，丰在鄠县东，镐在长安西南，西郑在华县，犬丘在兴平。由周原至丰、镐，显然是顺着渭水而下，他们不断发展，最后终于灭掉了商朝，占有东方各地。

但是周朝并不像夏人那样把它的都城向东方迁徙，它是分封了许多諸侯控制着新征服的土地。当時究竟分封了多少诸侯？已难有确实的说法和記載，最多的数目据说都过了四百。①这些封国的大小虽不相同，都起了一定的作用。东方本是富庶的地区，商朝的农业固然也相当发展，却并没有使整个地区都得到发展。周人初到东方还说不上有什么新的設施，那些封国只是尽量利用商人已有的基础，因此它们不可能都连成一片。周人对交通道路非常注意，各封国的位置也都在衝要的地方，这就更可能发挥他们的统治力量。当然周人在东方主要的努力是要防止商人的势力的再起，也要消除其它部落的反抗。为了对付商人的后裔，管蔡二叔负着监督纣子武庚的任务。管国在现在的郑州，据考古的发掘，那里在商末年时已经是一個重要的城市，后来管蔡二叔和武庚叛周，周人就把朝歌（今河南淇县），及其附近的地方划为卫国，封与康叔，直接统治这一地区的殷人。那时在曲阜的奄国反对周朝最烈，奄国灭后，周人就以曲阜为鲁国，封于伯禽。鲁卫同为重要諸侯，这不仅是因为他们是周朝的懿亲，而且也占着重要的地理位置。鲁卫的附近还有一些封国，它们都起着相同的作用。②在太行山东和东南的为雍（在今河南修武县西）、原（在今河南济源县西北）、邘（在今河南沁陽县西北）、凡（在今河南辉县西南）、胙（在今河南延津县北）、邢（在今河北邢台县）諸国。在鲁国附近的为郕（在今山东汶上县西北）、郜（在今山东成武县东南）、曹（在今山东定陶县）、滕（在今山东滕县西南）、茅（在今山东金乡县西北）諸国。

① 见吕氏春秋观世篇。

② 见左傳僖二十三年。

鲁卫两国和这些有关的諸侯所在的地区正是在商朝历次迁都的范围之中，也是商朝最重要的地区。周朝这些封国实际控制着商人，使他们不敢再事反抗。商人这时还被允許保持住他们的故都商丘，这就是宋国。宋国北面正是鲁卫諸姬，宋国南面也还有一些姬姓諸侯，它们是蒋（在今河南固始县）、息（在今河南息县）、沈（在今河南汝南县）、顿（在今河南商水县）和蔡国（在今河南上蔡县）。这些姬姓諸侯再加上在现在淮阳的陈国和許昌的許国，宋国显然处在包围之中。何况当時燕国还在今河南郾城，尚未迁到北方去。①難怪後来宋人自己也慨慨地说，"天之弃商久矣。"②

西周初年东方各地除商人后裔外还有若干部落。周人为了笼络他们，曾承認若干酋长的地位。陈、許、杞、楚等国的建立都是由於这样的原因。不过在一些重要地区里，周人还是加强他们自己的统治力量，防備各部落的骚扰。鲁国在这方面仍然起着重要的作用。因为奄国灭后，徐戎、淮夷还是使周人增加顾虑。泗水南向淮水，正是它们北上的通路。齐国封于鲁國的东北，于控制这方面的若干部落是有重要关係的。③汾水中下游以及河曲等处也有很多封国，晋（在今山西曲沃县境）、霍（在今山西霍县）、魏（在今芮县）、耿（在今河津県）、郇（与晋相近，同在浍水流域）④、虞（在今山西平陆县）都是比較重要的諸侯。汾水中游的霍国，显然是为了要阻止北方各部落沿汾水河谷的南下。晋国据住浍水流域，也可以阻止太行山西麓各部落的向西发展。正由于这里也是肥沃的地区，又是若干部落杂居的所在，周人在这里建立許多諸侯是有它的必要的。周人对于南方各地一样没有放松了注意力。汉阳諸姬为周人在这方面尽了防守的能力。汉阳諸姬后来相继为楚国所灭，但其中的隨国（在今湖北隨县）还支持了相当长久的岁月。不过隨国並不是最南的封国，在現在湖北的荊门縣那時有一個鄀国，也是姬姓的諸侯。

周人在东方还有一個重要的据点，这是洛水北岸的雒邑，也就是現在的洛阳。雒邑附近，地势險要可以据守，它又可以控制着东西往来的孔道。由周人所建立的整个国家說，这里又是一个适中的地方，周人从西周初年起，就在这里建設东都，后来到东周时又以它为都城。雒邑周围也还有一些諸侯，它们和雒邑都可互相呼应。东虢和西虢分据洛阳的东西，它们是现在的成皋和陕县。由洛水而上，在现在宜阳那时有一个毛国，由濟水而下，在现在郑州附近还有一個祭国。在汝水以南，现在宝丰附近，又有一個应国。距离雒邑都不算是很远。

但是事情的发展并没有完全符合西周初年人们的想法。因为諸侯国家逐渐兼并，使封国的数目一再減少。到春秋初年还剩下一百多国。就是

① 見顧頡剛先生浪口村隨筆燕国曾遷汾水流域考。

② 見左傳僖二十二年。

③ 見史記齊太公世家。

④ 郇旧说在今陕西韓城縣，这裡从段、姚……的说法，見顧頡剛先生

浪口村隨筆中附載的上陽與韓墟。

⑤ 見史記四周本紀。

⑥ 春秋時期的諸侯封國，其名稱見於春秋書中的僅有五十餘國，而所謂戎、狄、蠻、夷之屬也只有六十。經文簡略，所載未必就是全貌。漢書地理志依左傳所載，說是當時共有百七十國，其中百三十九國知其所居，三十一國亡其處。杜佑撰通典又說是有百三十九國，顧祖禹讀史方輿紀要則說是有百四十二。這些所舉出的數目總不兼計所謂四裔戎狄的部落。顧棟高春秋大事表所列者又為百數十，而四裔附見者則為三十九。所以彼此不同的緣故，大概是東夏之末未見經傳，並且若干小國忽滅忽復，史籍難以詳細記載，因而有所差別。

本頁續接上頁，原稿兩頁拼接。

这一百多国，也未能都完全保持下来。后来剩余的大国只有史記十二诸侯年表所列的鲁、卫、齐、晋、楚、宋、郑、秦、陈、蔡、曹、吴了。其中，比较強大的乃是齐、晋、楚、秦四国。吴国到春秋末年曾经一度強盛，其余各国的国力都在逐渐削弱。至于曹国则在公元前487年（周敬王33年）已为宋所灭。公元前479年（周敬王41年）陈又为楚所灭。十二诸侯已难得称全了。

称霸　齐桓公是春秋早期的霸主。公元前651年（周襄王元年）他在葵丘（今河南归考城县）会盟，规定同盟諸国不得互相侵犯。虽然如此，他所灭的国家还是有三十五个①。其中谭（在今山东济南东南）、遂（在山东宁阳县西北）、鄣（在今山东东平县东）、阳（在今山东临沂县南）诸国，就见于春秋的记載。齐国的土地因此也就达到了沂水和汶水的附近。葵丘会盟之后，齐国还是乘机开拓。到公元前546年（周灵王26年）的弭兵之会以前，齐国又灭掉莱夷、介根等国而有山东半島各地了。

以晋国和齐国比较，晋国所兼併的更多。据说晋献公就曾经灭掉了十七个诸侯②。到葵丘会盟時候，晋國的土地南面已越过黄河到了崤山和华山之下，北边到了汾水中游的霍山。至于王屋山旁的东山皋落氏也为晋国所灭掉。公元前632年（周襄王20年）的践土（在今河南荥阳县境）之盟以前，晋国又启南阳，它的疆土伸到了太行山的南面。在弭兵之会时，它的土地在东方一面达到了太行山东、现的河北平原，與齐国毗邻。在西方也发展到洛水下游的东岸。现在山西的太原当時同样归入晋国的版图。就是弭兵之会以后，晋国的疆土还是有所开展，它在河南越过崤山而达到伊洛流域的上游。在太行山东又灭掉肥鼓两国，占据了滹沱河的中游，和燕国接连起来。

知　春秋時代楚国是兼併最多的国家。据说楚文王時就已兼併了39国③。齐桓公伐楚時，楚人说楚国方城以为城④，现在河南的方城县，还是因用楚国的旧名。那里已经是伏牛山脉的附近了。楚国另外还在大别山脉以北取得汝水中游的柏（在今河南西平县西）、房（在今河南遂平县）、道（在今河南确山县北）诸国，以及淮水上游的江国（在今河南息县西南）和息国⑤。楚国沿着长江向东发展，当然更是方便。到了弭兵之会的時候，楚国的东界早已越过现在湖北安徽两省的边界而回还达到巢湖的东面。春秋末年楚人说到它的北疆，已经不再提出方城，而是在说陈蔡和不羹。不羹有二，西不羹在今河南襄城东南，东不羹在舞阳西北。楚国灭陈灭蔡，它的土地不仅达到河南中部，而且还据有安徽的北部。

知　秦国在春秋時代的幾個強国中拓土算是最少了。穆公虽然称霸西戎，但直至春秋末年，它的西疆并未越过泾渭二水的上源。穆公時秦的东疆也曾一度达到黄河的西岸，不过那一块地方后来还是为晋国所夺去。秦国最大的发展是在武关

④河南息县

⑤曾併国二十，⑤

---

① 见荀子仲尼篇。

② 见韩非子难二篇。

③ 见吕氏春秋直谏篇。

④ 見左傳僖四年。

⑤ 見史記八十七李斯傳。

以外的丹水流域，那已是晋国践土之盟以后的事情了。

鲁国的国力本来难与齐晋等相比拟，不过它也致力于土地的开拓。春秋初年，它就在向（今山东莒县南）、郓（在今山东诸城县南）等地筑城。那里已在沂水之东，近于东海岸了。宋国在襄公時虽然一度称霸，但说不上是一个强国，不过它还是有过一些兼併的行动。宋国的北疆到了现在山东的定陶，它的东疆一直越过泗、获二水会合处的彭城。至于卫国和郑国論情形又较鲁宋为差。郑国在春秋時代还曾经兼併过祭、許两国。卫国本封于朝歌，因为受狄的压迫，迁徙到帝丘。朝歌却轉为晋国所有。卫国蜷踞于黄河以东，和鲁国的济西相邻了。十二诸侯中的吴国，一直保有巢湖以东的长江下游各地。它南有太湖，而北据于淮水。吴王夫差时曾经越淮北上，但不久就为越国所灭。越国起于浙江东部。它灭吴之后，曾横行于江淮间，其国都因此由会稽迁到琅邪⑤。其后为楚威王所灭，楚並尽取吴的故地，一直到了浙江。浙江以南虽还为越人所有，不過越国从此也就分散，不能和諸侯国相提并论了。

楚国的灭越但是楚国国力发展的结果。其实像这样扩土的事情在战国時期更是屡見不鲜的，而且相互间的战争也比较春秋時代为激烈。这时七雄強大，鲁、卫、宋、郑诸國更显得弱小。后来郑国于公元前375年（周烈王元年）为韩所灭，宋国于公元前286年（周赧王29年）为齐、魏、楚三国所瓜分。楚国于公元前249年（秦庄襄王元年）又灭掉鲁国。楚国在泗上淮北的发展最为突出，泗上一些小国都是被他灭掉，它並且更向东方灭掉了莒国。这是现在山东莒县的地方。公元前295年（周赧王20年）赵国和齐燕两国共同灭掉太行山东的中山。中山乃是春秋時代白狄鲜虞的改称。經过这些兼併之后，中原所剩的小国只有卫国和东周王室所据有的伊洛下游弹丸之地了。

春秋時代齐、晋、楚、秦诸国的拓土不仅兼併华夏的諸侯，並且还消灭非华夏的部落。战国時代中原小国所余无几，秦、楚、燕、赵诸国更迫切的注意到它们附近的部落。秦国于惠文王時取得了巴蜀，昭襄王時又在甘肃东部和陕西中部建立了陇西北地和上郡。赵国在赵襄子時也已取得了代国，其领土北逾恒山，而达到桑干河上。赵武灵王時，赵国战胜了林胡和楼烦，其北界一直达到了阴山。赵国不仅向北发展，现在河套的东北部那時也是赵国的领土，就是所谓的榆中。而赵国的定阳和和肤施就在现在陕西的宜川和绥德。燕国驱逐东胡，在北边設置了渔阳、上谷、右北平、辽东、辽西五個郡。設成现在地方就是河北省的东北和辽宁省的南部。至于南方的楚国，也由洞庭鄱阳兩湖向南发展而

① 见左傳文五年。

② 见漢書地理志、越绝书、吴越春秋，也见於水經濰水注。或說越都的琅邪在今安徽滁縣，今滁縣西南有琅邪山，其得名乃是因为西晋伐吴時，琅邪王伷曾在那裡駐过军隊（見讀史方輿紀要初年滁州琅邪山条）和越國时期越國無关。

到了五岭的北麓。

这个時代正如它的名称所示，經常发生战争，各国疆土的变迁更是频繁，有的地方竟出了犬牙交錯的状態。尤其韩魏两国的土地竟形成錯綜復杂的情况。本来韩赵魏三国都由晋国分出。它们的土地仍然以过去的采邑为基础。过去的采邑分散各处，分立以后也是不一定各自连在一块。魏国既据有河西的上郡（今陕西的东北部）、安邑附近的河东，却还有太行山南的河内。但是韩国却有太行山西的上党（今山西东南）和阳翟附近的颍川（今河南），两国的土地成为南北和东西十字形的状态。其实这种情形在当時人们看起来，並不感到奇突。战国后期，秦国強盛，秦国在一些国家中都有自己的领土，菏济两水交会地方的陶就曾經属过秦国，那時韩魏两国都还存在。由此可见，这种錯綜复杂的情况也並不偶然的。韩魏两国只是比較显著一些罢了。

（今陕西洛水的东北）（今河南禹县以北的上游地区）

战国时代虽然不断发生战争，但人们对于战争的厌恶却也有增无已。对于统一的要求更显得异常迫切。秦国在孝公变法以后，国力日強，疆土也不断获得开拓，逐渐向统一的道路发展。到秦王政即位的時候，秦国的土地已經有了很大的变化，它的版图大致和其它六国的总和相仿佛。因为秦国在涇渭上游的土地是不必说了，它在那裡建置了陇西和北地郡，这两郡都在现在甘肃的东部。它又在秦嶺以南的漢水上游建立了漢中郡，又以四川省的成都和重慶为中心，分別建立了蜀郡和巴郡。秦国又由武关沿丹水向东南发展，取得南陽和楚国的郢（今湖北江陵县），並在那裡分别建立了南陽郡和南郡。在东北（今河南南陽县）方面，秦国更度過河，把它的疆土推到太行山上。以前，秦国是把函谷关作为它的东界的，这時函谷关已經可以算作秦国的内地了。因为秦国灭掉不仅周室，而且还控制了河洛二水分流處的荣陽。秦国版图的扩张，再加上有关的措施，它就迅速结束了七国並立的局面，而建立了统一的王朝。

中国历史地理（史四）　　1/37

第二节　[封建王朝]统一時期版图的規模

[封建王朝]統一时期国界的变迁。　山脉与國界。　河流与國界。　長城的修筑。

战国末年秦國先后灭掉了六国，形成了统一的局面。秦國統一后的版图远较战国时期为广大。史记秦始皇本紀就曾明确记載过：当时秦地东边到海滨，并且达到朝鲜；西边达到臨洮羌中；南边达到了北向户；北边据河为塞。依傍着阴山一直达到辽东。不过司馬迁把这种事情記載在始皇的２６年。这一年为公元前２２１年，也就是秦统一六国的那一年。时间是靠前了一点。因为战国时期秦国的北边仅至於肤施朝那。肤施在今陕西綏德，朝那則在今甘肃平涼西北。去阴山尚远。秦国土地能够达到阴山，这是蒙恬[北伐]驱逐匈奴的结果。而蒙恬出兵为公元前２１４年的事情（始皇３３年），已在统一以后數年了。蒙恬这一次举动使秦国开拓了不少的土地。并且在阴山下面设立了九原郡。秦国的西疆达於洮水。当时的臨洮就是現在甘肃的岷县。七国时期，秦地似尚未至現在的兰州。蒙恬拓土，秦国遂由榆中依傍黄河向东置县，一直到了阴山之下，于是秦国的西北就依黄河为界了。也就在蒙恬出兵那一年，秦国又取得南粤地，设立了南海（治所在番禺今廣州市）、桂林（治所在今廣西贵县境内）和象郡（治所在象林今越南会安南）。象郡在今越南，那里的居人都是朝北开着门户，所以称为北向户。秦国东北和朝鲜为邻，这是战国末年以来的形势。不过秦国的边界已經越过了浿水。汉朝初年因为秦界太远，就以浿水为界。[1]浿水为現在的鸭绿江。[2]有人说，浿水应该是大同江。[3]大同江在今平壤城南。秦汉之际朝鲜国都王险城，正在大同江南岸，其故地和現在平壤隔江相望。[4]如果浿水为大同江，則秦界就远在王险城以南了，这是与事实不相符合的。秦国的旧疆界[是]应该在大同江以北，和鸭绿江无涉。

西南的巴蜀本是秦国的旧壤。六国灭后，秦国继续向西南发展，在邛、筰、冉、駹等族居地置了若干县。[5]按照当时的情况看来，秦国的版图已达到了邛徕山脉和大渡河的下游。汉文帝曾以严道銅山赐邓通。[6]严道在今四川雅安西南，距邛徕山脉很近。銅山出产虽丰，却也

---

1) 见史记一一五朝鲜传。

2) 见满洲历史地理—汉代的朝鲜。

3) 见清一统志五百四十朝鲜。

4) 见杨守敬晦明轩稿。

5) 见史记一一七司马相如传。

6) 见史记一二五佞幸传。

是极边之地。当时淮安王刘长有罪，同样也被安置在这里。①不过长江以南所谓南夷地方，秦国却没有很多的致力，大致是过江即止了。南夷的居地东至现在湘贵之间，秦国在那里因着楚国黔中郡的规模，仍然保持着沅澧上游的土地。（秦黔中郡治所在临沅，当係因楚旧规。临沅在今湖南常德市）

汉朝初年的版图远比秦时为狭小。它不仅改变和朝鲜的疆界，②而且也放弃了秦朝在岷山以西各部落中的新县。③最大的变化乃是在北边和南边。秦汉之际匈奴势力复强。又越过阴山向南发展，于是汉的北界重新退缩到肤施朝那一线，和战国末年的情况相同。④在岭南由于赵佗的独立，秦时所设立的三个新郡，依然被划在版图之外。就是在东南海岸上也和以前不一样。那里本是闽粤的故地。秦时废掉闽粤王，设置了一个闽中郡。汉朝初年闽中郡已不存在，闽越虽受汉的封爵，实际也成了独立的状态。（治所在冶，今福建福州市）

汉朝的强大是由武帝时候开始的。当时由于灭掉了南越和东瓯、闽越，岭南和东南沿海已经恢复到秦时的旧规模。东南沿海的新地当时是併入到长江下游的会稽郡（治所在吴县，今江苏苏州市）。在岭南同时建南海（治所在番禺，今广州市）、苍梧（治所在广信，今广西梧州市）、郁林（治所在布山，今广西贵县南）、合浦（治所在合浦，今广东钦县）、交趾（治所在羸𨻻，今越南河内西）、九真（治所在胥浦，今越南清化西北）、日南（治所在西捲，今越南顺化南）、珠崖（治所在瞫都，今广州琼山东南）、儋耳（治所在今儋县西）九郡。交趾、九真、日南三郡在今越南。後来珠崖、儋耳两郡以荒远废除。漢朝疆土的重要开拓是在西北方面。这是漢朝和匈奴不断战争的结果。汉朝在这方面不仅恢复了秦时阴山山脉的国界，而且取得了祁连山西的河西走廊。在阴山以南，当时建立了五原（治所在九原，今内蒙古包头市西南）和朔方（治所在朔方县，今内蒙杭锦旗西北）两郡。在祁连山下也建立了武威（治所在武威县，今甘肃民勤县东南）、張掖（治所在觻得，今甘肃張掖市西北）、酒泉（治所在禄福，今甘肃酒泉）、敦煌（治所在敦煌县，今甘肃敦煌县西）四郡。河西走廊（接下不空）

---

① 见史记一一八淮南厉王长传。

② 见史记一一五朝鲜传。

③ 见史记一一六西南夷传。

④ 见史记一一〇匈奴传。

3

为通往西域的大道，四郡的建立和汉朝以后国力的发展有重大的关係。为了巩固河西走廊，汉朝还佔有湟水流域。河湟之间本为羌人的故土。汉朝在这方面的发展已远远超过秦时洮河流域的疆界。汉朝的疆土在西南和东北也都有很大的发展。西南新开拓的地区包括現在甘肃南部四川西部，和云南贵州两省，即所谓西南夷地区。当时在甘肃南部新设了武都郡（治所在武都县，今甘肃成县西），在四川西部设了汶山（治所在汶江道，今四川茂汶羌族自治县东北）、沈黎（治所在笮都，今四川汉源县东北）、犍为（治所在僰道，今四川宜宾市）、越巂（治所在邛都，今四川西昌县东南）四郡。在贵州设立了牂牁郡（治所在故且兰，今贵州境内，确地无考），在云南设了益州郡（治所在滇池，今云南晋宁县）。后来汶山、沈黎两郡废除，实际设了五个新郡。在东北也设立了乐浪（治所在朝鲜县，今朝鲜平壤市南）、玄菟（治所在沃沮，今朝鲜咸镜北道境内）、临屯（治所在东暆，今朝鲜咸镜南道北部）、真番（治所在霅，当在今朝鲜礼成江汉江之间）、苍海（辖境相当今咸镜南道一带）等郡。（接下面原稿）番、蒼海等五郡。后来废掉了臨屯、真番、苍海三郡，仅剩下乐浪和玄菟两郡。而玄菟郡则跨有鴨绿江的南北。

汉朝在武帝以后的版图是远远超过了秦时。只是在对匈奴的战争中却失掉了造阳地。造阳在現在河北的独石口。这时秦时边境上一个凸出的地区，也是燕国北長城西端的起点。后来明朝修长城还特别绕过这个地区的北边。无怪乎汉朝认为没有保持住这个地区是一个重大的損失。（初期建国之初）

东汉在版图方面完全承继了西汉的规模，没有显出若何的变化。明帝（公元58年——75年）时曾在今云南西部澜滄江以西建立了永昌郡[3]。这里本是哀牢族人的居地。哀牢人内属之后，汉于其地设博南、哀牢两县，并[4]割益州郡的西部，设置这个新郡。当时凿山渡水引起人民的煩怨。不过瀾滄江西边西汉时已經在那里设有不韦县。并不是东汉才开始有这样的动作。就整个版图来说，前后

---

① 见史记一一〇匈奴传。

① 见史记一一〇。匈奴传。

② 见後漢书二明帝纪，永昌郡设立在明帝永平十二年，郡国志作永平二年，误。

③ 见後漢书一一六西南夷传。

中國历史地理（史四）

还是相仿佛的。（到3）

但是东汉的版图并不是完全没有变化的。当时西北各族不断向内地迁徙，终于引起羌人和东汉政府的冲突。东汉政府采取了内徙郡县的方式，避免创伤。① 当时内徙的有金城（治所在允吾，今兰州市西北）、陇西（治所在狄道，今甘肃临洮县南）、上郡（治所在肤施，今陕西绥德县北）、安定（治所在高平，今甘肃固原县）、北地（治所在马领，今甘肃庆阳县西北）诸郡。金城、陇西二郡所迁徙的地方不出现在甘肃省内，还可以说没有迁徙很远，上郡、安定、北地三郡却都迁到关中地区，和原来的地方相距确实殊远。但内徙的事情并不是到此就告结束。后来到东汉末年，北边人口更为稀少，曹操遂省掉北边的云中（治所在云中县，今内蒙古托克托县东北）、定襄（治所在成乐，今内蒙古和林格尔西北）、五原、朔方四郡，每郡改置一县，合成一个新兴郡。② 这四郡设在现在内蒙自治区西南部，正是阴山山脉以南的地方。三国初年，又把新兴郡徙于句注山以南。③

东汉政府處理不当，

西晋承三国之後，它在北边並没有扭转汉魏以来的局势，所以它的北边也只限於雁门关下和汾水中游渭水上游的地方。好在西边和南边都还保有两汉以来的规模，依然是据有河西走廊和青海湖东湟水流域，也仍然控制着汉江和嘉陵江的两岸。不过和西汉比较起来西晋的疆土还算是较小的了。

隋唐两朝都是强盛的朝代，他们的版图自然相当广大。在北疆他们重新达到了阴山山脉，西北方面他们也控制了河西走廊，隋朝的郡县一直设置到玉门关外的且末。唐朝在这方面的成就较之隋朝还要巨大。唐朝的伊州和西州，就是现在的哈密和吐鲁番。天山以北，现在的乌鲁木齐和吉木萨尔，以及天山以南各地，唐朝的人们已经视同内地。在黄河的上游，隋朝的郡县更围绕着青海湖建立起来。唐朝在这

① 见後汉书一一七西羌传。

② 见三国志魏志一武帝纪。

③ 见资治通鉴 魏纪 胡注引汉晋春秋。

5

里虽要让隋朝一筹，但河湟之间还是在它的版图之中。在东北方面，隋炀帝虽数次远侵高丽，可是他的东疆仍然限於辽河以西。唐朝在和高丽的战争中取得了胜利，版图向东推广，一直到达了朝鲜半岛的中部。它的安东都护府就设于平壤城中。不过到了中叶却依然退还到辽河以西。辽河以东各地，委于渤海和新罗，再未加以过问。就是西北方面在唐朝中叶以后也起了很大的变化。由于吐蕃的强盛，夺去了陇上和河西各地。公元783年（唐德宗建中四年），唐、蕃两国在清水会盟（清水在今甘肃清水县附近），重新确定两国的疆界。唐朝的土地西面达到泾州（治所在泾川，今甘肃泾川县）的弹筝峡（在今甘肃平凉县西，六盘山下），由弹筝峡南行，达到陇州（治所在汧源，今陕西陇县东南），西面的清水和凤州（治所在梁泉，今陕西凤县）辖下的同谷（今甘肃成县），向南直到剑南的西山③和大渡水。黄河以北，从故新泉军（待考）直北至大碛，南至贺兰山骆驼岭，中间悉为闲田。④这次疆界虽经议定，吐蕃却未遵守，直至唐朝末年，陇上各地始重新收复回来。

隋唐两朝在西南的版图却和北方不同。它们承着南北朝之后，不再在各少数民族杂居地区设置郡县，因而显出了蹙缩的模样。隋朝设置郡县的区域最远只达到安宁河流域。其越巂郡（治所在越巂，今四川越西县）所属的邛都县，即在今四川西昌县东南。唐初，西南边的疆土远越过金沙江，其姚州的治所即在现在云南姚安县境，现在贵州省境乌江以北以东，也设立了若干郡县。其他地区都不再包括在版图之中。

③ 资治通鉴二三四胡注："自彭州导江县西出蚕崖关，历维、茂至当、悉、柘州，皆西山也。"彭州治所在九陇县，今四川彭县。导江县在今灌县东二十里。蚕崖关在导江县西北，见元和郡县志。维州治所在薛城，今四川茂汶羌族自治县薛城镇西。茂州治所在汶山，今茂汶羌族自治县。当州治所在通轨，今四川松潘县西南。悉州治所在左封，今四川平武西南。

④ 见新唐书一四六下吐蕃传及一五二张镒传。

6

应该指出，自西汉中叶以后废去珠崖、儋耳两郡之後，海南岛上好久再没有设置过郡县。直到梁时才改变了这样的情况，在那里设置了崖州（治所在义伦，今广东儋县）。⑤隋唐及其以後的王朝都沿袭不废。与海南岛同在海中的台湾早在三国吴时即已和内地有了交通往来。⑥吴人所至的夷洲，也就是今日的台湾。隋时更数派人前往，那里的名称已经改为流求。⑦当时曾俘获人口一万七千余口。⑧史文不载这些人口的详情，也许是内地汉人流寓，与内地并无区别，无需细述。若果如此，则宽广海峡，并不能阻止人们的往还的。

宋朝虽然也是一个统一的王国，版图却是分外的狭小。宋时人们常提到燕云十六州的问题，认为这是金瓯残缺的恨事。由于燕云的丧失，所以两河北部和唐时比较起来就有了显着的区别。宋人在河北只能凭借着瓦桥（在今雄县）、益津（在今霸县）和草桥（在今高阳）三关，和白洋塘泺来防守。在太行山西也只是守住句注山脉。宋朝不仅見凌于契丹，并且常为西夏的侵扰。在这方面宋朝所能控制的只是绥德、延安和环州、原州一线。神宗熙宁时（公元1068年——1077年），宋人恢复熙河（在今甘肃临洮、临夏）等处，后来还取得了湟水流域，使蹙缩的形势稍々有点改变。在西南各处宋朝和隋唐比较起来，也显得不如。隋唐曾經统治到安宁河流域，宋朝最远才达到大渡河上。唐时的安南都护府一直設在交州，宋时交趾已經独立，邕州以西就是边界了。

元朝的情况当然是为宋朝所不及的。元朝的岭北行省包括了阴山以北的蒙古旧地，岭北行省西边接连窝阔台和察合台两大汗国，它们本是一个帝国的分支，和其它邻国不同。在东边黑龙江的下游也都在岭北行省的范围之中。而征东行省就是设于朝鲜半岛的高丽国境。西南各处隋唐各朝未能列入版图的少数民族杂住的地区，这时同样设置

⑤ 见隋书三十一地理志。

⑥ 见三国志吴志二孙权传。

⑦ 见隋书八一流求传。

⑧ 见隋书三炀帝纪。

7

了行省。現在的青海和西藏当时是没有設置行省的地区。不过吐蕃实际也服从元朝的统治，并非独处于版图之外的。

明朝推翻了元朝的统治，但是鞑靼和瓦剌却还是明朝的敌国。明初东北控制着黑龙江入海的地方，并在那里設置努儿干都司。那时辽河流域，可说和内地一样。辽河以西，則有大宁（在今辽宁建昌附近），开平（在今内蒙多伦）和东胜（在今内蒙托克托）诸地作为北方的屏藩。后来努儿干都司废去，大宁内撤、开平和东胜的卫所也都迁到内地①，因而河套受到影响就成为游牧的地区。明朝的西边也不是十分的广远，最西只是达到嘉谷关和湟水流域。好在西南还保持着元朝的旧规，云南和贵州和内地的省区并没有什么区别的地方。明朝初期曾经一度取得安南，可是不久仍然放弃。

（还掺不下不宜行省）

内蒙古喀喇沁旗南　大宁故城

托克托县

①见《明史》卷四〇及四一《地理志》。大宁卫於公元1403年（成祖永乐元年）移治保定府（今河北保定市），所辖卫所亦皆移治北直隶境内各州县。开平卫於公元1403年（宣宗宣德五年）移治独石口（今河北独石口）。东胜卫移为左右卫，后者今托克托县，所属卫民耕牧於河套中。公元1403年，1409大卫内迁於河今北卢龙县，右卫迁於今河北遵化县。

51字

清朝的版图远超于明朝。清朝的统治者起于长白山下，白山黑水之间自然是他们根本所在地。就是黑龙江入海处的库页岛也列在版图之内。它的最盛时的疆土是由库页岛西北黑龙江河口沿外兴安岭西行，直至石勒喀河的支流实巴格尔必齐河上；再顺河而下，至石勒喀河；沿河至额尔古纳河上，再溯额尔古纳河至满洲里附近，再西，即为外蒙古的北疆，在那里，疆界是由恰克图以北，绕过库苏古泊北岸，顺萨彦岭西北行，至沙宾达巴哈山口，复由此折向西行，至阿勒坦河和哈屯河会合处，折向西南行，过斋桑泊的北，至于阿拉湖畔；又折向西行，绕巴勒喀什湖外，直至楚河下游的塔拉斯河才折向东行，至于伊塞克湖东南；又折向西，至于葱岭；然后再折向东南，包括拉达河流域；循喜马拉雅山南麓，再循布拉马普特拉河的北面，过野人山西，又过龙川江中游；再沿萨尔温江，到南卡河会合处；复由此东南行，过湄公河再向东南；然后折向东北，达到红河岸上的黄曲河口。河口以东，广西和广东的西南疆界大致和现在相同。①清史稿述清朝的版图说是"东极三姓（今黑龙江依兰县）所属的库页岛，西极新疆疏勒，至于葱岭，北极外兴安岭，南极广东之琼山。"虽然语句简略，却也是实录。

自鸦片战争后，清朝的国势日益衰弱，帝国主义来掠侵略，版图也就不断蹙缩，后来到了民国，这种颓势并没有扭转过来。这里不打算琐琐叙述国土损失的经过。所可以说的，现在的疆域面积已远较清朝盛时为狭小，其间的差异都是帝国主义者蚕食鲸吞所造成的结果。在这些变迁过程中，若干疆界还没有完全肯定下来。建国以来，党和政府对于这方面是费了很大的注意。在平

① 参见谭其骧先生清代行政区划图。

①

等互让的原则下，已经和缅甸、尼泊尔签订了边界条约，使多年的悬案得到解决。目前还有些邻国受帝国主义的嗾使，企图继续侵犯我们的边疆，政府正在据理折衝，自会得到合理的定案。

如上所说，由秦以来，这些统一时期的版图广狭大小是有不同的。各时期的疆界虽难得一致，但大体可以看出当时都是设法寻求可以凭借防守的界线。当然国家的强弱、疆土的盛衰，不能仅依赖险要的地形，亦可认为安危所应顾虑。但在军事衝突中，自然的形势是有相当的助力的。在以往历史过程中，军事的行动也是不鲜见的。

守的界綫。由这一点説来阴山山脉在若干时代的国防中就曾經起着重大的作用。阴山山脉自然区划了农业和牧畜的地区。在以往悠久的时代中农业地区的人們認为这是阻隔游牧部落南下牧馬的天然屏障，必須加以控制。而河套平原农业的发展正是控制阴山山脉的重要措施，这条山脉以北不适于經营农业，所以农耕民族也难得在那里立足。汉唐两个王朝曾經不是一次的占据过大漠的南北，但仍然需要退回到阴山山脉的附近

的防守当地还是在阴山山脉

① 贾谊《过秦论》说"秦王乃使蒙恬北筑长城而守藩篱，却匈奴七百余里，胡人不敢南下而牧马。"这里所说的正是秦人控制了阴山山脉的结果。《汉书》卷九十四下《匈奴传》引元帝时侯应的话说："北边塞至辽东，外有阴山，东西千余里，草木茂盛，多禽兽，本冒顿单于依阻其中，治作弓矢，来出为寇，是其苑囿也。至孝武世，出师征伐，斥夺此地，攘之于幕北，建塞徼，起亭隧，筑外城，设屯戍以守之，然后边境得用少安。"《读史方舆纪要》卷六十一《九边考》：自阴山而北，皆大碛，碛东西数千里，南北亦数千里，无水草，不可驻牧。中国得阴山，则乘高望远，出没险阻皆足以逾大漠而启其北，去中国益远。故阴山为控扼要地，顾弃阴山，则朔漠胡马可以直向河内，此秦汉唐都关中，必备阴山也。

② 西汉在阴山以北曾建立过不少的据点，侯应所说筑外城，一些城名及其方位还保存在《汉书·地理志》和《匈奴传》中。只是西汉筑了不少据点，汉朝北边

。如果游牧部落控制了这条山脉，則河套地区也就很容易改成牧場。西汉初年，匈奴南下又和汉以朝那肤施为界，汉朝长安便感到莫大的威胁，認为他們的輕騎一日一夜就可以来到城下。① 明时毛里孩、加思兰等进入河套，于是延綏、宁夏、陕西，② 就需要經常屯駐重兵，但还不容易保障边地的不受騷扰。③

同样的情形也見之于祁連山和合黎山之間的河西走廊。这是內地通往西域的大道，它关系着国防的巩固和經济的发展。从汉朝时取得了这条道路时起，后来的王朝虽有兴廢，控制这条道路的策略却始終沒有改变。这里虽有祁連山和合黎山的天然屏蔽。但是弱水的下游注入居延澤中，④ 湟水的上游距离青海湖不远，⑤ 都是游牧部落进入河西走廊的捷徑。由这一点当可以理解到汉朝在控制河西走廊的同时还要控制弱水下游居延澤以及湟水流域的緣故。这并不是汉朝的人們独有的敏感，就是后来若干王朝也都沒有忽视。西晉时鮮卑族吐谷渾的西迁就是通过了河西走廊的东端，輾轉游牧于青海湖的附近。⑥

---

① 見史記一一〇匈奴傳及九十九劉敬傳。

② 明史七十三職官志："陕西总督地方赞理军务一员，駐西安，防秋駐固原。"固原即今宁夏回族自治区固原县。

③ 見明史三二七韃靼傳。

④ 漢书二十八地理志張掖郡属县居延。居延故城在今内蒙古额济纳旗黑城东北约三十里處。顏師古引闞駰注："武帝使伏波将軍路博德筑遮虜障于居延城。"障以遮虜為名，正说明當地是匈奴人南下的通道。漢书五十四李廣傳附李陵傳，载李陵出兵北擊匈奴，即由遮虜障出兵，後來兵败南歸，也是期至遮虜障。这也说明居延澤附近是一條南北大道。居延城在東漢時建為西海郡。魏书六十九袁翻傳说："西海郡本屬涼州，今在酒泉，直張掖西北千二百里，去高車所住金山一千餘里，正是北虜往来之衝要，漢家行軍旧道。"時代改易，当地的重要性依然存在。遮虜障旧在居延，一名居延塞，遺址至今尚存。南起合黎山麓，沿額濟納河，北抵居延故城北。遮虜障的修筑，都用以補助合黎山勢的不足。

271字

⑤ 見漢书六十九趙充國傳，又後漢书五十四馬援傳。

⑥ 見晋书九十七西戎吐谷渾傳及魏书一〇一吐谷渾傳。吐谷渾西行是先西附陰山，後乃度隴而西。这裡所说的度隴當是泛指隴上地方，並非特指隴山。

⑪

现在四川省西北部岷江上游的岷山，即使隋唐时在唐朝也曾经成为国防上重要的地区。虽仅是一代的情况，也足以说明地理形势和国防的关系。在唐朝那里是剑南西山，地势高敞，远较成都平原为高。唐朝在这里经营的时候，为了成都平原的安全，也曾经致力于这些山地的经营。① 不过那时当地的部落不甚强大，防守的威胁还不能到严重。唐中叶时，吐蕃和南诏那里竟成为争夺的地区。而维州也形成争夺的焦点（维州治所在薛城，今汶川羌族自治县薛城镇西北）。在唐朝看起来那里是一方的屏障，在吐蕃看起来那里是西边的要塞。吐蕃取得那里以后，称它为无忧城，② 可以看出他们喜悦的心情。

以前的人們依靠着山脉的屏蔽，保障了國防的安全。同样也利用自然的水道，增加了边备的力量。战国晚期，秦国的西边是在洮河附近。秦国控制了阴山山脉以后，阴山西南的疆界就止于黄河。秦国历年短促，这里没有显出若何变化。但秦人对这里的情况时时都提高警惕。③ 关中西汉初年的人们同样也没有放松过。萧关的建筑就说明了这方面的问题。萧关在今宁夏回族自治区固原县东南，是回中道上一个重要地方，它也是保卫西的要塞。汉朝初年匈奴就不止一次的由萧关向南侵略。④

70字 ① 汉武帝时曾在这里置汶山郡，治於汶江县，今四川茂汶羌族自治县北。见史记一一六西南夷传。[illegible] 又见华阳国志（今本华阳国志脱去）。汶山郡

② 见~~旧唐书一九六吐蕃传及新唐书二一六吐蕃传~~。旧唐书一七四李德裕传。

95字 ③ 回中，秦时宫殿名，在今陕西陇县西北。史记六秦始皇本纪：二十七年，始皇巡陇西、北地，出鸡头山，过回中。汉书六武帝纪：元封四年，行幸雍，通回中道，遂北出萧关。雍在今陕西凤翔。回中道当自现在凤翔西北行，沿汧河河谷向上，至於萧关。陕西

④ 见史记一一〇匈奴传。

鄙 12

鎮原西北。汉朝初年匈奴就不止一次的由萧关内侵，后来突厥进兵关中时，也多取这一条道路。①西夏建国，宋朝失去了黄河的险要，只能在鄜延（今陕西鄜县延安），环庆（今甘肃环县庆阳），原渭（今甘肃镇原平凉）等处屯驻重兵，以为防守。明朝虽能控制宁夏作为沿边重镇之一，但因为放弃了河套，所以花马池和固原也都成为备边的要地。明朝的陕西巡抚本来驻在西安，可是每年到了防秋时候却要移驻固原，就是因为维护陕西三边安宁，開府固原，到防秋时候更要移驻花马池（今宁夏回族自治区盐池县），②就是这样的道理。

以河流为国界，并不是恃河而守即为上策，而应该在河外採取一些措施。傳說宁夏銀川附近有所谓秦渠、漢渠、和唐徕渠。秦时情形不可詳知。西漢时，沿边郡数如朔方、西河、河西、酒泉皆引河及川谷以溉田，③不能說現在宁夏的漢渠就不是漢人的遺跡。這是為在河流以外，當时在黄河北岸也有不少居民共為捍衛之圍而出力。唐徕渠雖不必定為唐代，然唐人在宁夏附近的建置依然不少，而朔方（治所在灵州，今宁夏灵武縣南）正為防禦從北來的（水利建設）使嗒前。④（筋疲伕）唐朝中葉後，僕固怀恩以朔方叛，勾回紇吐蕃共犯关中，後來郭子儀收復朔方，吐蕃的气焰也為之稍煞。⑤朔方的重要性於此可見。

这样情形还可以唐时金沙江南的姚州（治所在姚城，今云南大姚縣西北）看出来。唐朝在云南现在境内雖也设了一些羁縻州，但正式州縣却只有姚州和它所属的几个縣。姚州雖僻處一方，~~却有由青蛉川与金沙江~~其北~~相由青蛉川入金沙江處~~下臨不遠即為瀘水入江的地方。瀘水

① 見舊唐書一九四突厥傳。

② 見明史七十三職官志。

③ 見漢書二十九溝洫志。

④ 見新唐書三十七地理志，元和郡縣志四靈武節度使。

⑤ 見舊唐書三十八地理志序。

⑥ 見舊唐書一二〇郭子儀傳及一九六吐蕃傳。

⑦

13

為現在四川省西南部的安宁河。而安宁河正是當时成都平原入南中的主要道路。當宋唐朝这样措施，是要控制姚州以便固守金沙江，要安掌固成都平原的外围。因为要防御成都平原的侵略，就先须固守金沙江，而控制姚州正是固守金沙江的一個重要步驟。後来在和南诏的相當中失去姚州，南诏的侵略就可以溯安宁河而上取嶲州（治所在越嶲，今四川西昌县），入清溪关（在今四川汉源县南），就可以直薄成都城下。南诏这样的入侵不只一次，唐朝後期为了争取清溪关和嶲州還费了很大的力量。但是因为金沙江和南方的姚州都已失去，这样的努力並未取得若何效果。到了宋初，这区域就只好以玉斧划大渡河为界，不再向南发展了。

宋朝和契丹分界的白沟更是一條當时人们所重视的河流。白沟本是西流入巨馬河的一条小水，宋人所指的白沟却是由西向東流的巨馬河。宋人为阻止契丹南侵的馬蹄，还曾在白沟以南开挖掘了许多塘濼，其中有的南北宽度只有几里，有的竟然达到一百多里。在不能挖掘塘濼的地方还採用多種树木，使它起着限制騎兵的作用。①宋人的辛苦设置並不能以完全防禦侵略，後来女真的灭掉北宋，还是由这裡进军的。看来，自然的險阻並不是使人们可以高枕無憂的。

當然，一個时期的国防形势，不能僅由其中險要的山川来作概括的说明，因为不同的地区还是可以互为影响的。明朝初期北边的變化就是明显的例证。明初在北边设大宁、开平、東勝等衛所，大宁的北边有西喇木（前已说过）倫河的憑借，東勝走於陰山的南麓，而开平往北不远即至大漠的边缘，形势不能说是不險要。但後来大宁内撤，東勝棄守，开平顿然孤突出，就遠難守，只好也一併廢去，而恃燕山山脈作为北边的屏蔽了。

---

① 見宋史九十五河渠志。

14

应该

疆界的位置自然要利用自然的形势，有时候自然的形势却还需要人为的设施作为补充。上面所说的宋朝在河北平原挖掘塘泺，種植樹木，就有这样的意义。过去一些王朝在边地修筑的长城，更是为了这样的目的。长城的修筑据説是始于春秋時代，战国時代的国家都在进行这样的工程。齐国的长城在它的南边泰山之上，西起現在的平阴，而东达到諸城的海边。①它修筑这条长城，西段为了防御晋国，东段則为了防御楚国和越国。②楚国的长城在今河南西南部伏牛山和桐柏山之間，这里本是楚国通往中原的要道，楚国的目的自然是为了防御中原諸国。这条长城由今魯山东南起，經过叶县，一直达到泌阳。③或者在魯山以西和內乡东北还有一段。④楚国除过这条长城之外，据説还有两条：一条是在今內乡和邓县之間。⑤一条是在今湖北竹山县境。⑥前者当是防御由武关方面来的攻击，后者原为庸国的地方，长城当是庸国所筑，庸灭后始属于楚。魏国长城有东西两道，东长城在今河南中部，由阳原的西北起，繞过它的东南，然后西达于密县。⑦西长城在今陕西的东部，由华县沿洛水北岸向北修筑。⑧这两条长城都是为了防御来自西方的侵扰。西方能够侵扰魏国的国家当然是秦国了。不过史記記魏的西长城，説是"筑长城，塞固阳"。⑨这样說来，

① 见史记四十楚世家正义引括地志。
② 见張维华齐长城考（刊禹贡半月刊第七卷第一、二、三合期）。
③ 见漢书二十八地理志及水经濟水注。
④ 见水经濟水注。
⑤ 见史记四十一越王勾践世家正义引括地志。
⑥ 见史记二十三礼书正義引括地志。
⑦ 见續漢书郡国志及水经渭水注。
⑧ 见史记五秦本紀。
⑨ 见史记四十四魏世家。

15

固陽是魏西長城的北端。固陽，舊稱為漢朝的稒陽縣。① 漢朝稒陽縣在今內蒙西部，那裡不久以前也有個固陽縣。② 不過稒陽屬五原郡，當日那裡是趙國地方，和魏國無關。③ 近人有謂史記所謂的固陽當是合陽之誤。合陽於魏國時為魏地，④ 也就是現在陝西的合陽縣地，在郃城縣南，而郃城縣於魏國時為少梁，在今韓城。少梁本來也是魏地，為秦國所奪取。魏國的西長城正是少梁失陷後所築的。⑥ 這樣說來魏國的西長城是不會遠在陝西北部和內蒙的。中山之國於滹沱河中游，它也建築過一條長城，當在滹沱河左近，這是為了防禦趙國和燕國來犯的侵略的。⑦ 燕、趙兩國也都有長城，而且都是南北兩道。防止侵略的攻擊。趙國的南長城在漳、滏二水附近，⑧ 燕國的南長城則在易水的北岸。⑨ 依河築城自然更會增加防禦的效力。

也有相當的道理。

在現在陝西部以陝西北，

只遺址

所修築

就是趙國

然而最重要的當推燕、趙、秦三國為防禦匈奴南下所修的長城。這裡所說的燕趙兩國的長城，乃是指它們的北長城而言。

---

① 見通鑑二周紀胡注。

② 見水經河水注。

③ 史記四十三趙世家，趙武靈王二十六年"……攘地北至燕代，西至雲中九原"。稒陽之為趙地，當在此時。而魏築西長城遠在此時以前，魏長城北端不能遠在漢朝的稒陽縣是很明白的。

80個字

④ 見張筱衡戰國秦魏西河長城考（刊1958年人文雜誌第六期）

⑤ 見史記四十四魏世家。

⑥ 見史記五秦本紀及四十四魏世家。

⑦ 見史記四十三趙世家。

⑧ 見史記四十三趙世家。

⑨ 見戰國策燕策及水經易水注。

16

国的北长城除过防御匈奴外还有防御东胡的作用。燕国开辟上谷、、右北平、辽西、辽东五郡之后，就在五郡之北建立起长城。这条由造阳达到襄平。造阳在今河北独石口，襄平则在今辽宁辽阳县北造阳到襄平是要經过大凌河的北岸。北魏灭北燕时，魏将长孙陈就于和龙附近的长城下。和龙就是大凌河北的柳城。赵国的长城是由顺着阴山，一直达到高闕。代在現在河北蔚县，高闕在阴山的西部。秦长城起于临洮。临洮为今甘肃岷县。今甘肃通渭、固原和陕西安塞县还有秦城的遗址，或者还有有关的記載。秦国北边以朐衍、肤施为重鎮，这些地方自然是秦长城必經之处了。

秦朝統一六国之后，对于北边的长城曾加以联系和补綴，由临洮到辽东，成为一个整个的工程，不过有些地方和以前不尽相同。秦朝驅逐匈奴，取得河南地，由榆中順着黄河直至阴山下都設置了县邑，并在河上修筑长城。榆中在現在甘肃榆中县西北，距兰州不远。后来西汉取得

① 見史記一一〇匈奴傳。
② 見魏書二十六長孫肥傳附長孫陳傳。
③ 見史記一一〇匈奴傳。
④ 見顧頡剛先生浪口村隨筆。
⑤ 見水經河水注。
⑥ 據水經河水注載，於現在陝西北部的長城凡有數處：一以遺水出西河郡美稷縣，東南流，一在西河郡美稷縣東南。美稷在今神木縣東北伊克昭盟境，一在上郡白土縣東南，白土縣在今神木縣西北；一在上郡龜茲縣東南，龜茲縣在今榆林縣西北；一在上郡膚施縣南，膚施在今綏德縣北；一在上郡陽周縣南，陽周在今綏德縣西。前三者皆未言長城的時代，後一者特指出為秦時的長城。以地勢看來，這些長城都應該是秦時建築的。
⑦ 見史記一一〇匈奴傳。
⑧ 秦統一六國後，長城的西段，是因襲以前的舊規模？還是另築新城？這是值得注意的一個問題。史記六秦始皇本紀："西北斥逐匈奴，自榆中並河以東，屬之陰山，以為三十四縣，城河上為塞。"榆中，據集解引徐廣曰在金城。如徐氏所說，則秦的榆中故地在今甘肅榆中縣附近，而河上之塞應該是現在甘肅蘭州以下的黃河，直至內蒙的西部。可是史記匈奴傳……這件事情，却說："始皇帝使蒙恬將十萬之眾北擊胡，悉收……河為塞。"恐當時所築的塞只是現在大青山南河套以北一段，與現在甘肅無關。案：

秦未統一以前的長城起自臨洮，經現在的甘肅通渭、固原之北。其地離黃河甚遠，是可見築城時，秦地未至河上之證。不然，沿河設險，乃是常理，秦人何至遠離河岸，設防於離河較遠的內地。等秦統一後這一方面的疆土已遠離舊來的長城，而達到黃河之濱，其……

本頁原稿殘缺。

（一）西漢北地郡有靈州縣，其故城在今寧夏靈武縣境。據《漢書·地理志》，靈州是設置於惠帝四年。漢初沒有向北方拓土，惠帝所置的縣當是因秦時的故址。

（二）漢時北地郡有富平縣。此縣見於《水經·河水注》凡二次，一在黃河南的高平川，一在黃河北，今寧夏銀川附近。水經注說到富平的廉城時，說："闞駰言在富平北，自昔匈奴侵漢，新秦之土率為狄場，故城舊壁，盡從胡目，地理淪移，不可復識，當是世人誤證。"酈道元的意思是不以廉城在黃河之南，所以後文在敘富平縣下，特別又提到廉縣。漢富平城在今寧夏吳忠縣西南，廉縣則在黃河北岸。酈道元還提到新秦之土，這是秦人的土地，和新秦中有同樣的意義。秦的疆土既達到黃河之西岸，而築城防胡，就不可能舍去這一片廣大土地，而防守四日的長城了。此其一。《漢書·九十六西域傳》記漢武帝築河西四郡的長城時說："始築令居以西。"令居在今甘肅永登縣西南，漢朝所修這段長城，特別提到令居，當是在令居附近接著秦時長城，續往西以防匈奴。此其二。《漢書·六十九趙充國傳》："北邊自敦煌至遼東萬一千五百餘里，乘塞列隧，有吏卒數千人。"這段記載可以說明所謂塞垣不是從令居開始，而是從令居接著秦長城繼續向西修的。這可以說明漢朝在令居以西的長城是因秦統一以後對於匈奴築的，不是沿襲秦統一以前從這裡到今甘肅臨洮同原的那一部分。

因為漢朝只是修築令居以西的長城，沒有必要重修秦統一以前的長城，在內地防守的。根據這樣的說法，秦雖然統一以後所修築的長城，當能是從臨洮開始的，沿洮水而下，至循黃河而東，和陰山之下的原來趙長城連接在一起的。

因為漢朝沒有必要再重新修築秦統一以前的長城，在內地防守的。根據這樣的說法，秦始皇所修築的長城，可能是由臨洮沿著洮水而下，……陰山下的趙長城連接在一起。

928个字

本頁續接上頁，原稿兩頁拼接。

中國歷史地理稿

第四次定稿

史念海

第四节　南北的分裂

南北分裂时期南北的疆界。　秦岭与淮水。　南北分裂时期南北內部行政区域的划分。

在一些統一时期之間还夾杂着若干分裂的局面。这种情況的形成当然是有各种不同的具体原因。分裂的时期經常容易引起战争，那些統治者既要防御外来的攻击，还要設法攻击他們的敌人。战争，当然是一宗复杂的事情。战争的胜負是应該有許多的条件的，不过他們并不放松对于險阻地方的利用。分裂局面能够長期繼續下去，这是說明各方面力量的相当，地丑德齐，彼此无可奈何。割据者所占有的地区中人力物力的增長和削弱也可以部分的說明分裂局面久暫的道理。

历史上的分裂局面以南北的对立为时較多，并且每次都显得長久。当然作为一个对立的形势来說，也不是从古以来就是如此。在古时夏商周三代就显出另外的情形。这三个王朝从它們本身的发展看来，当然不是前后相連續的三个王朝。商朝的远祖很早就已据有河济之間，直到后来就成为夏朝的勁敌，且进而灭掉了夏朝。周之于商也是相仿佛的。周朝的祖先也是很早就在涇渭流域发展他們的农业生产，終于占有商的故土。这些对立显然是东西的形势与南北无关。因为当时黃河流域之外，都还是草昧未开的地方，不能形成一个勢力相当的力量。而黃河流域各个富庶的地区正可作为它們对立的凭借。~~这种情形不仅夏商或殷周如此~~

這種情形不仅夏商或殷周如此，就是後来到战国時代也已有类似的发展。战国時代的後期策士們就相提倡縱横的学说，实際的运用就是苏秦等人所主張的合纵和張儀等人所標榜的連横。這種不同的說法正是反映了当時东方和西方对立的形势。因為合縱乃是要联合六國共同对付秦國。秦國為了自己的利益，也就不能不极力拆散东方诸國之間的联合。苏秦張儀和其他一些策士們的言辞和活动散見於战國策中，後来更經司馬遷又加以整理，載入史记。近人或因此懷疑，根据他们认为他们活动的時期和所接触的人物往往有不符合之處，而怀疑他们的真实性。这些记載容或有矛盾的地方，他们的经歷也许不尽属实，但当时东西对立的情势固然存在，并不因这些策士的有無而有变化的。战國时代是各國並立動盪不安的時代，这種东西对立的局面也是經过較长時期的演变而後形成的。战国初期，魏国霸业既歇，齐国称雄一時，但也旋即衰弱。秦國经过商鞅变法之後，国势日張，逐渐成为霸主，和六国对立。如果从秦始皇时算起，这样秦始皇的统一六国，其間也有幾十年的光景。

从地理形势看来，战国时代~~由战國时代的情形来説~~这种东西的对立乃是以崤函山地为它們分野的界綫。也就是把它們分成关东和关西。崤函山地乃是一个險要去处，为东方与西方往来的要冲。当然东西之間不仅是这里的一条通道。秦岭山南的武关和太行王屋之間的山路也都有交通的价值。但那些地方也一样是險要的去处，恰好作成崤函的左右两翼。当时东方六国一再联合攻秦国取得这一条，它们合起来成为東西之间的一条分界線。秦国完全控制这条界線也是在战国的時候。这些地方在春秋时都属於晋國，① 秦國当时不能得志於东方，是与晋國拒其出路有关的。崤函、武关② 秦虽稍早，亦只能在战国晚期。秦國取河東，才得王屋之險，其在

① 左傳文十三年："晋侯使詹嘉处瑕，以守桃林之塞。"桃林之塞在今潼关以東，其地既為晋有，則函谷关地当亦在晋國境内。又左傳哀四年：楚使謂陰地之命大夫士蔑曰，將通於少習以聽命。少習即武关。是武关於春秋末了亦為晋地。至於王屋山以西，更為晋國的根本所在，与秦無與。

② 賈誼過秦論説：秦孝公據崤函之固。以崤函屬秦始於孝公時，恐言之太早。史记五秦本纪，孝公元年，魏築长城，自鄭濱洛以北。鄭為今陕西華縣，則潼关以西當仍為魏所有。秦本纪，惠文王六年，魏納陰晋。陰晋更名寧秦。陰晋，今陕西華陰，仍在潼关以西。惠文王十三年，使

張儀伐取陝，出其人與魏。陝，今河南陝縣。函崤偏東，當在是時。

3）史記十五六國表，秦孝公十一年，城商塞。武關西北屬商塞的一部份，見讀史方輿紀要五十四商州。

本頁續接上頁，原稿兩頁拼接。

③

函、武关之後。① 秦国控制了这一條以後，正是所謂進可以攻，退可以守。當時東方六国一再聯合攻秦，到了函谷关下也就一籌莫展了。地形的險要不是決定戰爭勝負的唯一条件，但像崤函、函谷关这样的險要去處，確实是給了西方的秦国以若干方便的地方，也使西攻的六国感到很大的困难。崤函以南的武关，在戰国的後期也成為楚国西向进攻的目的地之一，但楚国却也未能在那裡如愿以償。② 王屋山下的軹關，昔者謂為太行八陘的首陘，③ 其險要也是可想而知的。秦国控制了軹關，確实使黄河中游以東的国家感到棘手，秦国也一再利用这样的地利，對六国採取措施，以威脅关東諸侯。④

對这个局面的形成是不能僅靠着一條险要去處的，不可能有其他的條件。关東各地固然是相当富庶的，齊楚諸国的糧食，楚韓趙諸国的武器，都是足以稱雄於一時的。⑤⑥ 但六国之間並没有很好的团结起来，利用这样富庶的條件。关中也是有一定的富庶的條件的，

---

① 史記十五六國表，秦昭王十七年，魏入河東地四百里。二十年，魏納安邑及河內。王屋山正是在河東和河內之間。

② 見史記四十楚世家。

③ 見元和郡縣圖志十六河內縣引述征記。

④ 戰國策趙策二，蘇秦從燕之趙，始合從，說趙王曰：秦下軹道，則南陽動。又趙策四，蘇代曰：秦下軹道，南陽、高平而伐魏。

⑤ 見荀子議兵篇及史記范雎傳。

⑥ 見戰國策韓策一。

④

但还不能和关东相比拟。可是关西都山林畜牧地区，人民習尚武力，又佐以精良的马匹，也僅与东方各国相匹敌。秦国的兵力正是在这样的基础上发展起来。不过应该指出这些條件的存在並不是到战国末期才开始的，而战国时期能有这样的情形，它是和商鞅变法後的各種措施分不开的。秦国在商鞅变法以後促进了秦国社会的改革和生产的发展，形成一種富强蓬勃的气象，又充分發揮自然的条件，乘着东方六国的疲敝，终於能够实现东征一统的局面，取得了全国统一的局面。（在秦末的楚汉战争中也一样表现出来，甚至）

这种对立情形一直到西汉初年还不时显露出来。汉朝虽是統一的王朝，但統治阶級内部的矛盾和冲突，并未完全消泯殆尽。韓信和彭越在楚汉战争时候，乘着汉军的危急，强求得齐国和梁国的封地。这种要挟的办法使长于应付的刘邦也感到无可奈何。①他們所以要取得这些地方自然因为当地的富庶。②他們的愿望固然达到了，刘邦却为之寝饋不安。这种形势形成之后，由于汉高祖的先发制人，終于促成韓彭二人的死于非命。就是稍后一些时候，吴楚七国和汉朝王室之間的冲突，也充分表現了这样的情況。吴楚七国的获得封土，原是和韩信、彭越不同。他们是汉朝王室的亲族，他们所以获得封土是为屏藩王室的意思的。但一传再传之後，这種血统上的关系也就逐渐疏远了。以前的亲亲之谊变为互相猜忌，後来终於形成对立的局面。吴楚七国所以敢於以几個地区的力量和汉朝王室较量抗拒，是有它一定的经济基础的。吴楚七国中的胶西、济南、菑川、胶东四国都是由原来汉初的齐国

（都彭城，今江苏徐州市）

（都广陵，今江苏扬州市）

（都临淄，今山东旧临淄县）

（都定陶，今山东旧定陶县）

（治所在高密，今山东高密县西南）

（治所在剧，今山东寿光县南）

（治所在东平陵，今济南市东）

（治所在即墨，今山东平度县东南）

① 見史記九十二淮陰侯傳及九十彭越傳。

② 見齊地的富庶可由史記八高祖本紀田肯的話中看出。

⑤

分出来的。齐国地方的富庶是不必说的了。而吴国因濒於东海，可用海水煮盐，吴国又有鄣郡的铜山，可以铸钱，吴王就是恃着这些来反抗漢朝王室的。①当时韩信彭越以及吴楚七国所控制的地区並非崤函以東所有的地区，他们对於漢朝王室的威胁也並没有超过崤函附近，但是当时漢室王室所直接控制的地区主要却是在崤函以西，崤函以東虽然也有一些，却也没有许多，从整个局面看来仍然是一个東西對立的形势。②

这样東西对立的形势並不是都是對於崤函以西有利的。上面说过，自然的形势和条件在對立的局势中是会起到一定的作用的，但並不是唯一的作用，也不是主要的作用。战国後期，秦国固然在對六国的鬥争中取得優势，但後来灭掉秦国的刘邦和项羽却都是分别由武关和函谷关西征获致成功的。武关和函谷关並没有改变，但秦国本身的腐朽的统治基础是难得憑借这样的自然力量来保障它自己的安全的。

戰國秦漢以後，这样東西對立的形势还是有的。南北朝後期，北魏分为東西，東西魏又分别递嬗为北齊和北周，与南方的梁陳鼎足並立。如果僅由黄河流域看来，仍然又是一个東西對立的局面。齊周的國界是不会同於戰國時期秦和六国的，但是崤函和新安（今河南新安縣）右近却是经常衝突的處所。新安為函谷关所在之地，依然是崤函地区的范围之内。

不过在秦漢以後，每当封建王朝发生分裂的時期，南北對立的局面却較東西對立的局面為習见。東漢瓦解後，魏

---

① 见史记一〇六吴王濞傳。鄣郡为秦时或者战国时所立的新郡，其治所在漢丹陽郡故鄣縣，故城在今浙江安吉縣西北。

② 当時的局势，史记十八漢興以来诸侯年表有详细的叙述。

⑥

魏蜀吴三国的鼎立就是一个具体的說明。三国鼎立局面的形成当然是东汉末年军閥割据的形势发展的結果。东汉末年割据的军閥是很多的。但后来都相繼失败了，只剩下了这三个政权，这是頗人尋味的事情。当时割据的军閥有好些都是[illegible]在中原各地进行战争，由于战争的扩大和延长，使黄河流域受到极其严重的摧殘。曹操能够取得胜利，固然因为他的兵力强盛，也因为他推行了屯田政策，使军需民食有了着落。其他军閥連这一点都不能办到，所以相繼都被消灭。曹魏終于取得了黄河流域各地。这时蜀汉据有汉时的益州，及西汉水的上游。它北边靠着秦岭。秦岭以北就是魏国的疆土了。蜀汉末年还据有荆州，后来退守到三峡以西。长江中下游及其以南的地方自然是吴国所有了。再往北去，吴国的力量只能达到江淮之間。蜀吴两国都在长江流域。这里同时能够支持两个政权的存在，說明了这里的經济已經有了相当的基础。成都平原的富庶自来就有名声。而長江中下游的发展到这时显然已和从前不同。曹魏虽据有黄河流域，但原来的富庶地区由于受到了殘酷的[illegible]，使曹魏失去了更多的凭借以向南方发展。不过中原地区恢复并不是没有可能的。过了相当时期以后它仍然会超过南方之上的。因而最后蜀吴两国还是相繼灭亡。当然决定分裂局面的存在和消失不仅仅由于这一点的原因。即令后来南方經济繼續发展，象刘禅孙皓那样的昏庸腐朽的統治者仍然难以苟延殘喘的。

再一次的南北的对立乃是在东晋和南北朝时代。由于所謂五胡十六國盤据着黄河流域，東晋始得偏安江南。可是长江上游的益宁二州和漢水上游的梁州，甚至向西南发展伸入，東晋政府只得偏安一隅。北方诸國先後起伏，時有興灭，所作的一些政權，最后为北魏灭掉。東晋以後，南方也成宋、齊、梁、陳诸王朝递嬗的局面。北方的一些政權当它们起来的時候，兵力都

⑦

还相当强盛，一再向南侵略，显出咄咄逼人的姿态。可是南方这时也和以前不同。长江流域经济的继续发展，不仅支持着东晋的存在，而且还支持其后的各王朝。这一点是以前的吴国所不及的。东晋和它以后的王朝偏安一隅，不是由于军阀的割据，而是以此为基础进行民族之間的斗争。因而它們得到了人民的支持，人民对于祖国的安全不会不加以珍惜的。~~同样的情形在金人的压迫之下，南宋在临安（今浙江杭州）还一直撑持了一百五十多年。~~

南北的对峙的局面虽然出现过若干次，时代也有先后，前后却也不尽相同。三国时期的蜀吴虽是两国，它们都以曹魏为其最重要的敌国。而曹魏却也时时想翦灭"二寇"。蜀吴也有斗争的时期，但联合的局面倒不是十分短促的。蜀汉为了防魏，秦岭是它必须控制的地区。诸葛亮屡次北伐，他也不知道这不可能克奏灭魏的伟功，至少他希望保持住秦岭一线。魏人也瞭解蜀汉的意图，经常在汉阳郡（治所在冀，今甘肃甘谷县东）、陈仓（今陕西宝鸡市）、祁山（在今甘肃西和县北）等地配置重兵，以防蜀兵的北上。其中祁山尤为重要，①因此路较为平易，还有富庶的……转运军粮也较为捷近，附近粮食生产也较多，蜀汉远征之师採取此途也是较为捷近的。曹魏在对付东吴时，控制住寿春（今安徽寿县）和合肥（今安徽合肥县）。吴人北不得淮水，只好固守濡须（在今安徽巢县东南）和皖城（今安徽安庆市）。而濡须尤为吴人所重视。这不仅因为那里有东关之险（在巢县东南），也因为濡须水由巢湖流出直通长江。吴人固可以溯濡须水入巢湖，以直取合肥城下，而且也防魏人顺此南出，越隔江而威胁建业（即今南京）。~~既不能守得淮水以作屏蔽，只好凭长江固守。~~濡须、皖城之外，广陵（今江苏扬州市）、邾城（今湖北黄冈）、夏口（今湖北武汉市）和江陵（今湖北江陵县）都成了设防的处所。长江之险更是吴国安全的

①见资治通鉴七十二魏纪青龙二年条。

8

的保障。魏文帝曾經兵臨廣陵江上，對此長江的情勢，只好望洋興歎，倍無功而返。不過魏國都還控制住漢水中游的襄陽（今湖北襄樊市），在這樣南北對立的局面中，獲得有利的地位。襄陽掌握在魏人手中不僅許都不受威脅①，而且也使吳國不敢放松對江陵的防守。

~~三國是一時期，長江流域分成蜀、吳兩國。~~東晉南遷，又是一種局面，那時北方紛亂不堪，黄河流域建立了許多政權，它們的地位都是東晉的敵國。東晉靠着半壁山河，免強和它們進行鬥爭，戰爭經常发生，封域也就广狹不同。初渡江之初，东晉在北边还保持着徐州和豫州一些土地。徐州还有一多半地方，豫州却仅剩下一个谯郡，这是現在安徽北部的亳县。那时候成汉李氏已經據有巴蜀，东晉不能掌握整个長江流域。但巴蜀的富庶使李氏趋于保守。东晉西陲之忧远不及北疆为严重。于是晉人在北疆竭力控制着淮水的两岸。后来取得巴蜀，就进而控制住秦岭。当然淮水守不住也就只好防江了。不論是防淮或防江都曾遇到过危机。后赵石虎率兵南下，先后占去寿阳（今安徽寿县）、襄阳（今湖北襄樊市）、合肥（今安徽合肥市）、彭城（今江苏徐州市），耀武江上，东晉只好注意防江了。后来前秦苻坚开拓疆土，先取得汉中、成都、益梁等地，复占去襄阳彭城，完成对东晉的包圍。更进一步，取去了寿阳。幸亏淝水一战，东晉获得全胜，才保持住長淮一綫。在这几次危机后，晉人也想冲破这条界綫，收复北方的土地，于是桓溫刘裕先后进兵北上。桓溫历次出兵，迭有得失；刘裕却使东晉的疆土一直达到黃河沿岸，而且还取得了关中。于是以前的防淮一变而为防河。碻磝（在今山东長清县西，为济水与河水相通处）、滑台（今河南滑县）、虎牢（今河南成皋）、洛阳各处都成为晉人設防的地方。

---

① 关羽曾攻樊城，军容甚盛，曹操畏惧其威，曾议徙許都，以避其鋒。見三國志蜀志六关羽傳。樊城在襄陽北，与襄陽隔江相对。由此可見襄陽和許都的关係。

⑧⑨

在东晋的人們看来，能够获得在黄河附近設防，实为比較成功的事情。而刘裕也因得到这样的功劳，成就了建立宋朝的基础。但是河防也有很多的困难。这时候，北方已經起了变化。旧日割据的政权逐渐为北魏所削平，于是形成了南北两大势力。北魏既統一北方，就进而与宋争河南。刘裕死，北魏就南下，不久，关中就已失去，黄河南岸也逐渐失去。經過元嘉秦岭山脉的汉水上游梁州安定无事，刘裕死后，秦岭虽无变化，防河却成了泡影。碻磝、滑台、虎牢、洛阳四镇相继失守，悬瓠（在今河南汝南县）、彭城（今江苏徐州市）、历城（今山东济南市）和东阳（今山东益都县）还可以东西呼应。后来并连取去淮北诸州，宋国只好再从事防淮。齐梁之間，南北两朝仍争夺于淮水秦岭附近。虽迭有进退，而北朝常占上風。南齐失去寿陽、合肥，则淮水长淮一线亦被突破。梁人虽取得寿陽合肥，可是也曾失去义陽（郡治平陽，今河南信陽市）和汉中诸郡。虽梁又有

虽迭有进退，而北朝常占上风。梁武帝曾乘北魏内乱，派军北入洛阳，因为是孤军深入，完全覆没。到梁朝末叶，多年和北魏争持的长淮秦岭一綫，遂不能不完全放弃。因为侯景作乱，梁朝无力外顾，于是北齐乘机渡淮，并取去江以北地，西魏也越过秦岭，取去了汉中和巴蜀。魏人并且进入江陵，建立后梁的附庸国。到了陈时只好沿江据守。但是陈朝并未忘情于淮水流域，还曾經一派遣吴明彻收复淮南地，将进而經略淮北。适高齐为北周所灭，陈兵也被迫南旋。这时候北周不仅占有黄河流域，且据长江上游和中游，陈国只保有江南（東）一隅之地，静候北人的来临。

后来到了五代時期，依然是一个分裂的局面。这時割据者众多，仿佛東晋当年。所不同者：東晋时期黄河流域诸胡政權迭起迭有起伏，而長江流域基本上还是晋朝的旧土；五代時期，長江流域诸国並峙，黄河流域梁唐等朝先後递嬗，間有割据，大体無甚差異。以中原五個王朝和南方各国相对立，却也显示出南北之间的差異和黄河流域不同。（接下行空格）

（接下行空格）

10

梁。这一时期黄河流域虽先后建立了五个朝代，論情形它們也和其他割据者相同。不过他們所占据的土地比較广大，实为一时的大国。南方几个国家各据一隅是不能和它們相比拟的。可是由后梁一直到后晋，它們黄河流域也有几個割据政權，但國小力弱，無关重輕的局勢，可以置之不論。由后梁一直到后晋，它們的南面的南疆界，西端也是在秦岭，而东端也是在淮水。不过中間越过汉水中游处。后周时，在現在山西中部建立了一个北汉国。可是在南方，后周的国界也向前推移。东端越淮而到了長江沿岸，西端越秦岭而到嘉陵江的上游。这样的情形自然对于中原的政权有利。后来到北宋就凭借这样的基础，次第灭掉了南方諸国，重建立統一的国家。

像这样疆界的推移正顯出了南北兩方勢力的消長。南宋与金人的对峙也是如此。不过它和以前的情勢还不尽相同。南宋初年和金人經过一系列的斗争，金人南侵且曾由滁州（治所在清流，今安徽滁縣）、和州（治所在歷陽，今安徽和縣）渡江，而至於越州（治所在会稽，今浙江紹興市）、明州（治所在鄞縣，今浙江寧波市）。其別軍亦由蘄州（治所在蘄春，今湖北蘄春縣）、黄州（治所在黄岡，今湖北黄岡縣）渡江，而至於洪州（治所在南昌，今江西南昌市）、潭州（治所在長沙，今湖南長沙市）①。南宋後来和金人妥协，并且於公元1141年（宋高宗紹興十一年）十一年），簽訂了一个屈辱的和約。約中規定宋金两国东以淮水中流，西以秦岭为界。淮水和秦岭之間，宋人又把唐邓两州割与金人。唐州為今（治所在泌陽，為今河南泌陽縣）鄧州（治所在穰縣，今鄧縣）兩州皆在現在河南省的西南部，也就是在淮水和秦嶺之間。以後兩国还有过战争，这條界線却沒有改易。

① 見宋史二十五、二十六高宗紀。

11

从这些历史事实来看，在南北分裂的时候，淮水和秦岭經常会占到重要的位置，而成为南北之間的界綫。这种情形正彷彿古代东西对立的时候崤函阻隔东西之間的联系一样。淮水和秦岭区别了南方和北方。不論是物产或者气候都显示南北两方面的不同。俗諺所說，橘过淮而化为枳，正指出它們之間相异的地方。就是秦岭的南麓和北麓也是各有它的特点。古代時候黄河下游各地湖泊罗列，水道縱横，和淮水以南所差的还是不多，后来北方湖泊干枯，水道不通，一片平原曠野和南方的水国各异其趣。于是南人乘船，北人乘馬，成了不易改变的习慣。北人习于乘馬在战爭时候，經常使用騎兵，騎兵在江淮之間，就不便于馳驅。南人擅于乘船，用兵的时候轉运多賴水力，北方河流較少，船只到了北方自然受到阻碍。东汉末年，曹操統一北方，南下取得了荊州。很想乘战胜之威，直下江东。但赤壁鏖兵反招致了慘敗，自后不敢輕易再談南征。赤壁之战曹操取敗的原因很多，青州兵不习水战却也是事实。荊州水师降附未久，也不能很好为力。这种南北的差别到东晉南北朝时更是經常可以看到。东晉时桓溫經营北方正是一个例子。桓溫和前燕构兵，已經进到枋头（今河南濬县西南），以水运不繼，糧食匱乏，中途退却，反为慕容垂追及，大敗于襄邑（今河南睢县）。①陈吴明徹經营淮北，周师却扼住淮口，截断陈军的归路，明徹竟以敗歿②。其实这一点，北人也是相当清楚的。魏人取彭城，先图占据泗口，阻擋住南来的援兵。③孝文帝迁都洛阳，也想利用舟师向南进攻④，因为不如此就很难有成功的希望。后来到南宋初年，金兀朮輕易渡江，穷追宋高宗，在其北归途中，为韓世忠阻于黄天蕩（在今江苏江宁县东北），几乎不得渡江。其别军之扰江南西路和荆湖南路者，自荆门北归（宋荆门军治长林，今湖北荆门县），复为牛皋败于宝丰（今河南旧宝丰县，现并入平顶山市）。⑤从此金人也就再不敢轻易南犯。

① 见晋书九十八桓温传。
② 见陈书九吴明徹传。
③ 见魏书五十尉元传。
④ 见魏书五十三李冲传。
⑤ 见宋史二十六高宗纪。

从历史的记载看来，在南北分裂的局面中，南方政权的武力总是不如北方为强大。所以南方往往注重防守。长江天堑，虽为一些人们所称道，如果实际划江而守，则天堑是靠不住的。南方一些王朝的最后崩溃，何尝不是由于横渡江而来的敌人？南方的王朝为了和北方相抗争，总是期望防淮，不得已而才讲究防江。为什么要重视防淮？南宋中叶赵范曾经说过：有淮则有江，无淮则长江以北港汊芦苇之处，敌人皆可以潜师越过，江面数千里，从什么地方来防起？① 其实淮水的港汊芦苇不是也可以潜师越过吗？在历史上也曾经有过不少北方的王朝的兵力越过淮水的记载。三国时，魏吴对立，魏国据有寿春和合肥，显然以淮水为自己的堂奥了。但吴国却凭藉濡须东吴人答作置，给吴之也，敌人总是不易在这方面达到他们的目的。南宋初年黄天荡之役后，金人虽不敢渡江，却还不断在淮南骚扰。但经韩世忠大仪（在今江苏扬州市西七十里）之捷，② 杨沂中柘皋（在今安徽巢县西北六十里）之捷，③ 使金人南侵的气焰为之稍杀。这正说明了江淮之间数百里的地方还是有相与周旋的可能的。

当然问题是在淮水的干流还是不如长江的广阔的。在淮水附近的战争中也常有越过淮水取胜对方的事情。但封建时代的战争是有一定的物质条件的，像淮水这样一条水流，对于防守者是会构成优越的条件，对于攻者说也造成了不利的因素。现在安徽凤阳县的东北有一座钟离故城，正当淮水的南岸，它是东晋

① 见宋史四一七赵葵传附赵范传。

② 见宋史三六四韩世忠传。大仪之战在公元1134年（高宗绍兴四年）。

③ 见宋史二十九高宗纪。柘皋之战在公元1141年（高宗绍兴十一年）。

13

鍾離郡的治所，① 也是宋齊南朝徐州的治所。② 因為地處淮濱，也是東晉南朝防淮的一個重要據點。北魏常從向這裡進攻，都未得逞。鍾離尤其是梁朝與北魏戰役更顯得特色。齊、梁兩朝能够如此，原因不少，但鍾離附近的形勢卻也幫助了那裡的守軍。鍾離城北淮水中間有一個邵陽洲，中分淮水為二，這使北方的進攻者認為它是渡水的方便地方。齊、梁兩朝鍾離守軍也没有放過争取這個州渚。北魏孝文帝曾親自率兵向這裡進攻，齊將裴叔業邀斷津路，魏兵在南岸的竟没有归去。③ 後來魏將元英又向東侵略，梁人乘淮水暴漲，燒去州渚上魏人的橋柵，結果魏軍大潰。④ 最後魏人終於取得鍾離，那是由於守城梁將的叛降，与用兵無涉。⑤ 到了唐末五代之際，朱温与楊行密累战於淮上，終不能渡淮南侵，楊行密也就据守一隅，支持若干歲月。

從若干南北對立時期在淮水附近的戰爭中看來，沿淮有幾個地方顯得特為重要。這由於時代的推移，它們的名稱不斷有所改变。用現在地理来說，乃是壽縣、鳳陽和淮安。也就是歷来人們所說的潁口、渦口和清口的附近。从淮北説來，潁水、渦水和泗水是北方各地通往淮水沿岸的捷徑。⑥ 由北方南下的兵力控制了這几个水口，就能够在淮水附近立足。而南方的守軍也只有据守這几个地方，才能以逸待勞，予來犯者以更嚴重的打擊。从南方的守者來說，更好的办法是控制住這几条入淮的水道，使

---

① 见晉书十五地理志。

② 见宋書三十五州郡志，南齊书十四州郡志。

③ 见南齊书五十一裴叔業傳，魏书七十三奚康生傳。

④ 见梁书九曹景宗傳，十二韋叡傳，魏书十九下元英傳。

⑤ 见資治通鑑一六二梁紀。

⑥ 泗水後來也称清水，所以泗水入淮的地方称為清口。

15

北方的侵略者不能輕易就達到淮水沿岸。東晋和南朝的初期以懸瓠、譙城（在今安徽亳縣）和彭城為必爭之地就是這樣的緣故。彭城濱於泗水，譙城正在渦水岸上，懸瓠雖在汝水旁，懸瓠有失，北兵依然可抵壽春城下。就是在南宋時初年，岳飞和刘錡諸將也曾在潁昌（府治所在長社，今河南許昌縣）順昌（府治所在汝陰，今安徽阜陽縣）一带與金人相周旋，這兩處依然是在潁水流域。

現在壽縣、鳳陽和淮安在以前分裂时期雖以次於潁口、渦口、安和清口而顯得重要。可是它們也還有其他的条件。淮安在邗溝北口，一條邗溝使它和長江联系起来，軍需補給轉輸是相當便利的。鳳陽和壽縣也可以藉南北肥水和巢湖相通，由巢湖南出，順濡須水一樣是可達到長江的。就是轉運補給也不會即陷困乏，因為這幾處附近土地肥美，稻穀豐饒，守軍糧餉大可以就地取給。

對於南朝這幾處地方的得失往往有很大的影响。東晋南渡後，在泗水流域控制着彭城，在邗沟的北端控制住淮陰（今江蘇淮陰市），建康就比較安隱。而苻秦南侵，其别軍也是指向此處①。就是桓溫刘裕北征都還是由這裡前進。後來南朝失掉了彭城，淮陰就更為重要。就是到了南宋，楚州（今江蘇淮安縣）依然是淮河的重鎮。韓世忠保山陽（治所在山陽）。

① 見晋书一一三苻堅載記。

② 見宋史三六四韓世忠傳，及三六六刘錡傳。

16

上面曾經提到在現在鳳陽附近的鍾離故城。這是設在離渦口不遠的一個城鎮。在渦口附近還有一個馬頭郡城。它的建立也和鍾離城是有相似的意義。從東晉時起到南朝，馬頭郡城都是十分重要。這個和鍾離郡以及渦口城互相成犄角的城鎮，也是曾經一再為北魏所攻擊，也是南朝時得時失的地方。後來到南宋時，金人南侵還有取道一路的，也有宋人的南軍還曾經在渦口附近重創過金兵。①

在南北朝時期，淮南的城壽春最為重要。壽春也就是現在的壽縣。它北接汝穎淮水而南連肥水巢湖。正因為這樣，自東晉時起，它就成為南北爭奪的中心。劉宋為了屏蔽壽春，還特別注意到懸瓠城的安全。

城的重要城鎮。懸瓠城为魏人占去后，于是南北間的战爭就經常在寿春城下进行。五代时期，寿州（即寿县）一直为吳及南唐的北边重鎮。周兵南下，虽取得淮南若干地方，然以寿春未下，还不能長驅南行，就是到了南宋时期，寿春仍是一座雄郡。因为寿春若失，金人就可占据合肥和历阳（今安徽和县），建康（今南京）必然会感到威胁。

淮水源头的义阳三关也是南北經常爭夺的地方。义阳在現在河南的信阳，位于淮水以南。义阳所以重要，实在三关。三关就是現在大別山上的平靖、武胜和黃峴关。南北朝时期齐梁两朝既失去了淮西，就不能不守住这三个关口。北朝为了爭夺寿春，也不能不控制这个地方。如果北朝忽視了这一点，則經营寿春就会感到有后顧之忧。到了南宋，淮南經常多事，这和三关防务的单薄也不能說完全沒有关系。

① 見宋史四七六李全傳。

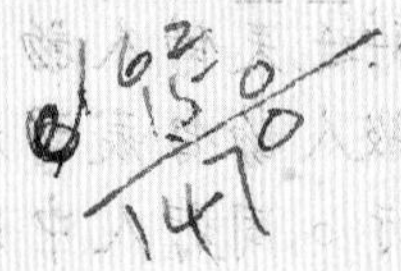

西边的秦岭和淮水的情形又不相同，秦岭的盘纡迥远，从古以来人們就認为这是天下的大阻[1]。統一的时期，秦岭阻碍南北的交通，分裂的时期却成为一方的屏蔽。因而它的若干谷道都有一定的重要作用。其中由現在長安南行的子午道，由現在盩厔南行的儻駱道，由現在郿县南行的褒斜道，以及由現在宝鸡南行的陈仓道，都曾受到兵家的重視。由这几条道路南行都可达到汉中，而汉中正是巴蜀的門戶。秦岭以北，渭水平原固然是广漠无际，在汉水上游的河谷却不是那样的广濶。东汉末年，曹操曾經到过汉中，他一再称道南郑直为天獄的地方，秦岭上面的斜谷为五百里石穴[2]，意思就是說那是十分深險。后来他就放弃了汉中。蜀汉取得此地后，就和魏国共有秦岭的險要。蜀汉也曾經越过秦岭北进，以达于渭水流域。由于棧道的險阻，粮运不繼，只好退去。但是曹操所难于实現的理想，后来鍾会却輕易地得到了成功。鍾会伐蜀，南下的军队竟沒有受到阻碍。这是由于姜維尽罢山間諸屯戍，所以魏兵可以長驅直入。这样一山一水固然会在分裂时期中起到作用，可是这种作用并不是离开其他条件独立地存在的。不过能够据守住这样的地方，还是可以緩和偏安政权若干危机的。南宋初年，吳玠吳璘在这方面的努力就得到显明的效果。當時正值張浚敗於富平（今陝西富平縣）之後，金人氣焰方張，吳玠吳璘收集散亡，固守和尚原。和尚原在現在陝西寶雞縣西南，秦嶺北麓，正當陳倉道口。吳氏兄弟據守這樣的隘塞，不惟重創金人，並且使他們不敢輕易越此而南逾過秦嶺。其後宋人與金人對峙於秦嶺上下，金人始終不得逞志，而宋朝的巴蜀也獲得偏安。在秦嶺的東部武关和丹水流域也是一个重要的通道。在分裂的时期人们是不会放弃对它的利用的。東晉時，桓溫曾由此北伐前秦。劉裕北伐也曾使別軍由此前進。而苻堅的經略漢沔，也是從這裡進軍的。

① 見漢書六十五東方朔傳。

② 見資治通鑑七十魏紀太和元年書。

17

淮水和秦岭誠然是南北分裂时期一条重要的界綫，但淮水上源的桐柏山脉和秦岭以东的伏牛山脉之間却还有一段平坦的途徑，为江汉之間和中原往来的通道。从现代的地形图看来，这两条山脉之间一線低地显出独特的景观。春秋時期楚屈完对齐桓公所说的"楚国方城以为城"，正是指的这個地区。可见那时楚国就利用这样的地形和中原各国相对立。现在京廣鐵路由河南信陽南下穿大别山而过，直达江漢平原。那里就是前面所说的義陽三关所在的地方，也是春秋战国时期重要所在的地方。以前南来北往的人们是由南阳附近的唐河、白河流域，越过汝颍淮水流域的。在一些分裂的時期，控制了这個地区是会给予对方以若干威胁的。三国鼎立时，魏人南境直达襄樊，方城内外成为魏人的堂奥。魏国的許昌自然获得安堵，吳国的荆州也就是都要经常駐紮重兵。東晉南北朝时，北方的侵略者谁不时南窥漢沔，無論東晉南朝都不甘於失这個地区，以自贻伊戚。南齐末年，南阳、鄧縣被北魏夺去①，襄樊等處的藩籬頓失，漢沔間局勢遂急。五代時期附近的中原諸國也都是控制住襄陽。那时南平雖然割据江陵，由於江陵距襄阳本不甚远，荆南對於中原諸國也就不能不表示服从。南宋与金人定盟，金人强割唐鄧二州，正是要占据方城附近的险要之處。唐鄧二州已在伏牛山南，再南就是唐白河谷，宋人是无险可守的。南宋末年襄陽为元朝夺去，于是北軍就由汉水进而控制长江，南宋也就更显得狼狈了。

就在这样南北的对立之中，却还可以看到些东西的对立。不过它不是一個主要的对立方面。前面说过，三国鼎立的时期，由於魏人的强大，南方的蜀吴两国常採取联合的方式以对付来自北方的壓迫。但是两國之间却也曾发生过争执。蜀漢原来佔据荆州。荆州當然是一個富庶地区，吳國所以用全力争夺荆州，还不單仅

① 见魏书高祖纪下。

18

是因为那裡的富庶，而是那裡可以威脅长江下游的安全。吳国陸遜陸抗父子先後為吳防守西陵，一再称道西陵（今湖北宜昌市）建平（今湖北秭归县东）為国之藩表①，正是為此使蜀人踞蹐於三峡之上。後来王濬伐吳，就是由蜀中進克西陵，再順流而东的。東晋南朝蜀区偶有变化，三峡东口也就显得重要。但是東晋南朝据守建康的政权所顾虑於上游的，倒是偏重在荆州方面，巴蜀尚在其次。荆州是个富庶地区，容易為地方藩臣所割据。當时為了防備北方侵略的战祸，荆州也是經常駐有重兵的。兵力多強之，藩臣也就容易往往藉此过问朝政。雖然荆州和建康並沒有分裂成兩個对立的局面，其间的争執（在東晋和南朝的前期）也並不是完全沒有的。就黄河流域来說，南北朝的後期，北朝分成东西，而東魏和西魏又分別遞嬗為北齐和北周，還是一個东西对立的局面，不过它們和南方的梁陳还是成了鼎足並立的形势。東西魏和齐周的国界是不会同於战国时期秦和六国的国界的，但是函谷关和新安（今河南新安县）左近依然是經常衝突的處所。新安即函谷新关所在之地，依然是崤函地區的范围之内。

說到分裂时期南北各国内部区域的划分，大致都是紧跟着未分裂前的情況而有所損益。就以三国时期来說，依然是两汉的旧規，各国都保持州的制度。所不同的是魏国于司隶和冀州之間別立了一个雍州，吳国从交州里面分出了一个广州。当时蜀汉仅有一个益州，吳国兼有揚、荆、交、广四州，其余都是魏国所有。不过魏国也还有荆揚两州的一部分，中間还曾一度改它的荆州为郢州。

① 見三国志吳志十三陸遜傳附子抗傳

（19）

不过东晋南北朝却和三国时期显然不同。那时的地方区划和制度也较为複杂。那时虽仍沿袭着两汉、魏、晋的旧制度，由于南北竞相析置，州郡的数目都大量增加。尤其是东晋所设立的侨州郡县制度更成为这一时期的特色。东晋南迁，北方的流民纷纷随去，而军事行动频繁，疆场也時有变化。东晋政府为了安置流民，巩固边圉，还想收复若干疆土，一些土地虽然失去，仍保持原来的州郡县名称。既非本土，所以称为侨置。侨州郡县所在的地方，因军事变化、人口迁徙而各有不同，最通见的情形乃是在流民集中的地方。这种办法竟为宋以后南朝各代所因袭，甚至北朝也有同样的设置。侨置既多，分建尤多。就是当時的人们也感到難以辨别清晰。西晋末年，全国只有二十一個州，到了南北朝末年，南北共计已经达到二百七十五個州①。无怪乎到了隋朝要大加省併了。

（再加上、自东晋创立侨……）

到了五代的分裂是唐末藩镇割据形势的继续发展，所以区域的分划还是承袭唐朝的制度，而没有什么建树与改革。就各国的土地来說，五代之中，后梁实为最小。它仅有关内、河南、河北諸道的大部和河东、淮南、山南諸道的一部。因为关内道的西陲为岐李茂貞所据，河东道的大部为晉李克用所据，河北道的北部为燕刘仁恭所据。晉国就是后来的后唐，它灭梁灭燕，西服岐国，統一了北方。后晉以燕云十六州割予契丹，損失了現在山西河北两省的北部。后汉繼承其后，土地也就比較狹小。北周时，北汉占去它的河东道的北部。但它却由南唐取得了淮南地，并由后蜀取得嘉陵江的上游，在五代中是仅次于后唐的大国。

（南北共计有州二百七十五個。年的周制和太建末年的陳制合起来，則）

① 東晋南北朝州郡变迁频繁，到了末期也还是不時有所改易，各家的記載因之互有異同。隋书地理志記北周大象二年（公元580年）有州二百一十一。是時周已灭齐，此数字当是结合周齐两国旧土而言。隋书地理志又載陳国有州四十二。資治通鑑一七七隋紀載隋平陳国，得州三十。与隋书地理志不盡相同。徐文范東晋南北朝輿地表又说，陳国在太建末有州六十四。太建末年为公元582年，比北周大象二……

至于当时的割据者除北汉外，皆在南方。吴与南唐先后据有淮南道及江南西道的东部。南唐后失去江北，尚保有江南各地。吴越与闽分据了江南东道的南北。前蜀后蜀先后据有剑南道的全部和山南、陇右两道的一部。不过后蜀后来失掉了陇右道那一块地方。南汉据有岭南道地，楚据有江南西道的西部。荆南仅有山南道的荆（治所在江陵，今湖北江陵县）、峡（治所在夷陵，今湖北宜昌市）、归（治所在秭归，今湖北秭归县）诸州，于十国中最为弱小。

到了宋金对立的时期，宋朝的制度虽没有变更，土地却失去了很多。这时金人也模仿宋朝的制度，分设了十九个路。它在它的本土和取于辽人的土地上分置了上京（治所在会宁府，今黑龙江省阿城县南五里白城）、咸平（治所在咸平府，今辽宁省铁岭县东北）、东京（治所在辽阳府，今辽宁省辽阳市）、北京（治所在大定府，今内蒙古宁城县西南大明城）、西京（治所在大同府，今山西大同市）、中都（治所在大兴府，今北京）等六路。取于宋朝的土地共析置了南京（治所在开封府，今河南开封市）、河北东（治所在河间府，今河北河间县）、河北西（治所在真定府，今河北正定县）、山东东（治所在益都府，今山东益都县）、山东西（治所在东平府，今山东东平县）、大名府（治所在大名府，今河北大名县）、河东北（治所在太原府，今山西太原市）、河东南（治所在平阳府，今山西临汾县）、京兆府（治所在京兆府，今陕西西安市）、凤翔（治所在凤翔府，今陕西凤翔县）、鄜延（治所在延安府，今陕西延安县）、庆原（治所在庆阳府，今甘肃庆阳县）、临洮（治所在临洮府，今甘肃临洮县）等十三路。南京路是以宋朝的京西南、京西北两路为主，兼有原来京东西路的一部。河北东路和河北西路仍因宋朝的旧称。山东西路和山东东路就是宋朝的京东东路和京东西路。大名府路是在现在河北大名及其附近新设的路。宋朝的河东路，金人分成南北两路。现在的陕西和甘肃东南部，当时一共设了京兆府、凤翔、鄜延、庆原、临洮等五个路。

⑤

中国历史地理（史四）　-191-

岭以南建立交趾部，跟着又建立交趾州。詩、書都是经典。既不违背经典，又能表示汉朝的伟大，所以综合起来就成为十三州了。①

根据儒家经典的说法和当時实际的情况。汉朝的冀州主要是在现在河北省的中部和南部，还包括山东省的西北部。兖州是在现在山东的中部西南部並且包括河南省的东部。青州是在现在山东的东北部。徐州是在淮水下游的南北，还有现在山东南部一块地方。揚州自然是在长江下游。荆州则由河南西南一直到达湖南南部的五岭北麓。豫州在河南东南和安徽北部。益州在现在四川云南贵州三省和陕西秦岭以南。凉州在现在的甘肃。并州在现在山西的北部和东南部。北边还伸入到内蒙。幽州在现在河北北部辽宁南部，还兼有朝鲜半島的中部。朔方州除过朔方郡外，还有现在陕西的北部。交趾在五岭以南。十三州以外还有一个司隶校尉部。它管辖三輔和河南西北部山西西南部几个郡。实际和州相当②

有人説，西汉各州中可能没有朔方州。即令有此一州也可能和其他的州不同，因为它只管辖一个朔方郡。这种説法是不妥当的。因为西汉中叶萧育、平当和翟方进等人都作朔方州的刺史，萧育还曾推荐过上郡太守冯野王。③这种情形它是和别的州没有差别的。

由这些区划看来，漢朝政府只是根据儒家经典的说法，对于州建立的制度是有所根据的，实际并不是完全按照儒家的经典规定的办法来办事。即以冀州来说，禹贡的冀州是在两河之间，以现在的地理来说，应该包括山西和河北两省的大部分。职方的冀州是包括霍山和漳水、汾水、潞水在内的地区，以现在的地理来说，至少是山西南部也应该包括在内。但是漢朝的冀州就不是如此。再以豫州来说，禹贡所说的这一州是北距黄河，而南达于荆山。荆山，一般都认為在现在湖北的中部。职方所说的豫州是包括華山、圃田澤以及滎、雒、波、溠诸水的地区。華山乃在渭水下游，圃田澤在今河南中牟县，滎、雒两水北入於黄河，滎即滎澤，雒即洛水，皆在黄河南岸。波水在今河南魯山县，④溠水在今湖北随县。⑤然而西漢的豫州却是主要在今安徽北部，仅及河南省的东南部一隅。它与荆山黄河都无关係，也与華山圃田以及滎雒波溠没有牵連。冀、豫两州如此，其他各州也同樣彷彿。这样看来，漢朝政府主要是採用儒家经典各州

本頁起爲"統一時期内部行政區域的劃分"，原稿前缺四頁。

的系统来推行他们所需要的制度。也正因为如此，一些地方位置都稍带起了变化。

这种区划并不是一成不变的。东汉时期就并省了朔方州，原辖的郡划入并州。并且改南方的交趾为交州。当然其他的小改变还是不少。⑥经过三国的分裂时期到了西晋，州的建置又增了许多，渭水流域上游增置了一个秦州，下游增置了一个雍州。原来的司隶，辖地缩小，并且也改成司州。辽河两岸直到朝鲜半岛的中部也增置了一个平州。原来的益州这时分成梁、益、宁三州。新的益州只有现在四川西部和贵州。梁州在它的北面，宁州在它的南面。现在的江西、福建两省和湖北武昌以东，那时设为江州。现在的湖南的湘水资水流域以及广东北部广西的东北部那时还设了一个湘州。广东广西余下来的地方则是称为广州。⑦

州的设置的变化同样显示出地理情况前后有了不同。就以西汉来说，十三州和司隶校尉部的分布主要在淮水秦岭以北的地区，南方长江珠江流域只有四个州。而函谷关以东至于海滨就已有四个整州，另外还有别的州的土地。东汉时的情况和西汉差不多，但朔方州的省并已经显示出沿边诸郡的萧条。到了西晋，

① 顾颉刚先生两汉州制考（刊前中歷史語言研究所集刊外编）。

② 同上。

③ 见汉书七十八萧望之传附萧育传，七十一王吉传，又八十四翟方进传。

④ 见水经渭水注。

⑤ 见水经㶟水注。

⑥ 见续汉书郡国志。

⑦ 见晋书十四、十五地理志。

本頁續接上頁，原稿兩頁拼接。

6

由于州数的增多，可以看出当中各地的情形也在不断的变化。如前所说，西晋的区划是曹魏之後，北边的疆土大为退缩，可是黄河流域的州还有所增加。黄河流域增加了雍、秦两州，但这不止是由于当地繁荣的结果。秦州的建置是在魏文帝时，① 其后废置不常，至太康（公元280年—289年）复置，还是依照曹魏的故事。秦州附近在三国时为魏蜀两国交兵争战的地区，魏人在此置州当系由于军事上的目的。雍州治所在长安，长安旧为司州，后司州是魏都附近的设置。魏晋由于洛阳的关系，司州向东迁移，长安司州既移，长安附近仍为要地，所以另外设立一个雍州。这样军事和政治上的打算是与当地的繁荣③和萧条无关。西晋时，南方新置的州不在少数，宁、广两州为开发当地的结果。这和湘和广州，??在这方面的努力分不开的。尤其是广州，更是在吴时就已设立了。② 由州数的变化看来，可以湖南??维持着??个州，北与南的比例是三比一。西晋时期南方增加到九个州，南与北的比例几乎达到二比一的地步。由这一时期南方人口增加和经济发展的情形看来，这种比例的变化乃是必然的事情。

以州置于郡之上成为地方一级区划的制度，自西汉中叶以后，沿袭了很久的时期。它的演变过程中曾经表现出中央和地方权力的矛盾。本来西汉中叶开始创立州的制度的时候就含有中央集权的意义。当时既要指挥灵活，又要防止地方权力的扩大。当时州置刺史可以监察郡的太守，③但他的职位反较太守为低。后来因为刺史权轻位卑，不能应变，因改成州牧，一跃而为封疆的大吏。④这种改变相当巨大，已非创立州制的本义。州的一级⑤终于失去它原来的重要作用，和郡的地位相仿佛。这是南北朝时期滥置州郡的结果。本来从西汉以来一州统有几郡或十数郡。由于滥置州郡的缘故，州数固然大量增加，郡数增加尤多，所以隋初就大加省并，并且废掉郡的一级，直接以州统县。⑨隋朝中叶又改州为郡。⑩到了唐朝还有州郡名称互改的情形。⑪这就是说州和郡实际是一样的。经过隋初的省并改制，到隋朝末年，全国共有郡一百九十个。⑫这个数目还超过西汉时期。可是隋朝的版图却并不见得比汉朝还要广大。唐朝的数目更多，还在它的初年时候就已经有了三百五十八州。⑬

但究竟因为改变太大了，西汉时刺史置而下去。⑤ 王莽没有又经过一次改革，⑥ 东汉初年又恢复了西汉的旧制。⑦ 到了东汉末年人又重新提起，⑧ 有的地方设置州牧，有的地方仍然是设刺史。这样一来，却引起地方权力的膨胀，影响到若干……

统一时期的王朝都必然会走上中央集权的道路，隋唐时期有这样多的州郡，一切都要听命于中央，自难免有壅蔽的毛病。于是在隋朝就采取汉朝的老办法，设置司隶和刺史，来掌监察地方。不过汉朝的司隶和刺史以州为监察范围。隋朝州既那样多，当然和汉朝不同，隋朝是不是在州以外另有别的制度，已经难于稽考。可能没有什么新猷。不然唐初修隋史岂能没有一些另星的記載。隋亡唐兴，这种监察的办法，依然被采用下来。贞观初年，就开始分划全国为十道，以实行监察制度。道的名称~~在南北朝已经有了，不过还是行军的编制，到唐朝才用为地方区划的名称~~。实际代替了汉时州的地位。

贞观时十道的名称为关内、河南、河东、河北、山南、陇右、淮南、江南、剑南和岭南。关内道（治所在长安，今陕西西安市）主要是在现在的陕西省。它

［隋书地理志依据禹贡九州来叙述当时的行政区划，好像恢复了禹贡的九州，其实并不是如此。因为如果当时真的恢复了九州制度，也应该有司隶和刺史，也应该有九人。可是当时除司隶以外，还有十四个刺史，只是……不合……］

① 见晋书十四地理志上。或谓魏无秦州，然世说新语注引永嘉流人名，有魏秦州刺史李廙，是魏时确有秦州之证。

② 见三国志吴志二孙权传。

③ 见汉书十九百官公卿表及师古注引汉官典职仪。

④ 见汉书十成帝纪及八十三朱博传。

⑤ 见汉书十一哀帝纪及八十三朱博传。

⑥ 见汉书十二平帝纪及九十九王莽传。

⑦ 见后汉书一光武帝纪。

⑧ 见后汉书一〇五刘焉传。

⑨ 见隋书一高祖纪，二十九地理志，四十六杨尚希传。

⑩ 见隋书三炀帝纪，二十九地理志。

⑪ 见旧唐书三十八地理志，新唐书三十七地理志。

⑫ 见隋书二十九地理志。

⑬ 见旧唐书三十八地理志。

⑭ 见隋书二十八百官志。

⑮ 见旧唐书三十八地理志，新唐书三十七地理志。

本頁續接上頁，原稿兩頁拼接。

(7) -193-

中国历史地理 （史四）

的东西至于黄河，西到陇坂，南至终南山麓，北面一直达到阴山山脉以北。河南道是在黄河和淮水之间，由潼关一直达到东海，包括现在的河南山东两省和安徽江苏的北部。现在的山西省，那时为河东道。太行山以东，东北达到辽河西岸，那时是河北道。终南山以南，洞庭湖的西北，西起嘉陵江畔，东达于淮水源头，则为山南道。江淮之间为淮南道。陇坂以西，现在的甘肃和天山南北，则为陇右道。由长江一直南抵五岭为江南道。五岭以南为岭南道。山南道以西，剑门关以南则为剑南道。

所以在公元711年（唐睿宗景云二年）分山南道为东西道，并且又在陇右道中分出一个河西道。不过实行不久，又都恢复旧观。①后来又旧话重提，于是在公元733年（玄宗开元廿一年）的十五道。这是以贞观十道为基础，仅将其中的山南道分为东西两道。江南道分为东道、西道和黔中道。另外又在关内道里京师的周围划出京畿道，在东都洛阳的周围划出都畿道。②京都附近自然和别的地方不同，京畿、都畿两道的设施仿佛两汉的司隶校尉部。山南和江南两道本来相当广大，这次重新划分。就山南道来说，现在陕西安康沿汉水以下，和四川涪陵以下沿长江地区是属于东道，其余属于西道。至于江南道，则现在江苏的江南部分以及浙江福建在当时是属于江南东道，皖南湘赣两省是属于江南西道，湘西，鄂西南以及贵州的东北多属于黔中道。这该指出，唐朝道的划分显示出南北地方的发展已经到了大致平衡的地步。因为贞观时的十道，秦岭和淮水南北正是各有五道，这种一与一的比例，分明是和以前的时期不相同的。

唐朝虽有如此的设施，但中央集权的制度到中叶以后已经破坏无遗。由于藩镇的割据使中央政府不仅不能从容指挥，有时候还要受藩镇的挟制，仰承他们的鼻息。就是五代十国的局面也是这种藩镇割据演变下来的。到了宋朝从开始建立政权的时候就已经感到地方权力过盛为形成藩镇割据的重要原因。当时曾采取若干措施来扭转这样的局势。在各地推行路的制度就是其中的一种。宋朝的路和唐朝的道在意义上是没有什么区别的。在实质上都有很大的不同。唐朝的道虽先后设有按察、采访、巡察、存抚、黜陟、观察等使，只是负着监察的责任，③不惟不参预地方行政，

---

① 见唐会要七〇州县分望道條。
② 见旧唐书三十八地理志及新唐书三十七地理志。
③ 见唐会要八七、八八诸使杂录。

（治所在汴州，今河南开封市）
（治所在魏州，今河北大名县东）
（治所在蒲州，今山西永济县西）
（治所见下）
（治所在扬州，今江苏扬州市）
（治所见下）
（治所在益州，今四川成都市）
（治所在鄯州，今青海乐都县）
（治所在广州，今广州市）
（治所在长安，今陕西西安市）
（治所在河南府洛阳，今河南洛阳市）
（治所在襄州，今湖北襄阳）
（治所在梁州，今陕西汉中市）
（治所在黔州，今四川彭水县）
（治所在苏州，今江苏苏州市）
（治所在洪州，今江西南昌市）

更不能过问全国财货的事务。天宝以后，乱离频仍，中央财政匮乏，于是始有转运之使，巡院之官，不过他们与地方实际行政无关。宋朝要剥夺藩镇的财政实力，于是就着重在转运使以分路掌握地方财富。后来藩镇完全废止，转运使一职却仍然存在。于是在中央集权的名义之下，转运使就成为替中央搜括地方财富的官吏。当时地方最高的官吏在转运使之外，还有安抚、提刑按察、提举常平等使，分掌军民，司法，常平义仓等事务。而转运使在四使之中独为重要。其他三司不常置，于是转运使兼理各种政务，遂成一路中的大员。①

不过宋朝初年还是因袭着唐朝的办法分全国为若干道。一直到公元994年（太宗淳化五年）才正式废去道的名称。②路的名称却不是这一年才有的，③只是在这一年才正式确定下来。宋朝各路的名称和区划经常在变动，很难有一个定规。大体上可以分成三个阶段。太宗时路制还算草创，变动是常发的，直到至道三年（公元997年）的十五路才算初步有个着落。③真宗天禧四年（公元1020年）又在十五路的基础上分成十八路。④十八路维持最久，至神宗时才又有变置，元丰（公元1078年—1085年）时析为二十三路，可以看作北宋全代的制度。⑤所谓至道三年的十五路是：京东、京西、河北、河东、陕西、淮南、江南、荆湖南、荆湖北、两浙、福建、西川、峡（即峡西）、广南东与广南西。天禧十八路是分西川和峡（即峡西）两路为益州、梓州、利州、夔州四路，又分江南路为江南东和江南西两路。元丰二十三路又在十八路基础上再作分划，它们是这二十三路是：

的制度④。这又分路为京东东路、京东西路、京西南路、京西北路、河北东路、河北西路、河东路、永兴军路、秦凤路、淮南东路、淮南西路、两浙路、江南东路、江南西路、荆湖南路、荆湖北路、成都府路、梓州路、利州路、夔州路、福建路、广南东路、广南西路。宋朝都于开封。所谓京东路就是指的现在山东省。今（治所在青州，今山东益都）

济南临沂及其以东的地方为京东东路（治所在青州，今山东益都），以西则为京东西路（治所在郓州，今山东旧东平县，后移应天府，今河南商丘县南），现在河南省黄河以南各地，陕西省东南，湖北省西北，以及……南部地区，在那时都是属于京西路。在京西路中现在的南阳邓县及其以南的地区为京西南路（治所在襄阳府，今湖北襄阳）。其余的地区则為京西北路（治所在河南府，今河南洛陽市）。河北路主要是現在河北省的中部和南部，黃河以北及貝州以東的地區為河北東路（治所在大名府，今河北大名縣），以西則為河北西路（治所在真定府，今河北正定縣）。河東路（治所在并州，今山西太原市）為現在的山西省雁門關以南的地方，不過不包括西南部汾水流域和它的附近各地，因為那裡應該屬於永興軍路。永興軍路（治所在京兆府，今陝西西安市）主要是在現在陝西省秦嶺以北，兼有商洛地區以及河南的西部。可是涇渭流域中游的涇川、鳳翔及其以西的甘肅東南部都是屬於秦鳳路（治所在秦州，今甘肅天水市）。淮南東西兩路的分界線大體是在洪澤湖和巢湖之間，以泗、滁兩州（今安徽泗縣、滁縣）以東為東路（治所在揚州，今江蘇揚州市），濠、廬二州（今安徽鳳陽、合肥）以西為西路（治所在壽春府，今安徽壽縣）。兩浙路（治所在杭州，今浙江杭州市）為現在的浙江省，兼有江蘇省的太湖周圍各地。江南東路（治所在江寧，今南京市）乃由南京至江西九江間江以南的地方，其西現在江西省的大部分則為江南西路（治所在洪州，今江西南昌市）。荊湖南北路在江西南路之西，為今湖北省的大部及湖

① 見文獻通考六十一職官考引呂祖謙語。
② 見張家駒宋代分路考（刊1935年禹貢半月刊第四卷第一期）
③
④ 見續資治通鑑長編卷四十二
⑤ 見張家駒宋代分路考（刊1935年禹貢半月刊第四卷第一期）
⑥ 宋元豐八年（1085年）頒行的元豐九域志即依照這二十三路制度編纂而成。參見張家駒宋代分路考。

本頁續接上頁，原稿兩頁拼接。

湖南的全部。其中洞庭湖及沅水流域为荆湖北路（治所在江陵府，今湖北江陵），以南则为荆湖南路（治所在潭州，今湖南长沙市）。成都府路就在成都平原（治所在成都府，今四川成都市）。利州路则为现在陕西南部汉水上游和四川嘉陵江的上游（治所在兴元府，今陕西汉中市）。利州路以南为梓州路（治所在梓州，今四川三台县）。四川东部及湖北西南部、贵州东北部为夔州路（治所在夔州，今四川奉节县）。现在的广西及广东西部为广南西路（治所在桂州，今广西桂林市），而广东省的大部分为广南东路（治所在广州，今广州市）。现在的福建省为福建路（治所在福州，今福州市）。

宋朝各路区域的划分显示出这一时期的地理情况和以前又有了不同。唐朝的十道是南北各五道，宋朝的二十三路南方就占十五路，北方只有八路。当然宋朝的疆土和唐朝也不尽相同。宋朝燕云十六州尚未收回，河北、河西也未尽入版图。后来收复银绥（今陕西米脂绥德），经营熙河，并建立熙河路（治所在熙州，今甘肃临洮，辖境在今甘肃西南部和青海省湟水流域）。又于燕云十六州建立燕山和云中府两路（燕山府路治所在燕山府，今北京，云中府路治所在云中府，今山西大同）。疆土较前开拓，可是北方却依然不能和南方比较。唐朝南方的五道到宋朝都经过析置。北方就不是普遍如此。宋时的永兴军路、秦凤路以及河东路仍是唐时关内、陇右和河东三道的旧有区域，虽然这三道到宋时都已残缺，但当地的荒凉却也是事实。北方增加的路主要是在河北平原和开封以东，而这里在当时正是较为富庶的地区。这样看来，当时的分路是与地方的经济具有相当的关系的。同时也说明了南方经济的发展乃是南方增置若干新路的一个重要原因。

如果说宋朝的路的制度是由财政经济方面进行中央的集权，则元朝的行政制度就是全面的对于地方的控制。本来省是中央政府衙署的名称。金宋两国在末年的时候都以尚书省为中央施政的最高机构。元人承两国之后，自然也采用了这种制度。它们有时

级之机构、元人承国之后，自然也采用了这种制度。它们有时
候就称尚书省，有时候称中书省。尚书中书本不相同，可是到元
朝时候已经没有什么区别，互相通称也是可以的。然而元朝最重
要的措施，不仅是于中枢设中书省或尚书省，并且于各地也分置
书省或行尚书省。而原来的路这时也已经降到次一级的地
和以前各王朝的地方一级区划的性质不同，它不
划，也不是纯粹地方行政的区划。按它的机
一个缩影。元朝不仅用这种办法集权于
全代替了一级地方政府。就是中央政
这样说来，中书省或尚书省与行中
也区不同而已。
因袭下去。一直到现在还是用着。

---

1. 它[illegible]以后常有改变，有[illegible]路、[illegible]路等称。

本頁續接上頁，原稿兩頁拼接。原稿殘缺。

的名称。不过象元朝那样作为中央分驻到地方的机构，直接控制地方的情形，早已是没有了，后来的行省实际成为地方一级的区划。明朝时代曾经改省区的名称为布政使司，因为当时每一地区最高的行政官吏为承宣布政使。可是习惯却仍称为行省，到清朝也就因而未改了。

行省的名称虽然前后相同，但它们的区划却不是一成不变的。元朝的行省区划就已经时常改变，到英宗至治（公元1321年—1323年）时共有一中书省，及岭北、辽阳、河南江北、陕西、四川、甘肃、云南、江浙、江西、湖广、征东等十一行中书省。中书省辖地主要包括现在的河北、山西、山东三省，及内蒙古兼有现在河南省的黄河以北部分（封丘、延津、原阳三县地属当时的河南省），安徽和[illegible]的丰宁二县，东北部兼有内蒙古[illegible]伸入到现在吉林省的西北部。岭北行省（治所在和林，今蒙古人民共和国鄂尔浑河上游东岸额尔德尼昭）为蒙古高原地，其辖地除蒙古人民共和国外，兼有苏联西伯利亚南部，并且伸入到内蒙古的东北部，和中书省相毗连。辽阳行省（治所在东京路，后改东宁路为辽阳路，今辽宁省辽阳市）辖地有现在的辽宁、吉林、黑龙江三省地，兼有河北省滦河以北，内蒙古大兴安岭以东及朝鲜的东北部等地。河南行省（治所在汴梁路，今河南省开封市）辖地在中书省之南，西起陕县三峡，东至海滨，有现在的河南省的黄河以南及黄河以北的封丘、延津、原阳三县，安徽省和江苏、湖北二省江以北地（安徽省[illegible]，江苏省[illegible]，湖北省[illegible]宜昌、[illegible]）及湖北省的江陵、岳阳、宜都、枝江、公安、石首等县。那时的陕西省（治所在奉元路，今陕西西安市）辖今陕西省和甘肃[illegible]之宁夏、临洮、西和，兼有内蒙古河套地区的东南部和中部，宁夏的固原以南各地，甘肃省黄河以南地，青海东部，四川省西北部（岷江上游茂汶、[illegible]以北，大渡河流域以北[illegible]等地）。那时的四川省（治所在成都路，今四川成都市）辖今四川省大部分地，不过西面没有大渡河、安宁河流域，而东南部包括湖北西南部的恩施、宣恩、建始、来凤、咸丰、鹤峰等县和湖南省西北部的[illegible]。那时的甘肃省（治所在甘州路，今甘肃张掖市）主要在现在甘肃的黄河以北，并有宁夏青海省的湟水流域、宁夏自治区的固原路以北，内蒙古河套以西各地。那时的云南省（治所在中庆路，今云南昆明市）除现在的云南省外兼有四川省的西南部和贵州省的西部。那时的江浙省（治所在杭州路，今杭州市）在现在浙江、福建两省，兼有江苏、安徽两省的南部和东北部。那时的龙兴路江西省（治所在龙兴路，今南昌市）是江西省的大部和广东省的中部、东部。湖广省（治所在武昌路，今武汉市）有现在湖北省的长江以南的东部，湖南、广西两省，广东的西部和贵州的东部。则设于朝鲜境内。

本頁續接上頁，原稿兩頁拼接，原稿殘缺。

197　　　　　　　　　　11

明朝初年，还是因袭着元人的旧规，沿用行省的制度。直到公元1376年（明太祖洪武九年）才改为承宣布政使司，①既而又罢中书省，以诸府州直隶于六部，②于是元朝的省和行省的名称遂即废弃。明朝的承宣布政使司虽名称上已非是行省制，却也是从行省制度蜕化下来的。实际承宣布政使司的区划有些地方还仿佛元朝的行省，一般人们仍然以省相称，习惯相沿，竟成典制。明朝自成祖以后，有南北二京。初年本以南京为京城，成祖迁都于北京，自后遂有南北二京。现在的河北省（去南部的磁县）和河南省北部的东明、长垣、内黄、南乐、濮阳诸县，辽宁省的建昌、凌源、绥中以及内蒙古自治区赤峰、宁城、东胜等县市在当时都是直隶于北京的六部的。而现在的江苏、安徽两省则是直隶于南京的六部。通常称为北直隶和南直隶。（北直隶的北部后来仅仅至长城附近）南北二直隶以外还有山西、山东、河南、陕西、四川、江西、浙江、湖广、福建、贵州、云南、广东、广西十三布政使司。这些地区大体上和现在的省区相仿佛。不过那时的辽河流域和鸭绿江以北各地是另隶属于山东的。那时的陕西省（治所在西安府，今西安市）兼有现在的陕西、甘肃、宁夏三省和青海省的东部。那时的湖广（治所在武昌府，今武汉市）实为现在的湖北和湖南两省。那时的四川还仅有现在四川省大渡河以东的大部分，不过另外还兼有现在贵州省的北部和西部的一些地方，现在云南省东北隅鲁甸、昭通两县以北的几個县也是那时四川管辖范围之内。明初还曾一度在现在越南建立过交趾承宣布政使司，时间没有多久，仍然废掉了。

（旁注：那时的山西北部直到大青山下，兼有现在内蒙古的南部。后来也和北直隶一样向南缩，直到外长城之下）

注：① 见明史二太祖纪。

② 见明史七十二职官志。

198.

⑫

到了清朝，行省的区划又稍有变化。清朝建都于北京，今河北省在清时仍保持直隶的名称。南京已不再是首都城，所以南直隶的名称乃改以江南省的代替。①到后来江南省分为江苏和安徽两省。②湖广省也分成湖北和湖南两省。③甘肃从陕西分省后，陕西省遂和现在的省区相同。④在这名称既有所更改，管辖的范围也有所差异。清朝的直隶省和明朝的北直隶大体相似，但南北两端还略有不同。在清朝，磁州（今磁县）虽划入直隶省内，而临漳、内黄诸县却改隶河南。原隶山西的蔚州（蔚县）也併入直隶。直隶的辖境东北隅还达到西喇木伦河的下游和柳条边之西。⑤那时的山西划出了蔚州，山东也不再越海兼辖辽东。陕西分省后，陕西省的辖境就没有新的变迁。甘肃省却因清朝疆土的扩大，而兼辖巴里坤、奇台、哈密、乌鲁木齐、伊犁、塔尔巴哈台府厅。那些地方也就是后来新疆省的辖地。新疆省建立后，甘肃省的辖境始以敦煌安西为限。河南省承明之后，除北部与直隶省有被改隶外，其他没有改动。至于长江流域的省，除江苏安徽、四川和其相邻的湖北、贵州、云南诸省，从清朝初年起，大致已和现在的情形相仿佛了。清朝和明朝不同的是在东北新设了奉天（今辽宁）、吉林、黑龙江和新疆、台湾等行省。台湾后为日本侵占，于是清朝的省区共有二十二处。另外还有内

關

和明朝不同的是政区扩大，行省增多。它的东北设了奉天（今辽宁省，兼有吉林省的洮安、通榆、开通、怀德、双安图及除辽宁以外的通化专区，另有内蒙古的通辽和旧突泉县等市），吉林省（今吉林省除上述归属奉天各县外，兼有松花江以南各县）、黑龙江省（今黑龙江省的松花江以北各县，兼有黑龙江省内蒙古呼伦贝尔盟的大部）、和新疆、台湾。但台湾省后来为日本侵占，于是清朝的省区共有二十二处，另外还有内蒙古、和青海、西藏等地方。

---

① 见清一统志九十三江苏。
② 见清一统志七十九九十三江苏及一〇八安徽。
③ 见清通典九十二舆九十三州郡
④ 见清一统志二二六陕西。

本頁續接上頁，原稿兩頁拼接。

199 B

二、清朝灭亡之后，有些省区的名称都需要早日改正，直隶省和奉天省就是其中显明的两处。直隶省中的直隶不再由中央政府直接掌握，直隶的名称也就没有附丽的处所的了。奉天省的得名则是由于清朝王室尊崇他们发祥故土的缘故，清朝既已推翻，则奉天的名称也自然失去其意义。像这样应行改正的名称直至十数年后始改为河北省和辽宁省，真是一再因循了。不仅因循，而且还遵着清朝的遗规，而蹈其覆辙。清朝的奉天、吉林、黑龙江三省的设置为时较晚，这是因为清朝王室认为那样是他们兴王之地，不能与他处地区相比拟。可是没有认识，这三省的西部却是这样相当宽广的蒙族居地，并非都是他们王室兴起的处所。像这样以蒙族或其他少数民族聚居的地方划成和内地相同的行省，也并非完全适当的。新疆也是一样的。清朝末年，还拟设热河、察哈尔、绥远、西康四个行省，①无异的划到蒙族和藏族的居地。这样的计划虽因清社的倾覆而未得实现，民国初年，却在它的基础上设立了热河、察哈尔、绥远和西康（川边）四个特别区域。特别区域的建立实为设省的嚆矢。先声。后来国民党反动派也就以这几个特别区域为基础建立了绥远、察哈尔、热河和西康等省，就是原来未成立特别区域的宁夏也一样建成省区。对少数民族说来，这自然是一种不合理的现象。直到人民掌握政权的今天，才彻底加以改正，废去了这几个省区。人民政府为了照顾少数民族的利益，特别规定设立和省一级的自治区和省以下的自治州自治县等机构。原来热河、察哈尔、绥远、辽宁等以及东三省中的蒙族居地分别析出，设立了内蒙古自治区，原来宁夏省

注：① 见光绪三十三年八月初六日赵尔巽奏摺及代理川滇边务大臣傅嵩炑奏请分设西康行省摺（引见赵泉澄《清代地理沿革表》）。

200　　　　　　　　　　　　　　　　　　　　　　　　　　　　　(4)

中的回族居地和甘肃省的固原回族自治州合起来成为宁夏回族自治区。就是新疆和广西两省也分别成立了新疆维吾尔自治区和广西僮族自治区。其他各少数民族就是远居边陲的西藏也成立了西藏自治区。其他各少数民族也都根据他们居住的情形分别成立了各级的自治机构。

前面曾经指出：不论秦汉和隋唐，由地方区划的划分可以看出各地发展的规模，大体说来，淮水以南的长江流域，地方区划是逐渐增多，这显示出那里不断在发展。这种情形在元、明、清各朝也还是一样，有这样的增长，长江流域多就是具体的证明。不过这还应该指出有关於行省的制度和区划的一些问题。行省的制度创於元朝，以来七百年中也有过不大的变迁。但它是和以前一些王朝的州道不尽相同。汉朝的州和唐朝的道都是作为监察地方行政的机构，所以它们的区划是本照了历来的习惯和地理的条件，唐朝的一些道以高山大川作为它们之间的界线，就是一目了然的说明。汉朝的州後来虽曾改成实际负担地方行政的大吏，但这种改变并未牵动州的区划的改变。宋朝的路主要是转运地方金谷的机构，所以它们的区划也未能完全离开地理的条件。当然统治阶级对於人民和某些地方势力的反抗是不能没有顾虑的，他们是曾经採取了一些措施，但与地方区划还没有大的关系。譬如唐朝在各地设了若干都督府，驻紧了控制强大的兵力，都督府和道的关系并不是很密切的。元朝的省行区却不是如此。元朝它虽是中书省的派外机构，但军事的意义大於行政的措施。以中书省辖地广大，只枢所在，这是可以看出自然显这从省区的划分上就可以看出来。得重要。元朝的甘肃行省为现在的甘肃的黄河以西，兼有宁夏自治区和内蒙古的西部，那分明是因西夏的故土而设立的。元朝的陕西行省是为奇特，它不仅有现在的甘肃省的东部，而且还兼有现在四川省西部大渡河流域。这样的划分始于其初年用兵云南的军事有关。当时中央的……

（左侧批注：控制着的……地区，但它）
（右侧批注：那时也们还没有完全控制）

忽必烈和兀良合台當時因四川尚未完全征服，遠征大理就是由臨洮（今甘肅臨洮縣）順大渡河西岸南行的。① 後來陝西

① 見元史四世祖紀及一二一兀良合台傳。

本頁續接上頁，原稿兩頁拼接。

陕西师大稿紙 （第 頁）

不能满足人们的需要。前面论述新石器时代人们的聚落分布时，曾经指出若干河谷的肥沃土地上聚落的分布是相当稠密的，黄河流域泾渭汾涑伊洛各支流的下游河谷宽广地方更是如此。甚至有些地方聚落分布的密度和现在相仿佛。这固然可以看出古代人们对于自然环境的利用已经十分周到。但聚落终究是要人口去居住的。要说那时人口的密度和现在相仿佛，殊无此理。这种现象所以存在，与人口的增加关系并不很大，当与土地利用有关。那时人们在农田的收获量减低之后，大致即行迁徙到新的地方。为此经常迁徙，就留下了不少的遗址。也许经过若干年后他们还可重返原地。这在考古发掘中是不乏例证的。夏、商、周三朝迁都其中的原因虽不一致，其中有些迁徙是要用这样的道理来解释的。因为都城人口一般是比较多些，所需要的粮食自然不会是少的。这就是一种抛荒或休耕的办法。然可以靠他处的供应，由于交

可以说，再就是一种抛荒或休耕的办法。

20×19＝380

本頁起原稿缺失章題，暫題爲“先秦時期的農業區域”原稿前缺二十七頁。

陕西师大稿紙　　（第 [illegible] 頁）

适遷徙的困难，就不能不多指望当地的生产。而農業生产又不能一直都是和原来一樣。他们只好继续採取拋荒休耕的办法，遷徙到其他地方。屡次遷徙，正適應当时还有许多土地未曾充分利用。不然，当他们遷徙时所选择的都城也未必能满足農業上的要求。

和这几个王朝一样，一些诸侯也曾经一再遷徙都城。西周时，如[illegible]，据说邢國是九遷。而且所迁的也不只一次。下春秋後，仍时有所闻。它们的新都有的就是前人的废墟。西周时，齊國曾自營丘迁於薄姑。①營丘为後来的臨淄，②在现在山东益都縣西北，薄姑更在臨淄的西北。③薄姑即蒲姑，当为蒲姑氏的舊地。春秋时，衛國三遷，遷至帝丘，④其地在今河南濮陽縣，本顓頊的故都。舊墟再建，自較易於致力。至於楚人由丹陽遷郢，据说是"篳路藍縷，以啟山林"，⑤并不是新國的自然环境胜於旧都。晋國自絳遷於新田，⑥新田当在现在山西侯县东西南。当晋国迁选地设以新田为名，当不是有故事旧规可以遵循。由此看来，楚国的郢和晋国的新田，当它们成为都城以前，还是一块荒田，没有经过充分利用的。楚晋两国如此，其他各国也大略相似。这就可以证明当时的农业地区还是有一定的局限的。

---

① 见史记三十二齐太公世家。

② 见水经浍水注。

③ 见水经浍水注。

④ 见左传僖公三十一年。

⑤ 见左传宣公十二年及昭十二年。

⑥ 见左传成六年。

20×19＝380

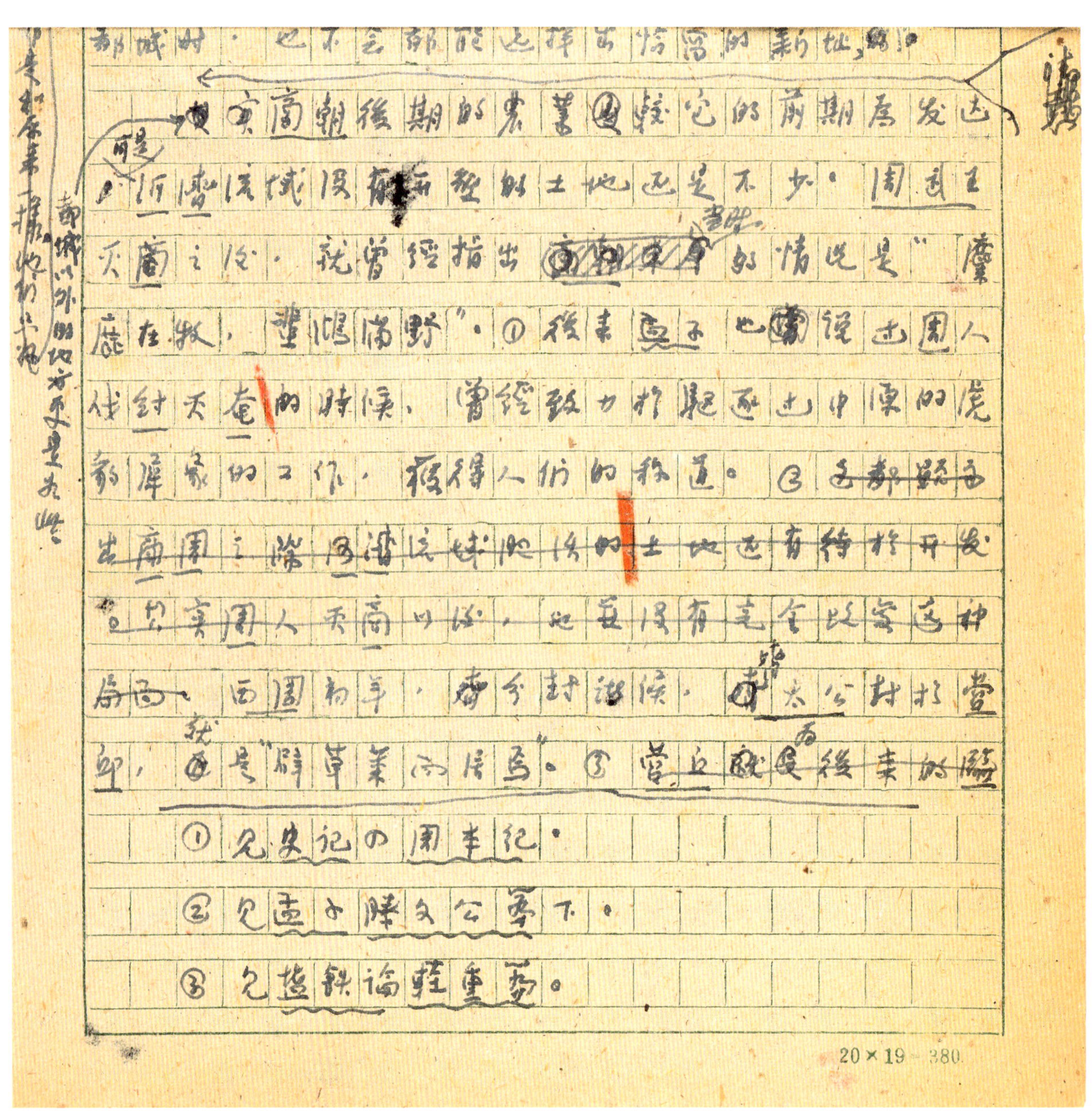

都城时，也不会都能这样选择出惬当的新址。

其实商朝后期的农业已较它的前期为发达，所以边境城镇附近可耕种的土地还是不少。周武王灭商之后，就曾经指出当时的情况是"麋鹿在牧，蜚鸿满野"。①后来孟子也曾说过周人伐纣灭奄的时候，曾经致力于驱逐中原的虎豹犀象的工作，获得人们的称道。②西周初年，分封诸侯，齐太公封于营丘，就是"辟草莱而居焉"。③

商都以外的地方更是如此

① 见史记周本纪。

② 见孟子滕文公篇下。

③ 见盐铁论轻重篇。

20×19＝380

本頁續接上頁，原稿粘于上頁背。

陕西师大稿纸　（第 28 頁）

淄。① 在现在山东益都县西北。当时虽是周人最东的封国，但在太公就国之前，已先由他曾先后

营丘在封齐太公以前，曾先后为爽鸠氏、季萴、有逢伯陵和蒲姑氏的居地。②并不是什么还待兴建的所在。一个旧都故地，还要从事开辟草莱的工作，那里农田开垦的情况也就可想而知了。齐国东面是莱人居地。据说齐太公就国时曾经和莱人有过一番斗争。③莱人处在海边，却还长期过着游牧生涯。④莱人如此，无怪乎齐国初年还要开辟草莱了。

这样的情形不止一国。西周初年在黄河下游济水两岸分封了许多诸侯之国，都是在商人及其他部落经营农业已有相当基础的地区。其他地区周人也只好暂时置之度外。这就是说，

① 见水经淄水注。

② 见春秋左传昭二十年。

③ 见史记三十二齐太公世家。

④ 见尚书禹贡。禹贡："莱夷作牧"。分明指出东海之滨还不完全是农耕的区域。

陕西师大稿纸　　（第31页）

周人在新征服的土地上只能作点的控制，还谈不上"面"的占领。（当时旷地甚多，也无由作面的占领。）初期的封国实际只是一个城圈和城圈周围大小不等的土地，城圈周围的土地随其远近而分成郊、鄙、野等名称。① 郊野之外种植所不及的，则成为隙地弃地了。宋郑两国之间的弃地就有相当广大的范围，后来还引起两国的交涉和兵争，被记载在史册里面。② 就是郑国的东边也何尝不是未利用过。

---

① 国语齐语所谓"叁其国而伍其鄙"，周礼小司徒所谓"稽城中及四郊都鄙之家"，遂人所谓"国中一旬，郊二旬，野三旬"，都可看到诸侯封国所据有的农业地区是有一定限度的。

② 见左传哀公十二年和十三年。这些隙地是弥作、顷丘、玉畅、嵒、戈、锡。杨守敬春秋列国图绘这几个地方于河南太康杞县的二县之间。左传哀十二年记这宗事情的原委，说是子产曾与宋人为成，约定"两国都勿有是"。看来子产以前，这几个地方还没有引起人们的注意。

陝西师大稿紙　（第32頁）

鄭之間的隙地。①因爲隙地棄地爲數不大，所以交通也難免受到影響。按照周人的制度，在道路的兩旁要種植樹木，在邊境上也要經常派有候望的人員。②因爲隙地棄地人煙稀少，或者根本沒有人煙，如果不這樣，在道路兩旁種植樹木作爲標識，以及候望的人員隨時指引，往來的人們也許要迷失方向的。

前面提出夏、商和周三個王朝的頻繁遷都，其實不僅王朝遷都，就是一些諸侯也是一再遷國的。由於史料的不完備，對於商朝的都邑和西周的封國的遷徙情形已無從詳知。然而周時楚、晉、鄭、魏諸國都曾先後遷都，而且所遷的還不只一次。這些新都，雖非虛擬，入春秋後，這幾處仍時有所聞。爲何的原因是不盡相同的，未有一般的論。它們所遷的新都一有的就是前人的廢墟。西周時，鄭國曾自營立還

① 見國語鄭語。

② 見國語周語中。

20×19＝380

为什么不能尽量开垦以扩大农田的范围呢？主要是由于人口稀少，劳动力不足。当代人口不高，已是尽人皆知。就是到东周初年春秋时期还是相当稀少的。这在前面论述人口时已经有涉及。这里不妨再提一下。周室东迁前后，郑国是一个大国，它不仅是周室的懿亲，而且郑伯还是王室的卿士。郑国处于虢郐之间，虢郐替郑国让出的土地只有十个邑。这十个邑也不是完全划给郑国的，郑国原来在其间有若干寄地而已。①那时的邑范围大小没有一定，小的仅有十户人家，虢郐让给郑国的，当然不能是这样的小邑，但大的邑也不能超过所侵的国都。虢郐是小国，国都也不会很大。由此推测，郑国的人口显

① 见《国语·郑语》。

然是不多的。人口不多而开垦了这样一個地区的新地，确实不是容易的事情。郑人和那些特别邀集商人一起共同努力。因郑人為了酬答这些人的勤劳，郑人还特地和商人订过盟誓，不干涉商人在郑国经营贸易的活动。① 看起來开垦一個新的農業區域是不容易的。這樣的过程也许不只郑國一國。

當時的生產工具也要使這样努力受到一定的影響。當時森林还是十分普遍的，經营農業，开垦新地，就必須砍伐森林，使用石器砍伐森林自是一項困难的工作。周人雖已有了金屬的工具，進行这样巨大的工作，还是吃力的。楚国由丹陽南遷时，就遇到这样的困难。克服这样困难是要付出多数的精力的。直到春秋晚期，楚國的人们尚提到他們的祖先开发山林的經过，还認為是不容易的。② 就是森

① 見左傳昭十六年。

② 見左傳昭十二年。

林较少的地方，开垦新地也不简单。宋鄭之间并没有十分茂密的森林，只是长着一些蓬蒿藜藿，按理说应该比楚国要好些。可是鄭国的人们在两百年以后谈到往事，也还说那是一个艰难的历程。①用原始的工具在荒烟蔓草之中翻掘从来没有耕种过的土地，原不是一种轻而易举的事情。

然而黄河流域的农业地区究竟还是逐渐在扩大着。原来不相衔接的耕地也不断连成一片。不仅黄河流域如此，还扩展到更远的地区。黄河流域固然是适宜于农业的地区，人们还会发现一些自然环境阻碍较少的地方，人们总先开垦。那些地方如果已有一些农业基础是会助长这样的发展的。因为远在新石器时代有些地方就已经有了农业了。这样不断扩大，在商朝已经显示出来。商朝的经

① 见左传昭十六年。

陕西师大稿纸 （第31頁）

动区域主要是在黄河下游济水附近。但据近年考古的发掘，它们的遗址有了更多的发现。经过发掘的遗址就有河南的辉县、郑州、洛阳，河北的邢台、邯郸，山东的济南、平陵，陕西的华县等。此外，在山西、安徽、湖北、湖南的若干地区也发现有那时的遗物。①商人活动的地区随着他们足迹的所至，农业地区也就会逐渐扩大起来。商朝扩大农业地区的经过，已经不能详知。西周初年，远在灭商之前，他们的势力已经达到了长江、汉水、汝水三个流域。周人的南国，就是指的这个地区。按照周人的习惯，分封诸侯都是在适宜农业地区的，这江汉汝坟之国也应该有了可以称道的农业了。

周人的封国是据有分别适宜的农业地区。它们的一再迁徙，自会使农业地区扩大起来。上面所提的郑、楚两国的迁国正是如此。

① 见中国科学院考古研究所编新中国的考古收获页45。

20×19＝380

兩國相似的也不少。燕國的本封當在現在河南的郾城縣，後来輾轉北遷，從道汾水流域而达於現在北京附近。①杞國為夏朝的後裔，本在現在河南的杞縣，後来也東遷到淳于，又遷到緣陵。②淳于在現在山東安丘縣東北，緣陵在現在山東昌樂縣東南。它們的北遷東徙，自会把黄河中下游的農業技术甚至生產工具帶到一些新地去。至於邾國的遷徙更顯而易見是對於農業經营有一番新的打算。本邾在今山東鄒縣東，後来遷於繹。繹在繹山之下，兩處相距甚近，好像不会有什么差別。當邾國遷繹之时，曾占卜过吉凶。据卜者说，遷則利於民而不利於君。③所謂利於民正是说那裡对於農業生產是更有适宜的條件的。

春秋时遷國最頻繁的要数到許國。許國本在現在河南的許昌縣東。它始遷於葉，④葉在現

① 見顧頡剛先生《浪口村隨筆·燕國曾迁汾水流域考》。

② 見左傳僖十四年及襄二十九年。

③ 見左傳文十三年。

④ 見左傳成十五年。

20×19=380

陝西师大稿紙 （第37頁）

在河南葉縣，在楚國方城之外。再遷於夷，①在現在安徽亳縣東南。三遷於荊山，②在現在湖北中部。許由荊山復歸於葉，五遷於析，③在現在河南內鄉縣西。六遷於容城，④在現在葉縣西北。輾轉遷徙，最後復歸於方城之外。許之所以遷是鄭國的壓迫，依附楚國，為了擺脫鄭國，輾轉遷徙都在楚國的境內，因而就不免要受到楚國的擺佈。許國六次遷徙，中间相距，最長的有四十多年，短的只有两三年。它这样忙碌的遷徙，实际是按着楚國的要求，到各處去开墾新的農田。这在許國是不幸的遭遇，对於楚國都是用了無償的劳动力擴展了它们農業地区。

從來

---

① 見左傳昭九年。

② 見左傳昭十三年。

③ 見左傳昭十八年。

④ 見春秋定四年。

昭十三年傳說："楚之滅蔡也，靈王遷許、胡、沈、道、房、申於荊焉。平王即位，既封陳、蔡，而皆復之。"是當时遷往荊山的，不祇許國一國。

20×19=380

陕西师大稿紙　（第　頁）

这样作法不只楚国一国。晋国黄河以南的土地也是这样开发的。那裡本是荆棘，狐狸所居，豺狼所嗥的地方，晋国乘姜戎为秦国所逐的机会，让他们迁到那裡，除剪荆棘，驱逐狐狸豺狼。① 秦晋二国又迁陆浑之戎於伊川。伊川本周地，它的上游近於山区，没有充分利用。秦晋二国正是投此间隙来安置这些新迁来的戎人的。②

一般农业地区的发展都是在原有地区的以外扩展，或者是沿着河流川道向前推进。黄河下游济水附近的农地隙地就是由於前者而逐渐缩小以至消失的。後者则可用鲁国的修城经过作为说明。不论是前者或後者，都可以说是人口不断增加必有的结果。人口增加，自需扩大耕地，增加居民点，新城的建筑也就有了必要。就以鲁国来说，新增的城见於春秋及左传的即达二十，在春秋时期二百四十二年中，

① 见左传襄十四年。
② 见左传僖二十二年。

20×19＝380

陕西师大稿纸　　　　（第 91 页）

诸处。①鲁国的新城虽然是以它的都城曲阜为中心……

①据春秋及左传所载，则鲁于隐公时已经城郎和中丘；桓公时于鲁城祝丘和向；庄公时又筑郿，城诸及防、城小穀；文公时又城郚、城诸、城郓；宣公时又城平阳；成公时又城郓；襄公时又城费、防、城郛，武城；定公时又城莒父、霄、漆；哀公时又城启阳、西郛、邾瑕等地。这些新城都在今山东南部。郎在旧鱼台县东北。中丘在临沂市东北。祝丘在临沂市东南。向在莒县南。郿在东平县西。诸在诸城县南。防在费县东北。小穀在曲阜县西北。郚在泗水县南。郓有东西二郓，在沂水县东北的为东郓，在郓城县的为西郓。平阳在新泰县西北。费为费县。郕在汶上县西北。武城在费县西南。莒父及霄皆在莒县西南。漆在邹县。启阳在临沂市之北，据江永春秋地理考实说，疑在鲁西境。邾瑕在济宁县南。

20×19＝380

陕西师大稿纸　（第 40 頁）

是偏向东南

鲁国西北

齐接壤，可以发展的地方不多。东南

山区，人为的阻力不大，（可以从容努力。）当时的发展是沿着

泗水和沂水的河谷中稍稍地向前进行的。泗水

流经曲阜城下，

湖水向上，与祊水只一山阳

，都不甚陡峻。

，祊水下入沂水，沂水下游又会沭水。沂水和

沭水在中游以下，都是平原，为沂蒙

山区以南肥沃区域。鲁国后期在春秋所得的新

地，多半是在沂沭二水沿岸，这自是它向东南

发展的结果。

（的也还不少，从这里可以看出当时的趋势。的已经时过五十起，其他小国不为经传所记载）

其他附庸之国也不断灭绝，见于春秋及左传

像鲁国一样，春秋后期齐国地区日扩大

，人口的增加自是其中的

一个原因。最重要的还要数到铁制生产工

具的应用了。铁的发现和冶铁方法的发明实在

20×19=380

陕西师大稿紙　（第43.頁）

什么时候，学者之间尚有争论。然春秋管仲向齐桓公所说的："美金以铸剑戟，试诸狗马；恶金以铸鉏夷斤劚，试诸壤土"，① 则春秋时铁已用作农业生产之具，当无疑义。因为管仲所说的美金，指的是青铜，而恶金正是指铁而言。不过春秋时铁的使用到底普遍到什么程度，也还难说。春秋后期，晋国铸刑鼎，所铸鼎所用的铁是以征军赋的方式向民间征发来的。晋国铸刑鼎曾招致孔子的非议，原因是不该把法律的条文铸在鼎上，② 但孔子却没有指责晋国向人民征铁的方式。也许铁的使用已经相当多了，没有引起他的注意。春秋时期人们还有用石器、骨器、蚌器的，也还有普遍使用青铜器的。铁并没有完全代替那时生产工具而占到主要的地位。虽然如此，它的使用究竟是助长了农业地区的不断扩大。

① 见国语齐语。

② 见左传昭公二十九年。

20×19=380

应该指出，社会的不断发展和变化，在这方面也起着促进的作用。春秋时期，公田的破坏和私田的增多，正是一个具体说明。耕种公田需要负担国君所要求的一定义务，开垦私田却没有这些开支。奴隶不堪这种压迫，纷纷逃亡，促使许多公田荒芜，而奴隶身分的转化，却又促使私田开垦的增多。公元前594年（鲁宣公十五年），鲁国初税亩，正是说明私田的增多，已经引起鲁国公室的注意。当然这种情况不是鲁国所独有，鲁国所行的办法也许为其他各国所采用。甚至有的国家在稍早的时候已经如此作了。齐国就是于桓公时废去公田的。鲁国实行税亩以后，接着又作丘甲①，按丘征赋。这自然也鼓励了私田的开垦。因为既按丘征赋，则垦田愈多的丘，收入在一丘之内平均起来，自然负担也就愈轻。和初税亩有同样意义的事情，到春秋末年，鲁国又用田赋②。这说明对于军赋也是采取按田亩征收。显然是垦田的数目又较以前为增多，因而又引起新的办法的推行。和鲁国

① 见左传成元年。
② 见左传哀十二年。

陝西师大稿紙　　(第45頁)

一樣，楚國也按土田定軍賦①。鄭國在魯國作丘甲以後，也因地制宜，作起丘賦②。雖然都是為了同樣的目的。不論是計畝而稅，或者是按畝徵賦，都是承認了土地私有權。土田可以買賣，不再担住他人的干涉。人們可以通過買賣或其他办法，增加所給有土地的數量，人們也更有可能向外開墾荒地，擴大農田的面積。

由於農田的不斷開墾，居民點的增多，國與國間的問題也就日益複雜起來了。隙地棄地的。前面說過，宋鄭在春秋末年曾因逐漸消失。兩國之間的六邑隙地而起過戰爭。同樣楚國和吳國也因為兩國邊邑的小事爭桑，而引起了一場大戰③。這樣的情形都是春秋初年和其以前的人們所難於想像的。

由春秋末年的情形看來，農業地區的范圍顯然是和以前（接下不空格）

③ 見史記三十一吳太伯世家及四十楚世家。

① 見左傳襄二十五年。

② 見左傳昭四年。

20×19＝380

不同。它不僅比以前擴大，就是農業地區之內的那些棄地隙地也都儘量得到开墾，而使整個的地区連成一片。

農業地區雖不斷擴大，但較爲富庶的地区卻還是在黃河的中下游。那裡有適宜的自然條件，使它能够繼續发展，这在前面已經叙述过，不必再行提及。在自然條件之外，還有人爲的力量，这是应该估计到的。在上篇中間一段裡曾經提到春秋時代農業能够獲得迅速的发展，鐵器的使用是一個重要原因。由於鐵器的鋒利爲木石農具所不及，所以採用較爲普遍。然最初使用鐵製農具的地區，得益自是特多。如前所說，鐵器最先使用的時期尚在学者探讨之中，使用地区的先後也似難得確論。近人論鐵器始於東方，說是"鐵字古文作銕，當是東方夷族最先發明冶鐵术，爲東夷族所採用"，並引國語齊語所載管仲對齊桓公的話爲证。①这样的說法是有可能的。管子一书

① 见范文澜中國通史簡編修订本第一册页一八七。

陕西师大稿紙

託名管仲所著，自是僞书，然亦应爲戰國时代的著作。既託名管仲，當也反映出東方齊國等地若干情况。管子海王輕重乙等篇所言耕者所用的農具有耒、鉏、銚、耜、鐮、鎒、銍諸種類，爲他书实所不及。而且謂耕者必有这些農具，才能立事。戰國时的鐵官不可詳知，漢代的鐵官的分佈地区亦以旧齊國境内爲独多。这些雖都爲较後代的記載，本不足以说明前代的问题。然出鐵的地方多，則最初發现鐵的可能性自可較多。且如管子书中所说農具種數那样繁多，而又爲每個農夫所必备，若鐵產不多也是不能满足要求的。如果这样的推测不錯，則黄河中下游本是肥沃的土地，而用鐵耕又早於其他各地，所以当地顯得比較其他地区更爲富庶。當然这样的说法充其量也只是其中的一個原因而已。

與使用鐵製農具相关聯的，要数到牛耕的使用。牛耕在春秋时期已經有了，这在学者中間已爲大多數人公認的说法。这不僅由於一些

牛耕在春秋时期已经有了，这在学者中间已成为大多数人公认的说法，这不仅由于一些人[illegible]形象，反映了当时的实际情况的

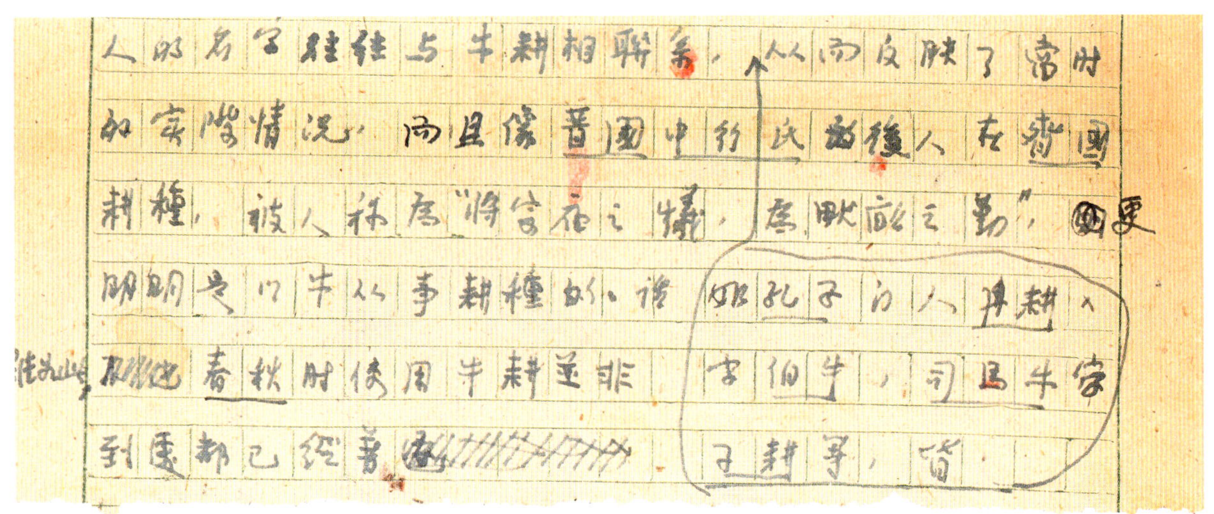
人的名字往往与牛耕相联系，从而反映了当时
的实际情况。而且像晋国中行氏的后人在齐国
耕种，被人称为"将宗庙之牺，为畎亩之勤"，更
明明是以牛从事耕种的证据。如孔子的弟子冉耕，
说明春秋时使用牛耕并非　字伯牛，司马牛字
到汉都已经普遍　子耕等，皆

本頁續接上頁，原稿兩頁拼接。

見效於一時

遍却也是事实。有许多地方仍採用两人合耕的耦耕法。牛耕不过既已使用，當然是从黄河中下游逐渐向各地推廣的。西漢中葉趙過創造耦犁，推廣牛耕，趙過推廣牛耕主要是在关中或和西北边地，可知黄河中游而上直到漢時尚不習慣使用牛力。至於南方各地~~更較关中為不~~其於淮水以南直迄至東漢尚不知牛耕為何事，①则更較关中為不如了。春秋时黄河中下游雖不全使用耦耕的方法，然以牛耕既已使用，當可早日开发地力，獲得富饒的收穫。

　　[illegible]此还应该提到的是灌溉的技术的進展。前面说过，在古代人们是很早已经利用灌溉来提高農田的產量。商周時已有，而且為孔子所称道。周西在涇渭流域引水灌田，诗经中的歌诵也是歷歷可考。而黄河中下游的灌溉事業自商朝以来更不断有所发展，而到春秋时已經大有可观了。春秋时的鄭國已設有特設的田洫之官以管理灌溉。②而且鄭國的農田中

①见後漢書一〇六循吏王景傳。

②见左传襄十年。

也有一定封𡉏制度。田間的沟洫和贵族的领地往往会有矛盾，使贵族的利益遭受到损失，鄭國的一些执政者對於維護封𡉏制度是不含糊的，他们不因贵族的阻碍而使灌溉得以进行下去。①鄭國地處黄河和濟水分流處的南方，實正是黄河以南廣漠平原的西端。當地又有溱洧二水之資灌溉。鄭國的人们注意治理沟洫，也是理所當然的事情。黄河濟水附近的平原更是至為廣大的，可資利用的水流也是很多的，灌溉事業當不至鄭國一國所專有的，應該受到有关各國普遍的注意。（公元前589年（魯成公二年））鞌之战後，②晉齊兩國議和的交涉就反映这样的问题。當時晉國以战勝者的身份向齊國要求，它的境内农田一律盡东其畝，这是说要齊國的农田完全改為東西向。如果齊國依了晉的，晉國的兵車就可暢行無阻。齊國堅決反对这样的要求，因為这它破坏了齊國的

①见左传襄三十年。

②鞌之战发生於魯成公二年（公元前589年）。

向他規模，是齊國不能接受的。① 這宗文獻正可說明齊國對於農田灌溉的重視。齊國的土地本來不算是肥沃的。據說當太公望封于營丘時，就已經發現當地偏於潟鹵土質，不甚適於種植五穀的。② 但是後來到了戰國秦漢時代，齊地却富饒著稱，出產糧食之多也是全國可以數得上的地方。齊國的土地由瘠薄到肥沃

① 左傳成二年鞌之戰後，齊國使賓媚人致賂，晉人不可，曰，"必使齊之封內，盡東其畝"。賓媚人力爭，說是，"先王疆理天下，物土之宜而布其利，故詩曰，'我疆我理，南東其畝'。今吾子疆理諸侯，而曰盡東其畝而已，唯吾子戎車是利，無顧土宜，其無乃非先王之命也乎"？這段話關係到當時農田的分畫，也關係到農田的灌溉。清程瑤田通藝錄阡陌考考釋周時阡陌的意義，就涉及到這一點，可以參看。

② 見史記一二九貨殖列傳及漢書二十八地理志。

是有一段过程的。而推廣沟洫制度，進行水利灌溉，正是改良土壤的一個重要方法。後来人们艷称战国初期西门豹在鄴（今河北臨漳縣）引用漳水灌田，使當地的舄卤土質变成肥沃的稻田。其实远在西门豹以前，魏国的人们就用这样的方法，改变了魏国土壤的面貌。而且範围的廣大又遠遠超过了鄴的附近。往以史籍没有明確記載，遂使當時人们的努力无闻於後世。①

正是由於黄河中下游有較為有利於農業發展的自然條件，而當地人们的努力使已经得的條件更能符合人们的希望和要求，農業的成就顯然愈為弘大起来。

四、小结。

在新石器时代裡，~~活动於祖国土地的~~人们已经用他们的开始使用原始的石器工具从事農作物的種植。根据考古学者的发掘，當时經营農業的地区至為廣泛。黄河的中下游是農業发展的地区，上游的若干河谷也一样成为耕種的

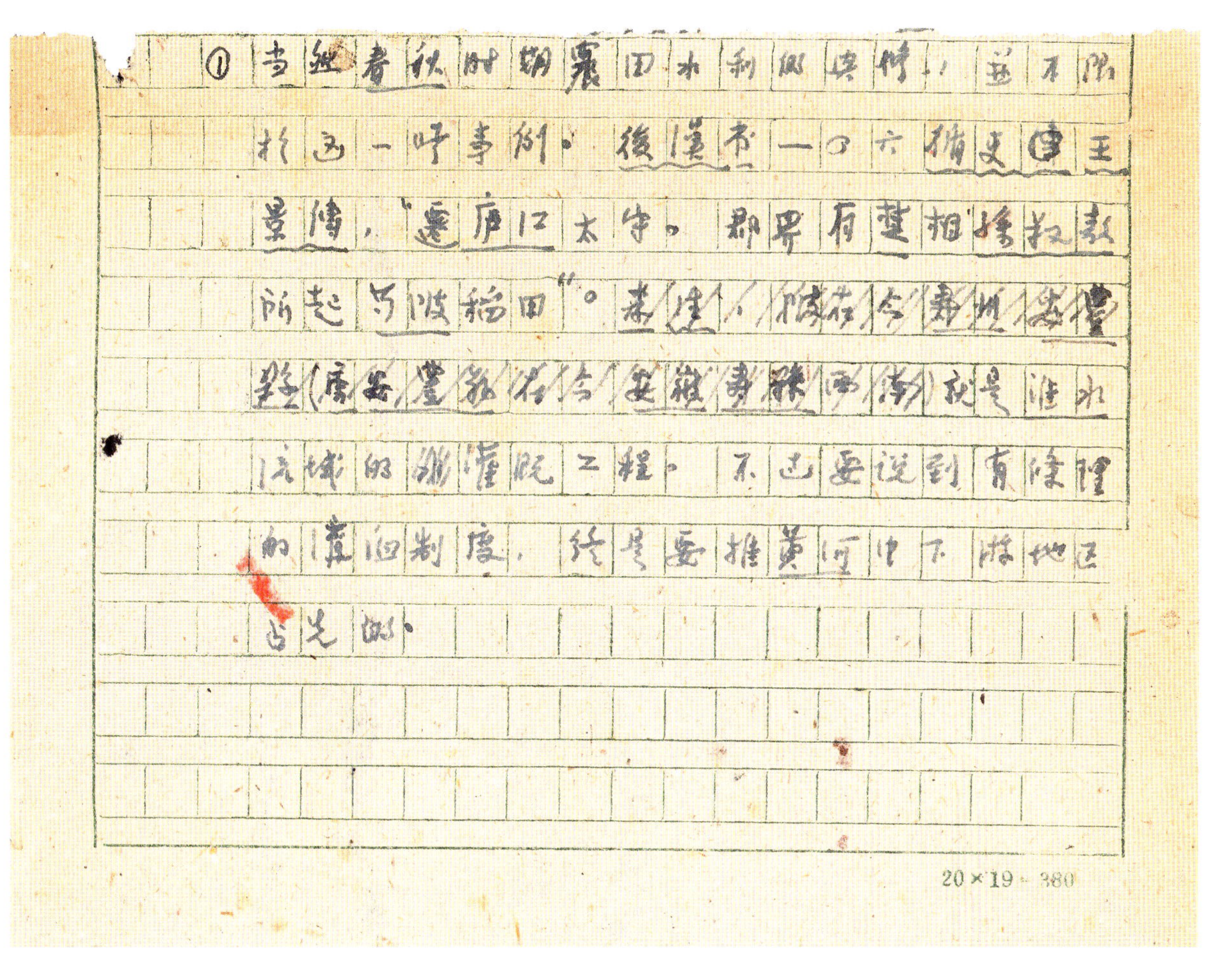

①當然春秋時期農田水利的興修，並不限於這一件事例。後漢書一〇六循吏傳王景傳，"遷廬江太守。郡界有楚相孫叔敖所起芍陂稻田"。芍陂，陂在今壽州安豐縣（唐安豐縣在今安徽壽縣西南）就是淮水流域的灌溉工程。不過要說到有條理的灌溉制度，終是要推黃河中下游地區占先的。

20×19=380

本頁原稿爲單頁。

所在。长江流域的三峡两岸，江汉平原和江淮平原人们也都没有放过。就是杭州湾头也受到长江下游的影响，而成为农耕的地区。那时期人们的努力还不以此为限，华南的丘陵地带，云贵高原以及北方的沙漠边缘也都有若干较小区域的农业。不过最为重要的应该数到黄河中下游地区，那里自然条件较为优越，而自然条件对于原始社会的人们所起的作用还是比较大些。

就在这样较为优越的自然环境中孕育着夏、商、和周三朝的文明。那时的人们并没有为这样优越的自然环境所陶醉，而是积极地设法去利用。他们逐渐改良了农业生产工具和耕作的方法。他们发现必须用施肥的办法来提高土壤的效力。他们观察着天文的变化，初步掌握了节令推移的规律。更重要的是他们发明了灌溉的方法，这对黄河流域雨水不调匀的现象有了补充，使农作物不至于由于旱旸而受到损失。他们不只留心于天空星宿的移动，他们又进而對於地形的原隰陰陽，作更合理的利用。

雖然如此，商和西周以及春秋時期，黃河中下游的農業地區並非都完全開墾耕種。在茫茫大地中只是散布着若干許多居民點，居民點的周圍是經營農業的地方，再遠就成為隙地棄地。形成這種情形的原因，是由於人口稀少，也是由於使用生產工具原始的困難，普遍開墾還是吃力的事情。人口逐漸增多，生產工具不斷得到改進（尤其是鐵制農器的使用），開墾種植的範圍也隨之而擴大起來。同時奴隸身分的改變和封建社會的發展，奴隸得到相當的自由和土地所有制的改變，也都在這方面起着作用。大部農業地區的擴大，當然是由原來居民點附近開始，然後沿着河谷（黃河中下游），順着平原，向更遠方不斷伸張，終於使許多隙地逐漸縮小而至於消失。黃河中下游以外的地區也受到影響，使從前若干時代以來若干不相連接的耕地都能打成一片。

農業地區的逐漸擴大，然而最富庶的地區還要數到黃河中下游。當然那裡的自然條件還

陕西师大稿紙　　（第54頁）

是有利於農業的发展，而为其他地区所不及。还应该指出，若干較为进步的農業技術是从那裡先开始的，使當地富庶的潜力早一步发揮起来。这样就对古代文化的发揚也起了促进的作用。

20×19＝380

本頁原稿已殘。

1.

第二節　秦漢至南北朝黄河流域人口的变迁

一、秦漢魏晋時期中的人口

班固《漢書·地理志》中据平帝元始二年（公元2年）的簿籍记載各地的户口，保存了當代的记録，為後世史書开創了先例。元始二年已在西漢末葉，这样的数字雖说可以顯示出當时富庶的情况，然自秦漢建國以来，已歷二百多年，人口的增减是會有不少的变迁的。不必遠举，自元始二年回溯五十多年，為漢宣帝之世，就与漢末有所不同。現在山东西南部接近河南、江苏兩省處於漢時為山陽郡（治昌邑，今成武縣東北），宣帝時有户九万三千，有口五十万以上。①元始時却有户172,847，口801,288。兩相比較，增加了將近一倍。五十多年並不算很长，人口增加却不算很少。如果再往前溯二百年，其間的变迁可能更大的。

如前所说，西漢末葉各地人口已較前有所

①見《前漢書》七十六《張敞傳》。

2

增加。秦统一六国，混战局面暂告安谧，增加的趋势转形迅速。秦汉制度，县为行政的基层单位。县设令长，治理地方庶政。万户以上的县设令，万户以下设长。以万户来区别令长的地位，则万户以上的县虽不能说就占有县总数的一半，也应该不是少数。就在秦时，数万户的县也还不是太少的。现在河北省保定市西南的旧完县，为秦时的曲逆县。论它的位置，距中原相当遥远，当地农业又不甚发达，仅以居於太行山东麓南北交通的大路上，竟有三万余户。其他地势优越的县，应该不在这样的数目以下。

秦统一六国后，曾进行过大规模徙民工作。其一是徙於关中，主要是京都和秦园陵；其二是充实边地，主要是河南地（今内蒙伊克昭盟）和南越等处。当时徙於关中的有咸阳十二万户，丽邑（今陕西临潼县）三万户，云阳（今陕西淳化县西北）五万户。而并预兴修阿房宫及骊山之下的始皇陵者又皆不下七十万人。① 这一百四五十万徙徒皆来自

① 见《史记》六《秦始皇本纪》。

3.

全國各地，与徙民並沒有什么差異。自秦商鞅変法，关中居民也有從外徙遷的，然只限於有罪之人以及逋亡、贅婿、賈人，為數當不甚多。①所以关中人口在秦時是較前為稠密的。

秦漢之際，关中的人口急劇地減少。由漢惠帝時兩次修築長安城，可以看到一些情況。修城之徒先後皆由長安附近六百里內徵發，包括男女在內，每次都是十四万多人。②所謂六百里以內，大概是三輔各縣都受到波及。雖然如此，还不及秦時阿房宮規模的巨大，如果除去婦女，則差的更大。應該注意，當漢高帝初建都关中時，曾從六國世族及各地豪傑名家十餘万口移关中，③雖有这次遷徙，关中人口还不算多，可知易代的前後，人口流離是相當嚴重的。关中既成為都城，户口耗失是会受到统治階級的注意的。也是从漢初开始，就确定了强幹弱枝的政策，而徙民奉陵寢之就成了一代的

① 見《史記》六《秦始皇本紀》。

② 見《漢書》二《惠帝紀》。

③ 見《史記》九十九《劉敬傳》。

20×20=400

故事了。奉園陵的人们除过一两个是由三辅①和京师中选拔②的外，一般都是由各郡国迁徙的。《汉书》诸帝纪中不载徙民历次的数目，只有在《成帝纪》中有徙民五千户於昌陵的记载。这应该不是最多的数目。据《地理志》，则汉高帝的长陵（今陕西咸阳县东北）有户50,057，有口179,469；汉武帝的茂陵（今陕西兴平县东北）有户61,087，有口277,277。而作为都城的长安，仅有户80,800，有口246,200。二陵的户数虽皆不及长安，茂陵的口数却超出长安之上。其他诸陵也不会太少。关中人口的增多，这应是一个主要原因。当然，都城所在地自然是"郡国辐凑"，"五方杂厝"，④容易为人们所集中。虽然如此，就全国说来，它还不是最稠密的地方。在汉朝中叶，司马迁就已经说过："关中之地，於天下三分之一，而人众不过什三"。⑤如果就西汉末年说，数目

（旁注：这次实的数目。也不是最後确因为昌陵後来报罢，徙民事亦停止，不成为事实③）

① 见《汉书》七《昭帝纪》。

② 见《汉书》八《宣帝纪》。

③ 见《汉书》七十《陈汤传》。

④ 见《汉书》二十八《地理志》。

⑤ 见《史记》一一九《货殖列传》。

20×20=400

相差也就稍大一点。因为关中三辅共有户647,180，有口2,436,360。而全国却有户12,233,062，有口59,594,978，還不到三分之一的數目。居然稍出，它雖不算全國人口最稠密的所在，却也不是十分稀疏的地区。（附图一）

关中人口所以比較稠密，自是与當地的富庶有关。然在秦及西漢時，绝大程度是由於國都所在地的缘故。这是顯然的道理。東漢的实迹就足以说明这样的问题。東漢初年，承王莽亂後，全国各處人口都有减少。據説"百姓虚耗，十有二存"。① 关中殘破更甚，當赤眉離長安东歸時，"三輔大飢，人相食，城郭皆空，白骨蔽野"。② 後来局势安定，也逐漸得到恢复。但由於東漢定都洛陽，关中失去了畿輔的地位，不会再以政府的力量向这裡遷徙人口，所以當地的居民數字比西漢差的很多。《續(後)漢書·郡国志》依順帝永和五年（公元140年）

① 见《續漢書·郡国志》刘《注》。

② 见《後漢書》四十一《刘盆子傳》。

20×20=400

6.

的簿籍記載全國各地的人戶。其中三輔共有戶107,651戶，有口523,860口。以戶數論，僅西漢的六分之一，以口數論，也只有五分之一略多些。其中右扶風減少的最多。以口數說，只有西漢的九分之一，京兆尹減的稍少，大致還保存了一少半。西漢關中共有五十七縣，东漢僅剩三十八縣，也是以京兆尹所轄存留的最多。長安於東漢雖失去國都的地位，仍是三輔的中心，為地方性的大城，就關中說，還是人口較多的所在。如果以全國來比較，關中地區也顯然沒有西漢末年那樣好了。因為西漢末年，關中在全國中還不失為中常的地位，到東漢，只能說也比各郡稍好一些。（附圖二）

長安在東漢末年和西晉末年曾兩次暫時的成為國都，但這兩次都沒有給當地帶來若何繁榮，反而招致了更大的破壞。東漢末年，三輔戶口尚有數十萬，及董卓部將的倡亂，"長安城空四十餘日，強者四散，羸者相食，二三年間，關中無復人跡"。① 後來到西晉末年，

① 見《後漢書》一〇二《董卓傳》。

20×20=400

7

帝所以这里为都时，"长安城中，户不盈百，墙宇颓毁，蒿棘成林"。①远不如东汉末年。这样乱离期间，地方元气必然受到严重的摧残。但在时过境迁，它还是可以得到一定程度的恢复的。东汉中叶以后，关中一般比较平静，所以永和五年仅有十万多户的地区，到献帝入关以前，就已经增加到数十万户。董卓倡乱自是激起的巨变，后来魏蜀对峙时，关中又近于两国的疆场，也不能不受一些战乱的影响。然在西晋武帝太康元年（公元280年）平吴之岁，关中的户口还是显得有些起色。《晋书·地理志》以这一年的簿籍为根据记载各地的户口。雍州京兆等六郡共有户94,000。②这六郡为西汉三辅旧地，九万多户的记录虽远逊于西汉末年，然较之东汉中叶已相差无几。如果西晋初年能够像东汉后期那样稍稍安定，则长安的情况或许不至于像献帝时那样的窘迫。（附图三）

① 见《晋书》五《愍帝纪》。

② 《晋书》十四《地理志》雍州领七郡，其中安定郡为今甘肃平凉、庆阳等处，不在关中范围之内。

20×20=400

8.

关中从秦汉时起就是一个人口徙入的区域。东汉时长安废不为都，强干弱枝的政策自也不再需要在这里继续推行。东汉末年以迄魏晋虽已不是为了这样的目的，但仍然向这里徙民。所不同者是：前一时期的徙民主要是来自关东地区，后一时期则是迁来了不少的少数民族。这在当时黄河流域的是相当普遍的，并不是关中一个地区出现。迁徙少数民族的原因很多，这里不打算详细讨论这一问题。大致说来，有的是为了扩充兵额的来源，也有的是为了增加当地的生产劳动力，有的也还是想藉此来解决民族间的若干矛盾。当然也还有些少数民族是自动迁徙的。当时迁到关中的也不在少数。①汉末及魏时，夏侯渊、②杨阜③的徙武都（郡治下辨，在今甘肃成县西）氐人，郭淮的徙氐羌及凉州休屠，④西晋初年还向这里迁徙了许多匈奴部落。⑤

① 关中迁徙少数民族，东汉初年马援已经开始，见《后汉书》一一七《西羌传》，不过不如后来的频繁和为数之多。

② 见《三国志·魏志》三十《乌丸等传》注引《魏略》。

③ 见《三国志·魏志》二十五《杨阜传》。

④ 见《三国志·魏志》二十六《郭淮传》。

⑤ 见《晋书》九十七《四夷·北狄·匈奴传》。

20×20=400

9.

直到西晋末年，关中的氐、羌，东胡的数目為数不少，引起人们的注意。①

这裡有一個问题：究竟當時内徙的少数民族是不是登记在政府的户籍之中？这也難得一概而論。漢魏之際的遷徙少数民族，有的是屬了鑽的兵丁，他们数目和劳动力，它們人口自已為政府所控制。东漢末，牽招為雁门（郡治在今山西代縣西北）太守，曾發鳥丸五百余家租調。②此五百余家既出租调，則是同於编户了。同样的情形，也见於梁習领并州刺史時，那時的并州承高幹荒乱之余，正是"胡狄在界，張雄跋扈，吏民亡叛，入其部落，兵家擁众，作為寇害，更相扇动，往往棊跱"。由於梁習用兵征討，"單于恭順，名王稽顙，部曲服事供職，同於编户"。③牽招、梁習的措施正说明當时一些少数民族的户口是登记於政府的户籍的。在内地居住的，不过却也还有与此不同的。牽招

① 见《晋书》五十六《江统传》，又九十七《四夷·北狄·匈奴传》。

② 见《三国志·魏志》二十六《牽招傳》。

③ 见《三国志·魏志》十五《梁習傳》。

10.

在雁门国曾徙乌丸五百家相间。也曾招通河西鲜卑附头等十余万家。可是西晋初年雁门郡的户数仅有12,600户。即令此12,600户全是鲜卑，也只合牵招所招附的十分之一，何况牵招所招附的还有乌丸部落？并州匈奴部落虽经梁习镇抚，同于编户，但后来曹操分并州匈奴为五部时，五部人众已有近三万余落。既云是落，当比户为多。而晋初并州户数仅有59,200，与三万落的数目颇不相侔。晋初坚持《徙戎论》的江统对于这些匈奴的繁殖曾作过说明。他指出：曹魏末年因为匈奴强大，所以一部分成三率；西晋初年又增加到四率。到他撰著《徙戎论》的时候，五部之众，户至数万。① 他所说的数万，想也是约略的估计。原来近三万落的人经过多年的繁殖，怎能还只是数万家？这样看来，并州匈奴的户口西晋政府是不会得完全掌握的。这样，再回来论述关中。关中的情况也可能是两者都曾经有过。关中于西晋时为雍州。雍州有户近十万，于全国中不是

① 见《晋书》五十六《江统传》。

20×20=400

11.

稠密的，於黄河上游各州中也不是稀少的。这应该是汉魏之际迁徙氐羌的结果。不过却也不是西晋初年当地实际户口的人数。西晋开国之初，曾接受一批归附的匈奴两万余落，安置在河西雍州境内。①显然《晋书·地理志》所记雍州的户数中没有计算在内。看来，氐羌诸族的迁徙是没有保持他们原来的部落，既没有保持原来的部落，所以就由政府直接控制，他们的户口数目政府也就可以掌握。至于像匈奴族部还保持了他们原来的部落，在部落没有解散以前，政府并不能控制着每户的人家，也许就没有掌握住他们的户口数目。因此，就政府的版籍而论，以后关中人口是有限的，实际的居民还是不少的。关中如此，黄河流域其有少数民族各地区应该都是一样的。

二、秦汉魏晋以来的人口

关中以东的黄河流域的大片土地和关中并不完全相同。关中是人口徙入的地区，关以东各地都是人口徙出地区。上面所说的秦时徙往关中的人口分明都是从关以东各地来的；就

①见《晋书》九十七《四夷·北狄·匈奴传》

20×20=400

12

是西漢遷往諸帝陵園的人口，除過僅有的兩次是由三輔本地抽調的外，也都是從東方各地來的。秦漢時的徙民除充实都城附近以外，另外还有充实边地的任務。秦時曾徙往河南地及南越，已見上文。西漢為此目的而採取的措施更為頻繁，公元前127（武帝元朔二年）徙民朔方（郡治朔方，在河套西北隅），公元前119年（武帝元狩四年）徙民隴西（郡治未詳，當在今甘肃臨洮附近）、北地（郡治未詳，可能在今甘肃庆陽縣附近）、西河（郡治平定，今内蒙古準噶尔旗）、上郡（郡治膚施，今陝西绥德縣东南）、会稽（郡治吴，今江苏苏州市）。前者徙民十万口，後者竟达七十二万五千口。①數目都是很多的。徙往边地的人們當然不是来自关中。这些徙民可能还有来自长江流域的，大部份當是从黄河中下游各地来的。不过应該指出，北边各郡的人口都不是很多，不仅不是徙出的地区，而且也还应該屬於徙入的地区。《漢書·武帝紀》曾經说过，元狩五年徙天下姦猾吏民於边。这個也不知是否能包括北边諸

①见《漢書》六《武帝本紀》。

20×20=400

郡在内，但同书《贡禹传》却已明说免奴官婢十余万人代关东戍卒乘北边塞候望。既言北边，当然是包括这一带的郡县。《贡禹传》所说的是戍卒，与徙民还要有区别。不过由上谷（郡治沮阳，今河北怀来县南）至辽东（郡治襄平，今辽宁辽阳市）自战国时已以"地踔远，人民希"为人们所提到。①其实上谷以西各地也是相仿佛的。

就在这黄河中下游有人口往外迁徙的地区，也不是没有变迁的。秦末乱离就是其中重要的一次。汉朝承秦之后，在它的初年，还是"大城名都散亡，户口可得而数者十二三"。②不必说到中原各地楚汉战争所展之处，就是上面所提到的僻在北边的曲逆县，也损失了六分之五的人口，原来三万户的县竟然只有五千余家了。③经过一段时期的休养生息，人口是比较增加了，起码是增加了一倍，当然还有更多的。④

①见《史记》一一九《货殖列传》。

②见《史记》十八《高祖功臣侯年表》。

③见《史记》五十六《陈丞相世家》。

④见《史记》十八《高祖功臣侯年表》。

到了中葉，在关東各地竟然一次出现了流民二百万口，和無名数者四十万。① 造成流民的原因何在暂时不去管它，但这些二百四十万口都被迁徙到边地去，也可以说明关東各地已經難於安置剩。雖然在武帝时，由於統治者"內改法度"②外攘四夷，使人們的生活感到不安，可是人口數字还可以看出是不斷上升的。固然也有人說，當时地方官吏虚偽地增加居民名額，以求得到陞賞。③ 这样事情不能說是没有，卻不能以此而抹殺人口增加的事实。这以上面所說的曲逆縣為例。西漢中葉以後直到末年，曲逆縣究竟有多少人户，不可詳知。曲逆縣當时屬中山國（國治盧奴，今河北定縣），據《漢書·地理志》，中山國共有户160,873。平均計算，每縣应有轄十四縣，一万二千户上下。中山國近山，山区人口較少，是曲逆縣实有人口应超过这样的

①见《史記》一〇三《万石君傳》。

②见《漢書》八十九《循吏傳序》。

③见《漢書》八十九《循吏·王成傳》。

20×20=400

15

数目的。它虽还没有达到秦末的规模，比起汉初来，所增加的已经是很多了。曲逆县地处太行山东，论地理条件是不能和中原一些地方相比拟。前面曾举出山阳郡在汉宣帝以后四十多年的增加，显然是较曲逆县的户数为多的。

除开北边诸郡人口较少的地区外，关中以东直至沿海各处，都应该算是人口繁盛的地区了。这样的地区是十分广大的，其中各处也难得都是一样的。富些有十分稠密的所在，也难免还有较为稀少的地方，谈不上繁盛人口的。大致说来，这一带人口比较稠密的所在，是济水的下游，黄河中下游伊洛和济水两岸，以及太行山东南和位于今山东半岛的各处。现在河南中部和东南部的颍汝水流域以及河南西南部淯水、白河流域的人口都比较稠密。应该指出，颍水上游于汉时为颍川郡(治阳翟，今河南禹县)，颍川郡以东为淮阳国(治陈，今河南淮阳县)，泗水上游为鲁国(治曲阜，今山东曲阜县)：济水中游，大野泽西南的地方于汉时为济阴郡(治定陶，今山东旧定陶县)，这四郡实为当时人口最稠密的地区。如果以人口数目说，在汝水下游的汝南郡(治上蔡，今河南上

16

當時有461,587户，2,596,148口。在漢朝諸郡中算是最多的一郡了。漢代南郡轄有三十七個縣，論面積是要比潁川郡爲大，因爲潁川郡只有二十個縣。這二十個縣中却有432,491户，2,210,973口。論平均每縣人口，應該推潁川郡爲最多了。在現在安徽北部的沛郡（治相，今安徽宿縣西北），雖然有409,079户，2,030,480口，却也有三十七个縣。當然更不能和潁川郡相比了。濟陰郡有290,025户，1,386,278口（淮陽國有135,544户，981,423口。魯國有118,045户，607,381口。），論數目都不能和潁川郡相比。但濟陰郡的幅員比較狹小，只轄有九个縣。以每縣平均計算，潁川郡每縣只有十一万口，濟陰郡却有十五万口，實際還是最多的。淮陽國有十万口，雖不如這兩郡之多，比起其他郡國仍是較高的數額。（附圖四）

爲什么這兩個郡人口最爲稠密？一個地區人口能够稠密，和它的地理位置、經濟發展都有密切的关係。濟陰郡當菏水由濟水分出的地方，而菏水又是通到泗水，所以它成爲南北交通樞紐。它的治所定陶縣也因此而成爲全國有名的經濟都會，附近的地方又相當富庶。當地人口的稠密是可以理解的。潁

20×20=400

17

川郡西北就是嵩山，山區土地比較瘠薄。它本是战国时韓國的舊壤，韓國的經濟在各國中不算是太好的，就是因為這样的緣故。但山區在這個郡中所占的面積还不算是太廣。以現代地圖看来，禹縣、郏縣、寶豐等處皆在海拔二百公尺以下，潁水与汝水又斜貫其間。河流所經，兩岸沖積平原是有一定的肥沃程度的。潁川的人以務農著称，①可能與這样的自然條件有关。潁水不僅灌溉了潁川郡，而且也是東南各處和洛陽及其以西各地的一条交通孔道。地既富实，交通又較便利，人口是会稠密起来的。西漢时各地部分的人口數目保存下来的很少。潁川郡的二十个縣中，却有兩个城市可以稽考。其一為陽翟縣，另一為傿陵県。陽翟縣為今河南禹縣，即潁川郡治所，有戶41,650，有口109,000。傿陵為今河南鄢陵縣，有戶49,101，有口261,418。兩県數目相当，比國都长安还要多些。所應該注意的，陽翟縣有戶四万余，而人口只有十万九千。平均每戶也只有

① 見《史記》一一九《貨殖列傳》。

18

达两个多人。如果不是误记，也许是这个商业城市从事行商的人居多数的。①

淮阳国位于颍川郡之东，完全是平原之地，这一点是要比较颍川郡为优越。它又是鸿沟系统中狼汤渠经流的地区。狼汤渠就在淮阳国的南部与颍水合流。淮阳国治所在陈，就在这两水合流处不远的地方。陈的地位很重要，人们称它为"楚夏之交"，②就是说它为江淮下游各地与中原交通的枢纽。因此，它就应该是一个人口聚集的地区。

鲁国处于泗水上游，那里有些山区，但邹泗之间却是一个富庶所在，农业相当发达。前面说过的战国时的薛，由于当南北衡要之地，人口有六万家之多。薛在汉时就属于鲁国。可见鲁国人口之多是有由来的。正是鲁国居洙泗之间的河谷不广，《史记·货殖列传》就说这里"地小人众"。其稠密的程度已溢于言表。

① 见顾颉刚先生：《浪口村随笔·两汉都会户口条》。

② 见《史记》一一九《货殖列传》。

19

两千多人。如果不是误记，也许是这个商业城市从事行商的人居多数了。① 淮阳国位于颍川

黄河中游南岸的河南（郡治雒阳，今河南洛阳市东北）、河内（郡治怀，今河南武陟县西南）、河东（郡治安邑，今山西夏县北）三郡的人口虽不多于济阴、颍川两郡的稠密，也要算人口较多的地区。河南郡有户276,444；有口1,740,279；河内郡有户241,246，有口1,067,097；河东郡有户236,896，有口962,912。论所辖地区的面积是河东郡最大，而河南郡较小。论每县平均人口，河南和河内两郡各有户一万三千，河南郡有口近乎八万，河内郡近乎六万。河东郡最少，每县有近一万的户和四万的口。从战国以来，这三個地区就以人口较多為人們所称道。秦漢时还依然如此。三郡的特点都是土地比较狭小，所以更显得人多。河东郡的汾涑流域地势虽高亢，而多平坦，河南郡的伊洛流域虽是肥沃的河谷，然夹處於嵩山和崤山之間，显得有些跼蹐。只有太行山東南的河内郡

（城，[illegible]之交。② 就是说它在由江淮到中原交通的枢纽，还就是说是一個人口众多集中的都市，[illegible]都，东完全是平原之地，又[illegible]位于鸿沟[illegible]流加[illegible]水等水系的[illegible]，[illegible]）

① 见顾颉刚先生：《浪口村随笔·西汉都户口之条》。

② 见《史记》一一九《货殖列传》。

是一望无垠的平原。据道理应该是河内郡人口最多，而河东郡次之。可是实际却以河南郡最为稠密。当然这只是是伊洛两水的下游一带，南北两山地无预。还应该指出，这是因为它正当东西交通孔道的缘故。这一条大道虽在战国时代早已通行，但当时各国並峙，互相防守，自不如秦汉时代能够起着更大的作用。

由河内郡循太行山东麓往东北行，为汉时的魏郡（治邺，今河北临漳县西）、赵国（治邯郸，今河北邯郸县）、和清河（治清阳，今河北清河县东）诸郡，人口也不算少。其中赵国平均每县八万口，密度占太行山东各郡的第一位。其余清河有六万多口，居於第二位。魏郡有五万多口，随之占到第三位。这里都是平原地区，土地也算肥沃，其中的魏郡又有一定的水利设施，所以人口都显得较多。尤其是赵国的邯郸本为战国时赵国的都城，附近既有铁冶业，又是太行山东麓南北大道必经之地，人口稠密也是理所

21

當然的。

至於這幾郡南邊的濟水上游，人口比較太行山东各地还要稠密些。上面所说的濟陰郡就在濟水流域，那是人口最稠密的地區，不必再提了。其餘就是陳留（治陳留，今河南旧陳留縣）、东平（国治無鹽，今山东东平縣東）和东郡（治濮陽，今河南濮陽縣南）諸郡。陳留和东平，每縣平均人口都在八万以上，东郡少些，也有七万多口。像陳留郡還稍稍超過趙国。這幾個郡国都在平原地區，這是不必說起的。它們位於濟陰郡的周圍，濟陰郡人口稠密的原因，對於它們說來，也還是多少都有一些。當然促成濟陰郡人口稠密的一個主要原因，濟水和菏水的分流的形成交通便利的条件在這些郡国中是沒有的，但它們都處於濟水的沿岸，這一點對於它們人口的增多是有所幫助的。尤其像陳留郡更是位於鴻溝系統各水道分枝的地方，往来交通也是很便利的。

现在山东泰山东北，一直到东海，是战国时齊国的故地。那時人口就已經較為稠密。

蕭敬

20×20=400

西漢初年仍未见减色。人们以齐国的故土和关中的三辅並称。三辅為秦国的旧地，齐国既能与三辅匹敌，所以有东秦的称号。① 其实以齐国称為東秦，不免有些委曲。西漢初年齐国有七十餘城，三辅直到西漢末年还只有六十个縣。可是西漢末年齐国的故土早已不仅七十餘城了。三辅為國都及漢帝陵墓所在，如前所说，人口是很多的。如果以國都、陵縣和其附近一般縣邑平均计算，京兆尹辖下各縣是最多了，还不到六万人，其餘就在三四万之间了。齐国故土平均也多在四万上下，好像是相仿佛的。可是像甾川国（治劇，今山东寿光縣东南）竟平均每縣到了七万五千人以上，城陽国（治莒，今山东莒縣）也在五万人以上，就超过三辅很多了。

这個地區人口超过四万而接近五万的郡，有济南（治东平陵，今济南市东）和齐郡（治臨淄，今山东临淄北）。膠东國（治即墨，今山东平度縣东南）稍弱一些，也是超过了四万。齐郡的

① 见《史记》八《高祖纪》。

23

臨淄本戰國時齊國的故都，它的附近是相當富庶的。齊郡（臨淄）人口的稠密當與此有关。菑川國正在齊郡之东，也應該是一样的。齊郡南边还有山區，菑川國在这方面的条件要好些，所记的人口也就较多。这裡还有两個问题应该解决。第一，漢朝人都称齊地有琅邪郡（郡治琅邪，今山东诸城縣东南）、即墨之饒。①即墨為膠东國治所。膠东人口超过了四万，也不算是过少。琅邪郡每縣平均才有两万多人，和膠东國相差約有一半，就在齊地诸郡国中也算是最少的。如果真的是这样，还怎能被称作富饒的地區？其实琅邪郡的人口总数是不少的。它共有228,960户，1,079,100口，和河内郡是相仿佛的。所轄的地區，在齊地诸郡中比較稍大些，和河内郡相比較，也还差不多。為什么每縣才有两万多人？这应该从縣轄的数目去寻求解释。河内郡只有十八個縣，琅邪郡却有五十一個縣。它不僅比河内郡的縣多，就在齊地诸郡中，也是最多的

①見《史记》八《高祖纪》。

20×20＝400

24

了。地方不大，设县不少，無怪乎每县平均人口看起来是显得少些。翻过来说，地區不大，设县很多，就是人口稠密的証据，也是地方富饶的证据。还应该指出，琅琊郡虽在东海之滨，山區也却不少，这一点和河内郡还是有區别的。第二，城陽國的人口达到平均每县五万以上，也使人有点怀疑。城陽國在今山东莒县附近，那裡虽有沂水和沭水流过，然上游河谷並不宽廣。所辖地區绝大部份属於山區。山區人口数目和一些平原地区相近似，甚或超过了某些平原地區，是值得注意的。其实城陽国只有四個縣，所分佈的地区由现在莒县之东起直到蒙陰縣西北，面積是相當廣大的。地区廣大，设县不多，每县的人口虽是不少，实際不应该是稠密的。(附图五)

~~這裡还应顺便指出，齊鲁兩地相鄰，同為富庶之區，齊地人口既然不算稀，魯地也应仿佛。魯國原来的地区也相當廣大，不过富饶的所在，只应该指洙泗之间而言。《史记·货殖列传》说这裡地小人衆，其稠密程度已溢於言~~

20×20=400

25

在这以南的汝南、沛郡、楚国（治彭城，今江苏徐州市）也都该提及。这几郡都近淮水，与濒於黄河的地方略有不同。《史记·货殖列传》以三郡和上面所提到的淮阳国并列於西楚和东楚的区域。接着又指出："楚越之地，地广人稀"。为什么人稀？这可能和当地的"地薄"有关。也许是西汉中叶如此，到了它的末年显然有了改变。上面已经说过，汉朝汝南郡的户口总数於全国诸郡国中为最多的。每县平均达到了七万人，仅次於河南郡和赵国。楚国每县平均数较之汝南郡还要稍稍多一些。沛国算是大的，也在五万人以上。与濒黄河各郡相较也都不是过于稀少的。既然如此，司马迁为什么又那样说呢？一般说来，战国秦汉之间江淮以南的发展是比中原各处为缓慢，淮水以北各郡也有相同的趋势。司马迁的说法是有依据的。可是淮水以北究竟离各地中原近些，也就难免受到中原的影响。在此稍后的史实显示出中原人口有向南迁徙的趋势，这应该不是从两汉之际才开始的。当来

20×20=400

向南迁徙，这沿淮的某郡自是必经之路，也是粮秣前进停中途息的处所，也许最初就是迁到这些地方。这几郡和睢阳的关系，这里是睢阳经过的地方，或者离睢阳不远。这一系列贯通中原和江淮以南的交通水道的畅通，对于当地人口的迅猛增加是会起到一定的作用的。

由淮水上游再往西去，就是偏北，白河流域的南阳郡（治宛，今河南南阳市）。南阳郡于汉时属荆州，荆州主要是现在的湖北湖南两省。就是南阳郡也跨有今河南、湖北两省境，和黄河流域离的远些。不过南阳郡所在的宛及其附近各县还在淮水的西北，和黄河流域其他地区一併讨论，也是可以的。南阳郡平均每县五万多人，不能说是太稠密的。但郡境广大，山区不少，只有宛城附近的湍水、白河流域还是一片平原，而当地又是一个冶铁区域，实际人口当是不止五万的。

《汉书·地理志》所载的户口诚如班固所

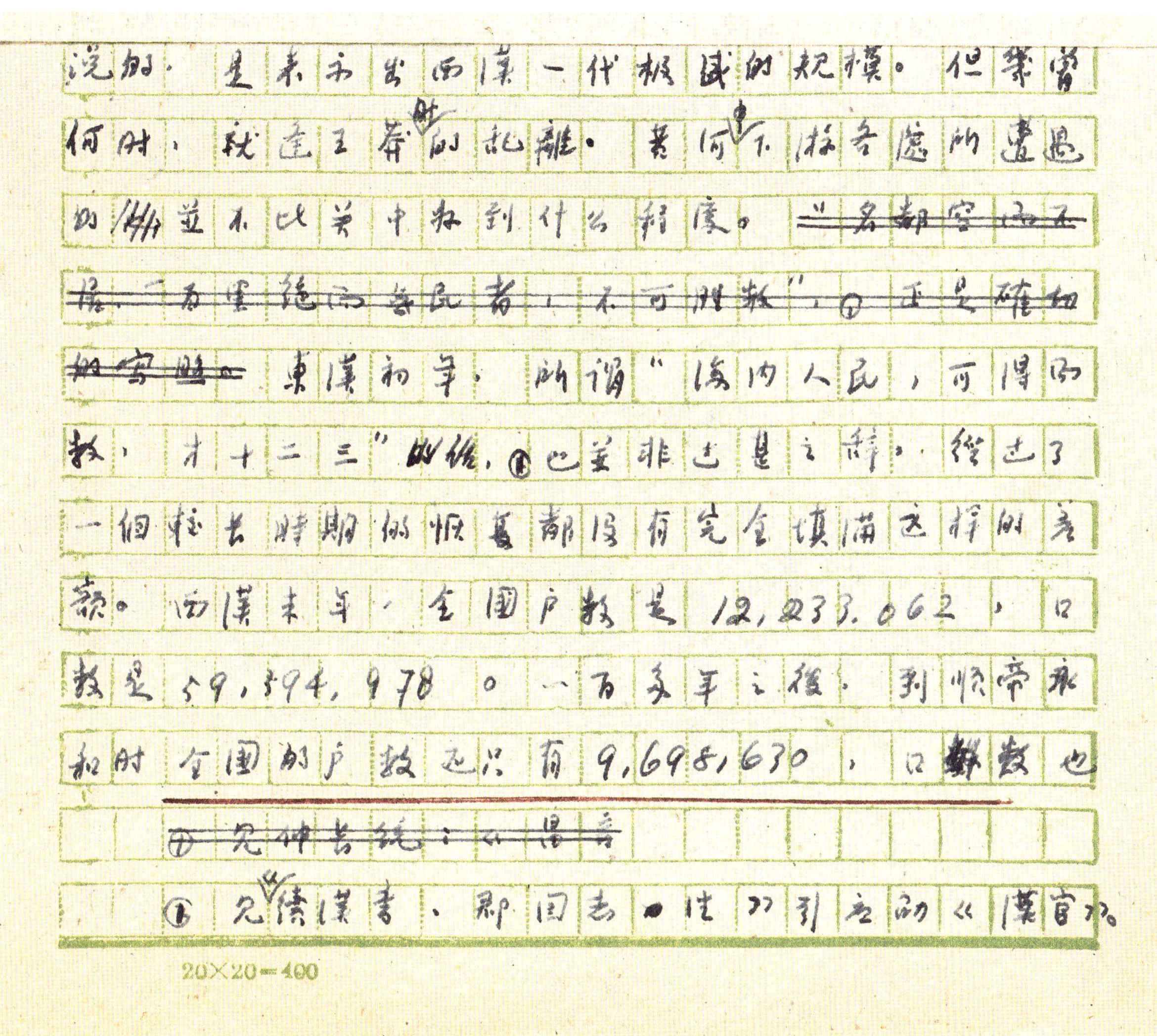

说的，是未示出西汉一代极盛的规模。但禁曾何时，秋遭王莽时的乱离，黄河下游各处所遭遇的~~的~~並不比关中好到什么程度。~~"名都空而不居，百里绝而无民者，不可胜数"，① 正是确切的写照。~~东汉初年，所谓"海内人民，可得而数，才十二三"的话，①也並非过甚之辞。经过了一個较长时期的恢复，都没有完全填满这样的差额。西汉末年，全国户数是12,233,062，口数是59,594,978。一百多年之後，到顺帝永和时全国的户数还只有9,698,630，口数也

~~① 見仲长统：《昌言》~~

① 見續漢書、郡国志注引应劭《漢官》。

20×20=400

27

不过49,150,220，相差依然是很多的。黄河中下游地区在秦汉时既是人口稠密的所在，则战乱时期的损失数字，也要比他处为多。何况两汉之际的兵荒马乱多数也发生在这個地区（附图六）

最明显的变迁是东汉国都洛阳所在的河南尹和西汉时人口最稠密的几个郡。东汉的河南尹共有1,100,827人。在黄河流域诸郡中，能有一百万以上的人口，当然不能算是稀疏了。可是与西汉一比，问题就显出了。西汉这里共有1,740,279人，东汉减少了三分之一。按说国都所在，人口应该是要比从前有所增加的，不仅没有增加，反而有所减少。这不能不说是两汉之际摧残的严重和恢复的不易。西汉时，人口最稠密的地区是济阴、颍川、鲁国和淮阳四个郡国。东汉时，除淮阳外都有了减少。其中以济阴郡减的最多，还不到原数的一半，剩下了657,554人。按所辖的县数平均计算，每县几乎不到六万人。当然六万人也不算很少，但已不是最稠密的地区了。为什么有这样大的变迁？两汉之际的兵荒马

20×20=400

28

但是一個一般的原因。河水的阻塞所起的影响应该是一個主要的原因。颍川和魯国稍好一些，前者平均每縣已減至八万多户，後者更不到七万户，都不算是最稠密的地区了。至於前面所提到的那几个較稠密的地区，如河内、河東、魏郡等也都在下降。靠近北边一些郡国所减的更多，有若干地区甚至还剩不到一半。

說黄河流域的人口一般在减少是对的，但並不是說所有的地区都一律的减少。有些地区反而还显出有所增加。上面說，西漢末年四個人口最稠密的郡国中有三個是减少了，只有淮陽国不仅保持着原来的地位，而且比从前更為稠密。淮陽国，东漢时改稱陳国。据《續漢书·郡国志》所載，陳国九縣，共1,547,572口，平均每縣达到十七万口。这不仅超过了原来淮陽国的数目，比起西汉的濟陰郡还要多些。為什么会有所增加？一般說来，西漢末年的乱離固然破坏很嚴重，也有的地方受灾比較小，原来基础还有若干存在，除过本

20×20=400

29

地旧有的居民外，再加上其他迁来的新户，人口自然会较前增加。就陈国而论，这是人口最稠密的地区，也应有它的特殊的原因。本来中原人口就有南迁的趋势，两汉之际，南迁的更不在少数。陈国虽不在江淮以南，但在人们要离开中原乱离的地区时，往往不会一下走的很远，陈国既稍偏南一些，也许会成为人们的一個重要落脚点。或者就是因此。陈国而外，南阳、东海（旧郯，今山东郯城县西）三郡和彭城国（即西汉时的楚国）都是如此。陈国所以能居特出，这与当地原来的人口就已不少不能没有关系。

依据《续汉书·郡国志》所载，则在各郡人口数目中，陈国并不是最多的，陈国之南的汝南郡，有口2,100,788，已较陈国为多，汝南郡之西的南阳郡更达到了2,439,618人。论这两郡各有三十七县，南阳郡中平均每县居六万多人，所管辖的范围，是远比陈国为广大，每郡中又人，汝南郡更少，只有五万多人，是不能和陈国相比拟的。

论各郡中的平均每县人口，则当以下邳为

30

平原郡（治平原，今山东平原县东南）虽不如陈国之多，也应该继陈国之后，为仅次的最稠密地区。因为那里每县也有十一万多人，数目是不少的。其实这个平原国，并不真的如此。据《续汉书·郡国志》所载，平原郡所辖九县，共有1,002,658人，平均每县人口应为上数。考西汉时这一郡共辖十九县，东汉仅有了其中十县。全郡所辖的郡范围并未缩小。如果以同一比例相比较，则每县平均数字，可以借用原来十九县推求。这样，每县只能有五万多人，不仅不能继陈国之后，也难和颍川、鲁国相比拟的。

像平原郡这样子，虽然算不得和陈国相仿佛的最稠密的地区，但总是增加了，而且显得相当稠密。也还有些地区，表面似乎有所增加，实际却增加不多，或者就无所增加。西汉时，在济水南岸的东平国也是一个人口稠密的地区。东汉时，由东平国中分出了一个任城国（治任城，今山东济宁市）。两国户口合起来是超过了西汉。平均每县人口也在六万以上，不算是太稀少。由于调整了辖区，它的属县中就有由

71.

其他郡國所轄劃來的。如果除去這些因素，則東平國實際無所增加。

兩漢之際的兵荒馬亂促使一些地區人口的流離遷徙，誠然是人口變遷的一個重要，不過不能說這是唯一的原因。就是以兵荒馬亂來說，也不僅兩漢之際那一次會促使人口遷徙的。太行山東的河間（國治樂成，今河北獻縣）、安平（國治信都，今河北冀縣）、廣陽（郡治薊，今北京）諸郡國都有所增加，而且平均每縣都在五万人以上，也成了比較稠密的地區。東漢初年，此地固然也有軍事行動，是會造成人口的遷徙的。不过这几个郡国为在太行山东平原的中部，也就在當时军事行动所及的地区。不能说，人们会向这样不安全的地区聚集和遷徙的。就在《續漢書·郡國志》據以記載人口的順帝永和年間以前，太行山东麓遭到羌人和烏桓的騷扰，而羌人的摧残尤為嚴重。原来太行山东麓的魏郡、赵國的人口算是稠密的，这时的人口都少了，大致是為了逃避羌人的騷扰，而向中部平原迁徙了。

20×20=400

32.

當然，若干地區的發展也會促使人口有所增加。南陽郡由西漢末年的1,942,051人增加到東漢中葉的2,439,618人，是一個很大的數目。其中的原因上面曾約略的提及。這裡還應該再作補充。南陽郡治所在宛。宛在秦漢以來就是一個冶鐵的城市，人口本來不會很少。東漢時，宛成為一個著名的都會，為其他城市所不及。人們以之與洛陽並稱，實際繁榮程度當不在洛陽以下。《續漢書·郡國志》不載各地城邑戶口，不知其中確數。雖然如此，南陽郡的人口總數中，宛應該占到相當的比重。

《續漢書·郡國志》中的戶口數字，只是東漢中葉的記錄。以後可能還有所增加。《晉書·地理志》記東漢桓帝永壽三年（公元157年）的戶數為10,677,960，口數為56,486,856。較永和五年增加不少。不過這樣數字是否屬實，卻還有問題。因為前後相距不到二十年，這樣的速度是以前所沒有的。當然，如果增加，則黃河中下游各地應該會得到一定的數目。因為這裡的人口本來是比較其他地區為稠密的。

20×20=400

可是好景不常，漢魏之間的乱離，竟使黄河中下游人口稠密的地区重複的遭到残破。首先是東漢都城的洛陽，在董卓强行遷都徙人之後，徧地成為荆棘。① 关東諸将起兵討卓，董卓还未破灭，河内、滎陽（今河南滎陽縣）附近，民人死者且半。② 因為都城残破，許多人流離轉徙，羈旅在彭城附近的很不少。彭城為徐州治所。稍後不久，曹操与徐州牧陶謙構釁，曹軍坑殺男女数万口，至令泗水為之不流。彭城以南各縣也受数到屠夷，鷄犬亦尽，墟邑無復行人。③ ~~徐州东北的青州，也因為接續战爭，百万人户的地区，轉瞬變成丘墟。④~~ 由於不斷的战爭，人口損失惨重，“名城空而不居，百里絶而無民者，不可勝数”。④ 潁川郡鄰近洛陽，也是战爭经常发生的地区。这個人口稠密的地区，残破也最甚。所屬的鄢陵縣，两漢时人户多到近乎五万，东漢末年也有五六万家，經过長期

① 見《後漢書》九《獻帝紀》。

② 見《三國志·魏志》十五《司馬朗傳》。

③ 見《後漢書》一〇四下《陶謙傳》。

④ 見仲長統《昌言·理亂篇》。

~~③ 見《三國志·魏志》六《袁紹傳》注引《九州春秋》。~~

34

的戰亂，只剩下了數百户。①潁川原四戰之地，還猶可說。涿郡（治涿，今河北涿縣）僻在北陲，也並不比潁川郡好到什么地方。東漢中葉，涿郡共有十萬多户，到了曹魏初年，卻剩下了三千户。②洛陽西北的河東郡經過戰亂，尚存三万户，③比涿郡要好一些，然亦減少了三分之二。曹操平定冀州之後，檢查户籍，可得三十万人眾，就認為是一時的大州。④直至二十多年後，冀州還以户口最多見稱。⑤當時人們也有对於曹魏人口作過推測，有的說，不如往昔一州之民；⑥有的說，不過漢時一郡；⑦有的說，三國共有的人口還抵不住東漢的南陽、汝南二郡；⑧就是說，魏國所有的也許還不到漢時的一個郡。以冀州人口相較量，這樣的推測也許離實際情況並非甚遠。

① 見《晉書》五十《庾峻傳》。

② 見《三國志·魏志》二十四《崔林傳·注》引《魏名臣奏》。

③ 見《三國志·魏志》十六《杜畿傳》

④ 見《三國志·魏志》十二《崔琰傳》。

⑤ 見《三國志·魏志》十六《杜畿傳》。

⑥ 同上。

⑦ 見《三國志·魏志》十四《蔣濟傳》。

⑧ 見《後漢書·地理志·注》引《帝王世紀》

35.

也有人對於這样的估计提出了疑问，说是根据《太康三年地记》，晋户有三百七十七万，其中吴蜀户不能居半。魏時雖經殘破，和晋時也应该相仿佛。① 然太康元年（公元280年）晋平吴時，全国才有2,459,840户。當時誇耀功績，所举的户口不能过少。二年之後即暴增一百多万户，殆無此理。《晋書·地理志》所记户数，即以太康元年為准。據其所记，則黄河中下游各處人口，晋時即令有所增加，原数也不会很多。晋時范陽郡（即涿郡改称）已經不是三千户，可是三千户上下的郡还是有的。濟北國（治盧，今山東長清縣南）和魯國就是具体的例証。像譙郡（治譙，今安徽亳縣）只有一千户。是最大的一個郡。曹操的故里在譙，他自己說，"旧土人民，死伤略尽"。② 看来是实際的叙述。

西晋承曹魏之後，都是以洛陽為都。洛陽所在的河南郡，太康初年有户114,400，平均每縣九千户，皆為全国的最多的。洛陽在漢魏

① 见《三國志·魏志》二十二《陳群傳·注》。

② 见《三國志·魏志》一《武帝纪》。

20×20=400

36

之際，摧殘最甚。數十年來能有如此恢復，自是難得之事。這样恢復实与人為的努力有莫大的关係。當魏文帝始以洛陽為都时，都城樹木成林，① 人烟稀少可以概见。其时上距董卓遷都已二十餘年。二十餘年之間仍有改变了荒凉的面貌。曹魏建都於此，实為促進人口增长的一個重要因素。魏文帝又从冀州徙來五万户，② 才初次使这個新都略具規模。如果除去这五万户不算，则洛陽的恢復也不是很迅速的。因為滎陽郡在魏初只有三千户，西晉初已达到的范陽国一万一千户。范陽远在北陲，洛陽似不能就和它相提並論。

河南郡而外，各郡人户較多的，还有平陽（郡治平陽，今山西臨汾縣西）、河東、河内、陽平（治元城，今河北大名縣東）、魏郡（治鄴，今河北臨漳縣西）、趙國（治房子，今河北旧高邑縣西）、和渤海（治南皮，今河北南皮縣北）諸郡。其中河内、陽平二郡各為五万户，魏郡均為四万户。

① 見《三国志·魏志》二十七《王昶傳》。

② 見《三国志·魏志》二十五《辛毗傳》。

20×20=400

此外平均每縣户数超过五千的，有汲郡（治汲，今河南汲縣西南）、河内、陽平、魏郡、濮陽（治濮阳，今河南濮阳）、鉅鹿、乐陵（治厭次，今山东阳陽信縣東）诸郡。其中陽平、鉅鹿两郡超过了七万人。可以看出，这些人口較多的地區是在漢魏時冀州的南部，並且以鄴為中心，逐向南伸出一些，河内、汲郡、濮陽诸郡都應當在这個范围之内。冀州在漢魏之際人口是比較多的，曹操以鄴為根据地，顯然是看重了这一点。曹操為了充实他的根据地，曾经徙置若干官吏及将士家屬部曲於鄴，这使鄴及其附近各地人口有了增加。①不过晋初魏郡只有四万多户，平均每縣也只有五千人，似乎不算很多。这在魏文帝自鄴徙人口於洛陽以後，鄴地所剩的自然有限了。（附图七）

这裡應該注意，还有人口較多的三個郡不在鄴的附近。这是平陽、河東和樂陵。乐陵地處海濱，平均每縣人口达到了六万，确实是不小的数目。这個郡只轄五縣，所涉及范围相當广遠。看起来，这不是人口稠密，而是因为土地

①見《三国志·魏志》十五《賈逵傳·注》引《魏略》，又十八《李典、臧霸傳》。

38

荒废了，表面上显得人口数目多一些罢了。平阳、河东两郡在汾水下游，平阳郡就是由河东郡分出来的。河東郡在秦漢时也算是人口較为稠密的所在。经过漢魏之際严重的摧残，这时还能有一些恢复，却是另有一番原因的。这显然是北方的匈奴族不断南下，汾水中上游的人口受着压力，向南輾轉遷徙的结果。

要明瞭这中间的曲折，請就不免須說远些。其实在前面論关中人口的变迁時，也經提到了这一些。就是說若干游牧民族的人口陆續徙入到農業經营的地區。这在北边各地尤其显著。西漢中葉以后，已經有了匈奴人这样内徙的趋势。不过这只是限於塞下。两漢之際，塞外塞内都有內徙的跡象。原来居住在边地的人們，受到侵掠的压力，也乘着中原的乱離，逐渐内遷。东汉初年又以政府力量将边地人民大量遷回。當然，匈奴族人就乘機填補了这样的空白点。①到了光武帝中年，由於南匈奴内附，於是云中（治云中

①见《後漢書》一一九《南匈奴傳》。

20×20=400

，今内蒙托克托县西）、五原（治九原，今内蒙乌拉特旗北）、朔方（治临戎，今河套西北隅）、北地（治富平，今宁夏自治区吴忠县南）、定襄（治善无，今山西右玉县）、雁门（治阴馆，今山西代县北）、代郡（治高柳，今山西阳高县西南）、上谷（治沮阳，今河北怀来县南）八郡人民复归故土。① 可是这一次却和以前不同。以前塞内只有从事农业经营的汉人，这一次在许多地方却是和游牧部落的匈奴杂处的。不仅如此，汉朝还允许匈奴内徙，使南单于先后徙居云中、西河（治离石，今山西离石县）等处，其部落分居北边各郡。② 据《续汉书·郡国志》记沿边各郡户口，只有雁门郡还有二十四万多人，和西汉差相仿佛。其他郡大有减少，像定襄郡只有一万多人，稀少实甚。汉献帝末年，更省去云中、定襄、五原、朔方诸郡，每郡改置一县，领其余民，合以为新兴郡。③ 以一郡改成一县，自然是人口少得太厉害了。这还不算，到了曹

① 见《后汉书》一下《光武纪》下。

② 见《后汉书》一一九《南匈奴传》。

③ 见《三国志·魏志》一《武帝纪》。

40

魏初年，更從新興郡於陘嶺以南，而棄句注山以北之地。其實這樣的併省和徙置郡縣，只是若干既成的事實的反映。因為匈奴部分不僅分布於句注山北，就是太行山西，汾水中上游各處的人數也是不少，合起來已有五万餘落。①西晉初年，這一地區各郡的各縣平均人口，都沒有超过兩千，少者还有幾百户的，就是因為這樣的緣故。當然不是當地人口就已稀少，只是从事农業經營的漢人較前有所稀少而已。

隨着匈奴族南徙的还有其他一些部落。東漢末年，北边的上谷、右北平（治土垠，今河北豐潤縣南）等郡都已有了烏桓的部落。②當時的州郡割据者如袁紹、劉虞、公孫瓚等又各徵募烏桓、鮮卑為兵，構成一時的動亂。③曹操北征烏桓蹋頓，更徙其餘众於內地。④而鮮卑種人亦多入居於并州。⑤附门

---

① 見《晉書》九十七《四夷·北狄·匈奴傳》。

② 見《後漢書》一二○《烏桓傳》。

③ 見《後漢書》一○三《劉虞、公孫瓚傳》，又一○四《袁紹傳》。

④ 見《三國志》三十《烏丸傳》。

⑤ 見《三國志》三十《鮮卑傳》。

20×20=400

41、

到了西晋初年，不仅北边各郡和太行山西有了游牧部落，就是太行山东的魏郡和黄河以南的弘农郡（治弘农，今河南灵宝县）也都有了他们的足跡了。从事游牧的部落和经营农業的民族的生產方式是不相同的，由於游牧部落的向南迁徙，许多农田難免是要改变成為牧場的。（附图八）

三、黄河上游人口的增减

这裡，应该接着論述黄河上游各地，也就是关中的西北诸郡。这個廣大地區，与关中不同，与关東更有差異。它有幾個特点值得注意：第一，这是一個半农半牧的地區，後来农業逐渐得到发展，在某些郡中占到上風，但畜牧業并沒有全為农業所代替。畜牧地区的人口自難得和农業地区一样的稠密。第二，自秦漢以来，这裡就是人口稀少的地區，本来就不如关中和关東的稠密，後来人口又不断東徙，所以更不得和其他两個地區相比拟。第三，在这個地区中有的郡縣早就有若干少数民族雜居，秦漢制度，凡有少数民族雜居的地方设道。道的所在地不限於黄河上游，但黄河上游各地的道也不在

42

少数。皆分佈於今甘肅的東部和南部。秦漢版圖西垂羌中，顯然可見，當時所設的道與羌人的居地有关。

秦時在這個地区有多少人口？不可具知。大体不会很多，因為漢朝初年為了備边就已經募民徙塞下。① 當時所徙的自不僅限於西北边地。後来到武帝時大举徙民，主要是在這一方面。向朔方郡徙民十万口就是开端。朔方是一個新郡，与秦時故地無关。接着又徙关東民七十二万五千口於隴西、北地、西河、上郡、和會稽，规模算是最大。會稽為江南的郡，不在西北數內。其餘四郡皆為秦的舊郡，這七十万餘人不皆徙到這四郡之中，然西漢末年這四郡才有一百七十餘万，可知這次徙民是起了很大作用的。

到漢朝，朔方的问题更顯得突出。据《漢書·地理志》所載的户口，這一郡共十三万多人。武帝時那一次徙了十万，後来還和上郡、西河、河西諸郡共徙了六十万。看来這一郡的人口都是由內地遷徙去的。祁連山北的河西四郡也是同一樣

① 見《漢書》四十九《鼂錯傳》。

20×20=400

43.

的道理。

就这一地区各郡互相比较，则西河、上郡的人口是最多的。两郡都超过了六十万。西河郡还多，达於七十万。其次是天水、陇西、武都、和北地，都在二十万以上。除武都郡外，都皆是秦时的旧郡。其中有的还是汉朝的重点殖民地区，人口较多是必然的。西河、上郡在关中以北，黄河沿岸，都接近人口稠密的地区，自会受到一定的影响。陇西、天水两郡在渭水上游，关中人们向西北发展，这里是一条主要途径，所以当地人口也就显得较多。这里就引出一个问题：如果按平均每县人口算起来，武都郡为二万六千人，仅仅略低於上郡，远在西河郡以上。西河郡面积虽是大於武都郡，大致不会超过一半的。可是西河郡有三十六个县，武都郡才有九个县，自然平均每县人口是不相侔的。

两汉之间的乱离，这一地区也和关中、关东一样受到了影响。然而影响最大的还不是战乱的摧残，而是边地人口的向内地自动迁回。东汉初年，曾经以政府的力量将北边各郡的人口暂时

44

還回。但這只是限於北邊，無關於西北邊地。在此以外，漢朝對於邊地人口迴還內地的限制是極端嚴格的。東漢桓帝時，敦煌張奐名著西州，屢討羌猛將，及功成之後，寧願辭謝任何賞賜，只求允許內徙。①可見限制的綦嚴。雖然如此，邊地人口不斷向內地逃歸，卻是事實。就在東漢初年，已很為顯著。據說，當時邊陲蕭條，人民靡有孑遺。後來打算興立郡縣，就是光武帝也只好承認這項工作的艱辛，說是"難如春秋素王"。②

西漢末年西北諸郡人口最少的是敦煌郡（治敦煌，今日甘肅敦煌縣東），還有38335口。到了東漢，人口最多的數到武威郡（治姑臧，今日甘肅武威縣），卻只有34226口。其間的相差是十分懸殊的。至於最少的，當然要數到張掖居延屬國，僅有四千餘人。這個位於弱水下游、居延海上的邊郡，只是一座居延城，人口當然不會多到什麼地步。舍此不論，就應該數到朔方郡。它比張掖居延屬國要多一些，也只有7843

① 見《後漢書》九十五《張奐傳》。

② 見《續漢書·郡國志·注》引應劭《漢官》

20×20=400

45

人。比起西汉末年来，只居二十分之一。河西四郡一般也都有减少，不过都还在一半以内，像敦煌郡平均每县人口达到了四千多人，在这一地区中算是最多的一郡。其他张掖郡（治所觻得，今甘肃张掖西）三千多人，武威郡二千多人，都还是较多的。《续汉书·郡国志》未载酒泉郡（治禄福，今日甘肃酒泉市）户口数，但平均每县也有一千四百多户，如以五口之家推算，就有六千口。这些郡的人口是减少了，但减的比例还不算很多。为什么会如此？是不是汉朝那条法律还有一定的作用？作用也应该有的，可是也不完全在于那一点。河西四郡土地肥美，自西汉中叶以来，不断经营已获得很大的效果，再说匈奴族的骚扰也比其他边地稍轻一些，所以就显得充实。而且通往西域的大路，仍未阻隔，河西首当其冲，是能得到一些好处的。（附图十）

其他诸郡就差得多了。同样是减少，比例却是很大的。最突出的三个郡是西河、上郡和天水。前者起西汉相较，仅剩下三十分之一，后者好一点，也都只有二十分之一。其余金城、北地、五原，都仅有十分之一。论自然条件，

46

有些地方是不如河西四郡的。可是這時期的問題却不在這一方面。西河、上郡和五原三個郡上面已經提過，那裡在東漢初年早就成為匈奴人來往牧畜的地方。西河郡還是單于設立牙帳之所，從事農業的人口離開那裡，成了勢所必然的趨勢。五原郡在東漢中葉好像減少的有限，但在東漢末年，這郡一級的機構也因人少而撤消了。天水、金城、北地諸郡離開匈奴人較遠，却和羌人有關。東漢政府和羌人進行了長期的戰爭，對於這一地區不能沒有影響。東漢政府還曾遷這些徙過金城（治允吾，今甘肅蘭州市西北）、隴西、安定（治臨涇，今甘肅鎮原縣南）、北地、上郡。遷徙郡縣就意味着也要遷徙人民。人民不肯離去，還受到逼迫。據《後漢書·西羌傳》說的："百姓戀土，不樂去舊，遂乃刈其禾稼，發徹室屋，夷營壁，破積聚。時連旱蝗飢荒，而驅蹙劫略，流離分散，隨道死亡，或捐棄老弱，或為人僕妾，喪其大半。"這些事情發生在順帝永和以前，所以《續漢書·郡國志》記載這幾郡的戶口竟這樣的稀少，是有它的原因的。（附圖十一）

47

但是问题并非就此而止。汉魏之间的乱离虽多在关中和中原诸地，其偏僻如陇山以西，竟也难免成为锋镝的场所。曹操既据有关中，为了改变当地荒芜的面貌，遂从凉州各郡徙民充实，这在前面已经说到。已在迁徙数中的不必说起，就是有关的地区如陇西、天水等郡的居民也惴惴不安，①其实有些地方已经十分稀少，无待于再次的迁徙。金城郡的人户虽说东汉已不如西汉的众多，尚有三千八百多户。到了汉魏之际，竟然不满五百户。秦汉制度，以万户上下分别县令长地位的高低，也就是说一个县中的户数，不离万数左右。这个金城郡却不满五百户，名虽是郡，实际也许不如乡聚。曹魏初年，人口稍稍聚集，到了千有余户，当地的太守遂因此而受到赐赏②可见附近各郡还有不如这里的。

经过一场乱离，到魏晋之间粗告稳定。人口逐渐得到恢复。魏晋在陇上各地增置了若干

① 见《三国志·魏志》十五《张既传》。

② 见《三国志·魏志》十六《苏则传》。

20×20＝400

48.

州郡。旧郡的名称虽还照样沿用，区划已经有所不同，不易前后相比较。大体说来，天水、略阳（治临渭，今甘肃清水县西南），武威、敦煌、安定五郡的人口还算较多，都在五千户以上。武威、敦煌为河西旧郡。汉魏之间乱离，西域交通多受阻塞。曹魏初年稍复旧观。①又以距中原过远，所受战乱影响较少，故人口能得以早日恢复。安定郡位于泾水上游，当地人口本不算过多，经以其他各郡都有减少，所以显得就较为充实，在此诸郡中最为突出。略阳郡位于渭水中游，邻近关中，本是天水郡旧地。天水郡的人口自来还不算是很少，这一时期显得稍多，也许是有这样较好的基础的缘故。（附图十二）

不过这里应该注意，略阳郡的人口较多是不是与当地少数民族部落杂居有关？前面已经说过，自秦汉以来，陇山以西一些郡中是杂居着若干少数民族部落的，数目也许不是很多。东汉中叶以后，匈奴和羌人不断向内地发展，尤

①见《三国志·魏志》十六《仓慈传》。

20×20=400

49

其是羌人所内迁的更多。就在那個時候，自云中、五原西至漢陽（即天水郡，東漢改称），二千餘里，西羌種羌並擅其地。① 可見其雜居的普遍。西晉初年，郭欽、江統等人倡遷徙少數民族部落，他們都着眼於并處和涇水流域，隴山以西就已不再提起。② 大概認為隴山以西的少數民族久居其地，不煩遷徙了。

這裡無須細詳探求各少數民族部落分布的區域，只要舉十六國時期一些霸主們本來的居地就可看到一斑。他們的居地不皆是隴山以西的人，不過隴山以西還是不少的。如前秦苻氏為略陽臨渭氐人。後秦姚氏為南安赤亭羌人，赤亭在今甘肅隴西縣西。後涼呂氏為略陽氐人，略陽為今甘肅秦安縣地。西秦乞伏氏為隴西鮮卑人。南涼禿髮氏為河西鮮卑人，北涼沮渠氏為臨松盧水胡人，其地在今甘肅張掖縣東南。是隴上各地皆有分布，只是他們的部落大小，人口多少，不可詳知，無由與當地經營農業的人口作比較，一覘其具体的情況。

① 見《後漢書》九十五《段熲傳》。

② 見《晉書》五十六《江統傳》，又卷九十七《四夷·北狄·匈奴傳》。

20×20=400

50

四、西晋永嘉亂離後黄河流域人口的遷徙

西晋末年以及十六國時期，黄河流域长期混亂，这期間人口到處遷徙。並使其他地區也都受到影响。這样规模較大的遷徙是由於若干少数民族部在内地杂居的落和西晋王朝的衝突所引起的。公元311年（晋怀帝永嘉五年）匈奴族刘聰的攻陷洛陽就是一個肇始的標誌。

本来在這一年以前就已經有不少的人口在流動遷徙。西晋王朝的長期内鬨和不断的战争給人民带来了許多灾難，又遇到一些天灾，使人們無法生活下去而到處流離。河东、平陽、上党、弘农诸郡的人們数万家遷到了南陽、汝南等地。①在南陽也还有自雍州遷来的流民。②而秦雍一带的人口又分别流於漢中、巴蜀等地。③山雨欲来，满楼风聲，颇有不可终日的景象。

①見《晋書》一〇〇《王彌傳》。

②見《晋書》一〇〇《王如傳》。

③見《晋書》一二〇《李特载记》。

20×20=400

51

刘聪既攻陷洛阳，晋愍帝保守长安，又为刘曜所攻陷。晋元帝遂渡江而南，偏安一隅。中原既已乱离，所以人口大量的向其祸较少的区域流徙。江左偏居南服，又为东晋立国所在，中原遗黎自相率来徙。据当時估计，自洛陽陷後，中州士女避乱江左者十六七。①司、冀、雍、凉、青、并、兖、豫、幽、平诸州及徐州的淮北的人们都有迁徙去的。②这几州的土地西起陇上，东至海滨，也就是说黄河流整個域都在战中。然以河西張氏及遼东慕容氏尚为晋守，而辖境又较平静，所以中原的人们徙之二方者亦众。其徙於河西的多为秦雍之人，③而避地遼东的又多为豫、并、冀、幽、青、兖诸州的遗黎。④不僅如此，是时刘琨为晋守并州，賂鲜卑拓跋氏為援，乃徙陉岭以北的人口於岭南，⑤曹操设新興郡後，岭地所遗留的人

① 见《晋书》六十五《王導傳》。

② 见《宋书》三十五《州郡志·序略·南徐州序》。

③ 见《晋书》八十五《張軌傳》

④ 见《晋书》一〇八《慕容廆載記》。

⑤ 见《魏书》一《序紀》。

廆

20×20=400

52

都掃數南歸了。

當然，留於黄河流域的人口還是不在少數。他們並未能各在家園，安居樂業，也轉輾流徙，到處流動。因為人口在當時實為國域軍力的所自出，故交為行軍俘虜的對象。這在永嘉亂離肇始的前後，固已數見不鮮。當時割據的霸主們多以其俘虜所得，遷於他們的都城及其附近的地方，於是他們的都城就成為人口聚集的中心，如平陽①長安皆是如此。②這表現著已不僅是單純的俘虜人口，而且還帶有充實都邑的意義。（附圖十三）

在晉元帝的初年，黄河流域又經過一次較普遍的變亂。這一時期，後趙石勒及其從子石虎據有中原，兵力雄盛，一時無二，人口的遷徙也較前為頻繁。石氏既以襄國（今河北邢台縣）為都，故其徙人就多以那裡為中心。其所控制地區中，如雍、青、并、冀、司、兗、豫諸州境內各地也幾常成為徙民的目的地，其所徙雖非一地，然大

①見《晉書》一〇二《劉聰載記》。

②見《晉書》一〇三《劉曜載記》。

20×20=400

53

要环绕着襄国，以便期于统治与剥削。然亦有例外者，如石虎曾谪其东宫卫士十余万人于凉州。盖自石氏看来，这些犯罪之人正应徙于边地，以示与普通人不同。①（附图十四）

在这时期中，石氏虽一再以武力徙人，但流人的南渡者依然不少。②且仍有迁徙从北至辽东、西北至河西的。因前燕及前凉是时表面仍内附于东晋，而二方亦竞招致人户，并时时以武力从事掳略之。前凉都姑臧（今甘肃武威县），前燕都龙城（在今辽宁朝阳县），所以二方人户的迁徙皆以这两地为中心。慕容氏又收纳中原流人，扶余、高句丽、扶余等部落也为他们的奴隶。③

当后赵石氏败亡之时，

① 见《晋书》一〇五、一〇六《石勒载记》及一〇七、一〇八《石季龙载记》。

② 见《晋书·石勒载记》。

③ 见《晋书》一〇八《慕容廆载记》。

54

襄國徙於於鄴，於是因為石氏遷來的人戶，都會聚於此。這裡面有青、雍、幽、荊諸州的徙戶，也還有諸氐、羌、胡、蠻等少數民族的部落。大致說來這樣多的流民，故里又不一致，因而道路交錯，互相殺掠，且饑疫死亡，能達到目的地的，也不過十分之二三。整個的黃河流域陷於極端混亂的狀態。①而秦雍流民也有南出樊沔，或至於益州的。②

石氏破滅之後至於淝水戰前，黃河流域又建立了幾個政權，自然還有不少的戰爭，所以人口的遷徙仍是十分頻繁。前燕都城初遷於薊(今北京市)，後遷於鄴，於是薊、鄴相繼成為前燕徙民的中心。鮮卑種人也是隨著都城的遷徙而南下。③鮮卑族另一部落拓跋氏也參加這種徙民的活動，常以他們所居的盛樂(今內蒙和林格爾縣)為中心。

① 見《晉書》一〇七《冉閔載記》。

② 見《宋書》三十七《州郡志·雍州秦州序》，又三十八《州郡志·益州序》。

③ 見《晉書》八《哀帝紀》，一一〇《慕容儁載記》，一一一《慕容暐載記》。

20×20=400

就是僻处江左的东晋也北上而争夺人口。桓温北伐，曾先后徙关中和洛阳附近人口于江汉之间。① 直到淝水战前，东晋还曾徙淮北人户于淮南，以免为前秦所掠夺。② （附图十五） (12)

比较说来，这一时期，苻秦的迁徙人口实最为频繁。苻氏都于长安，所以迁徙的人口大多数都是以长安为中心。它先后灭前燕和前凉，于是太行山东及河西山北的人口纷纷都被迫聚于关中，甚至由于迁徙略阳清水（今甘肃清水县）的氐人而空出了原来的故地（在今甘肃成县）。由于苻氏这样的举动，遂形成长安的繁荣。关中以外各处，也有被移徙的，如青州、邺、龙城、平城（今山西大同市）、蓟、枹罕（今甘肃临夏市）、晋阳（今山西太原市西南）以及西北的敦煌都先后成为一部分人口的集中地。③ 实都与实边的政策，苻坚都已在实行了。 枹。枹罕

① 见《晋书》八《穆帝纪》。

② 见《晋书》九《孝武帝纪》。

③ 皆见《晋书》一一三、一一四《苻坚载记》。

20×20=400

淝水戰後，黄河流域又復四分五裂。在這一時期中，各個政權還是競相遷徙人口。他們或者是單純的掠奪性質，或者尚有一些充實都城及近畿的意義；或者是强制其他民族遷徙，或者對於本族人口也不斷移徙。因為政權不一，所以情形就不盡相同。有些除了遠徙也不在遷徙他們的種人，如原為苻堅據守鄴的苻丕，即率其人眾奔於晉陽。①割據黄河下游的後燕，遷徙人口的數甚少。最重要的一次是慕容永率鮮卑種人四十餘萬自關中徙於河東。②其後魏師陷中山（今河北定縣），慕容德率其眾數萬奔於滑台（今河南滑縣），再由滑台奔於廣固（今山東益都縣北）③，這已是轉徙，其本身也同於流民了。（附圖十六）

①見《晉書》一一五《苻丕載記》。

②見《資治通鑑》一〇六《晉紀》二十八。

③見《晉書》一二七《慕容德載記》。

57

後秦的遷徙人口大致也是集中於長安或關中，因為這裡為其畿輔所在。不過它還曾以徙到關中周圍的秦州（治所今甘肅秦安縣北）、蒲坂（今山西永濟縣）和安定，諸亦有捍衛它的首都的意義。由於後秦統治下的疆土就在安定，引隆晉境的人口再向北流，雖為數不多，也已是極不平常的事情。①

西秦的疆土不廣，卻是到處掠奪人口，後秦、吐谷渾以及它的附近部落都受到它的騷擾。西秦所掠奪的人口完全集中在它的國都附近，就是國內的豪強也未能避免。其間遠自拓跋氏的鮮卑部落五千戶來降的事情，彼與西秦相去絕遠，所有此事的發生，諸因它們同為鮮卑種族的緣故。②

遠處於河西的後涼、北涼、南涼與西涼，

① 以上見《晉書》一一六《姚萇載記》，一一七、一一八《姚興載記》，一一九《姚泓載記》。

② 見《晉書》一二五《乞伏國仁等載記》。

58.

亦常遷徙人口，也大部安置於國它們的都附近，如北涼的姑臧，① 南涼的西平（在今青海西寧市），② 西涼的酒泉，③ 皆為一個人口集中的所在。這和其他諸國的情況相彷彿。不過後涼將亡時，其主呂隆親率戶一萬遷於長安，④ 與上面所述的情況相異。這當然是為了為圖恢復。恢復不成，這一萬戶人家徒受到一番跋析。

就是崛起於今鄂爾多斯南部的赫連勃勃，也未忘情於這樣侵掠人民，鄂爾多斯草原遂成人煙喧赫的所在。不過為時未幾，這輾轉遷來的人口隨着夏國的滅亡，再次被迫遷往他處。⑤ 赫連氏而外，蹢躅於一方的北燕，也曾為據掠制，然國小力弱，所造成的罪孽還不算甚多。⑥

① 見《晉書》一二九《沮渠蒙遜載記》。

② 見《晉書》一二六《禿髮利鹿孤載記·禿髮傉檀載記》。

③ 見《晉書》八十七《涼武昭王李玄盛傳》。

④ 見《晉書》一二二《呂隆載記》。

⑤ 見《晉書》一三〇《赫連勃勃載記》，又《十六國春秋輯補》六六《夏錄》。

⑥ 見《晉書》一二五《馮跋載記》，又《十六國春秋輯補》一〇〇《北燕錄》。

20×20=400

59

东晋中叶以後，至於南北朝的初期，实遷徙人口最为频繁的当数到拓跋氏的北魏。北魏也和其他各国一样，以平城及其附近各处为安置徙人的中心。因那裡接近草原地区，故所遷徙的也不限於经营农业地区的人口。不过终究要以经营农业地区的人口为多。北魏灭国不少，它先後遷徙过陇西、①河西、②统万（在今陕西横山县北）③凉州的人口，多者数万家，少者也有万家。④规模最大的当是遷那一次徙山东六州民吏及徒何、高丽、杂夷等三十六万，百工伎巧十余万口以充京师了。④这样的遷徙自然促成平城的日趋繁荣。到了南北朝时期，南北对峙的形势已经形成，人口的遷徙仍然不停地在进行着。不过已经不是

①见《魏书》二《道武帝纪》。

②见《魏书》三《明元帝纪》。

③见《魏书》四《太武帝纪》。

④见《魏书》二《道武帝纪》。《北史》一《魏本纪》作徙山东六州人吏及徒何、高丽、杂夷三十六万，百工伎巧十余万《资治通鉴》一一〇《晋纪》作徙山东六州吏民、杂夷十余万口以实代。

20×20=400

60.

在黄河流域当地作大规模的迁徙，或者由黄河流域向其他地区迁徙，而是由其他地区向黄河流域迁徙。如公元451年（宋文帝元嘉二十八年，魏太武帝太平真君十二年）魏主太武帝自瓜步（今江苏仪征县西）退归时，俘广陵（今江苏扬州市）居民万家；①公元554年（梁元帝承圣三年，西魏恭帝元年），西魏下江陵（今湖北江陵县），虏其百官士庶，没为奴婢者十余万口，②皆其著例。特不如永嘉乱后的频繁而已。

从永嘉以后，直到南北朝时，前后一百多年，黄河流域的人口慑于武力，迫于兵势，到处迁徙。他们对于地理条件的选择，早已无此雅兴，也难得有此机会，只随着那些霸主们的意志而转移，或为那些人[illegible]若干军事据点。向之据点都随着霸主们政权的起伏，时有兴废。所居随着推移，向之人烟稠密的地

①见《南史》二《文帝纪》。

②见《北史》九《周本纪》上。

61

方，轉瞬已成廢墟。人民所臨逢地，只換得若干頻繁的變遷。

北魏結束了十六國混亂的局面，黃河流域究竟還剩餘多少人口？這已經無從知悉。不過在長期混亂之後，一定不會多的。還在道武帝時，北魏就從事京都的工作。平城原是一片荒野，要建設成都城原非易易。從那時起，就已向平城集中人口，到太武帝滅北涼時，還在陸陸續續地進行。北魏京畿的范圍不算很小，它東至代郡（今山西大同市東），西及善無（今山西右玉縣西），南極陰館（今山西代縣北），北盡參合（今山西陽高縣東北）①和平城一樣，原來也是到處草原，要待開墾種植，雜糧學朝見功。北魏不僅要充實平城，還要用從人的辦法，建立一條它的北邊東起濡源（今灤河上源），西至五原陰山，長三千餘里的邊塞防線。②當然這不至於是多多存留，但渺無人煙之地，要分佈不少的新人，是一番鉅工。北魏人口本來不多，經過這么周折，其他

①見《魏書》一一〇《食貨志》。

②見《魏書》卷四《太武帝紀》。

20×20＝400

62.

地区当然更是稀少了。

因为人口稀少，有些地方农田已改为牧场。当然，迁入内地的少数民族部落都是从事游牧生涯的，包括鲜卑种人在内，一时难以改成经营农业。既然从事畜牧，农田自然荒芜。凭北魏政府的力量，扩大这种设施。如河阳的牧场就是东至石济（水名，在今河南延津县西），西至河内，西南抵于黄河，南北长达千里。① 像这样的牧场当不只一处。如果不是当时没有居民，则划为牧场后，是决不会允许行人居住下去的。至于北魏均田制度的推行，更是人口稀少的例证。正是因为人口大量减少，政府才控制了无数的荒地，给均田制度创下了可以实行的基础。

不过也不能因此而说北魏控制下的黄河流域，人口是普遍的稀少。太行山东大致就不是这样的光景。北魏取得太行山东后，就从那里向外迁徙人口。上面已经说过，道武

① 见《魏书》四十四《宇文福传》。

20×20=400

63.

帝曾徙山东六州民吏及徒何、高丽、杂夷，百工伎巧以充京师。也就在那一年，还徙了六州二十二郡守宰豪桀吏民二千家于代都。①後来到明元帝时，又徙冀（治信都，今河北冀县）、定（治卢奴，今河北定县）、幽（治蓟，今北京）三州徒何於京师。②为什么要从这裡徙出这么多的人口，原因不大明瞭。也许是因为他们久在後燕控制之下，难於统辖的缘故。但是为时不久，却又有不少的人口向太行山东迁去，譬如明元帝时曾徙鲜卑种人尤贫者於冀、定、相（治邺县，今河北临漳县）三州就食，并在这裡练习经营農業。及太武帝時，又徙北部民五千落於这三州。④後来到孝文帝时还两次徙敕勒部人於太行山东，一次仍是在冀、定、相三州，一次是在青、徐（治彭城，今江苏徐州市）、齐（治历城，今山东济南市）、兖（治瑕丘，今山东旧滋阳县）四州。⑤雖

① 见《魏书》二《道武帝纪》。

② 见《魏书》三《明元帝纪》。

③ 见《魏书》三十五《崔浩传》。

④ 见《魏书》四下《太武帝纪》。

⑤ 见《魏书》七上《孝文帝纪》。

20×20=400

64

然这些部落遷到那裡後，被貶為營户，不屬守宰管轄。後來還是和齊民一樣的。①恢復身份。

魏晋以来，世家大族的门阀势力已经有了根深蒂固的基础。在十六国混乱时期，他们固然有时也反抗这霸主的侵壓，实際是在和统治者合作，保持他们家族的地位。他们聚族而居，形成相当的势力，统治者也就不能不假以颜色，稍施青睐。他们又隐底人口，往往五十、三十家方为一户。②北魏政府中间推行三长制度，想加以控制，也只能去其太甚，并未能够彻底改观。这些世家大族以太行山东为多。直到南北朝末年，宋孝王著《关东风俗传》，还说："瀛冀诸刘，清河張宗，并州王氏，濮陽侯族，诸如此輩，一宗近將萬室，煙火連接，比屋而居"。③其繁衍程度可见一斑。宋孝王所举的自然只是其中的一部分。当时山东大姓，以赵郡（今赵县）之李，范陽（今涿县）之盧，博陵（今安平县）之崔，最為著名。自此而下，為

①见《魏書》九十四《阉官·仇洛齐傳》。

②见《魏書》五十三《李冲傳》

③见《通典》三《食货典》引。

50×20=400

65

该还是不大的。这些世家大族在混乱时期拥族自保，而且还荫庇了许多人户，所损失的或者并不大，这样也就增加了这一地区的户口数目。

《通典·食货典》说：北魏在“明帝正光(公元520年—524年)以前，时惟全盛，户口之数，比夫晋太康，倍而余矣”。原注又说：“按晋武帝太康元年平吴后，大凡户二百四十五万九千八百，口千六百一十六万三千八百六十三。今云倍而余者，是其盛时，则户有至五百余万矣”。魏收撰《魏书》，其《地形志》中所载的户口乃以东魏孝静帝武定(公元543年—550年)中的簿籍为准。魏收为齐人，自以东魏为正统。秦雍以西，本不在东魏版图之中，魏收只为洛阳洛州，仅据孝武帝永熙(公元532年—534年)簿籍著录，然亦仅存三州户口，其余大半亡失，无由取证杜佑所说的确否。即以武定时而论，太行山东仍为最稠密的地区。因为东魏控制地区中诸州户数达到十万以上，口数达到四十万以上的只有司(即相州)、定、冀、并、瀛(今河北河间县)、殷(今河北隆尧县)五州①，并州为今山西太原市

① 《魏书·地形志》所载户口，州郡所有的数目间有不相符合处，这里根据柳彭龄所作的《东魏户口统计表》(刊1935年《禹贡半月刊》第三卷第一期)。

66

外，其餘皆在太行山東。其中司州共有戶371,674，口1,430,375，為全國的最多的。全州平均每縣七千三百多戶，三千四百多口，也是全國的最多的。東魏都鄴，就在司州境內。東魏由洛陽東遷時，挾帶了很多人口。其地又於北魏初期，與定、冀二州同為人口徙入的地區，它們人口稠密，也是有原因的。此外，瀛州緊鄰定、冀二州，殷州也夾處於冀、司二州之間，土地都算是富庶，人口皆相彷彿。魏人高稱，“國之資儲，唯藉河北”。①河北的糧食、絹帛都較多於他處，故特為統治者所重視。這糧食和絹帛的生產還全靠人力，若不是人口衆多，如何能有此種景況。（附圖七）

太行山西的并州為今山西太原市附近地。據《魏書·地形志》所載，則其人口與山東諸州差相彷彿。黃河以南的鄭州（治潁陰，今河南許昌市）和西兗州（治定陶，今山東定陶縣）平均每縣的戶數都超過了五千，其中鄭州的口數也

①見《北史》卷十五《魏常山王遵傳》。

20×20=400

67

超过了三万。都属於人口较为稠密的地區。并州於东魏初年，早已成為太行山西的重鎮。高欢挟东魏政府遷居於鄴，他本人却時時往来於并州。雖说东魏不時向东发展，晋陽成為关西的要地。如果當地没有一定的基础，也難得獲有这样的地位。鄭州与西兖州地處黄河以南，十六國時期經常為兵爭的地方。北魏後期南朝的疆界已經南移，两河各州都逐渐得到恢复。《隋書·地理志》说这二州和其鄰近各地的人们都已經崇尚稼穑，是農業已有发展。这二州在从前本来就是人口稠密的地区，那時人口所以稠密是与土地肥沃有关。这時恢复的速度較快於鄰近各州，也許这一点还是其中的重要原因。

《魏書·地形志》记洛州，共有户15,679，口66,521。平均每縣才一千多户，五千多口。不惟不能与太行山东相比拟，就较之鄭州和西兖州还有些逊色，肯定為人口稀少的地區。洛州治所洛陽曾經長期為北魏都城，人口何以如此之少，值得注意。十六國時期，洛陽的破

648

坏最為惨重。若干霸主们割据称雄的争城夺地，在洛陽周围進行斗争，却无人肯再以这裡為都。后来東晋桓温北伐，復取洛陽，打算遷回故都，孙绰即提出反对，说什么"丧乱以来，六十餘年，蒼生殄灭，百不遗一。河洛丘墟，函夏萧條，井堙木刊，阡陌夷灭。生理茫茫，永无一归"。① 这样的荒残直到北魏孝文帝的遷都，才彻底改变了面貌。我们若一讀楊衒之所撰的《洛陽伽藍记》，當会惊奇这一廢城恢复的迅速。不僅恢复，就是人口也一度激增到十万九千餘户。②《魏书·地形志》所載洛陽户口的稀少，这分明是北魏分裂時，高歡强迫遷都的结果。

至於函谷关以西各地，在北魏结束十六国混乱局面的过程中，就已经将原来各割据政權的都城的人口遷往平城，直到太武帝的後期还由长安向平城移人。③ 當地人口是不能和关東比

①见《晋书》五十六《孙楚傳》。

②见《洛陽伽藍记》五。

③见《魏书》四下《太武帝纪》下。

20×20＝400

的。长安不必说起，长安以东的华州也是一個名城，由于地方荒乱，州治遷到李润堡。先不要说这個堡的大小，就是人们饮水都成了问题。据说：当地"居崗饮涧，井谷穢杂，升降劬劳，往还数里"。①饮水这样艰难，人口怎么能够很多？这样的光景还遭遇到北魏行将分裂以前的一场乱离，竟使"崤潼以西，烟火断绝"。②前面说过，《魏书·地形志》于关西各處的记载是根据永熙年中的簿籍。这篇书中只保存了北华州（治杏城，今陕西黄陵县西南）、凉州（治姑臧，今甘肃武威县）、东梁州（治安康，今陕西安康县）三州的户数。北华州算最多的，平均每县有一千六百户，凉州最少，每县只有一百六十三户。现在一個普通村落也许比它还要多些。

西魏和北周就在这样的基础上建立了他们的政權。当地人口的稀少，引起了他们的注意。他们也採取了一些辦法使当地的人口有所增

① 见《魏书》十九《安定王休传子燮傳》。
② 见《魏书》一〇六上《地形志》。

加。当然这些办法中有些是很不正当的。它们在攻破江陵之后，俘虏梁朝的居民，①它们也从四川俘虏若干少数民族部落的人口。②它们更设法引诱关东居民向西迁徙。③就在内部，他们也没有忘记清理人口，如禁断灭佛的措施，使大量的僧侣还俗，充实了政府户籍簿上的数字。~~至于户口的自然增加，那是不必说的。~~直到北周末年，关西的户口显然是比以前为多了。④

①见《北史》九《周本纪》上。

②见《周书》二十八《陆腾传》，又四十九《獠传》。

③见《北齐书》二十四《杜弼传》。

④据《通典·食货典》，北齐为周所灭时，有户三百三万二千五百二十八，口二千万六千八百八十。这和《隋书·地理志》所说的三百三万户相符。《通典》又说，周大象中有户三百五十九万，口九百九千六百四。这时周已灭齐，则周人户口中应包括齐国的数字。但这个户数仅比齐户多五十余万，口数还有不足。大致应是周末灭齐前的旧簿籍。不过这里还应该包括有巴蜀的户口数，不仅是关川和

71

五、小结

秦漢至南北朝時期，黄河流域屢经变迁，有承平的年月，也有混乱的時節，这对於人口数目的增减关係最大，就是人口的地域分佈也受到一定的影响。

关中是秦漢王朝的都城。都城所在，人口可能增多。秦统一六国後，就已经向那裡迁徙人口。漢朝初年，更推行强幹弱枝的政策。长安城中，人口显得稠密，就是诸帝陵寝附近也都发展成为都邑。整個关中在全国雖不能算是人口最多的所在，却也不能说是十分稀疏的地区。

关中既是都城的所在地，在改朝换代之際，经过一番战乱，人口是会有所减少的。东漢和西晉末年，景况更显得淒惨。也就在东漢魏晉之间，由於关中空虚，从他處徙来不少的少数民族部落，使一片荒残地区，增添了许多人烟。不过这些新迁来的人口，不一定都登載在政府的簿籍之中，所以从数字上看，彷彿显得不多。

秦漢時代向关中迁徙的人口大部分是来自

20×20=400

72

关中以东的黄河中游各地。这说明那里是一個人口稠密的地区。不过关东地域广大，並不都是一样的。大体说来，这一带人口比较稠密的所在，是济水的下游，黄河中游和淮水的南岸，以及太行山东南和位於今山东半岛的各處。现在河南中部和东南部的汝、颍两水流域以及河南西南部淯水、白河流域的人口也都比较稠密，而人口最稠密的地方則為濟陰、潁川、汝南和鲁国诸郡国。

由於兩漢之間的乱離，黄河流域的人口普遍有所减少，黄河中下游更是明显，各地的变迁也就很大，西漢时四個人口稠密的郡国，到东漢时只剩下陈国没有减少。南陽為东漢都城，也未能完全擺脫这种趋势。當然，这也並不是说所有的地区人口数字都在下降，像太行山东一些郡国和淮水以北的就顯得不完全一样。離陳国西南不遠的南陽郡的宛更成為人口聚集的中心。但是事情的发展並不是到此為止。东漢末年的乱離，黄河中下游人口损失更為惨重。太行山东的冀州僅有三十万人众，就已算是一個大州。

陳國人口不惟沒有減少，反而有所增加，就是一個特殊的例子。

20×20=400

23

豫皖之间的边郡只有一千余户，还不如西汉时的一个小县。魏晋以洛阳为都。然当开始建都时，还是由太行山东迁来几万人口，才撑持住场面。

值得注意的问题，是北边的变迁。东汉魏晋时期，从政府的簿籍看来，当地人口都是不多的；但由于若干少数民族的迁入，实际还不是过分的稀少。这情形不仅是北边为然，就是西北陇上各地也是相仿佛的。那里从秦汉时起人口就是不多，当时还不断向那里迁徙人口，这还没有改变面貌。后来更由于受到八王乱战的影响，人口数目又在逐渐下降。也就在这些时期，少数民族就陆续迁入，填补了下降的缺额，也许还超过了原来的规模。

这些情形都可以说明一个地区人口的稠密和稀少，固然是与当地的自然条件有很大的关系，但最重要的还是受到人为的影响。人口的迁徙往往会使一个地区趋于盛衰的变迁。

西晋末年永嘉丧乱，是黄河流域人口变迁一个剧烈时期。大批人民向其他地区迁徙，其

74

留在当地的，也受到若干割据的王们所侵扰而频繁的迁徙，直至南北朝初年还没有完全停止下来。

南北朝时期，北魏控制了黄河流域后，在一定时期中，有些地区由于人口稀少变成牧场。太行山东却显得别有一番气象，此外黄河以南也有一些地方较前有了增加，就是崤潼以西的关中，在南北朝后期也都得到恢复。这都就为后来隋唐时期黄河流域经济再度发展奠定了一部分基础。

20×20=400